大 学 问

始 于 问 而 终 于 明

守望学术的视界

張固也 著

先秦諸子與簡帛研究

广西师范大学出版社
GUANGXI NORMAL UNIVERSITY PRESS
·桂林·

先秦諸子與簡帛研究
XIANQIN ZHUZI YU JIANBO YANJIU

圖書在版編目（CIP）數據

先秦諸子與簡帛研究 / 張固也著. --桂林：廣西師範大學出版社，2023.10
ISBN 978-7-5598-6306-5

Ⅰ.①先… Ⅱ.①張… Ⅲ.①先秦哲學－研究②簡（考古）－研究－中國－先秦時代③帛書－研究－中國－先秦時代 Ⅳ.①B220.5②K877.54③K877.94

中國國家版本館 CIP 數據核字（2023）第 159441 號

廣西師範大學出版社出版發行
（廣西桂林市五里店路 9 號　郵政編碼：541004）
　網址：http://www.bbtpress.com
出版人：黄軒莊
全國新華書店經銷
廣西廣大印務有限責任公司印刷
（桂林市臨桂區秧塘工業園西城大道北側廣西師範大學出版社集團有限公司創意産業園内　郵政編碼：541199）
開本：880 mm ×1 240 mm　1/32
印張：19.375　　　　字數：420 千
2023 年 10 月第 1 版　2023 年 10 月第 1 次印刷
定價：88.00 元
如發現印裝質量問題，影響閲讀，請與出版社發行部門聯繫調换。

前　言

　　本書收録的三十三篇小文,主要涉及先秦諸子與出土簡帛兩方面内容,編排順序綜合考慮了寫作時間和論述主題,這裏首先做點簡略説明。

　　我對先秦諸子的興趣,肇始于本科學習期間,不過只是出于讀聖賢書的心理,談不上學術研究。讀研以後,我有了點學術意識,看到《左傳》中常用"君子"的口氣評人論事,就聯想到早期傳授其書的荀子有書傳世,遂取以對讀,感覺二者思想相近,于是提出一個比較大膽的推測,即這些評論都是由荀子添加進去的。這是我公開發表的第一篇學術論文,顯得十分稚嫩,不過奠定了個人的諸子研究風格。簡單地説,就是既不盲目信古,也不輕易疑古;從文獻考證入手,以思想分析爲重。

　　我真正集中精力研讀先秦諸子,主要是在讀博以後。我曾在博士論文基礎上出版了《〈管子〉研究》一書,這裏收録若干發表過的單篇論文。《管子》是學界公認的僞書,但前人多憑個別字詞、概念進行分篇斷代,往往疑古過勇,立論偏頗。我首先通過考察《管子》的早期流傳過程,證明今本確爲劉向校定之書,未經後人竄亂;其次通過探討其八組的分組原理,推測它們部分保存了劉向校書前的古本痕迹;最後根據其中五組的內容和思想特徵,論證它們代表了全書形成和思想發展的五個階段。在一些具體篇目的考證上,我認爲"三匡"密不可分,都是全書中最早的作品;《幼官》《侈靡》《輕重》等篇與《經言》組思想聯繫密切,也是全書中較早的作品;而所謂"道法家"三篇前後思想變化的痕迹十分明顯,并非同期作品;《禁藏》篇中則確有一段文字錯置于他篇,其思想具有較晚的時代特徵。這些説法多與近代以來通行的觀點大相徑庭,發表以後在學界産生了一定影響。關于《管子》治國理念及其與齊學關係的兩篇講稿,雖創見無多,但亦言之有物,對認識管子其人其書及其思想不爲無補。還有一篇學習張舜徽先生《管子四篇疏證》的小文,附録于後。除此以外,我通過與《管子》對讀,對《老子》第五十九章提出了一種新的解讀。又用唐宋古注類書所引佚文,與今本《孔子家語》對讀,寫過一篇校勘記,主要通過深入分析該書前後三篇序記及敦煌殘抄本的卷次,考證其成書過程、分卷變遷,兼及孔安國的生平仕履。這些祇是從外圍論證其書不僞,與時賢從内容和思想上進行研究的結論可以相映成趣。

最近十多年,我的學術興趣轉移到與先秦諸子相關的簡帛研究。竹簡《文子》出土後,有些學者以爲今本僞書之説已經不攻自破,也有很多學者根據竹簡本與今本的差異來重新論證僞書説。這是由于竹簡殘損嚴重,多數簡文未能編聯串讀,就連出土的是全書還是單篇都不清楚,其他關鍵問題當然難以形成定論。我嘗試草擬了一個包括三卷九篇三十六章的復原方案，發表了若干單篇論文，包括對整理小組釋文的校讀、對標題簡的釋讀、對文子作爲老子弟子身份的恢復、對全書思想宗旨和綱領的闡述、對竹簡本復原方法的討論和示例、對今本僞造手法的揭示等，都是十分關鍵的問題。還有一篇二十多年前的小文，末節關于竹簡本與今本關係的説法現在看來未盡妥當，但也附錄于後。

此外，我還關注過郭店儒簡《尊德義》等三篇、上博簡《恒先》《孔子詩論》、走馬樓吴簡"枯兼波簿"，主要是對其現有編聯方案進行調整。後二者不屬于先秦諸子，故附錄于末。我認爲在簡帛研究中，編聯復原是僅次于文字釋讀的一項基礎性工作，其重要性甚至不亞于文字釋讀。研究者祇有在正確編聯復原的基礎上，纔能進一步準確詮釋其内容和思想。事實上，我在做出新的編聯復原的同時，對其他相關問題也都形成一些不同認識。其中關于《孔子詩論》，已經指導王杰博士寫出學位論文；而關于《文子》、《恒先》、郭店儒簡三篇，將來擬分别寫作書稿，進行更加全面深入的研究。因此，特别希望學界同道不吝賜教，指出本書中存在的錯誤，以便我在將來的研究中及時糾正。

淳安張固也
癸卯初夏序于武昌桂子山

目　錄

論《左傳》"君子曰"與荀子學派思想的關係　1

論《管子》的早期流傳　19

《管子》分組探源　33

論《管子》"三匡"命名分篇之義　50

論《管子·幼官》和《管子·幼官圖》　62

《管子》"道法家"三篇説質疑　79

《管子·侈靡》篇的結構與主題　91

論《管子·侈靡》篇　104

論《管子·禁藏》篇　125

《管子·輕重》篇成書年代新論　138

《管子》的治國理念及當代價值　166

《管子》與齊學　189

《管子四篇疏證》述論　237

《老子》第五十九章新解　257

《孔子家語》補校　266

從《孔子家語後序》看其成書過程　280

《孔子家語》分卷變遷考　294

西漢孔子世系與孔壁古文之真偽　316

竹簡《文子》復原　336

竹簡《文子》釋文與摹本校讀記　358

竹簡《文子》2465號簡新釋　370

竹簡《文子》二題　388

竹簡《文子》首章復原——兼論其思想宗旨與綱領　402

八角廊簡《文子‧聖知》的復原及其思想　421

再論竹簡《文子‧聖知》章的復原——兼答譚寶剛先生　434

竹簡《文子》復原及其意義　449

從竹簡《文子》看今本的偽造手法　481

也談《文子》竹簡本與傳世本的關係　501

郭店儒簡三篇新編　519

楚簡《恒先》分章與語譯　527

也談楚簡《恒先》與八股文　546

上博簡《詩論‧關雎》章的編聯與復原　565

走馬樓吳簡"枯兼波簿"新探　588

後記　610

論《左傳》"君子曰"與荀子學派思想的關係

《左傳》常于敘事之末,以君子發辭,對人物事件進行評論。這些被後人統稱爲"君子曰"的文字,總共有八十多條,約二千字。宋代以來,不少學者認爲"君子曰"是漢人劉歆所竄入,這一說法是否可信,成爲《左傳》作者及其成書年代研究的焦點之一。現代研究表明,"君子曰"在先秦古籍中是一種習見的議論方式,《左傳》"君子曰"的出現,不會晚于戰國時代。但前人對"君子曰"的具體内容、整體思想,沒有給予足夠重視。

浦偉忠《論〈左傳〉"君子曰"的思想》一文,試圖"把'君子曰'看成一個思想體系,通過研究,重構出他的社會觀以及價值觀等"。① 這是很有意義的。筆者進而認爲,劉向《別錄》有荀子傳授《左傳》的記載,若將《左傳》"君子曰"和荀子學派的思想加以比較分析,或許可以得出一些有益的結論。

---

① 浦偉忠:《論〈左傳〉"君子曰"的思想》,《中國史研究》1990 年第 2 期。

一

《左傳》是儒家的經典著作之一,"君子曰"反映的是儒家思想,這是毫無疑問的。孔子以來,仁義禮一直是儒家的三個不可分割的主要理論範疇。《論語·衛靈公》記載孔子説:"君子義以爲質,禮以行之。"①禮是以義爲實質内容的,而義又以仁爲基礎。君子也把仁義禮結合在一起,他舉例説:"酒以成禮,不繼以淫,義也。以君成禮,弗納于淫,仁也。"②

但君子所處時代,仁義觀念顯然處于弱化趨勢,所以他經常在禮的基礎上談仁談義。禮有時包括了仁義,如春秋初年習慣説"多行不義必自斃",③到君子的時代成了"多行無禮必自及"。④"君子曰"用"禮"字三十七次,用"義"字衹有十一次,用"仁"字僅三次。顯然,在"君子曰"的思想體系中,禮占據了最重要的地位,這是符合荀子思想特徵的。

衆所周知,在孔子以後,孟子發揮他的仁義學説達到極致,而荀子繼承發展了孔子禮的思想。杜國庠説:"作爲儒家的荀卿,他的特點可以用一個'禮'字來表現的。他的禮論,大體繼承着孔子的思想,但他把它發展起來,達到登峰造極的地步。在他之後,所謂禮學,幾乎再没有什麽發展。"⑤《荀子》一書,論述禮最多,還專

---

① 程樹德:《論語集釋》,中華書局,1990年,第1417頁。
② 〔晋〕杜預:《春秋經傳集解》,上海古籍出版社,1988年,第180頁。
③ 〔晋〕杜預:《春秋經傳集解》,上海古籍出版社,1988年,第6頁。
④ 〔晋〕杜預:《春秋經傳集解》,上海古籍出版社,1988年,第815頁。
⑤ 杜國庠:《杜國庠文集》,人民出版社,1962年,第38頁。

門有篇《禮論》;論義次之,談仁較少。老子說:"失道而後德,失德而後仁,失仁而後義,失義而後禮。夫禮者,忠信之薄,而亂之首。"①將道家學派的批評驗于孔孟荀思想發展的軌迹,若合符節。

"君子曰"和荀子關于禮的具體論述也是完全一致的。

首先,在禮的重要性方面,兩者都把禮的功能提高到經國安邦的高度加以認識。君子説:"禮,經國家,定社稷,序民人,利後嗣者也。"②用禮來經邦治國,就能社稷穩固,上下有序,讓國家世世代代延續下去。荀子更是一再强調禮對國家的重要性,《王霸》篇説:"禮之所以正國也。"《大略》篇説:"禮之于正國家也,如權衡之于輕重也,如繩墨之于曲直也。故人無禮不生,事無禮不成,國家無禮不寧。"《强國》《天論》篇兩次説:"國之命在禮。"③這樣的評價,大大超出了孔孟。

其次,在如何實現禮制的問題上,兩者都把當時禮制破敗的根源歸結于相争,而認爲禮讓是解决争端的最好途徑。

《左傳·襄公十三年》君子曰:"世之治也,君子尚能而讓其下,小人農力以事其上,是以上下有禮,而讒慝黜遠,由不争也,謂之懿德。及其亂也,君子稱其功以加小人,小人伐其技以馮君子,是以上下無禮,亂虐并生,由争善也,謂之昏德。國家之敝,恒必由之。"君子進而認爲,"讓""不争"是禮的基礎,"讓,禮之主也"。他舉例説,"范宣子讓,其下皆讓","晋國以平,數世賴之"。④ 君子所謂

---

① 朱謙之:《老子校釋》,中華書局,1984年,第152頁。
② 〔晋〕杜預:《春秋經傳集解》,上海古籍出版社,1988年,第57頁。
③ 〔清〕王先謙:《荀子集解》,《諸子集成》,中華書局,1954年,1988年第6次印刷,第136、327、194、211頁。
④ 〔晋〕杜預:《春秋經傳集解》,上海古籍出版社,1988年,第895—896頁。

3

讓,就是君臣上下各居其位,各盡所能。君子甚至把《詩經》的"大夫不均,我從事獨賢"說作"爭善",反映了他對爭的極端痛恨,對善的懷疑。

學術界公認,荀子比較重視人性中相爭的一面,因而認爲人性惡。君子是否持性惡的觀點,因其評論較少而又零碎,不足以明確得出這一方面的結論。浦偉忠指出:"從君子所說'善不可失''求善''從善'來看,都是講的外在的善,而與人性之本善無涉。"① 筆者認爲,君子所說"爭善""刑善",或許更能反映其思想傾向:一般人是不懂善的,需要周文王這樣的聖賢善人驅使他們向善。這種傾向比較接近荀子的性惡論。

關于禮讓和相爭的關係,《荀子·禮論》有段著名的論述:"禮起于何也? 曰:人生而有欲,欲而不得,則不能無求。求而無度量分界,則不能不爭。爭則亂,亂則窮。先王惡其亂也,故制禮義以分之。"② 所謂"制禮義以分之",就是《榮辱》篇説的"使有貴賤之等,長幼之差,知愚、能不能之分,皆使人載其事而各得其宜"。③

這裏荀子認識到,人生在世,均占有一定的空間,懷有一定的欲望,于是需要制定一定的合理的秩序,使民不爭,即"職分而民不探,次定而序不亂"。④ 用君子的話說,則是"能官人則民無覦

---

① 浦偉忠:《論〈左傳〉"君子曰"的思想》,《中國史研究》1990 年第 2 期。
② 〔清〕王先謙:《荀子集解》,《諸子集成》,中華書局,1954 年,1988 年第 6 次印刷,第 231 頁。
③ 〔清〕王先謙:《荀子集解》,《諸子集成》,中華書局,1954 年,1988 年第 6 次印刷,第 44 頁。
④ 〔清〕王先謙:《荀子集解》,《諸子集成》,中華書局,1954 年,1988 年第 6 次印刷,第 158 頁。

心"①。"民不探""民無覦心",纔能各居其位,各盡所能,上下得序,這正是禮本來的意義。

再次,既然禮是用以制止相争的,那麽,有什麽樣的争的現實,就會有什麽樣的禮,這是合乎邏輯的推理。因此,兩者都不是執着地恢復鬱鬱周禮,他們對禮的看法,都不局限于一些條文儀式;運用起禮來,都是十分靈活的。

君子説:"度德而處之,量力而行之,相時而動,無累後人,可謂知禮矣。""恕而行之,德之則也,禮之經也。"②君子認爲,能夠審時度勢,恕而行之,就是知禮;而不考慮德、力、時地一味行禮,是君子所唾棄的。這種思想具有强烈的現實性、功利性,這是和孔孟之禮的一個顯著區别。君子的一些"知禮""有禮"的評論,往往受到後世儒學家的批評,這不是偶然的。荀子則提出:"禮以順人心爲本,故亡于《禮經》而順人心者,皆禮也。"③順應時代人心的變化,正表現爲三代禮相損益,也是荀子和君子的禮不同于孔孟之禮的原因。

最後,在把禮作爲對個人道德修養的要求這一層面上,兩者都不是以人的自覺心爲基礎,不是要求人們意識到禮的正當性而去實現它,而是用避害、保身、"荷禄"等現實的利害關係去説服人們守禮。他們這方面的言論很多,如君子説:"失禮違命,……易之戮也。"④《荀子·大略》篇:"禮者,人之所履也。失所履,必顛蹶陷

---

① 〔晋〕杜預:《春秋經傳集解》,上海古籍出版社,1988年,第922頁。
② 〔晋〕杜預:《春秋經傳集解》,上海古籍出版社,1988年,第57、60頁。
③ 〔清〕王先謙:《荀子集解》,《諸子集成》,中華書局,1954年,1988年第6次印刷,第324頁。
④ 〔晋〕杜預:《春秋經傳集解》,上海古籍出版社,1988年,第536頁。

溺。所失微而其爲亂大者,禮也。"①注重個人的道德修養,是儒家的一貫傳統,但是君子和荀子的態度似乎比孔孟更加急迫,如"君子曰"强調"禮其人之急也乎",并兩次引用《詩經》的"人而無禮,胡不遄死"。② 荀子説:"禮者,人道之極也。然而不法禮,不足禮,謂之無方之民;法禮足禮,謂之有方之士。"③

禮制對婦女的束縛,在古代是漸趨細密嚴苛的。《左傳·僖公二十二年》載,"鄭文夫人芈氏、姜氏勞楚子于柯澤",君子批評説:"非禮也。婦人送迎不出門,見兄弟不踰閾,戎事不邇女器。"④《荀子·富國》有段相似的話:"男女之合,夫婦之分,婚姻娉内,送逆無禮,如是,則人有失合之憂,而有争色之禍矣。"⑤兩者對婦女的束縛是比較嚴厲的。相較而言,孔子對好色的防範并未如斯之甚。

二

"君子曰"和荀子的爲君治國之道是完全一致的。

戰國中後期,經過幾百年戰争,中國日益走向重新統一。當時思想界掀起一場大辯論,即"王霸之辯",這是一個關係中國統一基

---

① 〔清〕王先謙:《荀子集解》,《諸子集成》,中華書局,1954年,1988年第6次印刷,第327頁。
② 〔晋〕杜預:《春秋經傳集解》,上海古籍出版社,1988年,第1225、1677頁。
③ 〔清〕王先謙:《荀子集解》,《諸子集成》,中華書局,1954年,1988年第6次印刷,第237頁。
④ 〔晋〕杜預:《春秋經傳集解》,上海古籍出版社,1988年,第328頁。
⑤ 〔清〕王先謙:《荀子集解》,《諸子集成》,中華書局,1954年,1988年第6次印刷,第114頁。

本方針的問題。孟子是著名的重王輕霸論者,他所謂王是"以德行仁",即讓天下中心悦而誠服;所謂霸,是"以力假仁",即假仁義之名,以武力征服天下。① 他反對霸政,鼓吹王政,然而在當時列強爭戰的情況下,侈談王政顯然是刻板的說教。正如《管子·霸言》所說:"強國衆而言王勢者,愚人之智也。"② 荀子也主張以禮義爲本,但不排斥武力的威懾作用,故對王霸采取兼容的態度,雖把王政擺在首位,但給霸政以比較多的肯定,對"王霸主""王霸之佐"都持贊賞態度。

《左傳》"君子曰"没有提到"霸"字,但《左傳》寄望于大一統,而對齊桓、晉文的霸業大書特書,以政出家門爲可,却又批評齊桓公不務德而勤遠略,霸功遂衰,其基本態度和荀子極爲相似。從"君子曰"對一些人事的評論來看,其王霸觀及爲君治國之道和荀子是一致的。

第一,兩者都有重法愛民的思想。

儒家有人治的傳統,而到它的先秦最後一位大師荀子那裏,却逐步重視起法治。《荀子》中常常禮法并提,他的禮實際上已逐步向法過渡。《王霸》篇説:"道王者之法與王者之人爲之,則亦王;道霸者之法與霸者之人爲之,則亦霸。"人君的職責就是"論一相,陳一法,明一指,以兼覆之"。又説"百王之法不同",應該"法後王",實際上就是主張因時立法。③《強國》《天論》《大略》等篇中多次強

---

① 〔宋〕朱熹:《四書章句集注》,中華書局,1983 年,第 235 頁。
② 黎翔鳳:《管子校注》,中華書局,2004 年,第 472 頁。
③ 〔清〕王先謙:《荀子集解》,《諸子集成》,中華書局,1954 年,1988 年第 6 次印刷,第 134、146、143 頁。

調"隆禮尊賢而王,重法愛民而霸",①説明這一思想在荀子整體思想中占有重要地位。

《左傳·文公六年》載,秦穆公死,以"三良"爲殉,君子評論説:

> 秦穆之不爲盟主也,宜哉！死而棄民。先王違世,猶詒之法,而况奪之善人乎？……古之王者,知命之不長,是以并建聖哲,樹之風聲,分之采物,著之話言,爲之律度,陳之藝極,引之表儀,予之法制,告之訓典,教之防利,委之常秩。道之以禮則,使毋失其土宜,衆隸賴之而後即命,聖王同之。今縱無法以遺後嗣,而又收其良以死,難以在上矣！君子是以知秦之不復東征也。②

孔子詛咒秦國的人殉説"始作俑者,其無後乎",③局限于就事論事。君子在這裏却進一步借題發揮,闡述了自己的政治主張。君子認爲,古代聖王既重視治人,也重視治法,所以在位時"并建聖哲",既以輔佐自己,又以輔佐繼嗣者。還"予之法制,告之訓典",給後代建立先進的法制。而秦穆公雖然使秦國富强于一時,但所建法制還很落後,"無法以遺後嗣",終于沒能繼續東征,稱霸中原。他希望秦穆公仿效聖王的做法,建立法制禮則,而不是全盤接受先王之法,表明他因時立法的主張。君子又批評秦穆公"死而棄民",

---

① 〔清〕王先謙:《荀子集解》,《諸子集成》,中華書局,1954年,1988年第6次印刷,第194、211、321頁。
② 〔晋〕杜預:《春秋經傳集解》,上海古籍出版社,1988年,第446—447頁。
③ 〔宋〕朱熹:《四書章句集注》,中華書局,1983年,第205頁。

從秦以"三良"殉葬的做法,分析到穆公一點也不愛惜自己的臣民,這些思想和荀子"重法愛民而霸"的說法是一脉相承的。

此外,關于王霸所指,《孟子·告子下》說:"虞不用百里奚而亡,秦穆公用之而霸。"①漢人趙岐作注時就把秦穆公列爲五霸之一。而《荀子·王霸》篇說:"雖在僻陋之國,威動天下,五伯是也。……故齊桓、晋文、楚莊、吴闔閭、越句踐,……信立而霸也。"②君子曰"秦穆之不爲盟主"就是明確否認了秦穆公的霸主地位。他感歎"秦之不復東征",也與荀子"僻陋之國,威動天下"的霸主標準暗合。

第二,兩者都很重視信。

信是儒家禮教的五常之一,這一觀念發軔于春秋時期。當時有一種十分引人注目的現象,就是會盟質誓之類行爲頻繁、普遍,然而不守盟約的事件却屢見不鮮。君子和荀子對此都十分痛恨,認爲没有信的盟誓無補于事。君子說:"信不由中,質無益也。""苟信不繼,盟無益也。《詩》云'君子屢盟,亂是用長',無信也。"③荀子說:"約信盟誓,則約定而畔無日。""故《春秋》善胥命,而《詩》非屢盟,其心一也。"④戰國時期,信的觀念有所衰退,君子和荀子批評盟誓,是爲了強調信。值得注意的是,他們談論的信,倫理成分大爲減少,而直接從内政外交等政治活動出發,甚至直接把信和霸聯

---

① 〔宋〕朱熹:《四書章句集注》,中華書局,1983年,第342頁。
② 〔清〕王先謙:《荀子集解》,《諸子集成》,中華書局,1954年,1988年第6次印刷,第133頁。
③ 〔晋〕杜預:《春秋經傳集解》,上海古籍出版社,1988年,第19、109頁。
④ 〔清〕王先謙:《荀子集解》,《諸子集成》,中華書局,1954年,1988年第6次印刷,第129、333頁。

繫在一起。

《荀子·王霸》篇說:"德雖未至也,義雖未濟也,然而天下之理略奏矣,刑賞已、諾,信乎天下矣,臣下曉然皆知其可要也。政令已陳,雖睹利敗,不欺其民;約結已定,雖睹利敗,不欺其與。如是,則兵勁城固,敵國畏之,國一綦明,與國信之……故齊桓、晉文、楚莊、吳闔閭、越句踐,是皆僻陋之國也,威動天下,強殆中國,無他故焉,略信也。是所謂信立而霸也。"這說明荀子的信,包含兩方面:一是內政,二是外交。

內政方面講信,就不能朝令夕改,應該有一定客觀性,"制號政令欲嚴以威,慶賞刑罰欲必以信",①這樣纔能取信於民。荀子這一方面的信實際已兼糅儒法。"君子曰"的一些零星議論,反映出君子對刑政之信也是極爲重視的。《左傳·隱公十一年》:"君子謂鄭莊公失政刑矣。政以治民,刑以正邪,既無德政,又無威刑,是以及邪。"僖公二十八年,晉文公"殺舟之僑以徇于國"。君子稱贊說:"文公其能刑矣,三罪而民服。《詩》云'惠此中國,以綏四方',不失賞刑之謂也。"襄公五年:"君子謂楚共王于是不刑……己則無信,而殺人以逞,不亦難乎?"不講信用,隨意殺人,這樣的國君是難以治理好國家的。

外交方面的信,主要體現在對盟約的信守。荀子認爲,一旦締結盟約,即使有時背棄盟約,能暫時收到好處,信守盟約,會帶來不利,也不應欺騙、損害與國,這樣纔能得到其他國家的信任,纔能建立霸政。君子也提出:"信其不可不慎乎!澶淵之會,卿不書,不信

---

① 〔清〕王先謙:《荀子集解》,《諸子集成》,中華書局,1954年,1988年第6次印刷,第132—133、183頁。

也。夫諸侯之上卿,會而不信,寵名皆棄,不信之不可也。"他主張和其他國家交往時,要講究信用,用禮來約束自己:"君子結二國之信,行之以禮。"晉文公是君子心目中創立霸業的傑出人物,曾經"伐原以示之信"。魯僖公二十八年,晉文公大會諸侯于踐土,被周襄王正式册封爲侯伯,從而成就了"取威定霸"的業績。君子評論說:"是盟也信。"①這就把晉文公推爲"信立而霸"的典型了。

最後,兩者對君主的一些具體要求很相似。

兩者都把國君喻作"本",對國君的個人纔能品質提出要求。春秋時期,弒君廢君事件不斷發生,正如劉向所說:"《春秋》之中,弒君三十六,亡國五十二,諸侯奔走,不得保其社稷者甚衆。"②鑒于這種歷史經驗和當時動盪不居的現實,君子的立君觀念,不是死守嫡長子繼承制,而是主張度其德,量其力。《左傳·莊公六年》記載,衛左、右公子立公子黔牟,逐衛惠公,實是逐君政變。君子不以二公子爲不道,却歎其"不度其本",說:"夫能固位者,必度于本末而後立衷焉,不知其本不謀,知本之不枝弗强。"③這反映了當時對君主本身的纔能品質提出了更高的要求。值得注意的是,《荀子》一書,也常常用"本末"這一比喻,《禮論》篇說:"君師者,治之本也。"荀子也把君主的才能賢否,地位是否穩固,稱爲國家的根本。《富國》篇說:"人君者,所以管分之樞要也。故美之者,是美天下之

---

① 〔晉〕杜預:《春秋經傳集解》,上海古籍出版社,1988年,第59、377、826、1146、19、367、376頁。
② 〔漢〕劉向撰,趙善詒疏證:《說苑疏證》,華東師範大學出版社,1985年,第73頁。
③ 〔晉〕杜預:《春秋經傳集解》,上海古籍出版社,1988年,第139頁。

本也;安之者,是安天下之本也;貴之者,是貴天下之本也。"①這一比喻,孔孟用得不多。

兩者都反對統治者迷信卜筮,主張統治者用自己的意志決定軍政大事。春秋時期,各國好預言因果休咎而以卜筮爲徵驗,有很濃厚的迷信色彩,君子對此持反對態度。《左傳·哀公十八年》,楚國選拔大將,有人主張用占卜的方法決定,楚惠王説:"寧如志,何卜焉!"君子稱贊説:"惠王知志。"②荀子也是反對卜筮的,《天論》篇對卜筮有段著名的解釋:"卜筮然後決大事,非以爲得求也,以文之也。故君子以爲文,而百姓以爲神。以爲文則吉,以爲神則凶也。"③

兩者都對統治者提出一個較特殊的要求:知懼。《左傳·成公七年》:"君子曰:'知懼如是,斯不亡矣。'"統治者能夠知懼,就不會亡國滅身。如秦穆公敗于晋後,"猶用孟明,孟明增修國政,重施于民",趙成子稱其爲"懼而增德,不可當也"。楚人滅江,秦穆公又吸取其教訓,表示"吾自懼也"。這種做法,得到君子的稱贊。④ 孔子曾勸告子路要"臨事而懼,好謀而成",⑤這當然也可以作爲君主的處事原則;但孔孟更提倡勇而不懼,對知懼沒有做過多的論述。荀子却對知懼十分重視,在《解蔽》篇專門給"懼"下了個定義:"故

---

① 〔清〕王先謙:《荀子集解》,《諸子集成》,中華書局,1954年,1988年第6次印刷,第233、116頁。
② 〔晋〕杜預:《春秋經傳集解》,上海古籍出版社,1988年,第1836頁。
③ 〔清〕王先謙:《荀子集解》,《諸子集成》,中華書局,1954年,1988年第6次印刷,第211頁。
④ 〔晋〕杜預:《春秋經傳集解》,上海古籍出版社,1988年,第687、427、438頁。
⑤ 〔宋〕朱熹:《四書章句集注》,中華書局,1983年,第95頁。

有知非以慮是,則謂之懼。"《修身》篇説君子"其遠害也早,其避辱也懼";《臣道》篇特别提及了"危國家、殞社稷之懼",要求國君"因其懼也,而改其過";《哀公》篇認爲"未嘗知懼"是國君的一大不足,而主張"思懼";《王霸》篇則指出:國君"身不能,知恐懼而求能者,如是者强;身不能,不知恐懼而求能者,安唯便僻左右親比己者之用,如是者危削"。① 這段話幾乎是"知懼如是,斯不亡矣"的注脚。

三

君子和荀子都很重視爲臣之道,并提出一些相似的看法。

春秋戰國時代,各諸侯國競爭激烈,再讓那些腐朽無能的顯赫貴族尸禄高位,就會危及本國貴族的整體利益,于是各國紛紛不拘一格選拔人才,大批庶人身份的人登上政治舞臺,尚賢成爲當時人的共識。《左傳》記載了大量文武官員的事迹和言論,"君子曰"往往附加評論,可以反映出君子的爲臣之道。荀子不像孔孟那樣熱衷于游説諸侯,而喜歡游説"主相",認爲國家的"强固榮辱在于取相",主張"人主胡不廣焉無恤親疏,無偏貴賤,唯誠能之求"。②《荀子》一書還有《臣道》篇,對此進行專門論述。因此,君子和荀子都具有重視爲臣之道這一總體特徵,他們的很多具體論述更有相

---

① 〔清〕王先謙:《荀子集解》,《諸子集成》,中華書局,1954 年,1988 年第 6 次印刷,第 271、21、165、168、356—357、136 頁。
② 〔清〕王先謙:《荀子集解》,《諸子集成》,中華書局,1954 年,1988 年第 6 次印刷,第 135、142 頁。

通之處,值得注意。

第一,兩者都强調指出:"官人"得宜是治理國家的第一要務。

《左傳·襄公十五年》:"君子謂楚于是乎能官人。官人,國之急也,能官人則民無覦心。"①君子認爲官人得宜,則君臣上下各居其列、各盡其能,國家就能安定富强。聖君賢相,是儒家的一貫政治理想,雖然君子重視官員的任命,没有什麽新奇,但其態度,似乎更爲迫切。尤其是"官人"的提法,《論語》《孟子》中都没有,更不可能把這提到"國之急也"的高度來認識。相反,《荀子》曾十三次使用"官人"一詞。荀子認爲,君主一人精力有限,好詳而事事過問,就什麽事也幹不好。善于任命官吏的君主纔能治理好國家,"人主者以官人爲能者也"。《君道》篇説,人主之道在于"能論官","急得其人,則身佚而國治,功大而名美,上可以王,下可以霸"。又説:"故職分而民不探,次定而序不亂,兼聽齊明而百事不留。如是,則臣下百吏至于庶人莫不修己而後敢安正,誠能而後敢受職,百姓易俗,小人變心。"②這裏的"民不探"和君子的"民無覦心"也是完全一致的。

所官之人從何而來? 來自舉善。《左傳·襄公三年》:"君子謂祁奚于是能舉善矣。稱其讎,不爲諂。立其子,不爲比。舉其偏,不爲黨……建一官而三物成,能舉善也。夫唯善,故能舉其類。"③值得注意的是,君子認爲祇有善人纔能"舉其類"。類是荀

---

① 〔晋〕杜預:《春秋經傳集解》,上海古籍出版社,1988 年,第 922 頁。
② 〔清〕王先謙:《荀子集解》,《諸子集成》,中華書局,1954 年,1988 年第 6 次印刷,第 138、163、151、158 頁。
③ 〔晋〕杜預:《春秋經傳集解》,上海古籍出版社,1988 年,第 807 頁。

子群分説的一個重要概念,《勸學》篇説"草木疇生,禽獸群焉,物各從其類也",《君道》篇説人也是"賢不肖不雜","其交游也,緣義而有類",《王制》篇主張"其有法者以法行,無法者以類舉"。① 各項政策如此,用人也是如此。

第二,兩者都高度重視爲臣的使命。

《左傳·成公二年》君子曰:"臣治煩去惑者也。"② 這是君子關于君臣關係和爲臣使命的一個重要命題。在孔孟眼中,君主應該是聰明聖智的,昏主庸君則不值一提了。聖君需要賢臣的輔佐,但談不上依靠賢臣"治煩去惑"。《荀子》一書中,暗、煩、惑三字常常和君主聯繫在一起。《君道》篇説:"卿相輔佐,人主之基杖也……故人主必將有足使喻志決疑于遠方者然後可,其辯説足以解煩,其知慮足以決疑,其齊斷足以距難。"③ 這裏的"疑"和其他地方的"惑"是相同的,所謂"解煩決疑"和"治煩去惑"意思完全一樣,這段話幾乎是"君子曰"的注脚。《朱子語類》曾説,荀子"見當時庸君暗主戰鬥不息,憤悶惻怛,深欲提耳而誨之"。④ 君子寄希望于臣子的"治煩去惑",又何嘗不是對當時的庸君暗主失望的結果呢?

第三,兩者都強調臣子應該忠于君主。

《左傳·襄公十四年》君子曰:"君薨不忘增其名,將死不忘衛社稷,可不謂忠乎? 忠,民之望也……萬民所望,忠也。"這裏不但

---

① 〔清〕王先謙:《荀子集解》,《諸子集成》,中華書局,1954年,1988年第6次印刷,第4、153—154、96頁。
② 〔晋〕杜預:《春秋經傳集解》,上海古籍出版社,1988年,第653頁。
③ 〔清〕王先謙:《荀子集解》,《諸子集成》,中華書局,1954年,1988年第6次印刷,第162頁。
④ 〔宋〕黎靖德編:《朱子語類》第8册,崇文書局,2018年,第2474頁。

稱贊爲君增名、保衛社稷的忠臣,還從民的角度來認識忠的重要性,反映出當時忠君觀念已經深入人心。君子要求臣子"盡心力以事君",而且要"其不解(懈)也,能懼思也"。但君子認爲:"忠爲令德,非其人猶不可,況不令乎?"雖然忠是美好的品德,然而忠于不該擁立的國君,會招致殺身之禍。① 荀子對忠君的重視程度遠遠超過孔孟,《臣道》篇一開頭就用忠君與否區別臣子爲四種,甚至把忠又分成三等:"有大忠者,有次忠者,有下忠者。"他也要求臣子"以禮待君,忠順而不懈",特別是《臣道》《子道》篇兩引"《傳》曰:'從道不從君'",②反對愚忠,與君子相同,是時代發展的新現象。

第四,兩者都認爲,忠臣的主要品質之一就是敢于諫争。

孔孟稱贊比干諫而死之類的行爲,但常常勸人諫而不從則去,没有"伏死而争"這樣高的要求。《論語》《孟子》也没有含諫争意義的"争"字,《荀子·臣道》篇却説:"君有過謀過事,將危國家、殞社稷之懼也,大臣父兄有能進言于君,用則可,不用則去,謂之諫;有能進言于君,用則可,不用則死,謂之争。"③其他篇中還經常贊賞"争臣""争子""争友"。莊公十九年,君子曰:"鬻拳可謂愛君矣,諫以自納于刑,刑猶不忘納君于善。"君子甚至主張臣子應該"伏死而争"。④ 君子對"諫""争"二字的使用,是完全符合荀子定義的。

第五,兩者都以公私對言,提倡公而無私。

---

① 〔晉〕杜預:《春秋經傳集解》,上海古籍出版社,1988年,第920、1440、434、709頁。
② 〔清〕王先謙:《荀子集解》,《諸子集成》,中華書局,1954年,1988年第6次印刷,第168、152—153、166、347頁。
③ 〔清〕王先謙:《荀子集解》,《諸子集成》,中華書局,1954年,1988年第6次印刷,第166、653頁。
④ 〔晉〕杜預:《春秋經傳集解》,上海古籍出版社,1988年,第173頁。

《左傳·襄公五年》，魯國的季文子卒，"無衣帛之妾，無食粟之馬，無藏金玉，無重器備"。君子稱讚他"忠于公室也。相三君矣，而無私積，可不謂忠乎？"君子要求處事完全從公義出發，不能站在一己的立場；對那些"以其私憾，敗國殄民"的人，則給予嚴厲的譴責。① 孟子說："公事畢，然後敢治私事。"② 公與私、國家與個人有先後之別。而君子提出忠而無私，個人要絕對服從國家，對以私利損害國家社稷者深惡痛絕，認爲應處以極刑。公私相分如此鮮明，是孔孟所不及的。荀子是先秦時代"無私論"的主要倡導者，他常常公私對言，《臣道》篇提倡"致忠而公"，《解蔽》篇批評"群臣去忠而事私"，《大略》篇贊賞"樂分施而恥積藏"，批評"多積財而羞無有"。尤其《修身》篇"法勝私""以公義勝私欲"，以及《君道》篇"公道達而私門塞矣，公義明則私事息矣"等命題，③ 在中國古代思想史上有很大影響。

四

以上比較分析說明，《左傳》"君子曰"的一些重要概念，如知懼、官人、舉善、爭、主，都不見于《論語》《孟子》等較早的著作，而恰恰爲荀子所常用，少數詞句也和《荀子》相似，而其關于禮的思想、爲君治國之道、爲臣之道，和荀子思想更爲接近。如此有限的材

---

① 〔晉〕杜預：《春秋經傳集解》，上海古籍出版社，1988年，第828、536頁。
② 〔宋〕朱熹：《四書章句集注》，中華書局，1983年，第256頁。
③ 〔清〕王先謙：《荀子集解》，《諸子集成》，中華書局，1954年，1988年第6次印刷，第170、259、331、22頁。

料,竟和《荀子》有這麼多的相近之處,這絕不是偶然的。我們可以做出如下推論:

第一,"君子曰"不是孔子之辭。直到現代,仍有學者認爲:"《左傳》所謂君子照《左傳》的體例,一般指孔丘。"[1]我們已經在上面多處指明,君子的思想和孔孟是有一定距離的。就光從"《左傳》的體例"來看,《昭公二十年》:"仲尼曰:'守道不如守官。'君子韙之。"這裏的君子當然不會是孔子。

第二,"君子曰"的思想是同戰國的時代背景相符合的,也不會是漢人劉歆之辭。

第三,劉向述《左傳》傳授源流云:"左丘明授曾申,申授吳起,起授其子期,期授楚人鐸椒,鐸椒作《抄撮》八卷,授虞卿,虞卿作《抄撮》九卷,授荀卿,荀卿授張蒼。"[2]根據這一記載,結合以上的思想分析,比較合理的解釋是:"君子曰"是在《左傳》流傳過程中,由荀子或者與他有思想淵源的人增加進去的。而根據思想發展的規律,荀子以前的人,不可能在整體思想上和荀子如此接近;如果是他的後人引述他的思想,詞句相同的地方應該更多。所以我們認爲,"君子曰"爲荀子本人所竄入,他以君子設辭,表明和前人的思想有一定繼承性,但其整體思想,是屬于荀子的。

附記:本文初稿寫于研二下學期,先後承陳維禮、陳恩林、林澐三位老師審閱,并提出修改意見,謹致謝忱。

---

[1] 馮友蘭:《中國哲學史新編》,商務印書館,2020年,第43頁。
[2] 〔唐〕孔穎達:《春秋左傳正義》卷1,《十三經注疏》,臺灣中華書局,1979年影印本,第1703頁。

論《管子》的早期流傳

　　《管子》一書學界公認非管仲自著,且非一時一人之作,但仍有許多疑難問題,迄未得到理想的解決。如漢人衹説《管子》有八十六篇,未言卷數,後世書目之著録則分卷多有不同,二十四卷之今本的來源成爲有待研究的問題。從漢代到宋代,《管子》是如何流傳的?這個問題對于確定今本之可信度極爲關鍵,可惜中國大陸學者對此較少討論,中國臺灣及海外學者則在研究中惑于叢抄類書目的記載,尚多誤説,亟待辨正。

一

　　先秦典籍大多經過西漢劉向校編而成定本,劉向《管子叙録》對校書經過有明確記載,自言"定著八十六篇",《漢書・藝文志・諸子略》道家類著録的篇數相同。今本已佚十篇,然佚篇之目俱在,其爲劉向校定之本似毋庸置疑。但也有人説:"今本《管子》實非劉向校定的,《漢書·藝文志》中所載的《管子》。"理由是其書編輯體例混亂,"劉向不會低能如此",應是後人竄亂。① 1927年法國漢學家馬伯樂(Henri Maspero)在《古代中國》一書中甚至認爲,劉向編輯的《管子》原爲十八篇,"後來遺失了,如今的《管子》完全是近代的僞作,古代的部分則被散没在約于公元四、五世紀寫成的篇章中了",劉向的叙録也是後人之僞作。② 其根據是唐人張守節在爲《史記·管晏列傳》所作正義中説:"《七略》云:《管子》十八篇,在法家。"③

東漢王充説過,管仲"之書,篇章數十","造《輕重》之篇"。④ 王充所見當然是劉向校編的定本,而明言爲數十篇,足證懷疑其衹有十八篇是完全没有道理的。馬伯樂的説法顯然受到了《管子》僞書説的影響,而根本原因是未能發現張守節的引文有誤。國内學界也曾經長期流行一個説法,即認爲張守節所説的十八篇本可能就是韓非、司馬遷等人見過的,劉向校書以前就有的"原本"。如古丁説,"原本的《管子》""是戰國時代以管仲爲始祖的法家的著作"。⑤ 余敦康説,"在劉向編定的現存的《管子》書之前,還另有一本《管子》書","這是《管子》書的原本"。⑥ 張岱年説:"這

---

① 牛力達:《〈管子〉成書年代之我見》,《中國經濟問題》1982年第3期。
② 轉引自[美]李克《管子研究在西方》,《管子學刊》1989年第2期。
③ [漢]司馬遷:《史記》卷62,中華書局,1959年,第2136頁。
④ [漢]王充:《論衡》,《諸子集成》,中華書局,1954年,1988年第6次印刷,第275、277頁。
⑤ 古丁:《管子和〈管子〉書》,《解放日報》1961年3月7日。
⑥ 余敦康:《論管仲學派》,《中國哲學》第2輯,生活·讀書·新知三聯書店,1980年,第45—46頁。

十八篇的《管子》當是劉向校定以前的傳本。"①李曦說:"司馬遷所見《管子》書即《管子》十八篇本,可能就是韓非所見的那個《管子》。"②關鋒、林聿時不僅懷疑韓非、司馬遷見到的《管子》書"就是劉歆所說的'《管子》十八篇'本",還進一步推測"原十八篇的《管子》書,就是《經言》十一,《外言》七"。③ 胡家聰更撰專文考證:"《經言》八篇,《外言》中有六篇,《區言》中有四篇,共計十八篇法家作品,均當在《管子》原本之内。這與《七略》所載'《管子》十八篇,在法家'相吻合,稷下法家學派最先編定的《管子》原本可能就是這十八篇。"④張榮明反對"原本"之說,但仍認爲這十八篇是《管子》編定後,劉歆新發現的一個較早的本子。⑤ 上述推測都祇有唐人晚出的這一條孤證,其實這一記載很值得懷疑。

荷蘭學者范德龍(Piet van der Loon)指出,張守節所提到的《七略》,實爲梁阮孝緒《七録》之誤,"篇"爲"卷"之誤,這早已爲西方學界所公認。⑥ 其實清人孫星衍《廉石居藏書記》已發此疑,近代章太炎考證說:

---

① 張岱年:《中國哲學史史料學》,生活·讀書·新知三聯書店,1982年,第45頁。
② 李曦:《〈形勢〉爲管仲遺著考證》,《管子學刊》1991年第4期。
③ 關鋒、林聿時:《管仲遺著考》,《春秋哲學史論集》,人民出版社,1963年,第145頁。按:關、林所謂《經言》十一,指今本九篇再加《輕重》《九府》;《外言》實有八篇,此云七篇,誤。
④ 胡家聰:《〈管子〉原本考》,《文史》第13輯,中華書局,1982年,第275—282頁。
⑤ 張榮明:《〈〈管子〉原本考〉商榷》,《管子與齊文化》,北京經濟學院出版社,1990年,第353頁。
⑥ [荷]范德龍:《論〈管子〉的流傳》,《通報》1952年第2卷第41期。轉引自[美]李克《管子研究在西方》,《管子學刊》1989年第2期。

《史記·管晏列傳》正義引《七略》云:"《管子》十八篇,在法家。"似取其全書中十八篇別隸法家者。而《藝文志》無省出之文,《管子敘録》言"道約言要",則入道家明甚。張守節言在法家者,蓋誤記唐時簿録以爲《七略》耳。案《隋志》,《管子》十九卷,在法家。則隋時合八十六篇爲十九卷,疑亦有合爲十八卷者。張氏既誤以時俗簿録爲《七略》,因亦誤卷爲篇,不足信也。或曰:《史記·申不害傳》正義兩引阮孝緒《七略》,阮氏所纂本曰《七録》,而張氏皆稱曰《七略》,則所謂《七略》"《管子》在法家"者,蓋阮氏之《七録》,非劉氏之《七略》也。[1]

　　如下所考,唐初《管子》正文當分爲十八卷,正可以逆證張守節注的"篇"確實應該理解爲"卷"。其實即便理解爲篇,這十八篇仍不能確定爲劉向以前的古本,而有可能如《七略》著録、《漢書·藝文志》省出的兵家《管子》一書一樣,乃八十六篇本之別裁。即便其確係古本,仍不能說這就是韓非、司馬遷見過的"原本"。因爲劉向校書,兼備衆本,"定著"爲"新書",所以許多古籍在劉向以前并無"定本"或"原本",祇能説是有各種不同的古本。因此,所謂"《管子》十八篇"很可能是個子虛烏有的誤説,而劉向校編定本爲八十六篇却是毋庸置疑的事實。

二

　　東漢至唐初《管子》的流傳情況,由于文獻不足,其詳不得而

---

[1] 章太炎:《〈七略〉〈別録〉佚文徵》,《章太炎全集》第 1 卷,上海人民出版社,1982 年,第 369 頁。

知,但可做如下三點推測。

第一,如美國學者李克(W. A. Rickett)所説,應劭、劉勰、庾仲容等人都評論或引用過此書,"《管子》并非後人僞造之本,有確鑿的證據表明,它作爲一部著作從漢代到唐代的傳授從未中斷"。①

第二,如上所述,張守節所引《七略》爲《七録》之誤,"篇"爲"卷"之誤,則至遲梁阮孝緒所見《管子》已是十八卷本。《漢書·藝文志》中著録圖書篇、卷混稱,《隋書·經籍志》附注"梁有"之書纔一律稱卷。其中《漢志》標篇數而《隋志》改標卷數的圖書,它們的實際分卷不一定都是後代人所爲。前賢以爲漢代簡書稱篇,帛書稱卷,而從出土簡帛來看并非如此,稱篇的不一定爲簡書。《漢志》中諸子書皆稱篇,當因其形式爲分篇立論,不會是都没有書寫上帛和分卷。如《墨子》七十一篇,據考證劉向已爲之分卷。② 在没有梁代以前有人改編過《管子》之證據的前提下,衹能説劉向編定的八十六篇可能就已分爲十八卷。

第三,《輕重》諸篇,《史記·管晏列傳》中分言爲《輕重》《九府》,劉向亦提及"九府書",可知其在劉向校書前是分爲兩組的,而東漢以後王充、傅玄皆混稱之爲"輕重之篇""輕重篇",顯然其已經合編爲一組。三國魏司馬芝引《治國》篇中的文句,而稱曰"《管子·區言》",③說明當時已有《區言》一組。既然漢魏時《管子》確有《輕重》《區言》二組,而另六組也没有爲後人所分的證據,則其區

---

① W. A. Rickett: *Guanzi: Political, Economic, and Philosophical Essays from Early China: A Study and Translation*, Princeton Univ. Pr. ,1985,p. 26.
② 欒調甫:《墨子研究論文集》,人民出版社,1957年,第95頁。
③ 郭沫若:《管子集校》(一),《郭沫若全集·歷史編》第5卷,人民出版社,1984年,第316頁。

分和命名必在兩漢之際,清人懷疑"皆子政(劉向)校書時所定也",①是有道理的。如果不是劉向校書時所爲,又會出于何人之手呢? 所以這一時期不但《管子》的傳授從未中斷,而且其分卷、分組并無改變,懷疑它的篇目已被竄亂,同樣是没有道理的。

《管子》在這一時期的流傳過程中,有些單篇已陸續失傳。今存《管子》七十六篇,其中《封禪》篇題下尹注説:"元篇亡,今以司馬遷《封禪書》所載管子言以補之。"②故實亡十一篇。《文選》卷二八李善注陸機《猛虎行》,言江邃釋引《管子》文,"今檢《管子》,近亡數篇,恐是亡篇之内而邃見之"。《四庫全書總目提要》據此認爲,此書"唐初已非完本,灼然可證"。③ 嚴可均推測,梁、隋時亡《謀失》等十篇,"宋時又亡《王言》篇"。④ 李克説:"考察《群書治要》節録文字,至少唐初《管子》的編排和内容已與今本相同,看來今本中的佚篇在魏徵的時代已經亡佚。"又説:"這些佚篇大致都在卷末,多數可能是随着絲卷或紙卷尾部的腐爛而亡佚的。"⑤假如他對亡佚原因的這一推測成立,則安井衡"李唐至五季亡十篇"之説似乎更合理一些。⑥ 因爲今本前十九卷除《封禪》篇早佚外,其他

---

① 〔清〕張佩綸:《管子學》,臺灣商務印書館,1971年,第1頁。
② 校釋家多據古注及類書中尚引《管子·封禪》且偶有异字,疑唐代《管子》非僅一本,"此篇他本尚存,尹偶未考"。見郭沫若《管子集校》(三),《郭沫若全集·歷史編》第7卷,人民出版社,1984年,第143—144頁。
③ 〔清〕永瑢等:《四庫全書總目》卷101,中華書局,1965年,第847頁。
④ 〔清〕嚴可均:《鐵橋漫稿》卷8,《續修四庫全書》1489册,上海古籍出版社,2002年,第46頁。
⑤ W. A. Rickett: *Guanzi*: *Political, Economic, and Philosophical Essays from Early China*: *A Study and Translation*, Princeton Univ. Pr. ,1985, p. 28, p. 4.
⑥ 〔日〕安井衡:《管子纂詁》序,東京富山房藏版《漢文大系》第21册。

七篇已佚的,正是分別在卷八、卷九、卷十一、卷十九之末,如果説這就是其亡佚原因,則亡佚時間應在尹知章分卷之後,且最有可能是在"安史之亂"中。但據下文考證,今本已據十八卷本補足尹注殘本之闕,則這些佚篇在唐宋存世的十八卷本中應已不存在,故仍以亡佚于梁隋之時較爲可信。至于今本中在卷末的九篇和不在卷末的《封禪》《輕重丙》兩篇,是否因爲正好在十八卷本中都在卷末而亡佚,則已難確考。

三

唐人古注、類書中引用《管子》的很多,還出現了多種節抄和注解之書。① 從今存諸書中的引文推斷,唐代傳本的文字與今本大體相同。更爲重要的是,唐宋書目中有關這一時期《管子》流傳的若干簡單而重要的記載,爲探討今本的來源提供了可貴的綫索。

《隋書·經籍志》著録此書十九卷,《舊唐書·經籍志》著録爲十八卷。范德龍認爲:"十八卷與十九卷之別可能并不表明文本的編排真有不同,而祇是十九卷本的叙録獨立成卷。"② 這是很有道理的,隋、唐史志中類似的例子還有不少。也就是説,唐初《管子》傳本的正文實際亦爲十八卷。魏徵《群書治要》、馬總《意林》節録的文字涉及《經言》至《輕重》中的許多篇目,而後一書的目録中注明

---

① 除習知者外,尚有〔唐〕李正卿《注管氏指要》,參拙著《新唐書藝文志補》,吉林大學出版社,1996年,第160頁。
② 〔荷〕范德龍:《論〈管子〉的流傳》,《通報》1952年第2卷第41期。轉引自 W. A. Rickett: *Guanzi: Political, Economic, and Philosophical Essays from Early China: A Study and Translation*, Princeton Univ. Pr. ,1985,p. 27。

《管子》的卷數也是十八卷,與此一推測正相符合。前人多説隋、唐時《管子》皆十九卷,①實不可從。

這種十八卷本顯然從梁代阮孝緒流傳到唐初,一直没有斷絶,且直到北宋中期尚存于世。宋仁宗時編成的《崇文總目》著録:"《管子》十八卷,劉向録校。"證明北宋中期這種古本尚存于世。原釋還明言爲"劉向録校",對照它同時著録十九卷本,原釋作"尹知章注",這裏顯然是説劉向録校本原爲十八卷,尹知章注本另爲分卷。這更證明上文關于劉向校定本卷數的推斷是正確的。但有人認爲此本南宋甚至明代尚存,②則證據不足,因爲南宋以後著録十八卷本的《通志·藝文略》《史略》、明《國史經籍志》等都是叢抄而成的書目,所載未必爲當時實有之書。袁本《郡齋讀書志》雖載爲十八卷,但説"八十一篇,今亡一篇",既不可信,又説"五十八篇有注解",明爲有注之本,證之以衢本《郡齋讀書志》著録爲二十四卷,可知晁公武所見并非十八卷本。

唐代除十八卷的無注之本外,又新出三十卷有注之本。③《崇文總目》云:"唐國子博士尹知章注。按吴兢《書目》,凡書三十卷,

---

① 〔宋〕陳振孫:《直齋書録解題》卷10,上海古籍出版社,1987年,第291頁;〔清〕孫星衍:《廉石居藏書記·内篇》卷上,《叢書集成初編》本;郭沫若:《管子集校》(四),《郭沫若全集·歷史編》第8卷,人民出版社,1984年,第164頁。
② W. A. Rickett: *Guanzi*: *Political, Economic, and Philosophical Essays from Early China*: *A Study and Translation*, Princeton Univ. Pr., 1985, pp. 28-29. 徐漢昌:《管子思想研究》,臺灣學生書局,1990年,第35頁。
③ 〔日〕藤原佐世《日本國見在書目録》(約編于898年)、明《國史經籍志》皆著録《管子》爲二十卷,而没有三十卷本,疑"二"爲"三"之訛。

自(按:當作'今')存十九卷,自《形勢解》篇而下十一卷已亡。"①吴兢是唐代大藏書家,其《吴氏西齋書目》宋世尚存。他與尹知章年齒相當,祇是晚卒約三十年(尹卒于718年,吴卒于749年),其記載應較爲可信。吴兢又是大史學家,唐代國史即在其所撰底本基礎上修成。《舊唐書·尹知章傳》載其注《管子》等書,頗行于時,當即依據吴兢所撰國史舊文。晁公武《郡齋讀書志》又説,"杜佑《指略》序云唐房玄齡注","而注頗淺陋,恐非玄齡,或云尹知章也"。②《玉海》卷五三亦云,杜佑"序稱房喬所注,而舊録皆作尹知章,文句無復小异"。可見所謂房注、尹注實爲一書,宋世以來因房、杜并有大名,多從杜説作房注,又或因其"注頗淺陋",而歸之于尹。但"注文奪誤甚多",或係後世傳抄致誤,未必盡皆尹氏之陋,以此推斷注者固非;然以尹注説早出而有史傳爲證,或得其實耳。周廣業《意林注》所謂"意房創而尹繼也",徐漢昌認爲"乃臆度之辭,不可信"。③

四

根據《崇文總目》記載,尹注三十卷本宋初已殘,僅存十九卷。《新唐書·藝文志》著録尹注三十卷本,又有十九卷本,未言是否有注。這容易使人誤以爲歐陽修尚見及三十卷完本,而十九卷者非

---

① 〔元〕馬端臨:《文獻通考·經籍考三十九》,華東師範大學出版社,1985年,第914頁。
② 〔宋〕晁公武撰,孫猛校證:《郡齋讀書志校證》,上海古籍出版社,1990年,第491頁。
③ 徐漢昌:《管子思想研究》,臺灣學生書局,1990年,第46頁。

尹注本。其實該志依據唐宋書目、史傳等叢抄而成，未必皆爲當時實有之書。此一記載則因史料來源不同，未能匯合考定。三十卷的尹注完本，宋代以後的公私藏書目録無一著録，而祇見于叢抄之目，當已亡佚于晚唐五代，歐陽修是據《吳氏西齋書目》著録的。他同時又據《崇文總目》著録了當時實際存世的十九卷殘本，因没有注明爲尹注，卷數又適與《隋書·經籍志》所載相同，前賢每牽混爲一。如孫星衍《廉石居藏書記》說，"是房玄齡所見本，亦即隋唐十九卷之書也"，"足證唐已前竟無第二十卷已下《形勢解》諸篇"。徐漢昌說："考其亡佚時間，當是南宋或更早。殘存之十九卷，明季猶存。"①其具體論述爲：

> 考唐時原有十九卷本《管子》，與三十卷亡佚爲十九卷者不同。且三十卷尹注《管子》，宋時猶存，謂《管子》在唐以前已無第二十卷以下諸篇，不確。日人豬飼彦博謂："《崇文總目》云：'按吳兢《書目》凡三十卷，今存十九卷，自《形勢解》而下十一卷亡。'《文獻通考》云'二十四卷'。今本卷數正同，《形勢解》而上有十九卷，亦與尹本合。蓋《形勢解》以下十一卷，宋季復出，并爲五卷也。"（《管子補正》）按：尹注三十卷本，歐陽修、高似孫仍有著録，謂其宋以前亡而又復出，且合爲五卷，殊乏佐證。②

徐氏辨正唐、宋十九卷本之不同，見解甚卓；然謂三十卷本晚

---

① 徐漢昌：《管子思想研究》，臺灣學生書局，1990年，第35頁。
② 徐漢昌：《管子思想研究》，臺灣學生書局，1990年，第66頁。

唐、北宋未曾亡佚,十九卷本明季猶存,則乃誤據叢抄之目。豬飼彥博亡而復出之説,亦爲臆度之辭。此二説驗之于宋明公私藏書目録,皆不足信。且果如其説,則二十四卷本盡出三十卷本,何以前十九卷一仍舊貫,而僅合并後十一卷爲五卷?

更重要的是,今本前後兩部分注文風格迥异,决非依據同一注本。前十九卷内除《幼官圖》與《幼官》篇文字相同而未重複作注外,其餘各篇都有較詳的注釋;後五卷中《管子解》諸篇皆無注,《輕重》亦有五篇無注,即便有之者注文也極零星,如《山國軌》僅有三條注文,分别爲三、七、三十八個字。而且,《輕重》之注正好都在杜佑《通典·食貨》卷十二注文内,絶少出于其外者;相反,《通典》之注稍詳,有些文字不見于《輕重》注文,如"此篇……無人注解"一段一百十二字,即爲顯例。郭沫若説:"《輕重》篇之偶有注者,蓋(尹注)幸存者也。"任林圃説,"尹注經後人删節","《通典》所采《管子注》均爲尹注之舊,其時有出入者,則傳抄訛脱也"。① 這類説法有三點講不通:一,既然尹注本後十一卷已佚,其注文如非抄自《通典》,何以能夠"幸存"? 二,何以後人删節衹删後五卷,又何以《通典》未引者全被删掉,《通典》所引者大多被保留? 三,尹氏最早爲全書作注,不會衹説《輕重》篇"無人注解",杜佑倒有可能因尹注本已殘,而出此語。所以顔昌嶢認爲這些注文乃《管子》采自杜佑《通典》注,②這一説法較爲合理。李克及其引述的范德龍都持相同的看法,他接着分析説:

---

① 郭沫若:《管子集校》(一),《郭沫若全集·歷史編》第5卷,人民出版社,1984年,第164頁。
② 〔清〕顔昌嶢:《管子校釋》,嶽麓書社,1996年,第573頁。

無論如何，我們知道，在 1038 年(按：應爲 1041 年，即慶曆元年)《崇文總目》編成時，有一個十九卷六十三篇的注解本存在。我們也知道，這一殘本後來從其他傳本拿來五卷二十三篇補足，纔成爲二十四卷本。①

根據上文的考證，宋初所存《管子》除十九卷的尹注殘本外，還有十八卷的無注之本。所以二十四卷本顯然是以十九卷殘本爲基礎，而用十八卷本補足，同時從《通典》中抄出杜佑之注加進去，又據杜佑之言改題爲房玄齡注。這個本子之所以分爲二十四卷，可能是因爲尹注三十卷本《形勢解》而下之十一卷，相當于原來十八卷本中的後五卷。合編者既然不知三十卷本後部之分卷情況，就仍以五卷補入，不妄作分卷，這一做法是值得肯定的。古人對于經典著作之尊重，實超出後人想象，妄輒懷疑其有竄亂，不足爲訓。

五

今存《管子》一書以所謂"宋楊忱本"爲最早。這個版本因正文前有楊忱序而得名，其序題記"大宋甲申"，末載張嶪《讀〈管子〉》，內有"紹興己未乃從人借得"，"頗爲改正其訛謬"，"抄而藏于家"等語。舊時藏書家多以爲此乃楊忱據張氏之校勘而刊刻，其年代

---

① W. A. Rickett: *Guanzi: Political, Economic, and Philosophical Essays from Early China: A Study and Translation*, Princeton Univ. Pr., 1985, p. 30.

當在南宋初。① 郭沫若《管子集校·叙錄》説："此祇題'大宋'而不題年號,當爲元世祖二十一年之甲申無疑。序中特重尊王攘夷之義,正寓有亡國之痛。書蓋開刻于宋亡之前,而序則草成于宋亡之後,仍目爲宋本,固無不可。"

然南宋、元代皆無楊忱其人,北宋中期則有一楊忱(1024—1062),有學者徑以其人當之,謂"大宋甲申"即宋仁宗慶曆四年(1044)。② 而較早注意及此的李克曾提出三點懷疑:第一,慶曆四年楊忱年僅二十歲,不太可能寫出該序;第二,此楊忱與王安石有交往,他的這一版本當時不爲官方所承認和不見書目提及,有點奇怪;第三,王安石的朋友應該更關心經濟政治問題,而不是尊王攘夷之義。因而認爲儘管不能完全否認,但也難以肯定其合編者的身份,并懷疑楊忱本是據紹興二十二年蔡潛道墨寶堂本所刊。且説:"我們不知道究竟是誰把十九卷尹注本和來源于另一無注之本的後五卷合編在一起的。"③

李克的第三點理由明顯受到郭沫若的影響,但尊王攘夷居管仲功業之首,北宋民族矛盾尖鋭,特重此義不足爲怪,而入元後刊書行世竟冠以此序,殆更反常。古人弱冠學有所成者甚多,第一點理由不足置辯。最關鍵的第二點理由也似是而非,因爲北宋晚期的書目幾乎都已失傳,焉知當時沒有書目提及?且二十四卷本始

---

① 徐漢昌:《管子思想研究》,臺灣學生書局,1990年,第41—47頁。
② 嚴靈峰編著:《周秦漢魏諸子知見書目》卷2,臺北正中書局,1975年,第210頁。周洪才:《〈管子〉版本考述》,《管子學刊》1990年第2期。
③ W. A. Rickett: *Guanzi: Political, Economic, and Philosophical Essays from Early China: A Study and Translation*, Princeton Univ. Pr., 1985, pp. 32-34.

見于《通志·藝文略》,鄭樵此目主要是叢抄南渡以前書目而成,這一著錄本身就説明北宋晚期書目著錄過楊忱本的可能性是很大的。又如上文所述,十九卷殘本、十八卷本南宋以後不見流傳,那麽合編此二本而成的二十四卷本也應該刻于北宋。慶曆四年比《崇文總目》之修成衹晚了三年,當時十九卷殘本、十八卷本尚存。楊忱乃翰林侍讀學士楊偕之子,官大理寺丞,在二十歲時閱讀并刻行時人目爲法家之祖的《管子》,與其身份極爲符合。所以在找到其他反證材料之前,應該承認二十四卷本正是出于這位楊忱之手,而不會有更早的合編本。

自楊忱本行世以後,十八卷本、十九卷殘本就逐漸亡佚了,南宋以後公私藏書目録著録者皆爲二十四卷,都是從楊忱本發展而來。但是今存的所謂"宋楊忱本",其實是南宋時人以張嵲校勘過的楊忱本爲底本重刻的本子,并非真正的北宋原刻本。這些已非本文探討的範圍,故不再多言。

綜上所述,梁、唐以後至宋代刻本出現之前,雖然書目著録《管子》卷數多有不同,與著録篇數的漢代材料更無法直接做比較,不能證明其具體篇目和編排順序之可信與否,但是其歷代流傳的大概過程已經比較清楚,宋人將其合編爲二十四卷的做法也很謹慎合理,没有理由懷疑今本《管子》在其早期流傳過程中曾遭竄亂。

《管子》分組探源

《管子》書凡分八組,其結構在先秦諸子中最爲複雜。《四庫全書總目》説:

> 書中稱"經言"者九篇,稱"外言"者八篇,稱"内言"者九篇,稱"短語"者十九篇,稱"區言"者五篇,稱"雜篇"者十一篇,稱"管子解"者五篇,稱"管子輕重"者十九篇。意其中孰爲手撰,孰爲記其緒言如語録之類,孰爲述其逸事如家傳之類,孰爲推其義旨如箋疏之類,當時必有分別。觀其五篇明題《管子解》者可以類推。必由後人混而一之,致滋疑竇耳。[1]

這是認爲《管子》已被後人搞混亂,其分組之意義已經無從究詰。近代以來,很少有人討論《管子》的分組,新出的校注本大多删

---

[1] 〔清〕永瑢等:《四庫全書總目》卷101,中華書局,1965年,第847頁。

去這八組的名目。① 據説日本學者町田三郎對此做過解釋,②其詳則不見有人引述,大概尚未得到學界的認同。這一問題關係到對《管子》全書理論框架的理解,也與對著作年代的考證密切相關,有必要略作討論。

一、《管子》分組之義蠡測

《管子》一書,漢成帝時劉向編定爲八十六篇,梁唐以後書目著録爲十八卷,或并目録爲十九卷,唐人尹知章作注并分爲三十卷。宋仁宗慶曆四年(1044),楊忱以尹注殘本十九卷爲基礎,而用十八卷無注之本補足,同時從《通典》中摘出杜佑之注加進去,改題爲房玄齡注,成爲今二十四卷本。今本雖已佚十篇,然佚篇之目具在,未必經後人竄亂。至于其分組,清人張佩綸認爲"皆子政(劉向)校書時所定也",③是有道理的。如《輕重》十九篇,司馬遷分言爲《輕重》《九府》,劉向亦提及"九府書",可知劉向校書前是分爲兩組的,而東漢以後王充、傅玄皆稱之爲"輕重之篇""輕重篇",顯然已合編成一組。三國魏司馬芝引《治國》篇中的文字,而稱曰"《管子·區言》",④説明當時已有《區言》一組。漢魏時《管子》已有《輕

---

① 如郭沫若《管子集校》、李勉《管子今注今譯》、趙守正《管子通解》等俱未標八組之名。
② W. A. Rickett: *Guanzi: Political, Economic, and Philosophical Essays from Early China: A Study and Translation*, Princeton Univ. Pr. ,1985,p. 5.以下引此書内容一律自譯爲中文,不另作説明。
③ 〔清〕張佩綸:《管子學》,臺灣商務印書館,1971年,第2頁。
④ 郭沫若:《管子集校》(一),《郭沫若全集·歷史編》第5卷,人民出版社,1984年,第316頁。

重》《區言》二組,這種分組如非出于劉向之手,又是何人所爲?劉向做此區分應有一定的道理,未必如今人所説之混亂。劉毓璜認爲:

> (《管子》)雖間見殘缺訛誤,仍然保存了比較完整的形態。其中《經言》爲决策綱領,《外言》爲重要引申,《内言》是思想淵源,《短語》以下多屬于重點補充,前後照應,相得益彰。①

這是對《管子》分組比較簡明而中肯的評論,可惜没有詳細的論述,不受人注意。下面從文體和内容兩方面,來分析《管子》八組的异同,以推測其編輯體例。

《經言》所收九篇文章,都是論説文體。其所以稱爲"經言",清張佩綸認爲是"子政校定管書,既收《管子解》,故凡有解皆别之曰《經言》。《别録》所謂'合經義可以曉',此《經言》爲子政所定之證也",又疑"篇第已失子政之舊,故《明法》有解而不列于《經言》,列《經言》者又不盡有解矣。其後淺人割諸解别爲一篇,以足《漢志》篇數"。② 此説無據。劉向原文爲"可以曉合經義",是説《管子》書符合儒家經義,非指《經言》。《明法解》各段解文後都殿以"故《明法》曰",與他篇解文後祇説"故曰"不同,可見在作解者看來《明法》與其他四篇有别,不可能在《經言》之内。《立政》各節多無解,而"九敗"一節明顯是戰國文字反而有解,説明作解者另有其取捨標準,無解之篇未必不屬《經言》。《經言》這一組文章,特别是有解

---

① 劉毓璜:《齊學應獨樹一幟》,《管子學刊》1988 年第 1 期。
② 〔清〕張佩綸:《管子學》,臺灣商務印書館,1971 年,第 2 頁。

的四篇,顯然早在作解者之前就被編在一起了。《管子》書偏重治理國家的政治經濟理論之探討,《經言》一組就奠定了這一基本特點。其中《牧民》係綱領性文獻,《形勢》《權修》《立政》《乘馬》《七法》《版法》分別側重爲政規律、治民原則、用人施政、財政經濟、軍事、法律的論述,《幼官》以五行方位紀時令,并附綜合性政論。各篇之論述聲息相通,形成一個完整的思想體系,有人稱之爲"牧民"學説體系。[1] 而且各篇之間序次井然,加進或去掉一篇都會影響其相對完整性。所以《經言》列于全書第一組并得"經"名,是由其内容之重要性決定的。張佩綸説"凡有解皆别之曰《經言》",乃因果倒置。

《外言》八篇也都是論説文體,但有一個明顯的特點,即許多論述直接繼承和闡發《經言》中的思想,又爲其後各組有關篇章所引用。所以《外言》當爲相對于《經言》而言,即"經"外之重要論述。這兩組的内部編排亦頗爲類似。有人説,"《五輔》之後有一篇《宙合》,好像《經言》在《牧民》之後有一篇《形勢》。《牧民》《五輔》構成總的思想體系,《形勢》《宙合》則進一步探討這一思想體系的認識論基礎"[2],頗有見地。此外,《樞言》與《權修》,《八觀》與《乘馬》,《法禁》《重令》《法法》《兵法》與《七法》《版法》各篇,論述有廣狹深淺之不同,但在兩組中的作用和位置是很相似的。所不同的是,用漢代的諸子觀念來衡量,《經言》各篇的學派性還不明顯,而《外言》中道家、法家的氣息已很濃厚。

---

[1] 關鋒、林聿時:《管仲遺著考》,《春秋哲學史論集》,人民出版社,1963年,第175—181頁。胡家聰:《管子新探》,中國社會科學出版社,1995年,第27頁。
[2] 牛力達:《〈管子〉成書年代之我見》,《中國經濟問題》1982年第3期。

《内言》九篇文體有异。《大匡》等五篇爲桓、管問答體,《霸言》完全是論説體,《問》篇則是一份國情調查綱領。《大匡》《中匡》《小匡》綜述桓、管歷史,而其中所記齊桓霸政如盟會之令,乃代周王維繫周代之封建秩序,所以這三篇之後的佚篇《王言》應該是對此進行評論的文字。① 《霸形》乃罄括"三匡"中的争霸過程以成篇,"形"者,迹也;然後又接以《霸言》進行評論,"言"者,論也。應該先叙述霸之形迹,然後纔能對其加以評論。借用《管子·内業》之言,此之謂"形然後言"。日人豬飼彦博疑《霸言》"當作'霸形',篇首云'霸王之形'"。② 張佩綸也根據《霸言》篇第一句"霸王之形",疑其當爲《霸形》,而《霸形》乃《霸言》。③ 這是没有道理的。《問》篇爲《小匡》所記正月之朝"公親問焉"之具體化,當亦因相傳爲桓公之政,纔會歸入這一組。《謀失》(佚)疑與《戒》篇同爲管仲勸誡桓公之問答,從篇名看已較多暴露桓公的缺失,至《戒》篇末段記桓公之死而登峯造極。末云"襄公立十三年,桓公立四十二年",與《大匡》篇首記齊僖公生三公子遥相呼應。所以這一組的編排很有講究,而且都是叙述或評論桓、管事迹的,名之曰"内言",應該是相對于《經言》而説的。漢人似乎知《經言》不出管仲手撰,而以《内言》諸篇爲其思想淵源,祇不過仍認爲《經言》亦當同理,因桓、管問對之辭比起《經言》推衍爲論文,更接近管仲本人思想。今人受《莊》等書分内、外篇的影響,以爲《管子》亦當《内言》《外言》

---

① 〔宋〕王應麟《玉海》卷131引"《管子·王言》篇:相三月"云云,今爲《小匡》篇文,當屬誤引。
② 郭沫若:《管子集校》(二),《郭沫若全集·歷史編》第6卷,人民出版社,1984年,第20頁。
③ 〔清〕張佩綸:《管子學》,臺灣商務印書館,1971年,第929頁。

對舉,却又無法索解其區分之義,祇好斥之爲體例混亂。如有人說,《外言》"是對朝廷之外的社會進行管理和從事對外事務的管理理論和方法",《内言》"是有關朝廷内部對王霸天下之道的探索的言論",①都是望文生義。

《短語》十八篇的文體和内容都比較複雜,何以稱爲"短語"亦較費解。有人説,《管子》八組中多數"分組的意義實在不太清楚。如《短語》一組篇文,包括主要哲學及軍事學各篇,其中《侈靡》篇是《管子》中最長篇文。所謂'短語',真不知編者之意何指"。② 有人説:"不僅是《侈靡》,《君臣》《心術》之分爲上、下篇者,也似乎不該編在這裏。"③這一組的絶大多數篇目特别是首尾各篇確實很短,較長的幾篇都夾在中間,如果説"短語"僅指篇文較短,劉向給各組定名時忽略了中間少數長篇,也是有可能的。但從内容上看,《短語》各篇都是圍繞某一專題而作"重點補充",有的篇更明顯是由他篇的若干文句衍爲專論的。所以"短語"可能還指其篇文討論之問題較具體細微,相當于一些重要篇目中的短語。如《侈靡》之義,《經言·乘馬》"儉則傷事"一語略可當之。這一組篇目似可分爲五類,其編排順序也值得注意。最前面《地圖》等三篇兵論,乃分别發揮《七法》中提出的三個論點。《君臣上》至《侈靡》六篇似皆討論君臣問題。《心術》上下、《白心》爲稷下黄老學派作品,君人南面術的色彩較濃厚。《水地》乃道家之作,亦兼有五行家説之色彩,《四時》《五行》則完全屬于陰陽五行學説。最後三篇《勢》《正》《九變》皆

---

① 虞祖堯:《〈管子〉與企業經營之道》,廣西人民出版社,1999年,第10頁。
② 巫寶三:《管子經濟思想研究》,中國社會科學出版社,1989年,第6頁。
③ 牛力達:《〈管子〉成書年代之我見》,《中國經濟問題》1982年第3期。

爲有關軍政之短論,而與前三篇兵論不同,滲透着陰陽、道家的哲理和政法理論,故列于此組之末。

《區言》五篇皆論說文體,其命名之義,前人有"區、樞字壞""《區言》蓋沿《樞言》而誤",①"區處之言",②"區別"于申、韓諸子三說,③并屬臆測之辭。"區"字固可釋爲樞要、區處,但是"區言"各篇内容與樞要、區處何干?《管子》全書皆與申、韓諸子有別,何以此五篇獨稱"區言"?《管子》之分組,當緣起于各組之間有所區別,而此組獨稱"區言",疑有特指。《外言》《區言》二組主要是專題法理論文,也各有一二篇道家作品,表面上看極爲相似,即便合爲一組亦無不可。但編排上前者先道後法,後者先法後道;思想上前者比較接近《經言》,後者與其他法家派別更相似。如《治國》篇文,有人說"簡直有一點讀《商君書》的味道"。④所以"區言"之意應爲"區别于《外言》",其分組正是爲了把表面上很相似的這兩組區别開來。

《雜篇》十三篇,至少有五篇是問答體。其大多講君主之行爲規範,還有幾篇講土地、水利、學規等,大概因爲不便歸入前述各組,而内容又雜,故編爲此組。

《管子解》五篇皆解說體。關于此書中的經、解,前人多有誤解。一是因《經言》中僅三篇半有解,而懷疑原有之解不止五篇,或懷疑有的無解之篇非《經言》,《明法》有解當屬《經言》。二是以爲

---

① 石一參:《管子今詮》,中國書店,1988年,後序,又第20頁。
② 虞祖堯:《〈管子〉與企業經營之道》,廣西人民出版社,1999年,第11頁。
③ 〔清〕張佩綸:《管子學》,臺灣商務印書館,1971年,第1535頁。
④ 李亞農:《欣然齋史論集》,上海人民出版社,1962年,第1088頁。

《宙合》《心術》等篇皆前經後解,《牧民》《乘馬》等篇經、解混雜,都是經、解合編的文體。其實《管子解》是齊法家學者特用的一種文體,目的在于做思想發揮,而不是爲之做系統的注釋,未必會顧及所解篇目是否屬于《經言》。《宙合》等篇中的所謂解文,不衹是没有獨立成篇,更重要的是其解釋方式和思想特徵與此完全不同,嚴格説來不宜稱爲"解",以免與《管子解》的文體相混淆。

《管子·輕重》十九篇,除兩篇爲論説文體外,都是問答體。原來分爲《九府》《輕重》兩部分,因爲其内容都是討論輕重理論的,所以劉向合編爲一組。不少人認爲,《巨乘馬》《乘馬數》《問乘馬》與《經言》中的《乘馬》原來應爲一篇,今本分成四篇乃出于後人之割裂。① 但是這三篇爲問答體,《乘馬》爲論説體,絶無原爲一篇之可能,而衹能説明其關係之密切。《輕重己》專紀時令,前人也多以爲不應屬于此組,馬非百已作駁斥,指出"不得謂時令與輕重無關"。②

從以上考察可見,《管子》的分組及其名稱都是有實際意義的,其編排體例亦略可尋睹。近世學者疑之最甚者爲石一參,説它:"既無義類,又不辨其文體,未知分類者始于何人,是否原有是目而篇簡脱亂,漢以後隨意混編,未及整齊,今無可稽矣。"僅止于此,尚不失爲科學之懷疑態度。但他一再指斥《管子》分組"繆戾無義""界説不明""體例不純",并且輕率地"取書中精語以歸之《經言》,取論説以歸之《内言》,而輯其傳記之文以歸之《外言》"。③ 這正是

---

① 〔清〕張佩綸:《管子學》,臺灣商務印書館,1971年,第2173、2192頁。郭沫若:《管子集校》(三),《郭沫若全集·歷史編》第7卷,人民出版社,1984年,第484頁。
② 馬非百:《管子輕重篇新詮》,中華書局,1979年,第724頁。
③ 石一參:《管子今詮》,中國書店,1988年,第19、8、447頁。

典型的"隨意混編",郭沫若斥之曰"于原書通體改編,章節字句任意點竄,可謂妄作"①,一點也不過分。

與多數學者的意見相反,馮友蘭認爲《管子》與先秦諸子的顯著不同之一,是它"有一個系統的形式","是經過一番有計劃的編輯工作的"。而劉向編定的其他先秦諸子書都没有這種形式,吕不韋所編《吕氏春秋》却有"八覽、六論、十二紀"之完整系統的形式,所以推斷"它成書的時代和《吕氏春秋》成書的時代可能差不多"。② 這一説法不合邏輯,吕不韋時代之書并不一定都有系統的形式,有系統形式之書也不一定都出于吕不韋時代。劉向編定的先秦諸子,以數篇至二三十篇者爲多,大都不必分組;《莊子》《墨子》及古本《孫子兵法》等篇目稍多,已有或明或暗的分類;《管子》篇目最多,内容最雜,當然就有分組的必要。具體考察《管》《吕》二書之分組,完全是兩回事。《吕氏春秋》是吕不韋門客同時分工合作編成的,文風體例完全統一,而按内容性質之不同分組。《管子》的分組情况要複雜得多,儘管如上所述,其分組及名稱有實際意義,但我們無法從文體或義類方面找出其明確的分組原理。如從文體來説,爲什麽《輕重》以外的問答體諸篇分散在《内言》《短語》《雜篇》?從義類來説,爲什麽《外言》《區言》中的專題法理論文不編在一起?所謂"《管子》四篇"之一的《内業》爲什麽單獨編在《區言》中?《君臣》上下與《七臣七主》都是討論同一主題的,爲什麽分編在兩組内?這些令人費解的現象説明,《管子》不是根據一定

---

① 郭沫若:《〈管子集校〉引用校釋書目提要》,《郭沫若全集·歷史編》第5卷,人民出版社,1984年,第31頁。
② 馮友蘭:《中國哲學史新編》,人民出版社,1998年,第116—117頁。

的編輯體例刻意編排爲八組的,否則劉向固然完全可以把它編排得更整齊一些,後人改編也未必會有意或無意地造成這類表面化的矛盾。唯一合理的解釋是,《管子》來源複雜,劉向把各種古本彙編爲一書,而通過分組儘量保存了其面貌,間或略有調整,并不追求表面上的整齊劃一。

二、《管子》古本之推測

討論《管子》之分組,不能不充分考慮劉向校書前《管子》的舊貌。美國學者李克認爲,這種分組的"原因尚不清楚,不過也許跟《管子》的來源有關,根據這種來源編成了現行《管子》"。① 可惜近世出土的有些簡帛古籍雖與《管子》有關,然皆非本書,其兩千多年前之古本面貌,仍然祇能從文獻的簡略記載來作大致推測。

國內學界長期以來流行一個説法,即根據唐張守節引"《七略》云:《管子》十八篇,在法家",認爲這十八篇可能就是韓非、司馬遷等人所見過的,劉向校書以前就有的"原本"。如古丁說,"原本的《管子》""是戰國時代以管仲爲始祖的法家的著作"。② 張岱年說:"這十八篇的《管子》當是劉向校定以前的傳本。"③關鋒、林聿時不僅懷疑韓非、司馬遷見到的《管子》書"就是劉歆所說的'《管子》十八篇'本",還進一步推測"原十八篇的《管子》書,就是《經言》十

---

① [英]魯惟一主編:《中國古代典籍導讀》,李學勤等譯,遼寧教育出版社,1997年,第258頁。
② 古丁:《管子和〈管子〉書》,《解放日報》1961年3月7日。
③ 張岱年:《中國哲學史史料學》,生活·讀書·新知三聯書店,1982年,第45頁。

一,《外言》七"。① 胡家聰更撰專文考證:"《經言》八篇,《外言》中有六篇,《區言》中有四篇,共計十八篇法家作品,均當在《管子》原本之内","稷下法家學派最先編定的《管子》原本可能就是這十八篇"。② 張榮明批駁"原本"之説,但仍認爲這十八篇是劉歆發現的一個舊本。③ 其實清人孫星衍、荷蘭學者范德龍早已指出,張守節提到的《七略》,實爲梁阮孝緒《七録》之誤讀,"篇"則爲"卷"之誤。④ 在此僅引録近代章太炎之考證:

> 《史記·管晏列傳》正義引《七略》云:"《管子》十八篇,在法家。"似取其全書中十八篇别隸法家者。而《藝文志》無省出之文,《管子叙録》言"道約言要",則入道家明甚。張守節言在法家者,蓋誤記唐時簿録以爲《七略》耳。案《隋志》,《管子》十九卷,在法家。則隋時合八十六篇爲十九卷,疑亦有合爲十八卷者。張氏既誤以時俗簿録爲《七略》,因亦誤卷爲篇,不足信也。或曰:《史記·申不害傳》正義兩引阮孝緒《七略》,阮氏所纂本曰《七録》,而張氏皆稱曰《七略》,則所謂《七略》"《管

---

① 關鋒、林聿時:《管仲遺著考》,《春秋哲學史論集》,人民出版社,1963 年,第 145 頁。按:此文所謂"《經言》十一",指今本的《經言》九篇再加《輕重》《九府》;《外言》實有八篇,此云七篇,誤。
② 胡家聰:《〈管子〉原本考》,《文史》第 13 輯,中華書局,1982 年,第 275—282 頁。
③ 張榮明:《〈管子原本考〉商榷》,《管子與齊文化》,北京經濟學院出版社,1990 年,第 353 頁。
④ 〔清〕孫星衍:《平津館鑒藏記書籍·廉石居藏書記·孫氏祠堂書目》,上海古籍出版社,2008 年,第 176 頁。范德龍之説,見〔美〕李克《管子研究在西方》,《管子學刊》1989 年第 2 期。

子》在法家"者,蓋阮氏之《七録》,非劉氏之《七略》也。①

如前所述,唐初《管子》正文當分爲十八卷,正可以逆證張守節之注可能有誤。即便注文無誤,仍不能肯定十八篇爲劉向以前的古本,其有可能如《七略》著録、《漢書·藝文志》省出的兵家"管子"書一樣,乃八十六篇本之别裁。即便其確係古本,仍不能説這就是韓非、司馬遷見過的"原本"。《管子叙録》説:

> 所校讎中《管子》書三百八十九篇,太中大夫卜圭書二十七篇,臣富參書四十一篇,射聲校尉立書十一篇,太史書九十六篇。凡中外書五百六十四,以校除複重四百八十四篇,定著八十六篇。

可見劉向校書所依據的古本很多,其中却單單没有提到十八篇本。即使假設它已被包括在中書之内,它也祇是衆多古本之一。這些古本的來源和篇目各異,有必要略作分析。

漢朝藏書,"外則有太常、太史、博士之藏,内則有延閣、廣内、秘室之府"。而史稱劉向"領校中五經秘書",劉歆"受詔與父向領校秘書",②可見其所校乃漢王朝宫廷中秘之書,即所謂"中書"或"内書",這是漢朝的主要藏書。但劉向在校書過程中,還常常以"外書"作爲參考材料。所謂"外書",指中秘所藏書之外的本子,所

---

① 章太炎:《〈七略〉〈別録〉佚文徵》,《章太炎全集》第1卷,上海人民出版社,1982年,第369頁。
② 〔漢〕班固:《漢書》,中華書局,1962年,第1702、1950、1967頁。

以今存《別錄》佚文中常有"凡中外書(或内外書)××篇"的總結用語，如《列子叙錄》説：

> 所校中書《列子》五篇，臣向謹與長社尉臣參校讎太常書三篇，太史書四篇，臣向書六篇，臣參書二篇，内、外書凡二十篇。以校，除複重十二篇，定著八篇。中書多，外書少。

有人據此説："在劉向眼裏還是把'太常書''太史書'等官府藏書看作是'内書'，并不把它們看作'外書'；僅把'臣向書''臣參書'算作外書。"①這是誤讀"中書多，外書少"，以爲是指在總數二十篇中所占之多少。其實這應指各本中的篇數和內容之多少，中書《列子》五篇可能無複重，外書除劉向藏本爲六篇因故不計（或因爲是其本人所藏，或有複重）外，太常書三篇，太史書四篇，臣參書二篇，都比中書篇數少。"外書"還可以分成兩類：太常書、太史書等，是官府藏書；臣向書、臣參書等，爲私人藏書。私人藏書又稱爲"民間"書。劉向説《申子》書"今民間所有上下二篇，中書六篇，皆合二篇"。章太炎據以認爲："'中書'謂秘書，與'民間所有'相對。"②這裏"民間所有"雖與"中書"相對，似亦不應包括太常書、太史書等官府藏書，而僅指民間的私人藏書。

據此分析《管子叙錄》，有如下三點值得注意：

---

① 張璋:《從劉向校書看〈管子叙錄〉》,《管子學刊》1989年第3期。胡家聰:《管子新探》,中國社會科學出版社,1995年,第409頁。
② 章太炎:《〈七略〉〈別錄〉佚文徵》,《章太炎全集》第1卷,上海人民出版社,1982年,第373頁。

一,劉向所據各種古本的總篇數多達五百六十四篇,在可考之書中爲最多。這當然不會是漢代一時冒出來的,足以證明韓非、司馬遷所説管氏書"家有之""世多有之"并非虚語。

二,《管子》古本來源複雜,可分爲中、外書兩大類,或中書、太史書及卜圭書、富參書、立書等私人藏書三類。但這是劉向校書之通例,而非此書所獨有。不管其來源如何,"劉向編定《管子》書,總是把標題《管子》的文章彙集在一起,不可能把其他標題的文章隨意收進"。① 這個道理本來是再明顯不過的,但郭沫若説,"《管子》書是一種雜燴","它大率是戰國及其後的一批零碎著作的總集,一部分是齊國的舊檔案,一部分是漢時開獻書之令時由齊地匯獻而來的"。這一廣爲流傳的論斷之理由竟然是:"所謂'太史書',應該就是齊國的舊檔案了。可惜劉向校書過于籠統,他因爲有一套獻書是稱爲'管子書',于是他便把所定著的八十六篇,也就定名爲《管子》了。"②其實"太史書"承上"中《管子》書"而略言之,顯然是太史所藏《管子》書,豈能説是"齊國的舊檔案"!無獨有偶,清人何如璋根據《法法》篇内有"臣度之先王"一語,乃説"子政校書時有'臣富參書四十一篇',文殆富參所著,雜入《管》書耳"。③ 這是把富參所藏《管子》書直接認作"富參所著"之書,更是匪夷所思!

三,《管子叙録》所記古本的篇數十分重要,可惜前人很少注意。有人説,"若以三個私人藏本的平均篇目二十六篇計算,皇家

---

① 張岱年:《中國哲學史史料學》,生活·讀書·新知三聯書店,1982年,第50頁。
② 郭沫若:《宋鈃尹文遺著考》,《郭沫若全集·歷史編》第1卷,人民出版社,1982年,第552頁。
③ 郭沫若:《管子集校》(一),《郭沫若全集·歷史編》第5卷,人民出版社,1984年,第405頁。

所藏《管子》書的版本最少得有十五個","太史所藏《管子》書的版本也得有四、五個"。① 古代抄書不易,同一藏書機構或個人的藏書複本率是很低的,近世以來同時出土的簡帛古籍大多没有複本。中《管子》書複本較多,乃漢帝求書之結果。三個私人藏本篇目不多,除了被作爲《管子》書的基本共有篇目,所剩無幾,各本内部當無重複之篇目。太史書九十六篇,比劉向編定的今本還多十篇,是否就一定有很多重複篇目,甚至有四五個本子呢?也不一定。石一參説:"太史爲周、秦、漢初職掌書籍之官,其篇數較爲完整可稽。"頗有道理。如《管子叙録》説:"《九府》書民間無有。"今人多誤以爲是指《九府》書已亡佚,實際上乃"民間亡有,而官書獨有之耳"。② 也就是説,三家私人藏本没有《九府》書(劉向稱之爲"書",可見不是單篇,約相當于今本之《輕重》前十二篇),中書、太史書則有之。這從司馬遷述及《九府》可以得到印證,因爲他父子兩代任太史令,所見《管子》當然是太史書。古書雖説多單篇别行,但并非都是劉向結集成書的,大多此前已基本定型。如從劉向叙録來看,《晏子》《列子》都有篇數比較接近今本的古本,《管子》的三個私人藏本篇目却都不到今本一半,理應另有篇目較全之本。所以這九十六篇的太史書可能不會有多少重複,篇目比較完備,甚至包括了今本八十六篇在内,多出的十篇或爲分篇略異。

根據上述對劉向所據古本篇目的推測,再來討論《管子》的分組。余嘉錫説:"古人著書,既多單篇别行,不自編次,則其本多寡不同。加以暴秦焚書,圖籍散亂,老屋壞壁,久無全書。故有以數

---

① 吕揚:《關于"中管子書"的版本》,《管子學刊》1992年第2期。
② 石一參:《管子今詮》,中國書店,1988年,"舊序"按語,又第547頁。

篇爲一本者,有以數十篇爲一本者,此有彼無,紛然不一。分之則殘闕,合之則複重。"①《管子》的三個私人藏本正是這樣,中書内的各地獻書當亦大多類此。太史書所抄篇目較全,但其他更早的古本之間此有彼無的變化痕迹已蕩然無存。劉向編定《管子》篇第,必定要參考各種古本篇目之有無,今本的分組可能是其保存古本面貌的一種努力。如"立書十一篇",或即《經言》八篇(《幼官》《幼官圖》有其一)加上"三匡",這是全書紀管仲思想與事迹最重要的部分。其編排體例則與銀雀山漢簡《孫子兵法》很相似,都是在經典論述之外附以幾篇問答體或紀事之作。"卜圭書二十七篇"或即《經言》《外言》《内言》的合編,如果《問》篇"制地"一節獨立成篇,則正好二十七篇。先秦諸子如《墨子》《商君書》及漢簡《孫子兵法》等似有論述體居先、問答體居後之例,這三組結集成書正符此例。"富參書四十一篇",也當與今本中某幾組對應,如據《管子叙錄》推測,"民間"書有《輕重甲》以下七篇,應即在此本之內。至于今本八組的大致次序,古書中也有與之略相仿佛者。馬王堆漢墓帛書《黄帝四經》之《經法》與此書《經言》《外言》,《十大經》與此書《内言》,《稱》《道原》與此書《短語》以下各篇,《墨子·城守》諸篇與此書《輕重》諸篇,其文體、內容及在各書中的位置頗可比較。

上述推測如能成立,則從《管子》八組可以想見古本之面貌,劉向校編之法可謂善哉! 以銀雀山漢簡與今本對照來看,劉向編定的《孫子兵法》八十二篇大概與此最相類似,但後世獨傳十三篇,遂

---

① 余嘉錫:《古書通例》卷3《論編次第三》,《余嘉錫説文獻學》,上海古籍出版社,2001年,第246頁。

使此書成爲保存古本複雜情形的唯一活化石。這本應是《管子》之幸,然久矣乎後人之不察,反而成爲雜燴之口實,是又《管子》之不幸也!

論《管子》"三匡"命名分篇之義

一

《管子》書中的《大匡》《中匡》《小匡》三篇，是研究管仲思想和齊國歷史的重要資料。但是"三匡"爲什麽要以"匡"字命名，又爲什麽要分爲大、中、小三篇？對此古人很少説明。郭沫若較早討論過這一問題：

> 尹注于《大匡》云"以大事匡君"，于《中匡》《小匡》則無注，蓋不能説爲以中事或小事匡君也。頗疑"匡"乃"簿"之假。金文……匡可爲簠，則匡亦可爲簿矣。《説文》"籍，簿也"，又"專，六寸簿也"。是則簿實同于簡。簡之長有二尺四寸、一尺二寸、八寸、六寸四種。六寸者以爲符算，不以製册籍。故古人册書有大、中、小三種。《大匡》蓋二尺四寸簡書，《中匡》一尺二寸簡書，《小匡》八寸簡書也。《大匡》蓋齊國官書，《中

匡》《小匡》則私家著述,故簡制有長短,而内容亦有出入。①

儘管尹注不夠準確,但"匡"字有"匡君"的用法不能輕易否定,問題可能出在"大事"二字過于含混。郭氏新説没有具體説明"三匡"内容有何出入,僅僅根據金文推斷"匡亦可爲簿",并進一步斷言其命名之故是"簡制有長短",反而更没有道理。"據文獻記載,簡的長度依所寫内容重要性的不同,應有一定的規定,但在出土的簡上還歸納不出這樣的規律。"②"三匡"同列于《内言》,内容同爲管仲輔相桓公之事,體裁同爲間雜桓管問答的記述體,説明并無官書與私書的區别。即如郭説,《大匡》爲官書,用二尺四寸簡而名"大",《中匡》《小匡》同爲私家著述,又何以有一尺二寸與八寸之别?從内容來看,《小匡》記載桓管治齊之政較詳,最近似官書,也最爲重要,何以反而用最短的簡書寫?足見郭説難以成立。

近年有學者撰寫專文對這一問題進行討論,頗有新意。如王恩田認爲,"《管子》三匡篇題來源于《逸周書》","《管子》三匡以'匡'名篇,顯然是從《逸周書·大匡解》借用來的","字意爲救";"大""中""小"的用法則可從《文匡解》中"找到依據"。③ 黄懷信則指出,"匡,是'筐'的本字","有方正、端正義","引申有輔相、輔助義。匡字既有'輔相'義,而三《匡》又皆記'管仲輔相桓公'之事,説明三《匡》正取'輔相'之義"。他推斷"三匡"區别之"原則與

---

① 郭沫若:《管子集校》(一),《郭沫若全集·歷史編》第 5 卷,人民出版社,1984 年,第429 頁。
② 李學勤:《失落的文明》,上海文藝出版社,1997 年,第 199 頁。
③ 王恩田:《〈管子〉三匡解題》,《管子學刊》1996 年第 2 期。按:《逸周書》第十一、第三十七兩篇篇名同爲《大匡解》,〔清〕孫詒讓《周書斠補》謂後者當作《文匡解》。

標準應是各篇製作之先後與記事之早晚。即製作在先、記事較早者爲'大',編在前面;製作在後、記事較晚者爲'小',編在最後;製作、記事早于後者而晚于前者的編在中間,爲'中'"。① 胡家聰又認爲,匡"有匡正、匡扶、匡救之意",且稱從《戒》篇"'三匡天子'與'九合諸侯'對言,找見了三匡之匡的真正來歷"。②

郭沫若《管子集校》早已説過:"此之'三匡天子',當爲三輔天子。"以上三家不采郭氏的通假之説,重新用"匡"本身字義來解釋"三匡"的做法是可取的,王氏從《逸周書》"借用"之説,尤屬卓見。可惜他們糾纏于"匡"的字意是"救",還是"輔相"或"匡扶",未能真正揭示出"大匡""中匡""小匡"的區別究竟何在。

二

"匡"字的基本義項是方正、端正,施之于對象,則爲使之端正、正其不正,而由于對象的不同,又衍生出輔相、匡救、安定等義。以《管子》書中的用法爲例,全書共使用"匡"字十五次,除《輕重甲》指弓弩彎曲,與此無關外,皆當作如是解。"三匡天子"(《戒》)之"匡"是匡扶、輔相;"匡請所疑""上不能匡"(《君臣上》)、"興德匡過""匡主之過"(《君臣下》)之"匡"是匡正過失,也是一種特殊方式的輔相;"匡其急""匡貧窶"(《五輔》),與《大匡解》"救患分災"

---

① 黄懷信:《試説〈管子〉三〈匡〉命名之故》,《西北大學學報(哲學社會科學版)》1997 年第 2 期。
② 胡家聰:《管子新探》,中國社會科學出版社,1995 年,第 275 頁。郭沫若《管子集校》(二),《郭沫若全集·歷史編》第 6 卷,人民出版社,1984 年,第 98 頁。

意同，爲救急濟貧，安定百姓；而"匡主之過，救主之失"（《明法解》），則說明"匡""救"義復相通。與上述義有特指者不同，"一匡天下"（《小匡》兩見、《封禪》一見）、"時匡天下"（《霸言》）、"聖人小征而大匡"（《參患》）、"夫管仲之匡天下也"之"匡"義較寬泛，是指匡正天下各種事務，當然也包括上述內容。"三匡"記管仲輔相桓公，時常正其過失；推行霸政，安民濟世；尊王攘夷，匡扶周室。一言以蔽之，即"一匡天下"，輔相、匡救都祇得其一偏。《論語·憲問》載孔子言："管仲相桓公，霸諸侯，一匡天下，民到于今受其賜。"[1]姚際恒《古今偽書考》説："《大匡》《中匡》《小匡》諸篇，亦本《論語》'一匡天下'爲辭。"[2]"一匡天下"疑爲春秋以來評論桓管功業之成語，未必是孔子的發明，"三匡"更未必能本此一語而偽撰，但二者顯然密切相關。

"三匡"之"匡"來源于"一匡天下"之史評，但爲什麽又分爲大、中、小三篇？這是有待進一步探討的關鍵。有學者説，《管子》書中"正天下"的"正"字原本都是"匡"字，宋本避諱改爲"正"，今本中的"匡天下"是後人所回改，"正天下"則是後人回改未盡。[3] 古書中的避諱不祇有改字一途，還有缺筆等方法，宋人諱"匡"字，多缺末一橫。且《管子》書中的十五個"匡"字分見于十一篇，而《七法》篇"爲兵之數"一節連用九個"正天下"，如果説前者是宋以後之人回改，後者是回改未盡，恐怕是不合情理的。這種現象應該另有原因。但這提醒我們，進一步探討《管子》中"正"字的

---

[1] 〔宋〕朱熹：《四書章句集注》，中華書局，1983年，第153頁。
[2] 轉引自黃雲眉《古今偽書考補證》，商務印書館，2019年，第163頁。
[3] 周斌：《評"〈管子〉中'王、霸'説的戰國特徵"》，《管子學刊》1993年第3期。

用法,以及"匡天下"與"正天下"的區別,或許可以真正弄清"三匡"命名之義。

"匡""正"二字多數情况下義同,可相互替代。但是如《法法》篇所説,"正也者,所以正定萬物之命也",其使用範圍極爲寬泛。而"匡"字主要適用于人事政治,大致相當于《乘馬》篇"地可以正政"之正。這一用法起源甚早,《詩·小雅·六月》:"王于出征,以匡王國。""以匡王國""一匡天下"就是匡正王國、天下之政,即《管子·重令》"非以并兼攘奪也,以爲天下政治也,此正天下之道也"。政治組織層次高低不同,故政有大、小之别。《毛詩序》説:"政有大、小,故有《小雅》焉,有《大雅》焉。"①《詩經》"二雅"以何爲别,衆説紛紜。上引黄懷信文認爲"是以時代早晚别大小"。但《小雅》"内容經常與中原的某個朝廷有關",《大雅》"特别與周王朝及滅商有關",②也是值得注意的區别。《管子》議論政治,分爲三個層次,如《權修》説:"有人不治,奚待于家;有家不治,奚待于鄉;有鄉不治,奚待于國;有國不治,奚待于天下。"個人、家族屬私務範疇,公共政治則有鄉、國、天下三個層次。所以又説:"欲爲天下者,必重用其國;欲爲國者,必重用其民;欲爲其民者,必重盡其民力。"其特點是除天下大政外,諸侯國内政分爲治國的朝政和治民的鄉政,故又説,"鄉與朝争治","朝不合衆,鄉分治也"。正因爲政治有三個層次,"正政"也必然相應有三個層次。《管子》書中除屢見"匡天下""正天下"外,還有"正其國"(《宙合》)、"正其民""正民之

---

① 〔唐〕孔穎達:《毛詩正義》卷1,中華書局,1979年影印本,第272頁。
② 〔英〕魯惟一主編:《中國古代典籍導讀》,李學勤等譯,遼寧教育出版社,1997年,第442頁。

德""正民之道"(《君臣下》)等提法,就是明證。而"正天下"有時是相對于其他諸侯國而言,如《七法》說:"兵不必勝敵國,而能正天下者,未之有也",當略同于《五輔》篇的"正諸侯"。"匡天下"義較寬泛,當包括正天下、正國(朝政)、正民(鄉政)在内。

通過上述考察,我們認爲"三匡"篇名來源于"一匡天下"的史評,而根據天下之政的高低層次不同,分爲三篇。"大匡"就是正天下,"中匡"就是正國,"小匡"則是正民。這和《逸周書·大匡解》第三十八的提法極其相似:

> 惟十有三祀,王在管,管叔自作殷之監,東隅之侯咸受賜于王,王乃旅之以上陳誥,用大匡……大匡封攝,外用和大;中匡用均,勞故禮新;小匡用惠,施捨靜衆。[1]

其中有的字句較費解,但大意是清楚的。"大匡"是指諸侯國之間而言,用注家的話說即"正其四封而外和大國,所謂守在四鄰也"。"中匡"指諸侯國中朝政而言,是"敬體群僚之事",對新舊臣僚均等相待,處理好君臣關係。"小匡"指鄉政,要施捨恩惠,安定民衆。這與《管子》的正天下、正國、正民,完全可以一一對應。後二者的區別還可用春秋末楚國之政來作說明。據《左傳》記載,楚然丹爲簡之師,"且撫其民,分貧振窮"云云,即"小匡";"舉淹滯,禮新叙舊"云云,即"中匡"。[2]

值得注意的是,《逸周書·大匡解》相傳是周武王十三年,封管

---

[1] 黃懷信、張懋鎔、田旭東:《逸周書彙校集注》,上海古籍出版社,1995年,第391頁。
[2] 楊伯峻編著:《春秋左傳注》,中華書局,1990年,第1365頁。

叔以監殷時之誥辭。《左傳·文公二年》載:"《周志》有之:勇則害上,不登于明堂。"《周志》,杜預注云:"《周書》也。"所引兩句正出自此篇。因此近世學者公認其"文古義晦",寫作時代較早。① 這說明"大匡""中匡""小匡"的提法起源很早,且與管仲之祖先有關,"三匡"作者將其拿來用作篇名是十分自然的。

三

實際上,《逸周書》的"三匡"之說,學者早已有所注意,但大多祇是看到其名目相同而已。清人張佩綸最早指出:"《中匡》名篇本此。然篇中所言,既非用均之政,自是後人因《小匡》依托。"②

這裏祇提到《中匡》,又說其所言"非用均之政",幾乎已自棄其說。上引王恩田文說:

> 《文匡解》中所說的"大匡""中匡"指新舊内外的大臣和官員等貴族,"小匡"指"賤"者的民衆,其間身份有着高低層次的不同。而《管子》三匡所述均是謀求國家富强之策,而没有高低層次的不同,祇是借用了《逸周書·文匡解》中的名詞,與原來的含義已大不相同。③

---

① 黄懷信、張懋鎔、田旭東:《逸周書彙校集注》,上海古籍出版社,1995年,李學勤序及卷首録唐大沛《逸周書分編句釋凡例》。
② 〔清〕張佩綸:《管子學》,臺灣商務印書館,1971年,第777頁。
③ 王恩田:《〈管子〉三匡解題》,《管子學刊》1996年第2期。

美國學者李克曾有類似的説法。① 如果《管子》真的衹是借用名詞而已,那麽揭示篇題的這一來源對于進一步研究"三匡"并無多大的意義。黎翔鳳説:"《管》書'三匡',沿用《周書》舊義,房注《大匡》'以大事匡君'不誤,特《中匡》《小匡》不能言之具體耳。匡非簡書,大中小各有意義,《周書》是其確證,按之《管》書悉合,异義所未聞也。"②柳存仁説:"《管子》重要的三篇篇目的解釋可以説都在這裏。"③二家持論甚正,惜亦"不能言之具體耳"。其實,從《管子》"三匡"的記事範圍來看,這三篇是有實質區别的,且與《逸周書》"三匡"之區别完全相符。近代支偉成曾説,"《中匡》以導君","《小匡》以理一國",④已經接近問題的關鍵,然論之不詳。通過下面的具體分析,可以看出這三篇不僅是借用篇題而已,而是各自以正天下、正國、正民爲中心,即分别圍繞其篇名所表達的主題寫作,而又渾成一體的。

《大匡》可以分爲三個部分。第一部分從開頭至"桓公踐位,魯伐齊,納公子糾而不能",近二千字,記述管仲力勸鮑叔傅公子小白,齊襄公被殺後,小白與公子糾争位成功,聽從鮑叔的建議,取管仲于魯。這顯然是在交代管仲輔相桓公的背景,具有序的性質。

第二部分從"桓公元年召管仲"至"饗國四十有二年",約二千五百字。先記管仲任政以後,桓公七次"請修兵革",管仲七次反

---

① W. A. Rickett: *Guanzi*: *Political, Economic, and Philosophical Essays from Early China*: *A Study and Translation*, Princeton Univ. Pr., 1985, p. 279.
② 黎翔鳳:《管子校注》,中華書局,2004年,第331頁。
③ [澳]柳存仁:《道家與道術》,《道家文化研究》第15輯,生活・讀書・新知三聯書店,1999年,第21頁。
④ 支偉成編:《管子通釋》,泰東圖書局,1924年,第145、148頁。

對。桓公在多次敗績,與魯結柯之盟後,纔"歸而修于政,不修于兵革"。但該部分對齊國的内政改革并未作具體叙述,接着就記桓公封杞于緣陵,封邢于夷儀,封衛于楚丘,并使人游于諸侯,"五年,諸侯附"。最後,齊敗狄、遏山戎,并通過會盟加政諸侯。這一部分完全是圍繞齊國與諸侯國的關係來叙述的,即以正天下爲主題,與《逸周書》"大匡封攝,外用和大"之意完全符合。

第三部分包括篇末兩段,僅七百多字。前一小段五十四字,記桓公"弛關市之徵","賦禄以粟,案田而税"等。後一大段記桓公任命大臣,進善罰罪等事。有人説這兩段在篇中"顯得不倫不類","是否《大匡》之原文,令人生疑,或許後人增添"。① 即便確屬本篇原文,它們也具有附録性質。本篇由于以"正天下"爲主題,對内政無法詳述,在其中心部分僅以"輕税,弛關市之徵,爲賦禄之制"和"管仲又請賞于國,以及諸侯"等簡筆帶過,末兩段正是其補充説明。

《中匡》與另兩篇長篇記述文略有不同,祇有兩段共七小節桓管問答,約八百多字。張佩綸説它所記"非用均之政",這是太拘泥于《逸周書》的"用均"二字,却没有看出"中匡用均,勞故禮新"的特點,正是指與外政、鄉政相對而言的狹義的朝政,也就是君主如何爲君治國、如何處理好君臣關係的問題。從這一大處着眼,本篇的中心正是集中討論爲君治國的原則,君臣關係也是本篇論述的重點。其中"安卿大夫之家"和"管仲會國用,三分之二在賓客,其一在國"等語句,所載桓公致仲父之事,與《逸周書》"勞故禮新"

---

① 胡家聰:《管子新探》,中國社會科學出版社,1995年,第263頁。

(舊釋"新""故"爲"賓客及士大夫")的意思更是直接相通的。

《小匡》可分爲四個部分。第一部分從開頭至"死且不朽",約八百字,叙述桓公返齊後召回管仲的經過,也具有序的性質。

第二部分從"公遂與歸"至"試諸土木",近三千字,詳細記載了桓管以四民分居爲特徵的内政改革,即"叁其國而伍其鄙,定民之居,成民之事",然後"作内政而寓軍令"。這一部分是全篇的中心内容,具有極高的史料價值。

第三部分從"桓公曰:甲兵大足矣"至"以遂文武之迹于天下",約一千六百字。記述桓公返遇鄰國侵地,正其封界,然後率諸侯出兵討伐四夷,朝天子;在葵丘之會上,天子使大夫宰孔致胙于桓公;桓公存三亡國,結信諸侯,諸侯歸之如市人。

第四部分從"桓公能假其群臣之謀"至篇末,共有六百二十八字。其内容是通過追記管仲對桓公"有大邪三"的評論,以及管仲比較自己與隰朋等五人各有長短的議論,總結出齊國"大霸天下"的原因是"明君在上,察相在下",顯然屬于附論性質。這部分乃《國語·齊語》所無,有人説"與《中匡》'請致仲父'以下文氣相承",①則有可能是後人取《中匡》兩段桓管問答,略加數語,移作附論。

《小匡》的内容初看似乎無所不包,舉凡國内、國外、君臣問題都已涉及,不能説是以"正民"爲中心的。但是把它和《大匡》略作比較,雙方的不同特徵就會顯現出來。這兩篇似乎都各自起訖,首尾完具,部分内容還有重複,而又記載略异,所以從來被人看作兩

---

① 石一參:《管子今詮》,中國書店,1988年,第460頁。

份出自不同時代、不同作者的史料。其實它們的關係是值得玩味的。

首先,從兩篇序的部分來看:《大匡》始于齊僖公生三公子,較爲完整,可以視爲"三匡"的總序。《小匡》始于桓公返齊,并無意于完整交代管仲相齊的背景,而衹是借鮑叔之口説:"夫管仲,民之父母也,將欲治其子,不可棄其父母。"似乎是點明本篇主題的小序。

其次,從它們記載内政來看:《小匡》序後緊跟的就是桓管關于内政改革的大段議論和措施。而《大匡》的核心部分完全是外和諸侯之事,衹順便提及"桓公歸而修于政""輕税"等,根本没有能與《小匡》相對應的關于内政改革的大段内容。如果説它們是完全獨立、各自完整記載桓管史事的兩篇文獻,這就是極不合乎情理的。唯一的解釋是,它們各有分工,而《小匡》的主要任務是記載以四民分居爲特徵的内政改革。

最後,從它們記載外事來看:《大匡》記述管仲七諫、柯之盟、封杞衛、伐四夷、布政諸侯等,都有較詳的桓管問答,而對齊國定霸的葵丘之會竟隻字未提,説明此篇也無意于詳述桓管争霸始末,而是以外和諸侯爲主題。《小匡》第三部分衹有兩段桓管問答,涉及内容適爲《大匡》所無。"四鄰大親"之前一段起到了代替《大匡》外和諸侯之意的作用,葵丘之會一段則是桓公稱霸的標志。而記争霸過程和手段,却一反本篇桓管問答的體裁,也與《大匡》相應内容不同,采取直叙的方式。如記封衛一事:

《小匡》:狄人攻衛,衛人出旅于曹,桓公城楚丘封之。其畜以散亡,故桓公予之繫馬三百匹,天下諸侯稱仁焉。

《大匡》：明年，狄人伐衛，衛君出致于虛。桓公且封之，隰朋、賓胥無諫曰："不可。三國所以亡者，絕以小。今君蘄封亡國，國盡若何？"桓公問管仲曰："奚若？"管仲曰："君有行之名，安得有其實。君其行也。"公又問鮑叔，鮑叔曰："君行夷吾之言。"桓公築楚丘以封之，與車三百乘，甲五千。

另外，《小匡》第三部分行文不按時間先後，而主要以方位等爲序，又加案評論性的文字，這都明顯具有總結的性質。但這顯然不祇是爲本篇作總結，而是對整個"三匡"的總結。否則，它在本篇文體之特殊、《大匡》之不記葵丘之會，兩篇之互有詳略又相互補充，都無法得到合理的解釋。

呂思勉曾經説過："自《大匡》後半篇以下，其事大略一貫。大、中、小蓋猶言上、中、下，因篇幅繁重，分爲三篇耳。"[1]其已知三篇可以連讀，惜於分篇之義未加考索耳。《管子》"三匡"在交代管仲相齊的背景之後，主要記述了桓管關於正天下、正國、正民的議論和措施，最後對桓管霸業做了總結性的叙述和評論。這三篇文獻既相對獨立成篇，又在內容上相輔相成，可以説是有機結合、不可分割的一組文章。其結構簡示如末：

總序—正天下—正國—正民—總結霸業—附論。

---

[1] 呂思勉：《論學集林·經子解題》，上海教育出版社，1987年，第324頁。

論《管子·幼官》和《管子·幼官圖》

《管子·經言》一組的最後兩篇《幼官》《幼官圖》文字相同，衹是排列順序有異。它們從篇名、形式到内容，都有很多令人費解之處，因而許多學者認爲其著作年代較晚，甚至有可能是漢代的作品。本文在對《幼官圖》的布圖順序做出合理解釋的基礎上，進一步考察其中曆法和政論兩方面的内容，認爲這兩篇文獻的著作年代爲戰國早中期之際。

一

關于《幼官》篇名，郭沫若《管子集校》録有多家之説。張佩綸云：

"幼官"當作"幽宫"。《周禮·媒氏疏》引《聖證論·管子篇·時令》云：①"春以合男女。""合男女"正見此篇，是此篇亦名"時令"。"幽宫時令"猶之"月令"，亦名"明堂月令"。《幼官圖》即《明堂圖》之類也。蓋明堂天子之制，而勳宫則天子諸侯均得稱之……幽宫亦曰玄宫，篇中一見"玄帝"，兩稱"玄宫"（按：原文實作"官"），是其證。②

何如璋、聞一多皆持後一説，即"幼官"當作"玄宫"，形近而誤，郭沫若則以金文"幼"字與"玄"字極相近爲證，這一説法在學界幾乎成爲定論。但一般認爲玄宫即明堂北出之玄堂，以此該明堂，似義有未安。《集校》録豬飼彦博説："此篇因五行以立官政，其義幼妙，故曰幼官也。"于省吾在《諸子新證》中云，"幼應讀爲要，幼、要一音之轉"，"篇中所言均係官之要職，即其驗也"。石一參在《管子今詮》中謂"玄""五"篆文形近易訛，此當作"五官"。三説亦各言之成理，録此備考。至于其形式，郭沫若云：

　　本篇文字本布置爲圖形，録爲直行文字，故每夾注以標識圖位。而仍以圖附于文後，故既有《幼官》篇，又有《幼官圖》。刊本所謂"圖"亦祇文字直録，與《幼官》篇無別，而于圖位乃增多一重説明。此又後之抄書者所改易。③

---

① 疑"篇"字乃"爲"之訛誤，當標點作"《聖證論》：管子爲《時令》云"。
② 郭沫若：《管子集校》（一），《郭沫若全集·歷史編》第5卷，人民出版社，1984年，第189頁。
③ 郭沫若：《管子集校》（一），《郭沫若全集·歷史編》第5卷，人民出版社，1984年，第190頁。

郭氏認爲先有圖形，後錄爲直行文字，確不可刊。但他以今圖之"右西方本圖"等説明文字爲後人所加，是否有當，尚待研究。因其與《牧民》《立政》《乘馬》《七法》各節下之"右國頌"等形式全同，仍有可能是原有之章節小題，而《幼官》改成"此居于圖方中"等，纔是後人所加圖位之説明。郭氏還首次試圖將《幼官圖》復原。他認爲"原圖當爲方圖"，中央四方皆分內外兩層，本圖居內，副圖居外，左東右西，上南下北，極爲複雜，故謂之"雖屬游戲，亦具匠心"。這很可能祇是郭氏的現代游戲。據李零介紹，其後陳夢家也作過一復原圖，采用本圖、副圖并列而不分內外層的方式。李氏認爲這比起郭氏之圖"是個很大的進步"，但以今人左西右東、上北下南的方位布圖，不符合古代的習慣。李氏受長沙子彈庫帛畫的啓發，又作一復原圖，布圖方位爲左東右西、上南下北。他又認爲：

  本圖是講與祭祀或日常起居有關的一些事情，是所謂文事或吉事，副圖則主要是講兵刑，是所謂武事或凶事。把本圖畫在左面、副圖畫在右面，這正好就是古人所説的"吉事尚左，凶事尚右"（《老子》），"吉禮左還，順天以立本；武禮右還，順地以利兵"（《逸周書·武順》）。此外，這樣布圖還可以從《管子》書中的《版法解》得到直接證明，《版法解》説："四時之行，有寒有暑，聖人法之，故有文有武。天地之位，有前有後，有左有右，聖人法之，以建經紀。春生于左，秋殺于右，夏長于前，冬藏于後。生長之事，文也；收藏之事，武也。是故文事在左，武事在右。"這段話把四時之位的前、後、左、右講得清楚，同時也交代了文、武之事的位置。①

李先生的説法給人以很多啓發，但我們認爲他的復原圖可能仍有問題。一是他説"按照這個順序布出的圖祇有建築方位的意義"，讀圖順序則要反過來，按照《幼官》的順序來讀，仍比較複雜。二是其圖五方之内都是本圖居左，副圖居右，這無法解釋何以直録文字時會變成今本《幼官圖》的順序。細讀《版法解》的那段話，所謂"生長之事，文也；收藏之事，武也"，如同《逸周書·周月》"萬物春生夏長，秋收冬藏"，僅限于按萬物生長規律區分春夏秋冬之政，并没有説每個季節之内還分文事、武事。本圖、副圖内容的區别，可以簡單地概括説有政教、兵刑之别，但與上面的文事、武事并非一回事。比如"量委積之多寡"，當然是"收藏之事，武也"，所以"武事在右"而列于西方；但它屬于内政上的生産事務，所以列于本圖而非副圖。可見"文事在左，武事在右"并不能作爲本圖、副圖的布圖依據，而根據古人先政教、後兵刑的政治理念，以及從右到左的書寫習慣，理所當然應該本圖在右、副圖在左。因此，我們把李氏之圖的本圖、副圖左右互換，將《幼官圖》的布圖順序恢復如下：

		副南 圖方	本南 圖方		
副東 圖方	本東 圖方	副中 圖方	本中 圖方	副西 圖方	本西 圖方
		副北 圖方	本北 圖方		

---

① 李零：《長沙子彈庫戰國楚帛書研究》，中華書局，1985年，第41—43頁。

如上圖所示,按照古人的書寫習慣,從右到左,自上而下,而分本、副圖讀之,即爲西方本圖、西方副圖、南方本圖、中方本圖、北方本圖、南方副圖、中方副圖、北方副圖、東方本圖、東方副圖,正好與《幼官圖》的順序完全一致。所以"幼官"可能原來就是直行文字而布于五方的圖形,由于圖抄寫不便,後人按布圖順序直錄其文字,就成了《幼官圖》,而按先本圖、後副圖,本圖、副圖中則各以中、東、南、西、北的順序讀之,就成了《幼官》。

既然《幼官圖》祇是布圖順序,那麽《幼官》這一古人的讀圖順序對不對呢? 郭沫若説《幼官》未能得其讀,所以另擬一讀圖順序,即先中方本圖、副圖,轉至東、南、西、北方副圖,再轉至東、南、西、北方本圖,"如此讀去,文成條貫,且與《兵法》篇文次約略相同"。李零則説:"其讀圖順序實際上祇有一種,就是按照《玄宮》。"我們贊同後一説法,因爲即使按照郭氏的讀法,與《兵法》篇文次相同之處其實也不明顯;相反,《幼官》的讀法與《七法》文次相同之處更爲顯著。《幼官》先本圖、後副圖,即先政教、後兵刑;而《七法》有四個小標題,前兩節"四傷""百匿"論政教,後兩節"爲兵之數""選陳"述兵法,這在總體結構上是完全一致的。特別是後兩節與《幼官》五副圖在論述次序上若合符節,且有不少相同或類似的文字,試作對比如下:

《幼官·中方副圖》:定計財勝,定知聞勝,定選士勝……舉機誠要,則敵不量……士死節……械器備……立于謀……器成教守,則不遠道里。號審教施,則不險山河。博一純固,則獨行而無敵……計必先定,求天下之精材,論百工之銳器,器成角試否臧。收天下之豪傑,有天下之稱材,説行若風雨,發如雷電。	《七法·爲兵之數》:爲兵之數,存乎聚財,而財無敵。存乎論工,而工無敵。存乎制器,而器無敵。存乎選士,而士無敵。存乎政教,而政教無敵。存乎服習,而服習無敵。存乎遍知天下,而遍知天下無敵。存乎明于機數,而明于機數無敵……是故器成卒選,則士知勝矣。遍知天下,審御機數,則獨行而無敵矣……故聚天下之精財,論百工之銳器,春秋角試,以練精鋭爲右。成器不課不用,不試不臧。收天下之豪傑,有天下之駿雄,故舉之如飛鳥,動之如雷電,發之如風雨。
《幼官·東方副圖》:四機不明……《幼官·南方副圖》:必明其一,必明其將,必明其政,必明其士,四者備,則以治擊亂,以成擊敗。《幼官·西方副圖》:和合故能習,習故能偕,偕習以悉,莫之能傷也。《幼官·北方副圖》:定宗廟,育男女,官四分,則可以立威行德,制法儀,出號令。	《七法·選陳》:計必先定于内……故不明于敵人之政,不能加也。不明于敵人之情,不可約也。不明于敵人之將,不先軍也。不明于敵人之士,不先陣也。是故以衆擊寡,以治擊亂……有金城之守,故能定宗廟,育男女矣。有一體之治,故能出號令,明憲法矣……定宗廟,育男女,天下莫之能傷,然後可以有國。制儀法,出號令,莫不嚮應,然後可以治民一衆矣。

這裏衹是把兩篇中最相似的文字完全按原文的順序作一比

較,可以很清楚地看出,《幼官·中方副圖》與《七法·爲兵之數》地位相當,而《七法·選陳》相當于《幼官》中的後四個副圖。這可以佐證《幼官》的讀圖順序是完全合理的。

之所以詳細討論《幼官圖》的形式和《幼官》的讀法,是因爲這與其斷代有密切關係。學界因對這一問題有所誤解而將《幼官圖》的著作時代往後拉者,頗不乏人。如有人說:"祇有新莽時期那樣讖諱(緯)迷信盛行的時代,纔有可能產生《玄宫圖》這樣的東西。"① 美國學者李克認爲《幼官圖》與河圖相似,而河圖的架構是在漢代中期以後纔盛行起來的,所以它的時代也不能太早于此,"極可能編于漢代"。"換句話説,它不會比劉向約公元前26年把它編入《管子》早過一百年左右。"② 我們將《幼官圖》復原以後,知其既不神秘,又與河圖無關,上述懷疑不攻自破。關于《幼官》與它篇之關係,郭沫若曾説它與《七法》《兵法》"諸篇乃一家言",尚不失謹慎;後又説"當爲一人所作",就有點武斷了。胡家聰則説,"《幼官》不僅抄《七法》,而且抄《兵法》",并批評劉向分組時没有"作過精確的界定",纔把它編入《經言》。③ 我們發現《幼官》與《七法》的論述結構和大旨最爲相似,但大段文字相同之處倒不是最多,這正是其約爲同時之作的證據;而《兵法》明係抄此二篇,所以相同文字更多一些。看來《幼官》與《七法》同列于《經言》,決非偶然。

---

① 牛力達:《〈管子〉成書年代之我見》,《中國經濟問題》1982年第3期。
② W. A. Rickett: *Guanzi: Political, Economic, and Philosophical Essays from Early China: A Study and Translation*, Princeton Univ. Pr., 1985, p. 169.
③ 胡家聰:《管子新探》,中國社會科學出版社,1995年,第254頁。

二

　　當然,對《幼官》的著作年代最終仍應主要根據其内容來做研究和判斷。它的五方各分爲本圖、副圖,共有十小節文字,其内容則大致可分爲曆法與政論兩部分,它們應有不同的來源,需要分别討論。

　　對《幼官》中的曆法部分,唐人杜佑曾予以注意。《通典》卷四三云:"《月令》本出于《管子》。"《月令》是儒家經書《禮記》中的一篇,漢儒或"云是吕不韋著《春秋十二紀》之首章,禮家鈔合爲記",或"云周公所作《周書》内有《月令》第五十三"。① 杜氏之言實爲調停二説而出,其意謂《管子·幼官》等篇皆有與《月令》相似者,皆當出于管仲。但二者之間還有重大的差别,杜佑未能注意及之。郭沫若指出:

　　　　此(《幼官》)爲《吕氏春秋》十二紀之雛(雛)形。十二紀以十二月令爲篇首,每紀附文四篇。此則以五行方位紀時令,而以一篇政論文字割裂作雙重,分配于五方。②

　　這(《月令》)論理不是吕氏門下所撰録,但不能出于戰國以前。在這裏已經采用着石申(戰國時魏人)二十八宿的完整

---

① 黄懷信、張懋鎔、田旭東:《逸周書彙校集注》,上海古籍出版社,1995年,第657頁。
② 郭沫若:《管子集校》(一),《郭沫若全集·歷史編》第5卷,人民出版社,1984年,第190頁。

系統,而滲透着五行相生的配合。①

合而觀之,郭氏似以爲此篇曆法部分在吕不韋甚至石申之前。最近二十年來,學界對《幼官》曆法的研究有所深入,但遠未取得一致的意見。

《幼官》以五行方位紀時令,將一年分爲三十個時節。天文學史家早已經注意到,它與《月令》系統的二十四節氣有個別名稱相同或相近,却不如後者與月份和季節配合得整齊,也不像後者詳記物候,更爲切合實用。② 但他們未對其性質做出精確判斷。有人從彝文經典和彝族民俗中,發現彝族有十月太陽曆,因而提出,"上古時代曾經存在一種一年分爲五時或五季的曆法系統,即十月太陽曆",早期的"五行"即五時。他們還認爲《夏小正》《詩·七月》的星象、物候,都屬于十月曆。《幼官》"一年分爲三十個節氣,就不能與傳統的十二月相配;而十月曆一個月爲三十六天,正好是三個節氣,一年正好是三十個節氣。這無疑是十月曆的分法"。③ 胡家聰據此懷疑,這或因杞滅于楚後,其"族屬仍在齊國境内活動",而"行用《夏小正》的曆法",意爲《幼官》之作當在此後。李曦則説中方本圖、副圖的"兩段文字都是後人加入的",去此二月後《幼官》的曆法是八月太陽曆,"蓋源于《堯典》",并以此作爲《幼官》是管仲

---

① 郭沫若:《十批判書》,《郭沫若全集·歷史編》第 2 卷,人民出版社,1984 年,第 407 頁。
② 參見中國天文學史整理研究小組編著《中國天文學史》,科學出版社,1981 年。
③ 陳久金:《陰陽五行八卦起源新説》,《自然科學史研究》1986 年第 2 期;劉堯漢、盧央:《文明中國的彝族十月曆》,雲南人民出版社,1986 年;陳久金、盧央、劉堯漢:《彝族天文學史》,雲南人民出版社,1984 年。

遺著的證據。① 這些説法十分新穎,可惜未必能夠成立。李零説:

> 《玄宫》和《玄宫圖》雖與彝族十月曆有某些相似之處,即它們都應屬于五行時令。但我們却不能認爲它們與二十四節氣所代表的時令系統在實際的曆法應用上有根本不同。它們雖然在節氣的天數分配上照顧到與五行相配,但實際所配季節仍然祇有四個,與二十四節氣仍有大致對應的關係,實際上并不是一種以三十六天爲一月,七十二天爲一季,一年共五季十月的曆法。
>
> 它們是分別代表了中國古代兩種不同的時令系統。二十四節氣代表的是我們比較熟悉的"月令"系統,而三十時節則代表的是一種很少爲人注意的"四時五行時令"系統。②

銀雀山漢簡《三十時》篇,也是一種以六日爲一節,十二日爲一時,分一年爲"三十時"的時令書。但殘簡中還有"春二月""秋三月"之文,時節名中則有"作春""春没""始夏""夏没""秋没""冬没"等,完全證實了三十時節是與四季十二月相對應的,不是什麽十月曆。根據李零的研究,《三十時》的時節名、物候、框架等都"要比《玄宫》更接近于二十四節氣"。③ 這似乎正好找到了從《幼官》

---

① 李曦:《就管仲遺著問題與胡家聰先生商榷》,《管子學刊》1988年第1期。
② 李零:《〈管子〉三十時節與二十四節氣——再談〈玄宫〉和〈玄宫圖〉》,《管子學刊》1988年第2期。
③ 李零:《讀銀雀山漢簡〈三十時〉》,《簡帛研究》第2輯,法律出版社,1996年,第194—210頁。

發展到《月令》的一個中間環節,證實了郭沫若"《幼官》爲《吕氏春秋》十二紀之芻(雛)形"的説法。

前人懷疑《幼官》曆法部分時代較晚,主要是因爲其中有陰陽五行思想。近代疑古派認爲陰陽五行説祇能追溯到鄒衍,再往上的材料都有問題。當時許多學者對此提出批評,指出鄒衍之説淵源于儒家或道家。晚近學者研究表明,五行説起源于商代四方風的觀念,《尚書》中提及"五行"的《甘誓》《洪範》兩篇作于西周,周代用"五"已成爲普遍流行的觀念。至于春秋時期,《左傳》《國語》中有關"五"的特定概念屢見不鮮,而且五行相生、相勝之説都逐漸盛行起來。戰國早中期思孟學派與五行的關係已爲馬王堆漢墓帛書《五行》篇所證實,其用五德配五行,代表了原始五行説向子學演變的趨勢。這説明五行説源遠流長,鄒衍正是在此基礎上纔能創立一個龐大的思想體系。因此,《管子》陰陽五行説在鄒衍之前的觀點,也逐漸爲學界所認同。楊向奎説:"《管子》中的五行説是早期的一種,它好像《十二紀》和《月令》的開創者。"①但在具體斷代上,現有研究大都定在了戰國中期以後。其理由除想當然地認爲不能太早于鄒衍外,還包括有些學者提出的,直到戰國早期"陰陽與五行仍各有分畛,尚無合流的迹象",②而"《幼官》等四篇實現了陰陽、五行的合流"。③ 這種説法認爲陰陽、五行在《管子》中的《七臣七主》《形勢解》等學界公認的戰國末作品中還是相分的,而在

---

① 楊向奎:《〈周禮〉的内容分析及其成書時代》,《繹史齋學術文集》,上海人民出版社,1983年,第228—276頁。
② 白奚:《稷下學研究》,生活·讀書·新知三聯書店,1998年,第235頁。
③ 白奚:《稷下學研究》,生活·讀書·新知三聯書店,1998年,第239頁。

《幼官》等篇中纔開始合流,很難令人信服。陰陽、五行固然各有其源,但至遲到春秋晚期,已有明顯的合流迹象。《左傳·昭公元年》記載:

  天有六氣,降生五味,發爲五色,徵爲五聲,淫生六疾。六氣曰陰、陽、風、雨、晦、明也,分爲四時,序爲五節,過則爲菑。

  其中"五節",舊注曰"五行之節",今人多非之。對照《左傳·昭公二十五年》,"則天之明,因地之性,生其六氣,用其五行",也是言"六氣"而及于"五行",知舊注不誤。無論如何,這裏同時論及"陰陽"和"五味"等典型的五行配目,豈能説陰陽五行尚未合流?從這段記載還可以看出,五行與四季的結合是很早的。日本有學者説,五行説"是從方位、季節産生引發"出來的,"是探求季節的變化、循環這一自然必然的律法","或許正是通過中央與四方這種《幼官》圖式的形狀這一媒介,五行與四季的循環纔相結合起來"。① 因此,用五行方位紀時令的做法戰國之前就有可能出現。前述長沙子彈庫楚帛書一般認爲是戰國中期的産物,也是采用圖形的方式,把四方與十二月相配當,與《幼官圖》的構圖類似。它没有中間的黄木和五味等五行條目,似乎比《幼官》更爲樸素。但也可能因其衹是簡單的曆忌,而非系統的時令,這與銀雀山漢簡《三十時》不提五味等一樣,都未必説明其時代更早。且它細分爲十二個月,與《月令》性質更相近,《幼官》仍有可能在它之前。又從本書

---

① [日]井上聰:《先秦陰陽五行》,湖北教育出版社,1997年,第160頁。

來看，《幼官》篇以黄、青、赤、白、黑五色爲序，這和《左傳·昭公二十九年》提到五行時的木、火、金、水、土的次序，比較接近，祇是把相當于土的黄色提到首位而已。而且它没有提到木、火、土、金、水，祇有五色、五味等與傳統五方觀念的結合，相當于土的中方與四季的結合是不穩定的，應處于五行説形成的初期，而《四時》《五行》已明確提出"中央曰土""土行御"，完全按照五行相生的次序排列了。《幼官》的時代顯然比它們要早，舊學者"疑爲孔子以前術數家作，其時遠在鄒衍諸人之前"，①不能説毫無道理。

三

《幼官》政論文字又可分爲政治、軍事兩部分，即本圖言政治，副圖言軍事。它的政治思想與《經言》其他各篇完全一致，即具有以下兩個共同特徵：一是重視經濟和制度；二是既有前期儒、道思想，也有初步的法治思想。它的軍事思想如前所述，與《七法》最爲接近。所以從思想上考察，其寫作年代不應比同組各篇晚多少。羅根澤《管子探源》説它晚出的三點證據，"帝、王、霸"的問題我們將另作探討，這裏談一下"兵陰陽"和"卿相"的問題。

《漢書·藝文志》把兵書分成權謀、形勢、陰陽、技巧四家，"兵權謀"下注云，省《管子》等九家"二百五十九（篇），重"。王先謙《漢書補注》引陶憲曾説："蓋《七略》中伊尹以下九家，其全書收入儒、道、縱横、雜各家，又擇其中之言兵權謀者重入于此。共得二百

---

① 戴潘:《管子學案》，學林出版社，1994年，第31頁。

五十九篇。班氏存其專家各書,而于此則省之。"據此推測,劉歆曾經把《管子》書中專門言兵的《兵法》《參患》等篇,以及《七法》《幼官》等篇中論兵的部分,作爲"兵權謀"的一家著録。這説明《管子》兵論的性質屬于兵權謀,而非兵陰陽。兵權謀家最著名的是《孫子兵法》,《管子》論兵與之有很多共同之處。僅以《幼官》爲例,如"計必先定",以明敵情等爲"四機",主張"全勝""必勝""至善不戰"等,都與孫子的軍事思想極爲相似,這足以説明它應當歸于"兵權謀"。又《漢志》説:"權謀者,以正守國,以奇用兵,先計而後戰,兼形勢,包陰陽,用技巧者也。""陰陽者,順時而發,推刑德,隨鬥擊,因五勝,假鬼神而爲助者也。"可見兵權謀家本來就具有部分兵陰陽的因素,而兵陰陽家則是對這些因素的具體發揮。《漢志》所著録的兵陰陽家的兵書俱已失傳,但從《別成子望軍氣》《地典》等書名,可以大致推想它們的内容。銀雀山漢簡《三十時》常説某一時節,"生氣也,以戰,客敗","上六刑,以伐,客勝。下六生,以戰,客敗","殺氣也,以戰,客勝,攻城城不取"等,應該就是兵陰陽家的遺説。這可以證明兵陰陽家與五行時令確實有淵源,但其另外幾項特徵《三十時》并不具備。至于《幼官》的兵論,祇不過附見于五方副圖,實際上完全是講兵權謀,與兵陰陽思想并無明顯的聯繫。羅根澤以爲《幼官》"純爲陰陽家言",而篇中又談兵,就説它是"秦漢間兵陰陽家作",這樣生硬拼湊出一個兵陰陽家安在《幼官》頭上,顯然是不合適的。

《幼官》和《立政》兩處使用了"卿相"一詞,羅氏以爲"卿、相連舉,是以相爲官名",于是旁徵博引,指出春秋無"名相之官",《左傳》等書中相字"皆輔相之意",左相當以公卿大夫"分等次之故"。

持管仲遺著説的學者仍舉羅氏提到過的一些文獻中的"相",徑以作爲春秋有相之證,而不顧羅氏的解釋,是不符合學術規範的。《叔夷鐘》有左正卿一職,梁方建以之與文獻記載的齊國左相、右相聯繫起來,説:"當是先稱左、右正卿,後更名爲左、右相。"①這一推測很有道理,可以説找出了春秋後期齊國左、右相制度的淵源,足證羅氏春秋無相説之誤。不過這裏春秋有無名相之官其實并不重要,因爲《幼官》中與"卿相"并列的人主、大臣、兵主、將軍、賢人、庶人等,無一是正式的官名,何以"卿、相"非得是官名,不能泛指"輔佐之高級臣工"呢?而且《立政》云,"卿相不得衆,國之危也",這與戰國中期君主專制制度下尊君卑臣的主張很不合拍,僅此就可以説明"卿相"一詞未必晚出。

美國學者李克爲《幼官》所作解題長達二十二頁,是全書所有解題中最長的一篇,關於政論部分除重申羅氏之説外,又補充了兩點:一、《幼官》篇首一段兼及"皇、王、仁、義、忠、信、霸、禮、謀、本、法、常"等,這是"公元前四、三世紀迅速發展起來的黃老思想的産物";二、《幼官》引用過《吕氏春秋》中的一段文字。前一條理由實有所本,其中"皇"字,尹注以"皇暇"釋之,後人疑爲錯簡,移後與帝、王等并列;本農末商與管仲思想不合,是羅根澤考證《權修》篇時提出的。這些説法有一定道理,所以《幼官》不會是管仲遺著。但我們認爲戰國早期就可能帝、王、霸連提,復益之以皇,亦未必會太晚。重農抑商思想起源于西周,中斷于春秋,而盛行于戰國中期以後。戰國初期李悝"禁技巧"的思想,可以説是後來興起的抑商

---

① 梁方建:《齊國金文及其史料價值》,《管子學刊》1989年第1期。

思潮的先聲。《幼官》篇說,"務本飭末則富",與《牧民》等篇"禁文巧"之說相同,都是反對奢侈品的生產,而不是針對一般工商業的,這與李悝的思想比較接近。羅根澤以之與戰國末本農末商思想完全等同起來,并説"本""末"之稱始于荀子,①有所偏頗。《史記·貨殖列傳》載春秋末越國計然之策,有"病農""病末""農末俱利"之説,羅氏謂出史公改易,果否固難質言。《商君書》明有"事本而禁末者富"等文字,羅氏還説《商君列傳》中的"本、末二字,則史公追叙之言,非商鞅已謂農爲本,謂商爲末也",此顯然不符合事實。且《墨子·七惠》云:"先民以時生財,固本而用財,則財足。"這個"本"似指各種"生財"的生產事業,正與特指奢侈品生產的"末"相對應,足證"務本飭末"之説可以出于戰國早期。至于"仁""義""法"等概念,《左傳》《國語》中經常用到,這裹被雜糅于一段文字中,可能不會太早。但這更像出于戰國諸子初起階段,對原始儒、道、法家思想有所瞭解而又不屬于某一家的學者所爲,不必受到黃老思想的影響。具體來説,《幼官》與黃老帛書相似的論述衹有一處:"始乎無端,道也。"帛書《十六經·前道》作"道有原而無端"。這也是《管子》與帛書有關的二十三條中,唯一在《經言》之内的。試作比較,則《幼官》説用兵要"始乎無端",是指戰前就做到"畜之以道則民和",《前道》却把"有原而無端"概括爲道的抽象屬性;《幼官》説用兵之目的"非地是求也,罰人是君也",《前道》則説"大國得之以并兼天下",時代之先後一目了然。所以這是帛書承襲《幼官》的證據,而不是《幼官》受到黃老思想影響的體現。再看看

---

① 羅根澤:《諸子考索》,人民出版社,1958年,第107、431頁。

它與《呂氏春秋》相似的論述:

> 《幼官》:數戰則士疲,數勝則君驕,驕君使疲民,則國危。
> 《兵法》:數戰則士罷,數勝則君驕。夫以驕君使罷民,則國安得無危?
> 《呂氏春秋·適威》:(李克對魏武侯)曰:驟戰則民罷,驟勝則主驕。以驕主使罷民,然而國不亡者,天下少矣。

以上三篇的論述之間確實有先後承襲的痕迹,而《兵法》似爲其間的過渡,後者改"君"爲"主",當屬晚出。而且《呂氏春秋》中的論述是借戰國人李克之口説的,如果李克之言出于《管子》,這兩篇時代之早就不言而喻了;即便這真是李克最先説的,《幼官》也可以作于李克與呂不韋之間,而不必抄《呂氏春秋》。

總之,《幼官圖》的布圖方式并不神秘,這兩篇的內容與《經言》組其他各篇尤其是《七法》頗多相通之處,大致應爲同一時代的作品,其寫作年代應在戰國早中期之際。

《管子》"道法家"三篇説質疑

郭沫若在《十批判書·後記之後》中説,"《管子》書中多法家言,但不限於一家。如《法法》《任法》《明法》諸篇,其理論確淵源於慎到,而爲韓非所本","這些主張很顯明地是慎到與韓非之間的橋梁"。① 這一説法長期以來被學界視爲不刊之論,經常有人將《法法》等三篇合并在一起來作討論。如金德建説:"郭沫若的講法有一定道理。《管子》裏這幾篇確有符合慎到的地方,尤其《任法》篇更爲突出,應該認爲就是慎到所親著。"② 劉蔚華、苗潤田也"斷定《法法》三篇即慎到、田駢之稷下黄老學派的遺著"。③ 胡家聰説,"《法法》《任法》《明法》的法治思想聲息相通,可概稱之'三法',係《管子》書中專題法理論文的重要篇章",其"主要特徵是

---

① 郭沫若:《十批判書》,《郭沫若全集·歷史編》第2卷,人民出版社,1984年,第490頁。
② 金德建:《先秦諸子雜考》,中州書畫社,1982年,第88頁。
③ 劉蔚華、苗潤田:《〈管子〉與稷下學》,《管子學刊》1987年創刊號。

'道、法'思想結合"。① 丁原明説,"稷下黄老學中有一個道法派","在《管子》書的《法法》《任法》《明法》諸篇中有明顯的反映。從外觀上看,貫串(穿)于《管子》這三篇的一個共同特點,就是公開推尊黄帝和明確使用了'道法'的概念";這"三篇雖不敢冒昧斷定爲慎到親著,但這三篇同慎到這派道法家俱有一脉相承的思想聯繫,却是毋庸置疑的"。② 我們認爲這類説法是值得商榷的。

一

郭沫若將《法法》等三篇相提并論,主要是因爲它們都有濃厚的法治和勢治的思想,而慎到在先秦法家中以重勢著名。但是《法法》勢論一段實爲後人所竄入,并非原篇文字。

《法法》"凡人君之所以爲君者,勢也"一段凡505個字,這段話之後有兩則"一曰",分別爲254和56個字,文繁不録。這三段之間的關係前人有所解釋。唐尹知章注云:"管氏稱古言,故曰'一曰'。"明劉績補注説:"此乃集書者再述异聞。"③清張佩綸説:"乃《外言》集諸説以解'勢非所以予人',非管氏稱古言也。"④説雖略

---

① 胡家聰:《管子新探》,中國社會科學出版社,1995年,第248頁;《稷下争鳴與黄老新學》,中國社會科學出版社,1998年,第214頁。
② 丁原明:《〈管子〉的基本思想特點》,《管子研究》第1輯,山東人民出版社,1987年,第95頁;《黄老學論綱》,山東大學出版社,1997年,第138—141頁。
③ 郭沫若:《管子集校》(一),《郭沫若全集·歷史編》第5卷,人民出版社,1984年,第399頁。
④ [清]張佩綸:《管子學》,臺灣商務印書館,1971年,第694頁。

异，以爲原篇文字則同。今人或説這是"不同觀點争鳴"，①或説"是一篇論戰的記録或集結"，②這是在認定"一曰"爲原篇之文的基礎上所作的任意想象。吴汝綸指出："此《管子》書有別本，校者并載之。"許維遹更有詳論，大意認爲："《管子》篇中凡'一曰'云云，蓋劉向編校時中外書篇有重複，劉向擇其字異同泰甚者，録入篇中，增'一曰'二字以别之。"③這一説法甚有見地，有人據《韓非子》"一曰"的用法加以反駁，④實有未諦。《韓非子》中《内儲説》《外儲説》六篇凡用"一曰"五十二次。如《内儲説下》説："燕人無惑，故浴狗矢。"其下先講了這則故事，再用"一曰"引出故事的另一傳本，稱"燕人李季"，又説"取五姓之矢浴之"等，皆與前不同。最後又説"一曰浴以蘭湯"，是指這則故事主體部分與前"一曰"相同，唯"五姓之矢"作"蘭湯"爲異。韓非是援引當時流傳的故事來闡明自己的理論，并且用"一曰"引出這個故事的不同説法。《法法》篇"一曰"形式上完全一致，但這是一篇上下一貫的論説文，決無如此大段引述異説的體例。兩"一曰"主體部分相同，後"一曰"僅與前"一曰"的"故曰"以下有别，這與上引《内儲説下》之例極爲類似。燕人故事有三種不同説法，韓非兼收并蓄，以示可信；《法法》此處有三種不同寫法，劉向并存異文，以傳古本。一出著者，一出校者，因書而異，實質斯同。

---

① 牛力達：《〈管子〉書各篇斷代瑣談》，《管子研究》第 1 輯，山東人民出版社，1987 年，第 26 頁。
② 莊春波：《田齊失政論——〈法禁〉〈法法〉篇本事考論》，《管子學刊》1990 年第 1 期。
③ 郭沫若：《管子集校》（一），《郭沫若全集·歷史編》第 5 卷，人民出版社，1984 年，第 399—400 頁。
④ 黎翔鳳：《管子校注》，中華書局，2004 年，第 309 頁。

由此可見,劉向所見《法法》篇從內容上説大致有三種不同的抄本系統,兩種"一曰"抄本大體相同,而與前者文字和思想上的差別都較大。問題是這三種抄本何者最早,或者説這三段不同的文字何者爲原篇文字,何者爲後人竄改？有人説,前面一段中的勢論"正是齊法家慎到的觀點。這種觀點是作爲《法法》作者的觀點被叙述的,而表明《管子》觀點的反而冠之曰'一曰'。因而我認爲《法法》是慎到一派的作品被編入《管子》書的"。① 這裏對异文性質的區别很有見地,但徑以勢論一段爲原篇文字,并據以斷定全篇爲慎到派作品,經後人加進兩則"一曰"後纔編入《管子》書中,頗嫌簡單武斷。祇要稍加分析,就可以看出,"一曰"(此兩則之先後頗難判定,以下泛稱爲"一曰")爲《法法》之原文,勢論一段纔是後人所竄入。具體來説,有如下五點證據。

第一,"一曰"爲原篇之文最直接有力的證據是,其中所説"凡人君之德行威嚴非獨能盡賢于人也""不敢論其德行之高卑有故""六者在臣則主蔽矣,主蔽者,失其令也""賢人不至而忠臣不用"等語,緊接勢論之前一段所説"主與大臣之德行失于身""主與大臣之德行得于身""人主失令而蔽,已蔽而劫,已劫而弑""得賢而使之",又啓"德行成于身而遠古卑人""賢人之行其身""無賢士焉"諸語,正好前後呼應,文義連貫。相反,勢論一段根本没有"德行""賢人""主蔽"等字眼,夾在中間就割斷了上下文的聯繫。

第二,勢論一段中的"令重于寶"諸句,與全篇末段的論述基本相同,二者顯然重複,必有一處不是原文。篇末數段前人多致懷

---

① 牛力達:《論〈管子〉書的法治思想》,《管子學刊》1997年第3期。

疑,如張佩綸謂廢兵一段乃"《參患》篇錯簡",①吕思勉謂係下篇即《兵法》錯簡;②有人甚至説,"凡論人有要"以下諸段,"并非法治論説,似係別篇脱簡被錯編于此"。③其實"凡民""凡論人有要"兩段,正好上接"一曰:凡人君之德行威嚴"之論,下啓"明君公國一民以聽于世,忠臣直進以論其能"一段,都是關于君、臣、民的論述。末段"明君不爲親戚危其社稷"諸句則爲全篇之結語。兩"明君"間之論廢兵一段,則承上段之末句"安得二天下而殺之"而來,大意"在善其兵備而慎其使用"。④所以篇末諸段結構嚴謹,層次清晰,并無錯簡,這足以反證此處"令重于寶"諸句非原篇之文。

第三,從基本内容來看,"一曰"主要論述慎令的思想,主張"人主不可以不慎其令",這與《外言》諸篇尤其是《重令》十分接近。而勢論一段關于勢的思想在《外言》一組其他各篇中很少論及,出現于此頗顯突兀。

第四,從具體論述來看,"一曰"前半段主要論"人主操此六者以畜其臣",與《小匡》"殺、生、貴、賤、貧、富,此六秉也",正好完全一致。這是直接繼承和發展了管仲思想,即使出現在《經言》中都極爲自然,遑論《外言》矣。

第五,論勢一段的"勢"是對"一曰"六柄之説的高度理論概括,後人以之替代原文,正如《韓非子》借管仲之口談論"勢",毫不奇

---

① 〔清〕張佩綸:《管子學》,臺灣商務印書館,1971年,第704頁。
② 吕思勉:《論學集林·經子解題》,上海教育出版社,1987年,第324頁。
③ 胡家聰:《管子新探》,中國社會科學出版社,1995年,第250頁。
④ 郭沫若:《管子集校》(一),《郭沫若全集·歷史編》第5卷,人民出版社,1984年,第407頁。

怪。但這段話約與《區言》諸篇同時，它們除了都論及"勢"，還有兩處具體的字句相似。一是其曰"滅絶侵壅之君者"，與前"一曰"作"牽瑕蔽壅之事君者"祇有"壅"字相同，與後"一曰"作"蔽塞障逆之君者"用字全殊。而《明法》亦曰："滅侵塞擁之所生，從法之不立也。""塞""絶"、"擁""壅"字异而意同，與之幾乎一致。從下文"非杜其門而守其户也"與"一曰"相同來看，它的這一論述應是直接承襲後者并略作改動，《明法》則又抄襲它。勢論一段有曰："聖人能生法。"《法禁》雖然説"君一置其儀，則百官守其法"，有國君立法之意，但尚未概括出"生法"的提法。《任法》則説："有生法，有守法，有法于法。夫生法者，君也；守法者，臣也；法于法者，民也。"很明顯，這句話正好介于《法禁》與《任法》之間，而更近于後者。

二

《法法》等三篇毫無疑問都屬于齊法家作品，當然會有一些相同的思想特徵；但在證明"一曰"係《法法》原文，而勢論一段是改編本用來替代它的之後，就可以看出它們在思想上的差别也是相當明顯的。

首先，從三篇所反映的法家思想來說，雖然《法法》中已有不少關于法治的論述，但其在《任法》《明法》二篇中纔"有了重要的發展。如《明法》明確提出了"以法治國"的主張："威不兩錯，政不二門。""以法治國，則舉錯而已。"這是法家思想發展到一定階段纔能做出的高度概括。《任法》更爲强調法治，凡用"法"字五十七次。

其中,"聖君任法而不任智,任數而不任說,任公而不任私,任大道而不任小物""所謂仁義禮樂者,皆出于法""有生法,有守法,有法于法。夫生法者,君也;守法者,臣也;法于法者,民也。君臣上下貴賤皆從法,此謂爲大治"等論述,都比《法法》關於法的提法要深刻得多,篇幅所限,這裏不作詳細論述。

更爲重要的區別在于,《法法》雖有濃厚的尊君重令主張,但不如《任法》《明法》的勢治思想明顯。如"一曰"提出殺、生、貧、富、貴、賤,主張"人主操此六者以畜其臣",但這祇是直接繼承了《小匡》《齊語》所載管仲"六秉"之說。篇中除後人竄入的勢論一段外,僅有"勢利官大"一句中使用了"勢"字,乃指大臣權勢,并未正面論述君主權勢的問題。《任法》《明法》關於君主權勢的論述更爲明顯和豐富。如《明法》全篇都在論述尊君重勢的思想,并明確提出了"以勢勝"主張,反對把君主之勢"專授"給大臣:"夫尊君卑臣,非計親也,以勢勝也。"篇中雖然祇用了一個"勢"字,但許多論述都包含着勢的思想,如"君臣共道則亂,專授則失""威不兩錯,政不二門"等,這種思想在《明法解》中被明確地闡述出來。《任法》說:"明王之所操者六:生之、殺之、富之、貧之、貴之、賤之。此六柄者,主之所操也。主之所處者四:一曰文,二曰武,三曰威,四曰德。此四位者,主之所處也。藉人以其所操,命曰奪柄;藉人以其所處,命曰失位。奪柄失位,而求令之行,不可得也。"其中雖未使用"勢"的概念,但將《法法》與《幼官》篇"必得文威武"之說綜合起來,并提出"奪柄失位"的問題,論述更爲深刻。與勢的情形一樣,《法法》沒有使用法家特殊的"術"這一概念,而《任法》提出"主有三術"之說,雖然陰謀權術的氣味并不太濃厚,但確係"課群臣之能者也,此人主之所執也"(《韓非子·定法》)。《明法》反對"專聽其大臣""專授""以譽進能""以黨舉官"等,都是爲了防止"蔽主"的情況發生,説明所謂"主術"就是《明法解》所説的法家"不蔽之術"。可見這兩篇明確使用了"術"的概念,提出了防止大臣"行私術"以"蔽主"的方法。衆所周知,先秦法家諸子中,慎到重勢,申不害重術,兩篇中的勢、術思想或許受到這兩個早期秦晋法家代表人物的影響。

其次,從三篇與儒家思想的關係來看,它們之間的區別也極爲明顯。儒家尚人治,主張尊賢使能,法家重法治,輕視聖賢,這是兩家的根本分歧之一。但《法法》作爲法家作品,却仍然重視賢能,篇中提到"賢"字十五次,如:"聞賢而不舉,殆;聞善而不索,殆;見能而不使,殆。""賢者食于能,則上尊而民從。""賢者勸而暴人止,則功名立其後矣。""得道而導之,得賢而使之。""賢人不至,謂之蔽。""舜之有天下也,禹爲司空,契爲司徒,皋陶爲李,後稷爲田。此四士者,天下之賢人也,猶尚精一德,以事其君。"這表明早期齊法家融合了部分儒家思想。《任法》仍保存一些禮法并用的特點,如説"群臣不用禮義教訓則不祥",但"仁義禮樂者皆出于法",它肯定的禮義,實際上衹是不違背法令的另一層面上的社會規範而已。而在法治還是賢治這樣的根本問題上,它是毫不含糊的。《任法》説:"請謁任舉,以亂公法。""先王之治國也,使法擇人,不自舉也。使法量功,不自度也。"《明法》也説:"今主釋法以譽進能,則臣離上而下比周矣。"這是明確反對任賢舉能,而主張"使法擇人"。與此相應,這兩篇乃至整個《區言》組中没有使用過一個"賢"字。三篇同爲齊法家作品,何以有如此巨大的差異?這個問題需要聯繫慎到的思想來談。

《莊子·天下》篇説慎到"笑天下之尚賢""非天下之大聖",且引述其言曰:"無用賢聖,夫塊不失道。"《荀子·解蔽》説:"慎子蔽于法而不知賢。"慎到以反對尊賢而著名,這從今存遺文也可以得到證明。比如《慎子》説:"君之智,未必最賢于衆也。以未最賢,而欲以善盡被下,則不贍矣。若使君之智最賢,以一君而盡贍下則勞,勞則有倦,倦則衰,衰則復反于不贍之道也。是以人君自任而躬事,則臣不事事,是君臣易位也,謂之倒逆。"(《民雜》)這顯然是《法法》人君"德行威嚴非獨能盡賢于人"説之翻版,但這裏直接談論"君之智",用以代替"德行",法家色彩更爲濃厚。他又説:"賢不足以服不肖,而勢位足以屈賢矣。""慕賢智則國家之政要在一人之心矣。"(《威德》)"立君而尊賢,是臣與君争,其亂甚于無君。""君立則賢者不尊,民一于君,事斷于法,是國之大道也。""多賢不可以多君,無賢不可以無君。"(《逸文》)其反對尊賢,態度之鮮明,立場之堅定,罕有其匹。

從三篇對于尊賢的不同態度,自然得出如下結論:《法法》有濃厚的尊賢色彩,不可能出自慎到學派;而對《區言》時代的齊法家來説,毋須尊賢似乎已經是一個不用討論的問題,《任法》等篇也不會是慎到本人的作品,而應該要晚一個時期。

最後,戰國後期法家對于其他學派思想的吸收,主要是引道入法,即以黄老學作爲其理論依據,這從《法法》等三篇的差別也可以看到粗略的反映。

《任法》一開頭就提出"四任"的説法:"聖君任法而不任智,任數而不任説,任公而不任私,任大道而不任小物,然後身佚而天下治。"又説:"聖君則不然,守道要,處佚樂,馳騁弋獵,鐘鼓竽瑟,宫中之樂,無禁圉也,不思不慮,不憂不圖,利身體,便形軀,養壽命,垂拱而天下治。"《明法》篇末也説:"主雖不身下爲,而守法爲之可也。"這些法家言論所包含的理論依據源出道家。道家始祖老子主張無爲,是指因順道和自然。後來黄老學派將其發展爲系統的静因無爲之術,法家則用它作爲人君駕御群臣的方法,形成獨特的術治理論。在上述理論的形成和發展過程中,君佚臣勞主張的提出是關鍵性的一步,而這一跨越可能是由《宙合》完成的。其解説部分一開頭就説,"'左操五音,右執五味',此言君臣之分也。君出令佚,故立于左;臣任力勞,故立于右","君臣各能其分,則國寧矣"。由於這種主張剛剛産生,與之同時的法家作品還未能采用,同列于《外言》的《法法》等篇還没有受其影響的痕迹。而《慎子·民雜》説:"君逸樂而臣任勞,臣盡智力以善其事,而君無與焉,仰成而已。"首句直接因襲《宙合》之説,後幾句做了簡略的闡釋。《任法》《明法》則顯然已經將其作爲全篇的理論依據,符合後期法家的思想特徵。這又一次證明《法法》不是慎到學派作品,而《任法》《明法》有可能受過慎到的影響。

三

《法法》等三篇思想上的區别已如上述,最後再來談談"道法家"的問題。"道法家"這一概念是裘錫圭研究馬王堆帛書《老子》乙本卷前古佚書時提出來的,他認爲"被漢人看作道家的道法家思想,應該是申、慎的思想跟道家思想進一步糅合的産物"。可見這一概念是爲説明"戰國時代道家思想和法家思想的相互滲透",用來替代漢人"道家"概念的。他已明言,"申不害和慎到本身還不能算道法家",《管子》書中的道法家作品祇有《心術上》和《白心》兩篇,"可能是慎到、田駢的學生寫定的"。① 而一些學者直接將郭沫若之説與"道法家"這一概念嫁接在一起,把《慎子》一書和《法法》等三篇都説成道法家作品,這就將"道法家"的概念無限擴大化。這類説法無視裘氏的界定標準,另以重視道、法或使用"道法"一詞作爲其認定道法家的主要依據,認爲"道法"是這個思想派别的核心概念,其實是不能成立的。

"道法"被作爲一個概念并受人重視,是由于黄老帛書《經法》篇中有一章的章名稱作"道法",有人將其解釋爲泛指"自然界和人類社會總原理和總規律"的概念。② 但是正如金春峰所指出,"這不是一個名詞",而是"道"和"法"兩個名詞的并列,古書中"顯然是把道與法分開而不是作爲一個概念的"。③ 即使退一步說,將道、法兩個概念這樣合并使用也可以代表一個學派的特徵,把《法法》三篇説成"道法家"仍然是很不妥當的,因爲這三篇中祇有《法法》説"明王在上,道、法行于國",總算還是將"道""法"作爲兩個并列的名詞。《任法》説"百姓輯睦,聽令道法以從其事","民不道法則不祥",其中的"道"字,一個與"聽"對言,一個在"不"字之下,顯然都是動詞。這兩個"道法"之義爲遵循法令,與篇名"任法"之爲專

---

① 裘錫圭:《馬王堆帛書〈老子〉乙本卷前古佚書與"道法家"——兼論〈心術上〉〈白心〉爲慎到田駢學派作品》,《中國哲學》第2輯,生活·讀書·新知三聯書店,1980年,第80頁。
② 鍾肇鵬:《論黄老之學》,《世界宗教研究》1981年第2期。
③ 金春峰:《漢代思想史》,中國社會科學出版社,1997年,第43頁。

任法令詞義類似，也就是篇中所説"君臣上下貴賤皆從法"，其中哪里有"道"的位置！《明法》更不濟，連"道法"一詞的影子也没有，爲了把它硬拉進"道法家"，丁原明衹好説："通篇充滿了道法家的思想，與《法法》《任法》兩篇應屬于同類著作。"但《君臣上》明確論及"此道法之所從來""是以知明君之重道法而輕其國也"，爲何不説它是"道法家"呢？《荀子·致士》説，"無道法則人不至，無君子則道不舉"，"君子也者，道法之總要也"。其《正名》篇又説："故壹于道法，而謹于循令矣。"《韓非子·飾邪》説"道法萬全，智能多失"，《説疑》篇説"進善言、通道法而不敢矜其善"，都使用了"道法"一詞，又與《法法》三篇有何區别呢？不回答這兩個問題，僅僅把《法法》三篇説成"道法家"，顯然不能令人信服。事實上，道、法結合，以道論法，是《黄帝四經》及戰國中後期許多思想家的共同理論特徵。《管子》書中很多論述法治的篇章常常滲透着道家的影響，闡發道家理論的篇章也常把道家哲理運用于論説法家政治。因此，所謂"道、法思想結合"根本不是《法法》三篇獨有的思想特徵，單獨把這三篇作爲一個學術派别的理由是很不充分的。

總之，《法法》等三篇并非《管子》書中自成一派的作品，更不能被稱爲"道法家"。《法法》寫作時代略早，不可能是慎到學派的作品，而《任法》《明法》確實受過慎到等人思想的影響，它們應該分别是戰國中期、晚期的齊法家作品。

《管子·侈靡》篇的結構與主題

《管子·侈靡》篇夙稱難讀,前人在文字校釋方面做了大量工作,但仍多歧義。而對于全篇層次結構,更缺乏周密的分析,近代石一參甚至斥之爲"當時零星記録之短語而未成章段者"。[①] 我們認爲,研究任何古代文獻,不能理解作者的基本思路,則所謂思想研究容易流于斷章取義。本文擬將《侈靡》篇分爲八個層次,考察其内在結構,力圖比較準確地把握全篇的主題,以推動《管子》侈靡思想研究的進一步深入。

第一層,篇首至"均之始也"。作者首先提出,古之人與今之人不同,即古人"山不童而用贍,澤不弊而養足,耕以自養,以其餘應良天子","今周公"時代"地重人載,毁敝而養不足,事末作而民興之"。這是從經濟條件的差異來討論社會政治變遷,并由此引出了侈靡理論:

[①] 石一參:《管子今詮》,中國書店,1988年,第597頁。

问曰:兴时化若何? 莫善于侈靡。贱有实,敬无用,则人可刑也。故贱粟米而如敬珠玉,好礼乐而如贱事业,本之始也。珠者,阴之阳也,故胜火;玉者,阴之阴也,故胜水。其化如神。故天子臧珠玉,诸侯臧金石,大夫畜狗马,百姓臧布帛。不然,则强者能守之,智者能牧之,贱所贵而贵所贱。不然,鳏寡独老不与得焉。

这段话不少学者怀疑有错简或脱误,郭沫若正是将后文"能摩故道新……本事不得立"节移置"莫善于侈靡"句下,并据以解释"侈靡"的含义。[1] 对其中一些关键字句,更有不少误解。如有人说,"贱粟米""贱事业"就是不重视生产,"可刑"就是要加以处罚。[2] 又有人说,"贱有实"以下诸句"无疑是针对'莫善于侈靡'之论的论战之词"。[3] 已有学者指出,"'贱有实,敬无用'即是侈靡本意。"[4]这是极有见地的。这段话确实开门见山地阐明了侈靡理论的原则问题。侈靡不是单纯的奢侈消费,而是使"人可刑(型)",是控制臣民的手段。其基本原理是让粟米布帛贱而易得,钟磬狗马成为侈靡享受。其具体内容是天子把持以珠玉为代表的货币,操

---

[1] 郭沫若:《〈侈靡篇〉的研究》,《郭沫若全集·历史编》第3卷,人民出版社,1984年,第153页。
[2] 周乾溁:《〈管子·侈靡〉真意的探索》,《管子学刊》1990年第2期。
[3] 庄春波:《〈侈靡〉篇与田齐国策之争》,《管子与齐文化》,北京经济学院出版社,1990年,第102页。
[4] 姜旭朝:《〈管子〉侈靡观:中国传统崇俭消费观的"异端"》,《管子学刊》1988年第2期。

縱人們的經濟生活,諸侯大夫享受禮樂特權,但不能壟斷物價或豪奪財富,下層百姓得到基本生活保障。簡言之,侈靡就是實行周代禮樂制度下的等級消費,流通社會財富,調整君臣關係,穩定社會秩序。

第二層,"政與教孰急"至"此政行也"。作者進而提出,推行侈靡政策,需要"政與教"兩手抓。教的作用,"賢者、不肖者化焉"。但作者顯然更重視政,認爲"政平而無威則不行","甚富不可使,甚貧不知恥",因而主張爲政"必因成刑而論于人","用貧與富"。

第三層,"可以王乎"至"死教定而威行"。文中提及"鄰國之君俱不賢,然後得王",但其要旨實在于在"俱賢"的情況下,改革內政:"辯于地利,而民可富;通于侈靡,而士可戚。"即從生產和消費兩個環節着手,富民戚士。而爲本篇主題所限,論證重點則在後者。

> 諸侯死化,請問諸侯之化弊也。弊也者,家也。家也者,以因人之所重而行之。吾君長來獵,君長虎豹之皮用。功力之君,上金玉幣;好戰之君,上甲兵。甲兵之本,必先于田宅。今吾君戰,則請行民之所重。飲食者也,侈樂者也,民之所願也。足其所欲,贍其所願,則能用之耳。今使衣皮而冠角,食野草,飲野水,孰能用之?傷心者不可以致功。故嘗至味而,罷至樂而,雕卵然後瀹之,雕橑然後爨之。丹沙之穴不塞,則商賈不處。富者靡之,貧者爲之。此百姓之怠生,百振而食,非獨自爲也,爲之畜化。

93

這段話實承第二層談論教時的"動人心""動人意""使人思之"而來,進一步闡明侈靡論的人性論基礎。人的本性,都看重飲食侈樂等物質精神享受,統治者要化民一俗,使國民盡爲己用,就必須滿足他們這種欲望。篇文"死化""化弊"之化,即上文"忽然易事而化"、下文"化之美者應其名"之化;弊即上文"承弊而民勸"之弊;家即《左傳·桓公》二年"諸侯立家"的卿大夫之家。前賢釋化爲貨,弊爲幣,家爲價,忽略了上下文義的聯繫,實不足取。"可以王乎""諸侯死化",都是從諸侯國立論。諸侯國實行侈靡政策,主要就是針對卿大夫階層,即"化"分封制度下家异其政之"弊"。"承弊"不能釋爲"贈幣""拯弊",而應是因承民俗而化其弊,即"因人之所重而行之",所以纔能説"民勸"。

其臣者,予而奪之,使而輟之,徒以而富之,父繫而伏之。予虛爵而驕之,收其春秋之時而消之,有雜禮我(義)而居之,時舉其强者以譽之。强而可使服事,辯以辨辭,智以招請,廉以摽人。堅强以乘六,廣其德以輕上位,不能使之而流徙。此謂國亡之郄。故法而守常,尊禮而變俗,上信而賤文,好緣而好駔,此謂成國之法也。爲國者,反民性然後可以與民戚。民欲佚而教以勞,民欲生而教以死。勞教定而國富,死教定而威行。

這是承上層"必因成刑而論于人"而進一步討論控制臣民的原則,其中主張用"禮義""虛爵"消耗臣下的財富,切合侈靡的實質。

第四層,"聖人者"至"故平以滿"。首節"化之美者應其名,變其美者應其時"二語,上應第三層"忽然易事而化,變而足以成名",引出下文:"故緣地之利,承從天之指,辱舉其死,開國問辱,知其緣地之利者。"有人説,這"是它爲治國制定了一個綱領性的東西",并據以論定《侈靡》篇"是在討論治國的方案"。① 此層雖文義多費解,且有涉及生産、外交等項文句,但主要仍是圍繞國内君臣問題的。

  公曰:國門則塞,百姓誰衍敖,胡以備之? 擇天下之所宥,擇鬼之所當,擇人天之所戴,而亟付其身,此所以安之也。强與短而立齊國,若何? 高予之名而舉之,重予之官而危之,因責其能以隨之。猶俄則疏之,毋使人圖之;猶疏則數之,毋使人曲之,此所以爲之也。大有臣甚大,將反爲害,吾欲優患除害,將小能察大,爲之奈何? 潭根之,毋伐。固事之,毋入。深鬻之,毋涸。不儀之,毋助。章明之,毋滅。生榮之,毋失。十言者不勝此一,雖凶必吉,故平以滿。

這裏顯然是繼前引"用其臣"原則後,解决用臣的兩對矛盾:"强與短而立齊國","大有臣甚大,將反爲害",即如何擇臣和防範權臣。

第五層,"無事而總"至"示不輕爲主也"。趙守正《管子通解》本分此爲八節,除一節論及"兵遠而不畏"外,都集中于國内問題,其中始終貫穿濃厚的功利思想,引人注目。

---

① 周乾濚:《〈侈靡〉篇思想傾向初探》,《管子與齊文化》,北京經濟學院出版社,1990年,第56頁。

積者立餘食而侈,美車馬而馳,多酒醴而靡,千歲毋出食,此謂本事。縣人有主,人此治用,然而不治,積之市。一人積之下,一人積之上,此謂利無常。百姓無寶,以利爲首,一上一下,唯利所處。利然後能通,通然後成國。利靜而不化,觀其所出,從而移之。

　　大王不恃衆而自恃,百姓自聚;供而後利之,成而無害。

　　是故之時陳財之道,可以行令也。利散而民察,必放之身然後行。公曰:謂何?長喪以鏨其時,重送葬以起身財,一親往,一親來,所以合親也。此謂衆約。問:用之若何?巨瘞培,所以使貧民也。美壟墓,所以文明也。巨棺槨,所以起木工也。多衣衾,所以起女工也。猶不盡,故有次浮也。有差樊,有瘞藏。作此相食,然後民相利,守戰之備合矣。

作者對侈靡消費首次做了具體描述,并提出了"利"的概念,認爲侈靡使"民相利","利然後通,通然後成國"。對于利,又提出"先人而自後"的原則,認爲"先其士者之爲自犯,後其民者之爲自贍"。與此相應,在用臣問題上,首次提出重功的原則。

　　功未成者,不可以獨名;事未道者,不可以言名。成功然後可以獨名,事道然後可以言名,然後可以承致酢。

　　官禮之司,昭穆之離,先後功器事之治,尊鬼而守故,戰事之任,高功而下死本事,食功而省利勸臣,上義而不能與小利。五官者,人争其職,然後君聞。祭之時,上賢者也,故君臣掌。

君臣掌,則上下均,以此知上賢無益也,其亡兹適。上賢者亡,而役賢者昌。

此外,"皆以能別以爲食數""王者上事,霸者生功""令茍下不治,高下者不足以相待,此謂殺",也都是重視治功之意。可見,這一層無論對侈靡消費還是對君臣問題,論述都比前四層更加深入。

第六層,"載祭明置"至"私交衆則怨殺"。這一層從首節公問中寢諸子如何"致諸侯",到末節"請問先合于天下而無私怨",多從國際問題立論。首節與《戒》篇重複,歷來被視爲錯簡,證據不足。次"摩故道新"節,前引郭沫若説亦以爲錯簡,并據以研究其本末思想。我以爲這裏的"本"不是指農業,而是與下文"稱本而動"之本同爲"邦"的代替字。① 文意爲:國貧而鄙富,市場凋弊,苴布在朝市就算好東西了;國富而鄙貧,市場繁榮,傍晚人還涌向市場。市場是用來勸"起本善"的,奇巧末作興起來了,不讓這些"本善",即國家的賢能,即各級貴族盡情享受,他們就不肯起來爲國辦事。這是對篇首"事末作而民興之"的發揮,"起本善"和"民興之"意同,即興起善民,也是第三層"今吾君戰,則請行民之所重"的翻版。如此理解,則下句"選賢舉能不可得,惡得伐不服用"正起到承上啓下的作用,引出征服諸侯的兩種途徑:

---

① 郭沫若在《〈侈靡篇〉的研究》中説,"《管子·輕重》篇中即屢見以本爲邦的例子","稱本而動,即是舉國而動"。見《郭沫若全集·歷史編》第3卷,人民出版社,1984年,第178頁。

> 以同。其曰久;臨,可立而待……所謂同者,其以先後智
> 渝者也。鈞同財(則)爭,依(倍)則説,十則從服,萬則化。成
> 功而不能識,而民期,然後成形而更名,則臨矣。

這段話前人忽略了上下文義的聯繫,不得確詁。"以同",即如上文"百夫無長""萬諸侯鈞",勢力相同,僅憑行動先後、智力差異,難分勝負。"臨"則指實力懸殊情況下讓人自然服從,國內外人心都期望他做君主。作者反對在實力相同的情況下去征伐諸侯,"無使其内,使其外,使其小,毋使其大",即從國内小事做起,先治理好臣民。

> 君子者,勉于糾人者也,非見糾者也。故輕者輕,重者重,
> 前後不慈。凡輕者,操實也,以輕則可使,重不可起。輕重有
> 齊,重以爲國,輕以爲死。毋全祿,貧國而用不足;毋全賞,好
> 德惡亡使常。
> 能官,則不守而不散。衆能,伯;不然,將見對。

君主不可能親自治理民衆,以臣治民,就如衡器以輕起重。所以要用祿賞勸勉臣子,但不能讓他們"甚富不可使"。這樣,有能臣爲國守民,國家就能稱霸諸侯,此乃侈靡本旨。

第七層,"夷吾也"至"則云矣"。這一層就君臣關係及侈靡對其重要意義最後作總結性論述。

> 事故也,君臣之際也;禮義者,人君之神也,且君臣之屬

也。親戚之愛,性也。使君親之察同索,屬故也;使人君不安者,屬際也,不可不謹也。賢不可威,能不可留,杜事之于前,易也。水,鼎之汨也,人聚之;壤,地之美也,人死之。若江湖之大也,求珠貝者不令也。

商人于國,非用人也。不擇鄉而處,不擇君而使,出則從利,入則不守。國之山林也,則而利之;市塵之所及,二依其本。故上侈而下靡,而君臣相上下。相親,則君臣之財不私藏,然則貧動肢而得食矣。徙邑移市,亦爲數一。

這兩段話可謂全篇畫龍點睛之筆:禮義祇是人君控制臣下的工具,而侈靡消費則是其具體内容之一。商人不是生産者,但侈靡消費端賴其貿遷有無,流通財富。篇首揭示的侈靡概念,其實質至此得到最明確的表述。

第八層,"不方之政"至篇末。這一層有濃厚的陰陽五行色彩,歷來被認爲是用氣運圖讖之説預言朝代興替,實屬誤解。這裏祇是提出變化的思想作爲侈靡的理論依據,且與篇首遥相呼應。

夫陰陽進退滿虚時亡,其散合可以視歲。唯聖人不爲歲,能知滿虚,奪餘滿,補不足,以通政事,以贍民常。地之變氣,應其所出;水之變氣,應之以精,受之以豫;天之變氣,應之以正。且夫天地精氣有五,不必爲沮,其巫而反其重陝。

這是説陰陽五行是天地自然的變化,人們祇能順從而不能改變其運動規律,統治者應該根據這種規律來制定政策,預防災變。

對此,篇中有更簡單明瞭的表述:"王者謹于日至,故知虛滿之所在,以爲政令。"具體說來,就是"奪餘滿,補不足",而這正是侈靡政策的題内之義。文中突出"水之變氣",但看不出水德已衰之意,或許和《水地》篇水是"萬物之本原"及《度地》篇"五害之屬,水最爲大"的思想有關。

> 周鄭之禮移矣,則周律之廢矣,則中國之草木有移于不通之野者。然則人君聲服變矣,則臣有依馴之禄,婦人爲政,鐵之重反旅金,而聲好下曲,食好鹹苦,則人君日退。亟則溪陵山谷之神之祭更應,國之稱號亦更矣。

首句張佩綸說當作"周之禮移矣",李哲明說"鄭又密邇周畿,故得并舉",[①]葉玉華說"周鄭之禮"係指《左傳》所載鄭桓公與商人之間"爾無我叛,我無强賈"的盟誓。[②] 我們認爲都不夠妥當。春秋初期,周鄭交質,鄭敗王師,周鄭之間天子諸侯的關係發生動摇,標志着周代的禮法廢弛和"禮樂征伐自諸侯出"的時代的到來,這纔是"周鄭之禮移矣,則周律之廢矣"的真實含義。至于"臣有依馴之禄""人君日退""國之稱號亦更矣",頗符春秋戰國之際大夫勢力膨脹,終至化家爲國的歷史軌跡,而在本篇則是作者根據周代君臣(天子諸侯)關係演變趨勢做出的預言。

以上分析表明,《侈靡》篇層次清晰,結構嚴謹。它始終圍繞着

---

① 郭沫若:《管子集校》(二),《郭沫若全集·歷史編》第6卷,人民出版社,1984年,第394頁。
② 葉玉華:《〈管子·侈靡〉篇的商討》,《管子學刊》2000年第1期。

一個主題逐層深入地進行論述,即如何通過侈靡消費政策,自上而下地控制臣下和民衆。也就是說,它基本上是一篇講君臣關係問題的論文,其特異處祇在于從侈靡消費這一角度入手。侈靡消費的關鍵在介于君民之間的貴族和富人,一方面,他們積累財富,是侈靡消費的主體;另一方面,正是通過他們的侈靡消費,勞動者得到工作和衣食。篇中的"非獨自爲也,爲之畜化",就是說這些人不僅是爲自己,也是爲勞動者積蓄財貨。這當然是作者站在其剝削階級立場上爲侈靡消費所作的辯護。剝削階級的侈靡消費來自對生産者剩餘產品的占有,它是和生產者的貧困相對立的。但這種思想在剝削制度下是極爲典型的。《侈靡》篇就其原文來看,是對周代禮樂制度的思想升華。近代以來,西方資本主義經濟學說涌入中國,人們驚奇地發現,馬爾薩斯的奢侈說和凱恩斯的就業論與《管子》侈靡論何其相似乃爾!郭沫若説:

    《侈靡》篇基本上是一篇經濟論文。就如它的題目"侈靡"二字所表示的一樣,它主張大量消費,大量生産;大量興工,大量就業。消費大,然後生產纔可以促進,工作的機會多,然後人民纔不致(至)于失業。[①]

這是他對《侈靡》篇主題思想的理解,顯然深受西方經濟學說的影響和啓發。但是《管子》侈靡論和凱恩斯主義除了都是爲剝削制度作辯護,相互其實有重大的差異。後者是在資本主義生產社

[①] 郭沫若:《〈侈靡篇〉的研究》,《郭沫若全集·歷史編》第3卷,人民出版社,1984年,第153頁。

會化的條件下,爲解決生產過剩的矛盾而提出的,理論上是全社會共同的消費原則,目的是擴大再生產。前者是在中國古代分封制度下,爲防止財富過分集中,采取消耗貴族富人的經濟實力、保障下層民衆的基本生活的等級消費,目的是形成君臣民自上而下、臂指相使的政治格局。它充其量衹是保持民力,談不上刺激生產;與其説是一種經濟思想,不如説是一種社會政治思想。所以僅從理論上來看,説它"基本上是一篇經濟論文"已嫌牽强。何況根據上文的分析,《侈靡》篇原本是一篇層次結構嚴密的論文,郭氏將所謂"錯簡"前移,用來解釋"侈靡";又不顧上下文義的聯繫,把原來不具有經濟意義的"化弊""家""本善"等釋作貨幣、價、本事等,都有不妥。郭氏對"篇中的政法文教等主張""關于軍事和國防上的見解"也有詳細討論,唯獨對這篇"經濟論文"中多數文句和經濟無關這種費解現象不置一詞,也説明這一説法確欠周密。

筆者認爲《侈靡》篇基本上是一篇討論君臣關係的論文。本文無意于否定前人的成就,因爲侈靡消費本身畢竟屬于經濟學範疇,它的經濟思想在古代文獻中確實比較豐富和獨特,現代學者在這一方面的研究無疑具有深遠意義。筆者同樣無意于標新立異,因爲這原本就是古人明白無誤的一個事實。漢代劉向校編《管子》,分全書爲八組,《侈靡》篇列在《短語》。這一組十八篇論文排列有序,凡内容相近者依類相次。列爲《短語第四》至《短語第九》的《君臣上》、《君臣下》、《小稱》、《四稱》、《正言》(已佚)、《侈靡》六篇,都是討論君臣問題的論文。晚清郭嵩燾對此也有過明確的論述,可惜未被《管子集校》采録,不受學人重視。今節録于下,聊作本文結尾:

發端言古政刑之簡,而承之曰:"興時化若何?莫善于侈靡。"則是"侈靡"者,據周之文言之。次論政教感人之深淺,而曰"通于侈靡而士可戚",蓋亦君臣交際之繁爲儀文,然後民可使親上也。①

---

① 〔清〕郭嵩燾:《讀〈管〉劄記》,國立武漢大學《文哲季刊》1930年第1卷第3號。

論《管子·侈靡》篇

《管子·侈靡》篇在全書中篇幅最長,文字錯誤較多,不容易通讀。它受到現代學者的普遍關注,應該歸功于郭沫若《〈侈靡〉篇的研究》對它的經濟思想的發現。半個世紀以來陸續發表的大量有關論著,大多深受這篇著名論文的影響。筆者粗讀《管子》,對關于《侈靡》篇的一些基本問題,諸如侈靡含義、全篇主題、著作時代,以及它和《輕重》篇的關係等,有些和前賢不同的看法,寫出來請同好批評指正。

一、"侈靡"釋義

"侈靡"一詞,戰國秦漢文獻中屢見,都是指貴族或富民階層的奢侈消費。《侈靡》篇對這種奢侈消費方式也有具體的描述。所以一般認爲:"侈靡就是奢侈,就是剥削階級用豪華方式消費社會產品。"①有的學者提出异議:"實際上,'侈'爲擴大財富,'靡'爲滿足消費,'侈靡'乃是豐財足用之道。"②這種解釋十分牽强,不足爲據。

中國古代思想家的正統消費觀念是崇尚節儉,即便《管子》其他各篇也是如此,所以郭沫若稱《侈靡》篇"在中國古代思想史上是一篇具有特色的相當重要的文字"。但是作爲一種思想主張,侈靡斷然不會是爲奢侈而奢侈,純粹浪費財富,而必定有其經濟上或政治上的目的。郭沫若説:

> 如它的題目"侈靡"二字所表示的一樣,它主張大量消費,大量生産;大量興工,大量就業。消費大,然後生産纔可以促進;工作的機會多,然後人民纔不致(至)于失業。③

這些解釋有將古人思想現代化之嫌,但尚未受到真正有力的反駁,而幾乎被所有學者尤其是經濟思想史學者接受。郭沫若的解釋主要依據篇中的如下文句:

> 能摩故道新,道定國家,然後化時乎?國貧而鄙富,苴美于朝,市國;國富而鄙貧,莫盡如市。市也者,勸也。勸者所以

---

① 巫寶三:《管子經濟思想研究》,中國社會科學出版社,1989年,第143頁。
② 周乾溁:《〈侈靡〉篇思想傾向初探》,《管子與齊文化》,北京經濟學院出版社,1990年,第56頁;《〈管子·侈靡〉真意的探索》,《管子學刊》1990年第2期。
③ 郭沫若:《〈侈靡篇〉的研究》,《郭沫若全集·歷史編》第3卷,人民出版社,1984年,第153頁。以下引郭説出此文者不另出注。

起。本善而末事起,不侈,本事不得立。

這段話早就受到學者的重視,清人張文虎説:"'末事不侈,本事不得立',此《侈靡》本旨。"①郭沫若更明確地把以消費促生産作爲侈靡的基本含義,其實這是不妥當的。

第一,這種説法的前提是以該節文字爲錯簡,前移至"莫善于侈靡"之下。《侈靡》篇夙稱難讀,前人有認爲是短語彙編的。但據筆者淺見,它的層次清晰,結構嚴謹。該節之前,公問"諸侯不至"的原因,中寢諸子答:"自吾不爲汙殺之事人,布織不可得而衣,故雖有聖人惡用之。"其意當爲征服諸侯須用人,而用人先應"事人"。下一節首句是"選賢舉能不可得,惡得伐不服耶?"這一節介于中間,"化時"爲"定國家"以後之事,結合篇首"興時化"下言及天子、諸侯、大夫、百姓相安無事,可知是伐不服,改變天下時勢。其中心内容則介于"事人"與"選賢舉能"之間。

第二,這種説法是任意改字的結果,實不足取。郭沫若綜合前人校釋成果,以"直"爲衍字,改"莫盡如市"爲"盡如暮市","本善"爲"本事"。但説"國貧而鄙富"就是主張"城市消費大而没有囤積,鄉村就生産旺而穀物有出路",然後得出"市場是用來促進生産的"這一命題,似有增字解經之嫌。"城市消費大"恰恰是"國富"的表現;没有"國富","城市消費大"就無從談起。理解這段話的關鍵可能在對"本善""本事"的解釋。郭沫若曾經正確地指出,篇中"稱本而動"與《輕重甲》等篇中的"本"字都是"邦"的代替字。其

---

① 郭沫若:《管子集校》(二),《郭沫若全集·歷史編》第6卷,人民出版社,1984年,第343頁。

106

實這裏兩個"本"字也當作如是解,"本善"即國之善人,"本事"即國事。這段話是說,要通過市場提供侈靡消費品讓他們享受,使賢能的人起來爲國出力。如果奢侈品生產興起了,不讓這些人享受,國事就不能辦好。

第三,這種說法是受到馬爾薩斯的奢侈說和凱恩斯的就業論的啟發,用現代思想來解釋古人。西方資產階級擴大消費,刺激生產,以增加就業的思想,是在資本主義生產社會化的條件下,爲解決生產過剩的矛盾,挽救資本主義經濟危機而提出的。古代自然經濟占統治地位,生產主要是爲了消費而不是交換貿利,富者囤積不厭其多,根本不存在生產過剩的問題。私人工商業雖也有所發展,但對整個社會經濟制度的影響微乎其微。在這種生產和市場的聯繫并不密切的情況下,難以想象提高消費會產生刺激生產的效果。這種附會之說的文獻依據,除了上述曲解,就是文中的用厚葬來"使貧民""文明""起木工""起女工"。它的原意祇是讓富者出錢消費,使勞動者賴以維持生計。"作此相食,然後民相利"兩句話,清楚地道出了其真正目的。這充其量祇是保持民力,談不上促進生產。

我們認爲,侈靡的字面含義固然是奢侈,但其理論內涵應根據篇首部分的如下表述加以解釋:

> 興時化若何?莫善于侈靡。賤有實,敬無用,則人可刑也。故賤粟米而如敬珠玉,好禮樂而如賤事業,本之始也。珠者,陰之陽也,故勝火;玉者,陰之陰也,故勝水。其化如神。故天子臧珠玉,諸侯臧金石,大夫畜狗馬,百姓臧布帛。不然,

則强者能守之,智者能牧之,賤所貴而貴所賤。不然,鰥寡獨老不與得焉。均之始也。

這段話前人頗多誤解,如說"化"是"貨"的借字,"所謂興時貨,是生產品積壓,阻礙了再生產之進行而欲推動生產的時會"。① 最荒謬的是認爲"賤有實"以下"是針對'莫善于侈靡'之論的論戰之詞"。② 已有學者指出,這段話中包含了"《管子》對於侈靡的總的原則","'賤有實,敬無用',即是侈靡本意"。此說極有見地,但仍然局限於從"經濟學的意義"來討論《侈靡》篇,③未能準確把握侈靡學說的如下三個特徵:

第一,它的着眼點其實不在經濟上而在政治上,是從消費政策入手討論如何使"人可刑(型)",即如何控制臣民的問題。侈靡消費的目的不是促進生產,而是形成天子、諸侯、大夫、百姓層層統治,相安無事的政治格局。

第二,它的基本原理是"賤有實,敬無用"。"有實"即粟米布帛等實用物品,"無用"即"饑不可食,寒不可衣"的珠玉和鐘磬狗馬等奢侈品。它主張讓粟米布帛賤而易得,冠冕堂皇的理由是爲了照顧百姓,特別是鰥寡獨老,其實這些本來就是勞動者生產和應得之物。這種理論無論從經濟上還是從政治上都是爲了維護統治階級的利益。因爲他們無法掌握勞動者生產的所有粟米布帛,祇能使

---

① 胡寄窗:《中國經濟思想史》,上海人民出版社,1978年,第315頁。
② 莊春波:《〈侈靡篇〉與田齊國策之爭》,《管子與齊文化》,北京經濟學院出版社,1990年,第102頁。
③ 姜旭朝:《〈管子〉侈靡觀:中國傳統崇儉消費觀的異端》,《管子學刊》1988年第2期。

其價格低廉,而抬高易于掌握的珠玉的價格,用來操縱經濟。勞動者人數衆多,統治者無法直接控制,祇能賦予少數的貴族以禮樂特權,治理民衆。"本之始也",是說這是國家的根本,把"本"理解爲本事或農業是不對的。

第三,它的基本内容是"天子臧珠玉,諸侯臧金石,大夫畜狗馬,百姓臧布帛",即四個社會階層享受不同的消費標準,當然是上得兼下,下不得僭上。這裏不具體提天子的消費,他掌握以珠玉爲代表的貨幣,操縱經濟,控制臣民,消費特權盡在不言中。諸侯大夫擁有鐘磬狗馬之類奢侈享受,嚴格説來他們纔是侈靡消費的真正主體。這與西方資産階級的奢侈説有着明顯差異:前者表現爲等級消費上的特權,而後者理論上是全社會的奢侈消費。實施侈靡政策的政治經濟目的:一方面是將其作爲一種優待,使享受者甘心服從;另一方面,是引導這些社會强者奢侈消費"無用"之物,暗中削弱其經濟實力,防止他們壟斷物價,豪奪財富。這完全是從封建國家利益出發的,也有利于下層民衆獲得少量基本生活資料,這就是階級社會的所謂均平之道。

簡言之,《管子》侈靡學説的要旨是通過實行與周代的禮樂制度和分封制度相適應的等級消費,流通社會財富,調整君臣關係,穩定社會秩序。

二、《侈靡》篇的主題

自郭沫若以來,學者多認爲"《侈靡》篇基本上是一篇經濟論文"。但事實上篇中多數文字都與經濟問題無關,所以有人説它不是"專門討論經濟問題的文章",而"是在討論治國的方案";①有人説篇中有許多"對立觀點,正是國策之爭的反映"。② 其説或寬泛無當,或穿鑿割裂。通過上文對侈靡之義的分析,全篇的主題已呼之欲出:它實際上是一篇討論君臣問題的政治經濟論文。這在古人是個明白無誤的事實。漢代劉向校編《管子》,全書分爲八組,《侈靡》列爲《短語》第九篇。這一組十八篇論文暗中是按内容性質分類編排的,其中第四至第七篇爲《君臣上》《君臣下》《小稱》《四稱》,都是討論君臣問題的。已佚的第八篇《正言》及此篇,主題應當與之相近,劉向纔會列于其後。晚清郭嵩燾説:

> 發端言古政刑之簡,而承之曰:"興時化若何? 莫善于侈靡。"則是"侈靡"者,據周之文言之。次論政教感人之深淺,而曰"通于侈靡而士可戚",蓋亦君臣交際之繁爲儀文,然後民可使親上也。③

這是極有見地的。《侈靡》篇自始至終討論君臣問題,脉絡井然。這裏略作分析。

首先,它從歷史發展的觀點考察不同時代君臣關係的變化,首尾呼應。

---

① 周乾溁:《〈侈靡〉篇思想傾向初探》,《管子與齊文化》,北京經濟學院出版社,1990年,第56頁。又,《〈管子·侈靡〉真意的探索》,《管子學刊》1990年第2期。
② 莊春波:《〈侈靡〉篇與田齊國策之爭》,《管子與齊文化》,北京經濟學院出版社,1990年,第97—110頁。
③〔清〕郭嵩燾:《讀〈管〉劄記》,國立武漢大學《文哲季刊》1930年第1卷第3號。又,〔清〕顏昌嶢《管子校釋》引,嶽麓書社,1996年,第281頁。

篇文一開頭就說,古人"山不童而用贍,澤不弊而養足,耕以自養,以其餘應良天子,故平"。"今周公"時代,"死民不服",是因爲"地重人載,毀敝而養不足,事末作而民興之"。後文說:"是故之時陳財之道,可以行令也。利散而民察,必放之身然後行。"作者認爲君臣關係的變化取決於經濟條件,小國寡民時代可以直接取予,君民和諧;後世人口增加,農耕不足自養,工商末業興起,爲使民利流通,必須施行侈靡政策。篇末又說:

> 周鄭之禮移矣,則周律之廢矣,則中國之草木有移于不通之野者。然則人君聲服變矣,則臣有依馴之禄,婦人爲政,鐵之重反旅金,而聲好下曲,食好咸苦,則人君日退。巫則溪陵山谷之神之祭更應,國之稱號亦更矣。

"周鄭之禮"或說指周禮,或說指《左傳》所載鄭桓公惠商之政,這段文字"說出了商人階級反對漢王朝統治的思想",①都十分牽強。這段話與篇首言古、今政刑的文字遙相呼應,預言君臣關係的變化。春秋初年,從周鄭交質到鄭敗王師,周鄭之間天子諸侯之禮廢棄,也標志着周代的律法廢馳,禮樂征伐自諸侯出的時代的到來。"臣有依馴之禄""人君日退""國之稱號亦更矣",則是根據周代君臣關係演變趨勢所做的預言,也頗符春秋戰國之際大夫勢力膨脹,終至化家爲國的歷史軌迹。

其次,它從欲望論出發,深刻論述了侈靡政策對於控制臣民的

---

① 陳恒力:《〈管子・侈靡〉篇探微》,《新建設》1955年4月號。

必要性。

《管子》重視物質生活條件,提出"倉廩實則知禮節,衣食足則知榮辱"的著名命題。《侈靡》篇與此完全一致,它的論述是從人的物質生活欲望出發的:

> 飲食者,民之所欲也;侈樂者,民之所願也。足其所欲,贍其所願,則能用之耳。今使衣皮而冠角,食野草,飲野水,孰能用之?傷心者不可以致功。

篇中涉及欲望論的文句很多,這祇是最典型的。爲了滿足國民物質生活欲望,作者從根本上說是重視發展生産的,但重點談論消費,尤其是滿足富者"侈樂"的欲望,直接目的是以予奪貧富的手段,讓賢能爲國所用。"辨于地利,而民可富;通于侈靡,而士可戚",正是關于這一辨證關係的表述。

作者認爲,君臣是一種社會關係,不是自然之性,所以要用禮義來維繫,"禮義者,人君之神也"。禮義的實質,不過是君主滿足臣民的物質生活欲望,臣民服從君主的統治。假如臣民的欲望不依賴君主就能得到滿足,或者根本不能得到滿足,則"甚富不可使,甚貧不知恥"。所以對于賢能,一方面要"富之",讓他們"侈靡";另一方面要能"予而奪之",用"禮義""虛爵"消耗其經濟實力。如:

> 魚鱉之不食餌者,不出其淵;樹木之勝霜雪者,不聽于天;士能自治者,不從聖人……不欲,强能不服,智而不牧……故

陿其道而薄其所予,則士云矣。

毋全祿,貧國而用不足;毋全賞,好德惡亡使常……故一爲賞,再爲常,三爲固然。其小行之則欲也,久之則禮義。故無使下當,上必行之然後移。

其臣者,予而奪之,使而輟之,徒以而富之,父系而伏之。予虛爵而驕之,收其春秋之時而消之,有雜禮我(義)而居之,時舉其強者以譽之。

對于下層民衆,則正是通過富者的侈靡消費,使他們得到基本的生活保障,實現侈靡政策的間接目的:保持民力,發展生產。這樣就達到了其總體目標:流通社會財富,穩定社會秩序。所以又説:

上侈而下靡,而君臣相上下相親,則君臣之財不私藏,然則貧動肢而得食矣。

長喪以毀其時,重送葬以起其財……作此相食,然後民相利,守戰之備合矣。

富者靡之,貧者爲之。此百姓之怠生,百振而食,非獨自爲也,爲之畜化。

王者……能知滿虛,奪餘滿,補不足,以通政事,以贍民常。

最後,它對如何使用臣民提出一些具體主張。原則上它主張"政與教"兩手抓,而更重視政,説"政平而無威則不行","必因成形而論于人,此政行也"。作者的君道觀是主張善于"任人"而不親自動手,"君親以好事,強以立斷,仁以好任人";"君子者,勉于糾人者也,非見糾者也"。所謂"任人",當然是任用賢能:

> 賢者少,不肖者多,使其賢,不肖者惡得不化?
> 擇天下之所宥,擇鬼之所當,擇人天之所戴,而亟付其身,此所以安之也。強與短而立齊國,若何? 高予之名而舉之,重予之官而危之,因責其能以隨之。
> 祭之時,上賢者也,故君臣掌。君臣掌,則上下均,以此知上賢無益也,其亡兹適。上賢者亡,而役賢者昌。

值得注意的是,作者所謂"使其賢",不是一味"上賢",而是"役賢"。郭沫若改"上賢"句爲"察之,恃上賢者也",是君主自己賢;有人解釋"役賢"説是吕禮"説動湣王賤役賢士,乃至遣散稷下學宫列賢",①都屬曲解。"上賢""役賢"顯然是尊重、役使賢能,但後者有較強的尊君色彩,也更注重賢者的實際能力和辦事效果。所以篇中提出"王者上事,霸者生功""先功後器""高功而下死""食功而省利"等原則。又説:"功未成者,不可以獨名;事未道者,不可以言名。成功然後可以獨名,事道然後可以言名,然後可以承致酢。"這正是對"祭之時上賢"的修正和發展。作者對用臣問題的一些注意事項也有所論述,如嚴厲處罰不服從的貴族,不疏遠貴戚,"毋仕异國之人","大臣得罪,勿出封外",防範大臣擅權爲

---

① 莊春波:《〈侈靡〉篇與田齊國策之争》,《管子與齊文化》,北京經濟學院出版社, 1990 年,第 97—110 頁。

害等。

作者對于下層民衆的要求,則是"民不流""安鄉樂宅"。又説:"爲國者,反民性然後可以與民戚。民欲逸而教以勞,民欲生而教以死。勞教定而國富,死教定而威行。"簡言之,即安居樂業,戮力耕戰。

三、《侈靡》篇與《輕重》篇相通

《侈靡》篇與《管子》其他各篇關係如何,是個引人注目的問題。從消費思想上説,《乘馬》篇有"儉則傷事,侈則傷貨"之論,學者早已據此指出,"《管子》是在儉侈并重的基礎上并在一定的條件下纔提倡侈靡",①本篇與《乘馬》篇"并無實質性的矛盾"。② 但是我們認爲最值得討論的是它與《輕重》篇的關係。

近代章太炎曾指出:"《管子》之言:'興時化者,莫善于侈靡。'斯可謂知天地之際會,而爲《輕重》諸篇之本,亦泰西商務所自出矣。"③郭沫若説:"《揆度》篇所謂'大夫已散其財物,萬人得受其流',可以借用來作爲侈靡政策的説明。"更已洞見輕重、侈靡政策的目的是一致的。但他更强調"《侈靡》篇的作者還没有采取商業國營政策,不限制富商蓄賈,這是一個重大的區别",并認爲二者"有正面衝突的地方",其兩個"衝突證據"是《事語》和《山至數》假托泰奢、特之名提出奢侈和厚葬的主張,而管子加以反對。我們認

---

① 胡寄窗:《中國經濟思想史》,上海人民出版社,1978年,第315頁。
② 巫寶三:《管子經濟思想研究》,中國社會科學出版社,1989年,第159頁。
③ 章太炎:《讀管子書後》,《章太炎政論選集》,中華書局,1977年,第32頁。

爲《侈靡》篇并不是一篇"經濟論文"，其中涉及商業的文字很少，"没有采取商業國營政策"毫不奇怪。且篇中對商人已略有批評："商人于國，非用（庸，有功勞）人也，不擇鄉而處，不擇君而使，出則從利，入則不守。"它對侈靡的消極影響也有所認識："毋數據大臣之家而飲酒，是爲使國大消。"因而主張侈靡應以富有積蓄（積者）和天下太平（無事）爲前提，而爲了應付戰争，平時就要積累財富，"無事而總，以待有事"。其意略同《輕重乙》所説："天下有兵，則積藏之粟足以備其糧；天下無兵，則以賜貧氓。"而《輕重》諸篇大抵以"國蓄"爲意，反對奢侈即因不具備條件，正如《事語》所説："非有積蓄不可以用人，非有積財無以勸下。"所以積蓄和侈靡是相輔相成的，在不同的論文中各有側重，并不足怪。《輕重》諸篇此例甚多，如《輕重甲》談"來天下之財，致天下之民"，就説"聖人善用非其有，使非其人"。《事語》談"夫不定内，不可以持天下"，却把這兩句話假托爲"佚田之言"而予否定。這當然不是衹重内或衹重外，而是先内後外之意。孔子答弟子問，有時對同一個問題却作不同甚至相反的回答，是因材施教；《管子》則可謂因時施政，都不是自相矛盾。

《侈靡》篇與《輕重》諸篇的文句和思想都有很多相同或相似之處，下面按《侈靡》篇的順序列舉二者原文加以對比，并在本節末略作總體分析。

1.《侈靡》：今周公斷指滿稽，斷首滿稽，斷足滿稽，而死民不服。

《乘馬數》：民被刑戮而不從于主上。

2.《侈靡》:天子藏珠玉。

《揆度》:故先王度用其重而因之,珠玉爲上幣。(《國蓄》《輕重乙》略同。)

3.《侈靡》:不然,則强者能守之,智者能牧之,賤所貴而貴所賤。

《國蓄》:分地若一,强者能守;分財若一,智者能收。

4.《侈靡》:不然,鰥寡獨老不與得焉。

《輕重甲》:不然……貧賤鰥寡獨老不與得焉。

5.《侈靡》:甚富不可使,甚貧不知恥。

《國蓄》:夫民富則不可以祿使也,貧則不可以罰威也。

6.《侈靡》:必辨于天地之道,然後功名可以殖。辯于地利,而民可富。

《輕重乙》:此所謂善因天時,辯于地利,而辟方都之道也。

7.《侈靡》:因人之所重而行之……功力之君,上金玉幣。

《輕重戊》:金幣者,人之所重也。

8.《侈靡》:予而奪之……徒以而富之……收其春秋之時而消之。

《國蓄》:先王知其然,故見予之形,不見奪之理……故予之在君,奪之在君,貧之在君,富之在君。(前三句又見《輕重乙》)

《揆度》:夫富能奪,貧能予,乃可以爲天下……其在穀者,守之春秋。

9.《侈靡》:百姓無寶,以利爲首……唯利所處。利然後通,通然後成國。

《國蓄》:夫民者信親而死利……不能調通民利,不可以語制爲大治。

《揆度》:幣重則民死利……不能調民利者不可以爲大治。

10.《侈靡》:功未成者,不可以獨名……成功然後可以獨名。

《輕重丁》:是民上則無功顯名于百姓也,功立而名成。

11.《侈靡》:斷方井田之數,乘馬田之衆,制之。(按:"乘馬"是《管子》的重要術語,且有《乘馬》《匡乘馬》《乘馬數》《問乘馬》諸篇,後三者皆列于《輕重》)

12.《侈靡》:毋全禄,貧國而用不足;毋全賞,好德惡使常。

《匡乘馬》:五穀興豐,則士輕禄,民簡賞。

《國蓄》:國有十年之蓄而民不足于食,皆以其技能望君之禄也。君有山海之金而民不罪于用,是皆以其事業交接于君上也。(《輕重乙》略同)

13.《侈靡》:夷吾也,如以予人財者,不如無奪時。

《匡乘馬》:王者不奪民時,故五穀興豐。

14.《侈靡》:衣食之于人也,不可以一日違也,親戚可以時大也。

《揆度》:五穀者,民之司命也……親没之後,無死子。

15.《侈靡》:魚鱉之不食餌者,不出其淵;樹木之勝霜雪者,不聽于天;士能自治者,不從聖人。

《輕重乙》:故樹木之勝霜露者不受令于天,家足其所者不從聖人。

16.《侈靡》:故阤其道而薄其所予,則士云矣。

《國蓄》：故塞民之養，隘（《鹽鐵論》作"厄"）其利途……民之戴上如日月。

17.《侈靡》：天地之虛滿也，合離也，春秋冬夏之勝也……知虛滿之所在，以爲政令……能知滿虛，奪餘滿，補不足，以通政事，以贍民常。

《國蓄》：萬物之滿虛隨時……乘四時之朝夕……視歲之滿虛……守歲之滿虛，乘民之緩急，正其號令。

《乘馬數》：故以上壤之滿補下壤之虛，章四時，守諸開闔。

此外，《藝文類聚》等古類書中引《管子》佚文："周容子夏以侈靡見桓公，桓公曰：'侈靡可以爲天下乎？'子夏曰：'可，夫雕橑然後炊之，雕卵然後瀹之，所以發積藏、散萬物也。'""武王爲侈靡，令人豹襜豹裘，方得入廟，故豹皮百金，功臣之家糴千鍾未得一豹皮。"洪頤煊說："疑皆此篇之闕文。"[1]張佩綸說："此必《輕重》各篇之佚文。"[2]從行文風格看，應以張說爲是，或在《輕重》已佚三篇之內。前一節顯然是侈靡說，"發積藏、散萬物"之意，則亦屢見于《輕重》各篇；後一節《揆度》略同，其意是讓貴族在享受禮樂特權時"散其財物"，與侈靡政策目的相同。所以無論其爲何篇闕文，都足以說明二者聯繫之密切。

上列諸條說明，《侈靡》篇與《輕重》篇文句相合之多實屬驚人。更值得注意的是，這些相合處或提及《管子》的特殊術語，或反映

---

[1] 郭沫若：《管子集校》（二），《郭沫若全集·歷史編》第6卷，人民出版社，1984年，第252頁。
[2] 〔清〕張佩綸：《管子學》，臺灣商務印書館，1971年，第1232頁。

《管子》的思想特徵。如認爲衣食是人的命根子,過度剝削會導致民不懼死;國家應掌握貨幣,防止大夫壟斷物價,豪奪財富,以免貧民得不到基本生活資料;在生産方面要"不奪民時",但在分配和流通領域國家要操縱予奪貧富之權,"鈞羨不足",調通民利;不讓臣民"甚富""甚貧",尤其貴族太富就不服從,始終要讓他們"望君之禄";任命賢能的人做官,還要在實際工作中考察其能力,按功論賞。這些觀點都可以看作對"倉廩實則知禮節,衣食足則知榮辱"這一光輝思想的邏輯發展。從經濟思想的角度看,所不同的僅在于,《管子》其他篇偶有原則性表述,《侈靡》篇祇圍繞實行等級消費展開討論,而《輕重》篇洋洋兩萬餘言,以貨幣和價格學説爲核心,論及財政經濟思想的諸多方面。

總之,《侈靡》篇與《輕重》篇思想相通,在一些重要觀點上甚至可以説完全一致,也符合《管子》全書的思想特徵。

四、寫作時代商榷

《侈靡》篇的寫作時代是學界爭議最多的一個問題。近人羅根澤片面地根據篇末陰陽、虚滿等詞句斷定其爲"戰國末陰陽家作",[1]證據不足。郭沫若則説,篇末"婦人爲政,鐵之重反旅金",指吕后專政,秦銷銅兵後鐵器全面取代銅器。又據"二十歲而可廣,十二歲而聶廣",推斷"是寫作于公元前190年(漢惠帝五年)左右"。

---

[1] 羅根澤:《管子探源》,《諸子考索》,人民出版社,1958年,第468頁。

胡家聰在對郭說提出質疑時說，"婦人爲政""可能是指齊襄王死後的君王后攝政"，"《侈靡》或作于王建時期歟？"①牛力達在此基礎上，又根據"十二歲而聶廣"一語進一步"推定該篇爲齊王建十二年（公元前253年）作品"。②

莊春波自稱"還是從'婦人爲政'這條綫索開始"，認爲這是指齊湣王時"秦婦"構陷孟嘗君田文。又說："湣王十二年歲末而稱東帝，此豈非'十二而聶廣'之謂？"而作者爲"說湣王厚葬"的蘇秦。③

葉玉華又認爲"婦人爲政"是指秦始皇爲王前七年的太后專政期，"從始皇七年算起經二十歲，至二十六年秦統一，正是所謂'二十歲而可廣'時期。從秦統一經十二歲至始皇三十七年而始皇死，正是所謂'十二歲而聶廣'時期"。因而主張本篇"寫成于秦末"。④

上述商榷之作結論雖異，而論證方法與郭氏如出一轍。其實，把亂政亡國之禍歸咎于婦人是古人的慣技，商周已有牝雞司晨之怨言，"婦人爲政"四字焉能作爲斷代的依據？至于"二十歲而可廣，十二歲而聶廣，百歲傷神"諸語，郭沫若說，"可字假借爲柯，就是政權的意思；聶字假借爲攝，就是攝政的意思"，而"廣"乃廣大、昌盛之義。如此任意通假，附會解釋，實在太過牽強。《管子》中的"廣"每爲"曠"之借字，《形勢》篇"無廣者疑神"，注家公認"無廣"

---

① 胡家聰：《〈侈靡篇〉斷代質疑》，《中華文史論叢》1980年第4輯（總第16輯），上海古籍出版社，1980年，第149—216頁。
② 牛力達：《〈管子〉書各篇斷代瑣談》，《管子研究》第1輯，山東人民出版社，1987年，第27頁。
③ 莊春波：《〈侈靡〉篇時代與作者蠡測——郭沫若〈侈靡篇的研究〉質疑》，《管子學刊》1990年第3期；《〈侈靡〉篇新探》，《歷史研究》1991年第6期。
④ 葉玉華：《〈管子·侈靡〉篇的商討》，《管子學刊》2000年第1期。

就是"弗曠"。他如《大匡》"不廣閑",《内業》"饑則廣思""饑不廣思,飽而不廢",《禁藏》篇"聽其淫樂,以廣其心"。值得注意的是,"廣"字的這一用法都與神、思、心之類字眼聯繫在一起。本篇前文說:"聖人者,陰陽理,故平外而險中。故信其情者傷其神。"末句顯然是"無廣者疑神"的反語,"信其情"就是"廣"。篇末這段話下文說"聲好下曲,食好鹹苦,則人君日退",則與"聽其淫樂,以廣其心"相近。所以這裏是以人的血氣盛衰來比喻君國之氣運。二十歲時"陰陽理",血氣旺盛,故曰"可廣",可以"信其情"。再過十二年,精力開始衰退,應該"聶廣"。聶字當與《内業》篇"大攝"之攝義近,指有所收斂。年老後陰陽不理,終至"傷神"而死。人無百歲壽的觀念起源甚早,《管子·大匡》篇就有"百歲之後,吾君卜世"的話。作者以此比喻周室東遷後,就如人老而行將就木,而各諸侯國如果還像年輕人一樣胡鬧,氣運也將發生變化,甚至君臣易位。其中并不隱含史實。

有人從《侈靡》篇與先秦諸子的思想淵源關係來研究其寫作時代,說"作者很可能是齊國稷下田駢、慎到的門徒"。[1] 這確是有益的嘗試。但其所列文句確實相同的極少,即便是他極重視的所謂"自爲"概念也見於慎到之文一事,也毫無意義。《左傳》中兩次使用過"自爲"一詞,[2]《孟子·公孫丑下》則記齊人曾譏孟子:"所以自爲,則吾不知也。"這一概念絕非慎到所獨創,憑這兩個字說與慎到有關,更嫌武斷。

根據本文的研究,《侈靡》篇所提倡的是天子、諸侯、大夫、百姓

---

[1] 巫寶三:《管子經濟思想研究》,中國社會科學出版社,1989年,第163頁。
[2] 楊伯峻編著:《春秋左傳注》,中華書局,1990年,第686、1083頁。

各個等級享受不同的消費權利,是周代分封制度和禮樂制度下的等級消費。所以《管子》的侈靡,與漢初賈誼《治安策》所説"今世以侈靡相競,而上亡制度",可以説恰恰相反。在《侈靡》篇中,根本看不到《鹽鐵論》所極盡描述的"庶人而富者"奢侈無度的影子。它在肯定侈靡消費有賴於商人貿遷有無的同時,從根本上主張重農抑商,談不上代表商人階級説話。這種以各級貴族的禮樂特權爲主要內容的侈靡消費,從現存文獻來看,與孔子的思想最爲接近。孔子嚮往周禮,毋庸煩言。值得强調的是,孔子談論奢儉問題,多將其和禮聯繫在一起。如:

禮,與其奢也,寧儉。(《論語·八佾》)

奢則不孫,儉則固。與其不孫也,寧固。(《論語·述而》)

或曰:管仲儉乎?曰:管氏有三歸,官事不攝,焉得儉!然則管仲知禮乎?曰:邦君樹塞門,管氏亦樹塞門;邦君爲兩君之好,有反坫,管氏亦有反坫。管氏而知禮,孰不知禮!(《論語·八佾》)

孔子曰:管仲鏤簋而朱紘,旅樹而反坫,山節而藻梲,賢大夫也,而難爲上也。晏平仲祀其先人,豚肩不揜豆,賢大夫也,而難爲下也。(《禮記·雜記下》)

學界一般認爲孔子崇儉,但又主張儉不違禮。孔子自稱"使吾從大夫之後,不可徒行也"(《論語·先進》),而批評晏子過于節儉,都説明他贊同合乎禮制的享受,并不認爲這是奢侈。他批評管仲不儉,在于其奢侈超出了禮制的規定。無獨有偶,《晏子春秋》也

123

批評孔子"盛聲樂以侈世"。孔子和管仲的消費觀都是以禮作爲消費標準，不過孔子是要恢復周禮，且受子產以來崇儉思想的影響，在程度上有寧儉傾向；管仲善變周公之制而以齊霸，在禮的具體標準上有所僭越。《侈靡》篇與孔子消費觀比較接近，而與《墨子》以後諸家完全對立，説明其寫作時代較早。又從孔子以管仲爲奢侈的代表人物來看，這種思想可能確實淵源于管仲，而非盡出依托。

從文獻本身考察，《侈靡》篇文字古樸，又采用桓管問對的形式，這是春秋末戰國初最流行的文體。"吾君故取，夷吾謂替""夷吾也，如以予人財者"，語氣之逼真，在《管子》問對諸篇中也較特殊。在没有後人有意作僞的確鑿證據前，這可以作爲早出的旁證。篇中唯一明確提及的史實是"周鄭之禮移矣"，即春秋初周天子諸侯關係的解體，緊接着談論諸侯國內君臣關係等問題，都用"則""然則""亟則"之類假設之辭引出，似乎作者還没有看到田氏代齊、三家分晋等"國之稱號亦更"的史實，當在春秋末期。

論《管子·禁藏》篇

《管子·禁藏》篇藴藏着豐富的政治思想,是全書中極其重要的一篇,歷來頗受學人重視。如張舜徽自言"夙好誦習《管子》,嘗反復究繹其論法諸篇,果得其中精粹之文,凡十有八",其中之一即《禁藏》篇。先生又云:"余嘗有意從《管子》中抽出此十八篇,爲之疏證,使之别行。終以他事間之,未能成也。"①可惜先生已歸道山,再也不能讀到如《周秦道論發微》般的"《禁藏》發微"了。前輩學者關於《禁藏》篇的研究成果,主要有胡家聰《管子新探》的有關章節和牛力達的專題論文,其中提出了一些重要的學術見解。筆者十年前開始習讀《管子》,曾經受到他們一些觀點的啓發,也形成一些與他們不同的看法。但由於當時主要興趣集中在《禁藏》錯簡問題上,没有對其内容和思想作更多的分析。這裏不揣翦陋,再談幾點個人的看法。

---

① 張舜徽:《愛晚廬隨筆》,湖南教育出版社,1991年,第75頁。

一、《禁藏》篇錯簡補説

要談論《禁藏》篇的思想,首先有一個文獻上的問題是無法回避的,即篇文的錯簡問題。清人張文虎首先懷疑《七臣七主》中間部分從"故一人之治亂在其心"到"名斷言澤"爲他篇錯簡,張佩綸認爲就是《禁藏》篇錯簡,理由講得還不够充分。雖然多數人已經接受這一説法,但也有不贊同的。如黎翔鳳認爲:"此文承'七主'而縱言之,何云'不相覆'乎!"[1]牛力達的論文一開頭就説:"《禁藏》是一篇邏輯嚴密、首尾完整的經濟論文。"[2]對于有些學者過度懷疑古書,動輒斥之爲錯簡僞書的做法,筆者向來持有保留態度,因而起初也没有認同這一錯簡説,但在研究過程中,發現一條錯簡的有力證據。唐人馬總叢抄諸子而成的《意林》一書,在卷一節録了《管子》二十條文句,大致是按原文先後的順序編排的。其中所抄第十條:"楚王好小(此處脱'腰'字),美人省食;吴王好劍,國士輕死。主好宫室,則工匠巧;主好文采,則女工靡。"這段話今本在《七臣七主》篇内,馬總却將其夾抄在出自《禁藏》篇的兩條文字之間,顯得十分反常。所以我們懷疑馬總所依據的鈔本中這段錯簡還在《禁藏》篇内,晚唐以後纔錯入《七臣七主》篇,并推測這段文字原來應該編排在《禁藏》篇首部分"爲其傷于本事而妨于教也"句之

---

[1] 黎翔鳳:《管子校注》,中華書局,2004年,第990頁。
[2] 牛力達:《讀〈管子·佟廪〉篇——兼評石一參對〈佟廪〉篇的編改》,《管子學刊》1990年第4期。

下。① 這一考證結論總體來說應該是有點道理的,但有些具體論述還很粗疏,這裏先做三點修正和補充。

(一)錯簡産生的年代。我們的上述推測有一個容易被忽略的問題,以前没有加以注意和解釋。錯簡開頭部分有"主好本"一句,唐人尹知章注云:"本謂農桑也。"按我們的上述推測,這個"本"字與《禁藏》篇首部分的"本"字中間僅僅隔了33個字,那句話下僅注云"傷事而妨教",後面這句纔專門就"本"字做出解釋,就不符合注釋的常理。尹知章注釋的本子,這段話應該已經在《七臣七主》篇中,錯簡産生于馬總以後的推斷是錯誤的。但這一點還不足以顛覆我們關于錯簡的基本觀點,因爲馬總的生活年代比尹知章約晚百年,他所依據的并不是尹注本,而是更早的没有發生錯簡的舊抄本,這一點從《意林》目録中在《管子》書名下注明爲"十八卷",可以得到證明。因此,我們仍然堅持原有的錯簡説,祇不過其産生年代應提前到唐初。

(二)錯簡的起止。張文虎認爲錯簡至"名斷言澤"爲止,我們不加思考地予以引録,没有注意到後人的一些不同説法。這裏先將今本《管子·七臣七主》有關文字引録于下:

> 明王知其然,故見必然之政,立必勝之罰。故民知所必就,而知所必去,推則往,召則來,如墜重于高,如漬水于地。故法不煩而吏不勞,民無犯禁。故有百姓無怨于上,上亦法臣法;斷名决無誹譽。故君法則主位安,臣法則貨賂止,而民無

---

① 張固也:《〈管子〉研究》,齊魯書社,2006年,第329—334頁。

奸。嗚呼美哉！名斷言澤。

清代以來許多學者注意到,《七臣七主》篇君、臣各有"六過一是",而這段話以下祇有"六過"之臣,缺少"一是"。《管子集校》引何如璋説:"'上亦'二字乃'矣'字之訛,連上爲句者。'法臣'爲目,與下六臣一例。"誠爲卓識。末兩句與篇首部分"嗚呼美哉,成事疾"相似,顯然應爲同一篇的文字。所以"法臣"以下爲《七臣七主》原文,錯簡止于"上亦"二字。

(三)錯簡的復原。何如璋的"上亦"訛字之説,并不可信。錯簡開頭"故一人之治亂在其心"和《禁藏》"故先慎于己而後彼"兩句中的"故"字,在唐初鈔本中很可能正好各自居于一頁之末,唐人將這幾頁散亂的書頁重新粘連時,將本應接于下一"故"字下的錯簡,接于上一"故"字下。按這一推斷來復原錯簡,應將其置于"故先慎于己而後彼"這句話中的"故""先"二字之間,"上亦"與"先慎于己而後彼"連讀爲一句,與下兩句"官亦慎内而後外,民亦務本而去末",正好句法相同。而從全篇來看,《七臣七主》去除錯簡以後,"君法則主位安,臣法則貨賂止"等直接上承"故主虞而安,吏肅而嚴"等論述。《禁藏》補入錯簡以後,"刑煩而奸多","明王知其然,故必誅而不赦,必賞而不遷"等直接上承前引錯簡"法不煩而吏不勞","明王知其然,故見必然之政,立必勝之罰"等論述。兩篇各自的文風、思想都更加統一,前後呼應更加密切。

二、《禁藏》篇的思想特徵

在復原《禁藏》錯簡後,再來討論全篇的思想特徵。清人張佩綸説:"《牧民》篇:'省刑之要,在禁文巧。'《法法》篇:'禁勝于身,則令行于民矣。'此篇本之,謂禁在上不在下,在内不在外,意氣不定則營物,意氣定則不營物,故以'禁藏'名篇。前半極言禁勝于身之故,後半詳言令行于民之效,而刑罰之省,文巧之禁,不期然而然矣。"①胡家聰説:"精研《禁藏》全篇,其内涵主要有三條綫:第一,明主内心體道,修己正身,'先慎于己而後彼';第二,嚴于執法,'法者天下之儀','主上視法嚴于親戚';第三,行四時之政。"②他們根據對其思想的理解,將錯簡文字分別復原到《禁藏》相關内容之下,這一點我們不能贊同;但是他們的上述思想分析,給人以很多啓發。

根據我們的復原方法,全篇的論述層次大體比較清楚,即可以粗略分爲四部分。第一部分從開頭至錯簡"則主道備矣",從總體上論述君主的思想行爲準則;第二部分從錯簡"夫法者所以興功懼暴也"至《禁藏》"當今爲愚人",主要圍繞法的問題來作論述;第三部分從"故聖人之制事也"至"田備然後民可足也",主要論述治理民衆的問題;第四部分即末段,爲謀攻敵國的五種方法。當然,古人文法循環往復,百變不窮,這裏前三部分的論述是有所交叉的,正因如此,纔能達到前呼後應、説理透闢的效果。從思想上分析,我們認爲本篇可以説有一個主題,即禁藏思想;又有三條思想綫索,即以法治國、以時施政、以利勸民。

禁藏思想。作者開門見山,點出主題:"禁藏于胸脅之内,而禍避于萬里之外,能以此制彼者,唯能以己知人者也。"這個"禁藏"應

---

① 〔清〕張佩綸:《管子學》,臺灣商務印書館,1971年,第1763頁。
② 胡家聰:《管子新探》,中國社會科學出版社,2003年,第347頁。

該視爲本篇的特殊概念,意爲君主心中保持自我克制。作者認爲,"一國之存亡在其主,天下得失道一人出","凡治亂之情,皆道上始。"這是因爲君主的思想行爲具有示範作用,臣民都"從主之所欲","主好本,則民好墾草萊;主好貨,則人賈市;主好宫室,則工匠巧;主好文采,則女工靡"。所以君主祇有慎于己,纔能去要求臣民:"先慎于己而後彼。"君主慎于己,重點并不在文中大量文字所表現的生活細節方面,如"不美宫室""不聽鐘鼓"等,主要在于政治層面上。"明主有六務、四禁。六務者何也?一曰節用,二曰賢佐,三曰法度,四曰必誅,五曰天時,六曰地宜。"這六務中最核心的一點爲法度。"明王審法慎權,下上有分。夫凡私之所起,必生于主。"君主的私欲是對法度的極大威脅,由此作者將對君主的要求提高到精神的層面。"一人之治亂在其心。""營于物而失其情,愉于淫樂而忘後患。"自我克制就是要用"意定"來克服内心的欲望,遠離禍患。"意定而不營氣情,氣情不營則耳目毂。……適身行義,儉約恭敬,其唯無福,禍亦不來矣。驕傲侈泰,離度絶理,其唯無禍,福亦不至矣。"這樣的君主身心和諧,思想行爲相統一,可謂"主道備矣"。禁藏思想是本篇的主題,而真正貫徹這一思想,表現在具體的治國理念上,就是要以法治國、以時施政、以利勸民。

以法治國。作者極言法的重要性:"夫法之制民也,猶陶之于埴,冶之于金也。""夫法者,所以興功懼暴也;律者,所以定分止争也;令者,所以令人知事也。法律政令者,吏民規矩繩墨也。""法者,天下之儀也,所以決疑而明是非也。"以法治國,就要"必誅而不赦,必賞而不遷"。這表面上看很難,實際上法一旦施行,君臣民一體遵守,就不會有違法之事。"有刑至無刑者,其法易而民全。""法不煩而吏不勞,民無犯禁,故有百姓無怨于上。"所以法不是一味壓制民衆,相反是爲民衆"致利除害"的工具,是"百姓所縣命也"。法應該由君臣共同建立,更要公正無私,對全體國民一視同仁,"法令者君臣之所共立也","不爲親戚故貴易其法","主上視法嚴于親戚"。這樣的法制社會,一切以法令爲準繩,官吏按法令行事,民衆按法令來組織。"法令爲維綱,吏爲網罟,什伍以爲行列",移之于攻戰,就能"戰器備,農事習,則功戰巧矣"。在階級社會中,法是統治階級意志的反映,當然不可能真正爲民衆"致利除害";但它作爲一種制度和諧,也是社會和諧的重要保證,本篇以法治國的主張也值得肯定。

以時施政。作者提出"明主有六務、四禁","六務"中的天時、地宜,就是按照自然規律施行政令。具體地説,就是"春發五正""夏賞五德""秋行五刑""冬收五藏"的四時教令,"四時事備而民功百倍矣"。反面來説,就是"春無殺伐""夏無遏水""秋無赦過""冬無賦爵"等,"春政不禁,則百長不生;夏政不禁,則五穀不成;秋政不禁,則奸邪不勝;冬政不禁,則地氣不藏。四者俱犯,則陰陽不和,風雨不時。"這是中國古代天人和諧思想的具體表現,是保證以農業爲中心的生産事業和其他國家事務正常進行的根本。

以利勸民。作者認爲:"夫爲國之本,得天之時而爲經,得人之心而爲紀。""主政可往于民,民心可系于主。""善者圉之以害,牽之以利。""居民于其所樂,事之于其所利。"治理民衆的關鍵,是得到他們的衷心擁護;而做到這一點,首先就要考慮民衆的利益。作者提倡君主節用、以法治國等,都曾經從利民的角度立論,但與民利最直接相關的還是在經濟生活方面,本篇對此極爲重視。如説:

"養老長弱,完活萬民。""衣食足,耳目毅。衣食足,則侵争不生,怨怒無有,上下相親,兵刃不用矣。"除了一般主張"務本去末"等,還認爲:"故善者必先知其田,乃知其人,田備然後民可足也。"特別是提出了一個富民的標準:"富民有要,食民有率,率三十畝而足于卒歲。歲兼美惡,畝取一石,則人有三十石,果蔬素食當十石,糠粃六畜當十石,則人有五十石。布帛麻絲,旁入奇利,未在其中也。故國有餘藏,民有餘食。"本篇確爲戰國中晚期齊法家作品,却不像秦晋法家那樣一味采取高壓政策,而是主張用"利"來勸化民衆,特別是在經濟上保障"衣食足",甚至達到"富民"的程度,以實現君民之間的和諧,可以説很好地繼承了管子"倉廩實則知禮節,衣食足則知榮辱"的光輝思想。

三、《禁藏》篇和《侈靡》篇

《禁藏》篇作爲《管子》的一篇,與書中其他篇章在思想上有着千絲萬縷的聯繫。我們曾經通過考察本篇主旨,認爲其思想介于《法法》和《任法》兩篇之間,并簡單指出它"與《侈靡》篇有思想上的聯繫,兩篇同屬于管子學派作品,從其相同處考察,正可以看出一個學派前後之相承;從其异處考察,則可以理出它先後發展的軌迹"。① 這裏僅對後一點再做些具體的論述。

首先,兩篇的基本性質相同。自郭沫若以來,《侈靡》篇被公認爲一篇經濟論文。無獨有偶,《禁藏》篇也被牛力達稱爲一篇經濟

---

① 張固也:《〈管子〉研究》,齊魯書社,2006年,第334頁。

論文。之所以出現這兩種説法,是由于這兩篇文章的基本性質確實有很多相同之處。但我們認爲它們不能説是經濟論文,而是綜合性的政論,衹不過其中關于經濟思想的論述都占有一定的比重。我們曾經論述過,《侈靡》篇的主旨是通過實施侈靡政策,使君臣民上下相安,有效地控制臣民,最終達到稱霸諸侯的政治軍事目標。本篇思想如上所述,提出了一系列的治國理念,經濟思想衹是其中的一部分。這一點略讀兩篇文章就可以看出,兹不詳論,僅就本篇末段是否他篇錯簡略言一二。

胡家聰説:"《禁藏》末段所謂'謀攻者五'(原作:謀有功者五),與《禁藏》文義不相銜接,而所論係謀攻别國的五種權術,復與《六韜·文伐》有相合之處,似係别篇錯簡,誤置于此。"[1]我們認爲本篇作爲綜合性政論,最後論述一些謀攻别國的方法,仍屬題内之義,這与《侈靡》討論侈靡政策,附帶言及如何"伐不服""合于天下",是同樣的道理。這一段開頭説:"凡有天下者,以情伐者帝,以事伐者王,以政伐者霸。"參考上文,"以情伐"當指本國君主"意定而不營氣情",别國君主"營于物而失其情",伐之可帝。事即上文"聖人之制事"之事,政則爲事之一。本國百事俱舉或政事有成,勝過敵國,可成王成霸。這是承上總論内政的三個層次,以引出"謀有功者五"的論述,文義正相銜接。

其次,兩篇的思想雖有很大差别,但實質一脉相承。這兩篇思想上的差异很多,如《侈靡》關于法度衹有"法制度量,王者典器也"等零星論述,而本篇中以法治國是一條主要的思想綫索。其最顯

---

[1] 胡家聰:《管子新探》,中國社會科學出版社,2003年,第349頁。

著者,《侈靡》篇提倡侈靡消費,如説:"雕卵然後瀹之,雕橑然後爨之。""積者立餘食而侈,美車馬而馳,多酒醴而靡。""巨瘞培,所以使貧民也;美壟墓,所以文明也;巨棺椁,所以起木工也;多衣衾,所以起女工也。"而本篇則有濃厚的務本去末、崇儉抑侈思想,如説:"夫明王不美宫室,非喜小也;不聽鐘鼓,非惡樂也,爲其傷于本事而妨于教也。""故聖人之制事也,能節宫室、適車輿以實藏,則國必富、位必尊;能適衣服、去玩好以奉本,而用必贍、身必安矣。""故立身于中,養有節:宫室足以避燥濕,食飲足以和血氣,衣服足以適寒温,禮儀足以别貴賤,游虞足以發歡欣,棺椁足以朽骨,衣衾足以朽肉,墳墓足以道記,不作無補之功,不爲無益之事。"牛力達認爲這些都是反對侈靡的言論,"和《侈靡》篇的觀點是完全對立的"。① 我們認爲,《侈靡》篇所提倡的是與周代分封制度和禮樂制度相適應的等級消費思想,它非但不是一種异端,反而是當時最正統的一種官方思想。春秋末戰國初晏子、墨子等提倡節用以後,崇儉思想纔占據統治地位。從這一歷史背景説,本篇與《侈靡》篇可以説是很不相同的。但實施侈靡政策的目的,用《侈靡》篇原文説是"賤有實,敬無用","通于侈靡,而士可戚",即通過讓貴族擁有禮樂特權,享受金石狗馬之類無用之物,來親近他們,使其樂于爲國效力。本篇則説:"能移無益之事,無補之費,通幣行禮,而黨必多,交必親矣。"這是在新的歷史條件和思想背景下,對侈靡思想核心的繼承和發展。

此外,《侈靡》篇説:"教之始也,身必備之。""有臣甚大,將反

---

① 牛力達:《讀〈管子·禁藏〉篇——兼評石一參對〈侈靡〉篇的編改》,《管子學刊》1990年第4期。

爲害,吾欲優患除害,將小能察大。""修之心","聲好下曲,食好鹹苦,則人君日退"。這些論述與本篇主題思想,即禁藏避禍,防止"營于物而失其情",都有相通之處。

《侈靡》篇說:"必辨于天地之道,然後功名可以殖。""夫運謀者,天地之虛滿也,合離也,春秋冬夏之勝也。""以時事天。""滿虛之合,有時而爲實,時而爲動。地陽時貸,其冬厚則夏熱,其陽厚則陰寒。是故王者謹于日至,故知虛滿之所在,以爲政令。""收其春秋之時而消之。""夫陰陽進退滿虛時亡,其散合可以視歲。唯聖人不爲歲,能知滿虛,奪餘滿,補不足,以通政事,以贍民常。"其中既有四時教令思想的原則表述,又主張掌握歲時變化的規律,來"奪餘滿,補不足"。本篇的四時教令思想已如上述,又說:"彼時有春秋,歲有敗凶,政有急緩。政有急緩,故物有輕重;歲有敗凶,故民有義(羨)不足;時有春秋,故穀有貴賤。而上不調淫,故游商得以什伯其本也。"這段話與書中《國蓄》篇相似:"歲有凶穰,故穀有貴賤;令有緩急,故物有輕重。然而人君不能治,故使蓄賈游市,乘民之不給,百倍其本。分地若一,強者能守;分財若一,智者能收。"它們應該都是就上引《侈靡》諸句和下面兩則論述所做的綜合和發揮:"商人于國,非用人也……市塵之所及,二依(倍)其本。""不然,則強者能守之,智者能牧(收)之,賤所貴而貴所賤。"

《侈靡》篇認爲人具有趨利的本性,主張滿足民衆衣食田宅之需:"百姓無寶,以利爲首。一上一下,唯利所處。利然後能通,通然後成國。""水,鼎之汨也,人聚之;壤,地之美也,人死之;若江湖之大也,求珠貝者不令也。""飲食者也,侈樂者也,民之所願也。足其所欲,贍其所願,則能用之耳。""甲兵之本,必先于田宅。"本篇的思想綫索之一就是以利勸民,已如上述。而其對人性的分析,更是入木三分:"凡人之情,得所欲則樂,逢所惡則憂,此貴賤之所同有也。近之不能勿欲,遠之不能勿忘,人情皆然。""夫凡人之情,見利莫能勿就,見害莫能勿避。其商人通賈,倍道兼行,夜以續日,千里而不遠者,利在前也。漁人之入海,海深萬仞,就彼逆流,乘危百里,宿夜不出者,利在水也。故利之所在,雖千仞之山,無所不上;深源之下,無所不入焉。""故善者必先知其田,乃知其人,田備然後民可足也。"兩者對于人的趨利本性過于誇張,但其滿足民衆欲望的主張,可以説是管子學派一以貫之的重要思想,值得肯定。

最後,兩篇中有些特殊詞語用法相同,而這些用法在其他先秦古書中不太常見。如《侈靡》説:"衆而約。""長喪以毀其時,重送葬以起身財。一親往,一親來,所以合親也。此謂衆約。"所謂"約",是指民衆不用君主要求,就自願集合起來。本篇也有這一用法:"不求而約,不召而來。"

《侈靡》中的"二十歲而可廣"一句,前賢做過很多解釋,都未能得其真意。其實這個"廣"字所包括的意思就是下文的"信其情者傷其神","聲好下曲,食好鹹苦,則人君日退",是指盡情追求物質享受而導致精神曠廢。《管子》書中"廣"字的這一用法還有兩例。一是《形勢》説:"無廣者疑神。"一是本篇説:"聽其淫樂,以廣其心。"本篇又説,"營于物而失其情者也,愉于淫樂而忘後患者也",其意相當于"廣";"意定而不營氣情,氣情不營則耳目穀",其意相當于"無廣"。

《侈靡》説:"鄰國之君俱不賢,然後得王。俱賢若何?曰:忽然易卿而移,忽然易事而化,變而足以成名,承弊而民勸之。"其中"承弊"二字,先秦古書中少見連用者,今人對其含義多已不能索解,多庸俗地解釋爲"贈幣",也有人説是"拯弊"。本篇説:"兩國相敵,必承其弊。"兩相對照,用法完全相同。《史記》卷八:"太史公曰:夏之政忠,忠之敝,小人以野,故殷人承之以敬。敬之敝,小人以鬼,故周人承之以文。文之敝,小人以僿……漢興,承敝易變,使人不倦。"卷三十:"太史公曰:……湯武承弊易變,使民不倦。"書末《太史公自序》:"天人之際,承敝通變,作八書。"司馬遷對《管子》很熟悉,其承弊之説,蓋即來源于此。近代以來,許多學者將《管子》完全看作叢抄的僞書,甚至以爲其成書于漢代,僅從這一具體例證來看,這類説法就難以成立。

《管子·輕重》篇成書年代新論

《管子·輕重》自晋、唐以來就受到學者們的懷疑。傅玄説："《管子》之書半是後之好事所加，《輕重》篇尤鄙俗。"孔穎達也認爲："《輕重》篇或是後人所加。"[1]近代西學東漸，《管子》書中的經濟思想受到重視，從儒家立場對《輕重》篇所做的"鄙俗""瑣屑"之類的批評，已不攻自破。由于受到疑古思潮的影響，《輕重》篇的著作年代問題成爲争議的焦點，而且總的趨勢是逐漸往後推。先是王國維疑爲漢文、景間作，羅根澤指爲武、昭時作，最後馬非百力證爲新莽時作。[2] 雖然容肇祖、胡寄窗、巫寶三、胡家聰、李學勤等都

---

[1] 〔清〕戴望：《管子校正》卷首《管子文評》，《諸子集成》，中華書局，1954年，1988年第6次印刷。

[2] 〔清〕王國維：《觀堂别集》卷1《月氏未西徙大夏時故地考》，《王國維遺書》第4册，上海書店出版社，1983年。羅根澤：《管子探源》，《諸子考索》，人民出版社，1958年。馬非百：《關于"管子""輕重"篇的著作年代問題》，《歷史研究》1956年第12期，又附《管子輕重篇新詮》書首，中華書局，1979年。

發表過論文主張戰國説①,但認爲《輕重》篇主要成書于漢代中期以前而經過王莽時人竄改的觀點仍然占據上風。

筆者在前賢研究的基礎上重新討論這一問題,不是爲了爭二説之長短,而是因爲深感漢代説確多牽强附會,即便多數持戰國説者所公認的《輕重》篇在全書中成書最晚,當在戰國末期的説法也未必可信,《輕重》篇應爲管子學派的早期作品。所以把一些粗淺的看法寫出來,希望能夠有助於更加準確地理解《管子》的輕重理論。

一、《輕重》篇爲先秦古書:從文獻上證明

從傳授統緒、總體結構、字句特徵來考察,《輕重》篇應爲先秦古書。具體地説,有如下三點理由。

第一,從司馬遷到劉向,《輕重》篇流傳有緒。

《史記·管晏列傳》説:"吾讀管氏《牧民》《山高》《乘馬》《輕重》《九府》及《晏子春秋》,詳哉其言之也……至其書,世多有之,是以不論,論其軼事。"司馬遷還多次提及管仲"設輕重九府"(《貨殖列傳》),"桓公既得管仲,設輕重魚鹽之利"等,也可以佐證他見過《輕重》《九府》。唐人杜佑説:"此篇經秦焚書,潛蓄人間。自漢

---

① 容肇祖:《駁馬非百"關于〈管子·輕重篇〉的著作年代問題"》,《歷史研究》1958年第1期。胡寄窗:《試論〈管子·輕重篇〉的成書年代問題》,《中國經濟問題》1981年第4、5期。胡家聰:《〈管子·輕重〉作于戰國考》,《中國史研究》1981年第1期。巫寶三:《〈管子·輕重〉十六篇的成書年代問題——〈輕重篇〉研究之四》,《南開經濟研究所季刊》1983年第4期。李學勤:《〈管子·輕重〉篇的年代與思想》,《道家文化研究》第2輯,上海古籍出版社,1992年,第327—335頁。

興、晁、賈、桑、耿諸子,猶有言其術者。"①近年也有學者論證,賈誼、桑弘羊等人讀過此書,"《輕重》諸篇流傳有序"。②

前人對此頗有疑義,最明顯的理由是篇中有戰國時代痕迹,司馬遷理應不會把它説成管氏書。牟庭説:"太史公所讀《輕重》《九府》即《權修》也。"③馬非百更認爲,《史記》對管仲的"輕重""九府"僅有"極其簡單而又含糊的記載",應是後人增加的,"司馬遷看不到本書"。④ 其實司馬遷稱《輕重》篇爲管氏書不足爲怪。東漢王充《論衡·案書》篇明言管仲"造《輕重》之篇",他所見的當同于今本,仍肯定其爲管仲所撰,説明漢人治學重視家法,不太在意是否作者手撰。馬氏所疑更無道理,《史記》有"書爲世所多有者皆弗論"通例。⑤ 而且既懷疑《史記》中有關字句爲後人增加,又説《輕重》篇對它有批判發展,完全自相矛盾。

不過司馬遷及其前後的西漢學者并未明引《輕重》篇的文句,在没有排除有關言論是後人竄入《輕重》的前提下,據以論定其"流傳有序",理由并不充分。我們認爲研究這一問題仍應從劉向《管子叙録》入手。

劉向説:"《九府》書民間無有。"今人都以爲司馬遷見過的《九府》書"後來散佚","到劉向時已經亡失不傳","自然不會包括在

---

① 〔唐〕杜佑:《通典》卷12,中華書局,1988年,第279頁。
② 胡家聰:《管子新探》,中國社會科學出版社,1995年,第375—378頁。
③ 郭沫若:《管子集校》(一),《郭沫若全集·歷史編》第5卷,人民出版社,1984年,第91頁。
④ 馬非百:《管子輕重篇新詮》,中華書局,1979年,第29—38頁。
⑤ 吕思勉:《吕思勉讀史劄記》,上海古籍出版社,1982年,第1282頁。

《管子》原本之内"。① 衹有近代石一參認爲,劉向所説是指"民間亡有,而官書獨有之耳"。② 其説可從。劉向叙《申子》,説"今民間所有上下二篇,中書六篇,皆合二篇"。章太炎認爲:"'中書'謂秘書,與'民間所有'相對。"③所以"民間"不是人間、世間之意,而是指私人藏書。但嚴格説來,中書是皇家的宫中藏書,應與外書相對。而外書既指外廷太常、太史、博士等官府藏書,也指民間的私人藏書。劉向説《九府》書民間無有",隱含宫中或官府有之之意,且不稱"篇"而稱"書",説明《九府》是多篇文章的總名。劉向又説:

> 所校讎中《管子》書三百八十九篇,太中大夫卜圭書二十七篇,臣富參書四十一篇,射聲校尉立書十一篇,太史書九十六篇。凡中外書五百六十四,以校除複重四百八十四篇,定著八十六篇。

中書篇數最多,因爲漢宫内有延閣、廣内、秘室之府,是當時主要藏書之所,複本較多。一書篇章較齊全完足的本子也多爲其所

---

① 容肇祖:《駁馬非百"關於〈管子·輕重篇〉的著作年代問題"》,《歷史研究》1958年第1期。牛力達:《〈管子〉成書年代之我見》,《中國經濟問題》1982年第3期。胡家聰:《〈管子〉原本考》,《文史》第13輯,中華書局,1982年,第276頁。徐漢昌:《管子思想研究》,臺灣學生書局,1990年,第32頁。李曦:《〈形勢〉爲管仲遺著考證》,《管子學刊》1991年第4期。
② 石一參:《管子今詮》,中國書店,1988年,"舊序"按語,又第547頁。
③ 章太炎:《〈七略〉〈別録〉佚文徵》,《章太炎全集》第1卷,上海人民出版社,1982年,第373頁。

藏，《列子敘錄》所說"中書多，外書少"，當即指此，則中《管子》書或有《九府》。卜圭書、富參書、立書都是私人藏書，篇數較少，沒有《九府》書，所以說"民間無有"。太史掌圖籍星曆，但不是收藏整理圖書的主要機構，複本也不會多。而太史《管子》書竟多達九十六篇，"其篇數較完整可稽"（石一參書首按語）。郭沫若說太史書"是齊國的舊檔案"，①純屬誤解。司馬遷父子兩代相繼爲太史令，所見《管子》當然是太史書；而司馬遷又曾提及《輕重》《九府》等篇，可以反證太史《管子》書複本不多，其書漢初已基本定型。所以包括《輕重》《九府》在內的《管子》書，從司馬遷至劉向時代，一直在宮廷秘室和太史府流傳，字句的增删竄改或許有之，但要說這期間漢人偽作全部《輕重》十九篇混入，是決無可能的。

有人又說，司馬遷把漢初作的《輕重》篇"誤認爲管仲之作，是可以理解的"。② 司馬遷世司史職，熟悉太史府藏書，如果連漢初人偽造這一大著作都不能識別，恐怕難以令人置信。司馬遷晚于管仲五百年，說《輕重》篇是管氏書未必可信，說其爲先秦流傳下來的古書應不成問題。

第二，《輕重》篇爲司馬遷所說《輕重》《九府》之合編。

《輕重》十九篇可分成兩組，《匡乘馬》至《國準》十二篇，即司馬遷所說《九府》；《輕重甲》至《輕重庚》，即司馬遷所說的《輕重》。從王充和傅玄已統稱之爲《輕重》篇來看，應當是劉向校書時合編爲《管子·輕重》的。蓋自劉向以來，已不知《九府》《輕重》區分之

---

① 郭沫若：《宋鈃尹文遺著考》，《郭沫若全集·歷史編》第 1 卷，人民出版社，1982 年，第 551—552 頁。
② 趙守正：《〈管子〉斷代》，《管子研究》第 1 輯，山東人民出版社，1987 年，第 13 頁。

義。清人何如璋説：

> 《輕重》各篇惟《國蓄》是管子經言。其《巨乘馬》以下十一篇，則齊史記述之作。自此(指《輕重甲》)以至終篇，乃後人所附益。文非一手，大都假爲問答以訓釋《國蓄》輕重之義。①

其區分《輕重》諸篇爲二組，通達簡明，然未必心知其義，餘皆臆説而已。今人根據各篇章節是否連貫分諸篇爲三類或四類，②或説《巨乘馬》《乘馬數》《問乘馬》與《經言》中的《乘馬》原爲一篇，③尤爲魯莽割裂。《九府》除《國蓄》之外十一篇，實序次井然。前四篇依次提出輕重政策的總目標是要"力歸于上""纖歸于府"(《巨乘馬》)，并略言其基本方法(《乘馬數》)，然後批駁了兩種不重視國内積蓄的觀點(《事語》)。中間六篇承上作深入闡述，重視積蓄并非直接藉于民，而是通過"官山海"(《海王》)，使"鹽鐵之策，足以立軌官"(《山國軌》)，而國軌應根據天時、地利、人力的不同"行三權之數"(《山權數》)，且實施以上政策都要進行一些具體的籌算(《山至數》《地數》《揆度》)。最後一篇《國準》是對輕重理

---

① 何如璋：《管子析疑》，轉引自馬非百《管子輕重篇新詮》，中華書局，1979 年，第 213 頁。
② 夏晋：《〈管子·輕重〉篇探原》，《管子研究》第 1 輯，山東人民出版社，1987 年，第 57 頁。趙靖：《中國經濟思想通史》第 1 卷，北京大學出版社，1991 年，第 549 頁。
③ 〔清〕張佩綸：《管子學》，臺灣商務印書館，1971 年，第 2173、2192 頁。又，郭沫若《管子集校》(三)引姚永概説，《郭沫若全集·歷史編》第 7 卷，人民出版社，1984 年，第 484 頁。今人巫寶三、牛力達亦申此説，分別見中國社會科學院經濟研究所中國經濟思想史組編《中國經濟思想史論》，人民出版社，1985 年，第 19 頁；牛力達《〈管子〉書各篇斷代瑣談》，《管子研究》第 1 輯，山東人民出版社，1987 年，第 25 頁。

論的扼要總結。《輕重甲》至《輕重庚》七篇多具體事例,然各篇亦有所側重,不盡散亂。兩組中分別加進非桓管問答體的《國蓄》和《輕重己》,則代表了各自的特點。《國蓄》各節,盡出《山國軌》至《輕重丁》等篇,故列于《山國軌》之前,而輕重精義已略具于斯,知其乃後人所編。

那麼其區分之義究竟何在?《管子》宗旨,開篇"務在四時,守在倉廩"八字最足以當之,而尤重後者,蓋謂以倉廩守國財,方能使民以時。據此索解這兩組輕重文獻的區分之義,則《九府》爲體,言"守在倉廩",即從國家財經政策立論,故常用國穀、國財、國軌、國幣等詞,多達六十四處。《輕重甲》以下七篇雖非明言"務在四時",但大多是調通民利、與敵國競爭的具體事例,使用"國準"等詞僅九處,可見是輕重政策的具體運用。《九府》雖有抑商言論,但主要是從國家財政的角度考慮,防止"國之財物,盡在賈人"(《揆度》);《輕重》基本是從農民的角度考慮,"殺正商賈之利而益農夫之事"(《輕重乙》),"殺商賈之民以益四郊之民","籍吾國之富商蓄賈稱貸家,以利吾貧萌農夫,不失其本事","墾田發務"(《輕重丁》),説它的要旨之一在于通過實施輕重政策促進農業生産,大概是沒有問題的。《史記·齊太公世家·索隱》説:"《管子》有理人輕重之法七篇。"唐人避治、民二字,這是説《輕重》七篇是治民的方法,倒是頗有見地的。《輕重己》前人多以爲"專記時令,非輕重也"。馬非百説《輕重》諸篇屢言守時之重要""不得謂時令與輕重無關",[1]無疑是正確的。但他不知《九府》《輕重》真正的區分之義,

---

[1] 馬非百:《管子輕重篇新詮》,中華書局,1979年,第724頁。

即前者注重國家如何掌握現有財物,後者注重如何善用已有財物,以有利于財物之再生產及争奪别國財物。所以更不能知道,其中分别加進與他篇之桓管問答體不同的《國蓄》《輕重己》兩篇,正是爲了表明各自不同的特點。總之,從文獻結構考察,《輕重》篇正是司馬遷所説的《輕重》《九府》之合編。

第三,從《輕重》篇的字句考察不能證明其作于漢代。

《輕重》篇言詞很古拙,與漢人文字迥异。其明顯反映史實的,主要是提及梁趙、"天下之國莫强于越"等。所以有人説,"編寫《輕重》之人,正處在姜齊田齊交替之際"。① 漢代説對個别時代特徵較模糊的字句所作的解釋,大多比較牽强。如王國維説《國蓄》篇的"玉起于禺氏"一語,是漢初月氏西徙大夏的反映,這曾經被視爲漢代説"不可駁倒"的論據。但月氏西徙"未曾到達産玉之地且末、于闐間",即使有過短暫停留也不致有此傳説。西玉東傳商周已然,而月氏先秦古籍稱爲禺氏,至晚戰國初年已活躍于北方草原,據有河西走廊西部,爲西玉東傳必經之地,《揆度》篇明言"北用禺氏之玉",正是對這一時代的反映。②《輕重》篇所論述的"貨幣制度,俱屬秦國新定貨幣制度以前的情况",而没有一處提到私鑄、盗鑄問題,説明是作于禁止私鑄錢幣的"秦律制訂之前"。③ 又如馬非百的絶大多數論據,容肇祖、胡寄窗等早已做了比較集中的批評。我們再舉前人未予充分辨正之一例,以見馬氏考證方法及態度之一斑。

---

① 趙儷生:《〈管子〉與齊國歷史的關係》,《歷史研究》1988年第4期。
② 張漢東:《〈國蓄〉作于西漢説質疑》,《管子學刊》1993年第3期。
③ 巫寶三:《管子經濟思想研究》,中國社會科學出版社,1989年,第368頁。

《輕重戊》篇記管仲之言:"天子幼弱,諸侯亢強,聘享不上。公其弱強繼絶,率諸侯以起周室之祀。"馬氏説,"齊桓公時,周天子雖弱,但無甚年幼者","此處所謂'天子幼弱'者,當于漢代帝王中求之"。而漢代三幼主中,昭帝、平帝時"天子雖云'幼弱',但不得言'繼絶'。惟哀帝劉欣死後,確有'大統幾絶'情事",證據是《漢書·王莽傳》説:"建平、元壽之間,大統幾絶,宗室幾棄。"于是這就成了"王莽居攝思想的反映"。① 實際上,《管子》書中的"幼弱"祇是指不夠成熟而已,不一定是指年紀很小,《戒》《四稱》二篇中桓公都自稱"寡人幼弱昏愚"可證。周釐王即位時年僅十六歲,比桓公小,自然也可説幼弱。而所謂"繼絶"是指保護瀕臨滅絶的弱小諸侯國,與"天子"何干!《左傳·僖公二十六年》記載周初曾有諸侯子孫"世世無相害"的盟誓,東周天子衰弱,諸侯強大,齊桓公爲了維繫周代的邦國體系,擔負起周天子的責任,制服強國,扶存小國,這正是齊桓霸政根本精神之所在。古書中類似評論不勝枚舉。如《管子·中匡》:"外存亡國,繼絶世,起諸孤。"《管子·霸言》:"案強助弱,圉暴止貪,存亡定危,繼絶世,此天下之所載也。"《管子·小問》:"誅暴禁非,存亡繼絶。"《論語·堯曰》:"興滅國,繼絶世。"《穀梁傳·僖公十七年》:"桓公嘗有存亡繼絶之功。"如此完全是反映春秋史實的字句,也能説成"王莽居攝思想的反映",還有什麽不能曲解呢?馬先生的著作引據浩博,但爲了證成其説,往往在漢代史料中捕風捉影,百般附會,對先秦古書的記載或視而不見,或強作別解。特別是在先秦史料較缺乏的情況下,把漢人明言爲"古

---

① 馬非百:《管子輕重篇新詮》,中華書局,1979年,第18—19頁。

者"或繼承古制的材料都作爲漢代史料,以"托古"二字任意斬斷歷史聯繫,是不妥當的。

二、《輕重》篇成書于戰國中期以前:從理論上證明

任何理論都是適應一定時代的需要而產生的,《輕重》篇斷代也應主要依據其理論本身的時代性。漢代論者認爲"其所言社會經濟狀况,絶類武、昭之世",①祇言其同,不見其異。戰國論者往往根據漢人所述管仲與輕重理論的關係,肯定其爲戰國齊人所作,但漢人有關記載應是據《輕重》篇而來,這是典型的循環自證。二者各有偏頗。我們認爲研究這一問題應注意如下四個方面。

第一,春秋末至戰國中期是貨幣和商品經濟理論蓬勃發展的時期。

輕重理論的核心是貨幣物價政策。"各國正式鑄幣的出現多半在春秋中期前後"②,春秋晚期的鑄幣則已有出土實物爲證,這爲輕重理論的産生提供了前提。《國語·周語》記載周景王將鑄大錢,單穆公反對説:

> 古者天降災戾,于是乎量資幣、權輕重以救民。民患輕,則爲之作重幣以行之,于是有母權子而行,民皆得焉。若不堪重,則多作輕幣而行之,亦不廢重,于是乎有子權母而行,大小

---

① 羅根澤:《管子探源》,《諸子考索》,人民出版社,1958年,第495頁。
② 朱活:《談山東濟南出土的一批古代貨幣——兼論春秋戰國時期有關齊國鑄幣的幾個問題》,《文物》1965年第1期。

利之。今王廢輕而作重,民失其資,能無匱乎?

單穆公已認識到貨幣與商品之間有某種平衡關係,由于這種平衡關係遭到破壞,纔發生于人民不利的患輕患重的現象。他反對"度輕而作重",即用貶損幣值的手段增加財政收入,主張遵循貨幣流通的客觀運動。這可以説是最早的輕重理論。《墨子·經説下》説:"買,刀糴相爲賈。刀輕則糴不貴,刀貴則糴不易。王刀無變,糴有變。歲變糴,則歲變刀。"《墨經》主要是討論邏輯理論,而引用"刀輕""刀重"之例,可能單穆公的貨幣輕重概念在戰國初中期已經廣泛流行。這裏"刀糴相爲賈"的論述,在《管子》輕重學説中占有中心地位。

《史記·貨殖列傳》記載越王句踐所用范蠡計然之策,主張糧價"上不過八十,下不減三十,則農末俱利。平糴齊物,關市不乏,治國之道也"。又提出經商之道:"積著之理,務完物,無息幣,以物相貿易,腐敗而食之貨勿留,無敢居貴。論其有餘不足,則知貴賤。貴上極則反賤,賤下極則反貴。貴出如糞土,賤取如珠玉。財幣欲其行如流水。"《漢書·食貨志》記載李悝的平糴論説:"糴甚貴傷民,甚賤傷農。民傷則離散,農傷則國貧,故甚貴與甚賤,其傷一也。善爲國者,使民無傷而農益勸。""是故善平糴者必謹觀歲","大熟則上糴三而捨一,中熟則糴二,下熟則糴一。使民適足,賈平則止。小饑則發小熟之所斂,中饑則發中熟之所斂,大饑則發大熟之所斂,而糴之。故雖遇饑饉水旱,糴不貴而民不散,取有餘以補不足也"。

尹注説李悝的平糴政策出于《管子》,近人多持相反意見。如郭沫若一再説,《輕重》諸篇"一本李悝平糴法"。① 其實它們更有可能都是來源于計然之策。而且春秋末至戰國中期關于商品流通和貨幣價格關係的論述較多,其中的許多觀點在《管子》的輕重理論中往往占有中心地位,而恰恰很少爲戰國後期的思想家談論,或許可以説明這些問題受到關注的時代背景。胡寄窗説,"戰國後期的經濟思想也有顯著的轉變。此時,完全代表商人階級利益的范蠡與白圭的經濟觀點已不再受到學者們的重視","《管子》是戰國中期出現的一本偉大經濟巨著",②這是比較有道理的。

第二,從齊國的歷史特點來看,輕重理論有可能產生于戰國中期以前的齊國。

《史記·齊太公世家》説:"太公至國修政,因其俗,簡其禮。通商工之業,便魚鹽之利,而人民多歸齊。"《漢書·食貨志》説:"太公爲周立九府圜法:黄金方寸,而重一斤;錢圓函方,輕重以銖。"宋張淏《雲谷雜記》卷一云:"太公爲周立法之後,退而復行于齊,至管仲時其法猶存,故仲著書,有《九府》之篇。"齊太公時没有鑄幣,但對早期貨幣的作用當有所認識,後世纔會產生太公立九府圜法的傳説。而齊國長期大量經營工商業,則爲輕重理論提供了客觀依據。至于管仲治齊,史載"澤立三虞,山立三衡""惡金以鑄鉏夷斤斸,試諸壤土""通齊國之魚鹽于東萊,使關市幾而不徵",③可見對國内經濟是采取全面管制政策的,對鹽鐵事業也極爲重視。晏嬰批評

---

① 郭沫若:《管子集校》(四),《郭沫若全集·歷史編》第 8 卷,人民出版社,1984 年,第 46、146、251 頁。
② 胡寄窗:《中國經濟思想史》,上海人民出版社,1978 年,第 500、288 頁。
③ 《國語》,上海古籍出版社,1978 年,第 230、240、247 頁。

齊景公説："山林之木，衡鹿守之；澤之萑蒲，舟鮫守之；藪之薪蒸，虞候守之；海之鹽蜃，祈望守之。縣鄙之人，入從其政；偪介之關，暴徵其私。"①歷代學者以爲這與《管子》官山海的政策相同，所以或説晏嬰"反對專守山澤之利與關澤之禁，此明是反對管子經濟政策"，②或説《輕重》篇尤謬妄，如果真是"管仲所得，齊以之伯，則晏子安得非之"。③ 我們認爲這些説法都屬誤解。《管子》官山海之後還要"鹽鐵撫軌"（《山國軌》），利用鹽鐵的收入控制全國經濟，裁抑豪强。在晏子時代，田氏采用厚施手段，與公室争奪民衆。而公室祇知厚斂，未能把山澤收入還利于民，抑制田氏。晏子所反對的，祇是齊景公厚斂于民，不知善用，而不可能根本反對官山海，讓田氏去專山海之利。所以春秋中後期齊國實行過官山海的政策毋庸置疑，祇是逐漸純粹成爲公室聚斂財物的工具。輕重理論很有可能是戰國中期以前齊人總結齊太公、管仲的治國實踐，以及姜氏失國、田氏得國的經驗教訓的産物。

在戰國文獻中也可以看到一些齊國實施輕重政策的影子。《韓非子·外儲説左上》記載的"齊桓公好服紫"一段故事，與《輕重戊》的"服綈"有點類似。巫寶三以之作爲《輕重》篇出于韓非後學的證據之一。④ 不過他所持的主要理由，即所謂輕重理論把法家思想"化爲財政經濟政策"，可能是憑空想象出來的，《輕重》篇的

---

① 楊伯峻編著：《春秋左傳注》，中華書局，1990年，第1417頁。
② 戴濬：《管子學案》，學林出版社，1994年，第138頁。又趙宗正、陳啓智：《〈管子·輕重〉篇的著作年代》，《管子學刊》1995年第3期。
③ 〔清〕戴望：《管子校正》卷首《管子文評》引宋人葉適之説，《諸子集成》，中華書局，1954年，1988年第6次印刷。
④ 巫寶三：《管子經濟思想研究》，中國社會科學出版社，1989年，第369—378、274頁。

"號令""數""權""勢"等與法家的法、術、勢并非一回事。這一故事也出于韓非之前。《史記·蘇秦列傳》、馬王堆漢墓帛書《戰國縱橫家書》第二十章載蘇秦與燕昭王書説:"齊紫,敗絮也,而賈十倍。"説明最晚蘇秦之時已有類似的傳説。《商君書·徠民》:"齊人有東郭敞者,猶多願,願有萬金。其徒請賙焉,不與,曰:'吾將以求封也。'"這説明齊國確有操縱貴族財富的一套政策。戰國時人評論商君爲孝公"調輕重",①或即指《漢書·食貨志》所説秦用商鞅之法,"田租、口賦、鹽鐵之利二十倍于古"。商鞅的霸道、強國之術應是繼承發展了《管子》的輕重學説。《商君書·墾令》還主張"貴酒肉之價",漢代更推行酒榷政策,如果商鞅以後甚至漢人僞造《輕重》篇,爲什麼不去依托曾經"調輕重"的商鞅,又爲什麼不把加酒價寫進去呢?

第三,《輕重》篇自稱爲"霸國"之策,而非"王者之政"。

"《輕重》篇可以説從頭到尾均係以一個不甚大的諸侯國家爲對象","都不外乎是以一個較大的諸侯國對周圍弱小國家的侵淩,或在一個不甚大的國家内纔能奏效的經濟措施"。② 當然僅此而已還可以解釋爲後人托古的手法。但是《輕重》諸篇一再強調,"彼壤狹而欲舉與大國争者"與"天子之制"不同(《事語》),"霸國守分"與"王國守始"不同(《乘馬數》),王者"不奪民時"就可以了,霸者還應采用"高下之策"(《匡乘馬》),即通過操縱物價漲落來調節經濟。它雖然説過"未有不以輕重爲天下也"(《揆度》),"未有不以輕重而能成其王者也"(《輕重戊》),但實際祇是指統治者要控制

---

① 郭人民:《戰國策校注繫年》,中州古籍出版社,1988年,第216頁。
② 胡寄窗:《試論〈管子·輕重〉篇的成書年代問題》,《中國經濟問題》1981年第5期。

民利這一原則，并不是指《輕重》諸篇論述的具體輕重政策。前人把歷代帝王的具體治國方略都納入輕重理論是不對的，它的以貨幣物價政策爲中心的輕重理論主要適用于"霸國"。這樣的論述不用説不會出自秦漢統一以後人之口，即便是在戰國中期孟子王霸論盛行以後，各家各派都高舉王道的旗號之時，像這樣推尊王者而又自居于霸者立場的言論，也是不太可能出現的。商鞅以霸道、強國之術説秦孝公，但仍然標榜"王道"，説"先王反之于農戰"（《商君書·農戰》），而不説他的農戰政策與王政有什麼不同，可以作爲反證。

第四，輕重理論抑制的"輕重之家"主要是春秋戰國之際的采邑大夫，而非私商。

《乘馬數》所説"鬥國相洩，輕重之家相奪"，很有時代特色，但是學者大都把它曲解爲"通于輕重之策者，猶今言經濟學家、財政專家也"，并認爲有所謂輕重家學派。① 這裏的"輕重之家"與"鬥國"相提并論，《山至數》説"輕重之家復游于其間"，顯然都是指囤積居奇、足以操縱物價的豪家。前人因《輕重甲》説"唯輕重之家爲能散之耳，請以令輕重之家"，以爲是指下文教桓公積聚的癸乙，不知此書所"令"者皆爲輕重政策實施的對象，此處則指下文的卿諸侯、令大夫。更明確地説，這些豪家是指有世襲采邑的卿大夫之家。輕重政策在國内的做法，主要是"調高下，分并財，散積聚"（《輕重甲》），乃是針對當時"大夫旅壤而封，積實而驕上"（《山至

---

① 馬非百：《管子輕重篇新詮》，中華書局，1979年，第161頁。胡家聰：《管子新探》，中國社會科學出版社，1995年，第374頁。胡寄窗：《中國經濟思想史》，上海人民出版社，1978年，第319頁。吕揚：《〈輕重〉子書試説》，《管子學刊》1993年第3期。

數》),"大夫多并其財而不出,腐朽五穀而不散"(《輕重丁》)的歷史背景,要讓"大夫散其邑粟與其財物","大夫已散其財物,萬人得受其流"(《揆度》),"君用大夫之委,以流歸于上",使"大夫不得以富侈"(《山至數》)。有些學者對如此明顯的時代特徵熟視無睹,而一味強調篇中的"'富商蓄賈'等詞在戰國末年尚未產生",①就說這是漢人的抑商言論。其實漢人也少見此等誇飾之詞,如《鹽鐵論》中僅僅使用過"富商""豪富""富商大賈"各一次,說明這純屬文風問題。關鍵應該看它所説的富商蓄賈與什麽時代背景相符合,《輕重甲》説"遷封食邑、富商蓄賈、積餘藏羨跱蓄之家,此吾國之豪也",《輕重丁》提及"吾國之富商蓄賈稱貸家"丁、惠、高、國,《輕重乙》提及"崇弟、蔣弟、丁、惠",《山至數》説"大夫謂賈之(人):'子爲吾運穀而斂財'",這些顯然都是工商業貴族或爲貴族經商者,并非漢代"庶人而富"的商人。西周和春秋時期貴族經商是常有之事,如出土的《魯方彝》記載齊太公的第三代子孫"齊生魯肇賈休多贏",②即因經商而獲利;《左傳·昭公三年》記載齊國貴族田氏大規模經商,"山木如市,弗加于山;魚鹽蜃蛤,弗加于海"。在采邑制度下,對貴族經商及其經濟勢力不加限制,確能造成"中一國而二君二王"(《輕重甲》)的後果。如齊國田氏"家強而不制",并最終取代了姜氏的地位,正是"以專巨海之富而擅魚鹽之利也"(《鹽鐵論·刺權》)。蕭公權認爲,管仲欲興霸政,必須"抑豪

---

① 葉世昌:《〈管子〉的著作年代兩議》,《管子研究》第 1 輯,山東人民出版社,1987年,第 21 頁。
② 李學勤:《魯方彝與西周商賈》,《當代學者自選文庫·李學勤卷》,安徽教育出版社,1999年,第 305 頁。

强,止兼并","且大富之家,每爲貴族",故"書中所立之經濟政策未必出于後人之虛構"。① 這一套主要針對貴族或采邑大夫的理論,可能萌芽于管仲,但更適用于春秋戰國之際"取代血緣貴族的新國家的强化",②而不會遲至戰國後期纔提出。如果説漢人僞造抑商言論,其更何必如此强調"大夫",提及四十九次之多!

總之,我們認爲《輕重》篇寫作于戰國中期以前,是春秋戰國之際新興的地主階級利用封建國家政權抑制分封貴族的經濟勢力,增强國力,進而參與國際競争的政治經濟學説。用《管子》的話説,它是"霸國"之策,而非"王者"之政。隨着戰國中期各國中央集權制的完全確立,以及秦漢統一王朝的建立,地主階級轉而要求自由發展的空間,實施輕重政策的歷史背景已不復存在。後世除了鹽的專賣、平糴、以工代賑等具體措施得以沿用,在一些特殊時期也有人假借《管子》輕重理論,主張國家全面干預經濟,往往是以限制商人兼并爲名,行搜刮民財充裕國庫之實。這是與商品經濟發展的要求背道而馳的,當然不可能收到很好的效果。對于這一根本區别,《鹽鐵論·輕重》篇中漢代賢良文學之言可謂一針見血:

> (管仲)當此之時,諸侯莫能以德,而争于公利,故以權相傾。今天下合爲一家,利末惡欲行?淫巧惡欲施?大夫君以心計策國用,搆諸侯,參以酒榷、咸陽、孔僅增以鹽鐵,江充、楊可之等各以鋒鋭,言利末之事析秋毫,可爲無間矣。非特管仲

---

① 蕭公權:《中國政治思想史》,聯經出版事業公司,1982 年,第 223 頁。
② 趙儷生:《〈管子〉與齊國歷史的關係》,《歷史研究》1988 年第 4 期。

設九府、儆山海也。①

三、《輕重》篇爲管子學派早期作品：
從與《經言》等篇關係證明

《輕重》篇的斷代問題還可以從它與《管子》其他部分的關係來研究。馬非百認爲它與"其他各篇不是一個思想體系"，胡家聰已作反駁，指出《輕重》各篇"屢次引用《經言》各篇的觀點和文句"，"應是《經言》中齊法家政治經濟學說的進一步發展"。② 李學勤則強調，《經言》和《輕重》有四篇都用"乘馬"命名，《乘馬》篇中"有關市與黃金的論述，也可說是《輕重》各篇的先聲。《輕重》各篇的思想，正是以《乘馬》所論的國用問題爲起點的"。③ 這裏似乎可以進一步提出一個問題，即《輕重》與《經言》關係密切，能否說明其著作年代較早？

《經言》各篇不能早于戰國初期，可能是在春秋時期流傳下來的管仲言論的基礎上創作的。有學者說："《管子》中主要是問答式的諸篇，其成文時間當在《論》後《墨》前的春秋末到戰國初。"④這有一定道理。《輕重》諸篇的文體，也大多采用桓管問對的形式，而與其他問對諸篇或爲記述史事，或爲雜語問答不同，完全是系統的

---

① 〔漢〕桓寬撰，王利器校注：《鹽鐵論校注》，天津古籍出版社，1992年，第213頁。
② 胡家聰：《管子新探》，中國社會科學出版社，1995年，第373頁。
③ 李學勤：《〈管子·輕重〉篇的年代與思想》，《古文獻叢論》，上海遠東出版社，1996年，第197頁。
④ 董正春：《君子秉文，辭令有斐》，《管子與齊文化》，北京經濟學院出版社，1990年，第269頁。

理論闡釋,可能寫作略晚。但是其文句和思想與《經言》《外言》及問對諸篇最爲接近,這值得注意。其中《侈靡》篇相同文句最多,關係尤爲密切(參前《論〈管子·侈靡〉篇》一文第三節)。這裏將《輕重》與其他各篇有關的文句做一比較:

1.《輕重甲》:今爲國有地牧民者,務在四時,守在倉廩。國多財則遠者來,地辟舉則民留處,倉廩實則知禮節,衣食足則知榮辱。

《事語》:彼善爲國者,壞辟舉,則民留處;倉廩實,則知禮節。

《牧民》:凡有地牧民者,務在四時,守在倉廩。國多財,則遠者來;地辟舉,則民留處;倉廩實,則知禮節;衣食足,則知榮辱。

按:如前所述,這段話的核心在"務在四時,守在倉廩"八個字。《事語》雖然沒有這八個字,但"壞辟舉"指生產,"倉廩實"指積蓄,也包括兩個方面。如上文所論,《輕重》諸篇正是各自以此爲中心而分爲兩部分的。所謂"倉廩實"主要指"國多財"。《國蓄》篇一開頭就說:"國有十年之蓄而民不足于食,皆以其技能望君之祿也;君有山海之金而民不罪于用,是皆以其事業交接于君上也。"這最能說明"知禮節"的實質,是與大夫之家和其他諸侯國爭奪民衆。這符合當時要求富國強兵的時代精神,甚至有可能是管仲本人的言論。《牧民》篇文字大致相同,但下文以論述禮義廉恥"四維"爲主,又說"不務地利則倉廩不盈",似乎受到了儒家的一點影響,且成了唯生產論。漢代賈誼、司馬遷、桓寬、張敞、蕭望之、劉向、班固、趙岐、崔寔等人無一例外都祇引用末兩句十四個字,以之作爲"人富而仁義附焉"之類主張的理論依據,①完全是在用儒家富民思想曲解《管子》。可以説,從戰國秦漢至今,除了《輕重》篇作者,已經没有人真正懂得它的含義。而《輕重》篇確能獨得管仲思想之精髓,非戰國末期以後人所能僞托。馬非百說,《輕重甲》"引用此語,而目的則祇是作爲批判之對象","特別是對司馬遷對財富崇拜的思想之有力的批判"。②這恐怕是一時誤讀或故意曲解,因爲下文是説僅僅"強本趣耕,發草立幣"不行,還應防止財富集中在少數人手中,要"分并財,散積聚"。而按照輕重理論,國家祇有擁有充足的積蓄,纔有能力干預流通領域。也就是説,"散積聚"是針對富人而言,不是針對國家的;這不但不是反對"守在倉廩",而且是極言其重要。這裏的"務在四時"與《輕重乙》的"強本節用",也都不能説是"批判之對象",而祇是説僅僅重視生產和節儉是不夠的。如果《輕重》篇根本反對這兩點,豈不荒謬絕倫!

2.《事語》:富勝貧,勇勝怯,智勝愚,微勝不微,有義勝無義,練士勝驅衆,凡十勝者盡有之。

《七法》:是故以衆擊寡,以治擊亂,以富擊貧,以能擊不能,以教卒練士擊驅衆白徒,故十戰十勝,百戰百勝。

《樞言》:衆勝寡,疾勝徐,勇勝怯,智勝愚,善勝惡,有義勝無義,有天道勝無天道,凡此七勝者貴衆。

---

① 〔清〕張佩綸:《管子學》,臺灣商務印書館,1971年,第4—10頁。
② 馬非百:《管子輕重篇新詮》,中華書局,1979年,第546—547頁。

銀雀山漢簡《王兵》：夫以治擊亂，以富擊貧，以能擊不能，以教士擊驅民，此十戰十勝之道。

按：前人都認爲《事語》出于抄襲，是以《輕重》諸篇後出爲前提的，其實并無理據。僅從文字上來判斷，《七法》《王兵》的"十戰十勝，百戰百勝"，"十戰十勝"像是在解釋"十勝"，《樞言》的"七勝"已是實指，更爲晚出。而且如果後三者晚出，則"富勝貧"逐漸後移并消失，"微勝不微"較費解而無一引用，都更好理解。

3.《輕重甲》：故不遠道里而能威絕域之民，不險山川而能服有恃之國，發若雷霆，動若風雨，獨出獨入，莫之能圉。

《事語》：故發如風雨，動如雷霆，獨出獨入，莫之能禁止，不待權與。

《七法》：故舉之如飛鳥，動之如雷電，發之如風雨，莫當其前，莫害其後，獨出獨入，莫敢禁圉……不遠道里，故能威絕域之民；不險山河，故能服恃固之國；獨行無敵，故令行而禁止；攻國救邑，不恃權與之國。

《幼官》：説行如風雨，發如雷電。

銀雀山漢簡《王兵》：動如雷電，起如飛鳥，往如風雨，莫當其前，莫害其後，獨出獨入，莫能禁止。

按：《七法》《王兵》有較詳的論述，這裏祇略引。其中"飛鳥"一喻，似爲後增。

4.《揆度》:令重于寶。社稷重于親戚。

《七法》:故不爲重寶虧其命,故曰令貴于寶。不爲愛親危其社稷,故曰社稷戚于親。

《法法》:令重于寶,社稷先于親戚……故不爲重寶輕號令,不爲親戚後社稷。

按:《揆度》二語分別是上節結語和下節首句。"令重于寶"是對上文所論五穀、刀幣、號令三者關係的總結,即通過政令提高國内穀價,吸引他國五穀流入,所以政令在增加國家財物方面比任何珍寶都重要。下節所論都是"社稷重于親戚"的道理。《七法》將其連讀,衍爲一般政論,又加上了"法愛于人""威重于爵禄"二條,顯然是後出的文字。《法法》則直接繼承發揮了《七法》的議論。

5.《山至數》:王者藏于民,霸者藏于大夫,殘國亡家藏于篋。

《權修》:府不積貨,藏于民也。

《樞言》:王主積于民,霸主積于將戰士,衰主積于貴人,亡主積于婦女珠玉。

按:張佩綸說:"本篇深惡大夫之自還,下文于大夫之積實驕上者,方欲奪之以會,豈得曰霸者富于大夫乎?"并于"霸者"之下補"藏于士□□"。[1] 但是上文明言"君失大夫爲無伍,失民爲失下",

---

[1] 郭沫若:《管子集校》(四),《郭沫若全集·歷史編》第8卷,人民出版社,1984年,第149—150頁。

大夫與民同爲國君不可或失之力量,原文無誤。吕思勉説:"後世之言理財者,每好言藏富于民,而實不得其解。""藏富于民乃謂散幣以聚穀,非謂上于人民之生計,一無所知,徒以寡取爲仁,而聽其自相兼并也。"①這確實説出了王政藏富于民的實質。而在春秋至戰國初期,大夫的采邑是獨立的經濟實體,所謂"霸者藏于大夫"衹不過是對這一現實的承認,并暗中"散幣以聚穀",即通過貨幣物價政策削奪大夫的實財。在國人皆當兵的情況下,也不會有"霸者積于將戰士"之説。戰國時期,穀禄制度和常備軍制確立,人臣之富皆出君國之賜,軍人與平民有不同的身份,纔會有《樞言》這樣的説法。《尉繚子·戰威》:"王者富民,霸者富士,僅存之國富大夫,亡國富倉府。所謂上滿下漏,患無所救。"《説苑·政理》吕望對文王之言,末作:"亡道之國富倉府,是謂上溢而下漏。"《荀子·王制》:"王者富民,霸者富士,僅存之國富大夫,亡國富筐篋、實府庫。"這些都是對《樞言》之説的改造,并漸趨定型。而《山至數》"霸者藏于大夫"之説與上述説法格格不入,顯然比它們都要早出。

6.《山權數》:天以時爲權,地以財爲權,人以力爲權,君以令爲權。

《五輔》:上度之天祥,下度之地宜,中度之人順,此所謂三度……故曰權不可不度也。

《樞言》:天以時使,地以材使,人以德使,鬼神以祥使,禽獸以力使。

---

① 吕思勉:《吕思勉讀史劄記》,上海古籍出版社,1982年,第212—213頁。

按:《山權數》所謂"行三權之數",是國君根據天時、地利、人力的變化和差异,用政令干預經濟。《五輔》將"度三權"推衍爲普遍的原則,《樞言》更有所增改。

7.《國蓄》:歲有凶穰,故穀有貴賤;令有緩急,故物有輕重。然而人君不能治,故使蓄賈游市,乘民之不給,百倍其本。

《七臣七主》:彼時有春秋,歲有敗凶,政有急緩。政有急緩,故物有輕重;歲有敗凶,故民有義(王念孫謂當作"羨")不足;時有春秋,故穀有貴賤。而上不調淫,故游商得以什伯其本也。

按:《七臣七主》當爲戰國後期討論君臣問題的作品,諸語顯然抄自《國蓄》而略有發揮。與荀子等人之論君臣關係不同,其特别重視經濟問題,正足以説明管子學派的特徵。

8.《山國軌》:國軌,布于未形,據其已成。

《山權數》:動于未形,而守事已成。

《牧民》:唯有道者能備患于未形。

9.《山權數》:量人力而舉功。

《牧民》:不爲不可成者,量民力也。……量民力則事無不成。

10.《國蓄》:故見予之形(《輕重乙》作所),不見奪之理。

《牧民》:故知予之爲取者,政之寶也。

161

《形勢》:能予而無取者,天地之配也。

11.《地數》:能者有餘,拙者不足。

《形勢》:巧者有餘,拙者不足。

12.《輕重乙》:亡君廢其所宜得而斂其所彊求,故下怨上而令不行。

《權修》:賦斂厚,則下怨上矣。民力竭,則令不行矣。下怨上,令不行,而求敵之勿謀己,不可得也。

13.《揆度》:故有城無人,謂之守平虛。有人而無甲兵而無食,謂之與禍居。

《權修》:地之守在城,城之守在兵,兵之守在人,人之守在粟,故地不辟則城不固。

14.《輕重甲》:故粟重黃金輕,黃金重而粟輕,兩者不衡立。

《權修》:金與粟爭貴。

15.《揆度》:市朝閑則田野充。

《權修》:野與市爭民……故野不積草,農事先也。

16.《揆度》:珠玉爲上幣,黃金爲中幣,刀布爲下幣。先王高下中幣,利下上之用。(《地數》"利"作"而制")

《乘馬》:黃金者用之量也。

17.《山至數》:始取夫三大夫之家,方六里而一乘,二十七人而奉一乘。幣乘馬者,方六里,田之美惡若干,穀之多寡若干,穀之貴賤若干,凡方六里用幣若干,穀之重用幣若干。

《乘馬》:三夫爲一家,事制也。事成而制器,方六里,爲一乘之地也……一乘,其甲二十有八,其蔽二十,白徒三十人奉車兩……方六里,一乘之地也。

18.《山至數》:士半祿而死君,農夫夜寢早起,力作而無止。彼善爲國者,不曰使之,使不得不使;不曰用之,使不得不用。故使民無有不得不使者。

《揆度》:故善爲天下者,毋曰使之,使不得不使;毋曰用之,用不得不用也。

《乘馬》:是故夜寢早起,父子兄弟不忘其功,爲而不倦,民不憚勞苦……是故不使而父子兄弟不忘其功。

19.《輕重甲》:今欲調高下,分并財,散積聚。不然,則世且并兼而無止,蓄餘藏羨而不息,貧賤鰥寡獨老不與得焉。散之有道,分之有數乎?

《乘馬》:聖人之所以爲聖人者,善分民也。聖人不能分民,則猶百姓也。于己不足,安得名聖?是故有事則用,無事則歸之于民,唯聖人爲善托業于民。

20.《揆度》:自言能爲官不能爲官者,剔以爲門父。故無敢奸能誣祿至于君者矣。

《乘馬》:君舉事,臣不敢誣其所不能。

《法法》:忠臣不誣能以干爵祿。

21.《乘馬數》:故開闔皆在上,無求于民……守諸開闔。

《地數》:伊尹善通移輕重、開闔、決塞。

《山至數》:守之以決塞。

《山權數》:在君之決塞。

《七法》:予奪也,險易也,利害也,難易也,開閉也,殺生也,謂之決塞。

22.《山國軌》:不通于軌數而欲爲國,不可。

《七法》:剛柔也,輕重也,大小也,實虛也,遠近也,多少也,謂之計數。不明于計數而欲舉大事,猶無舟楫而欲經于水險也。

23.《山國軌》:府官以市橫出萬物。

《玄宮》:定府官之計數。

24.《乘馬數》:故相壤定籍而民不移。

《山國軌》:別群軌,相壤宜。

《小匡》:相地而衰其政,則民不移矣。

《國語·齊語》:相地而衰征,則民不移。

25.《輕重丁》:無本者予之陳,無種者予之新。

《揆度》:無本者貸之圉疆……無食者予之陳,無種者予之新。

《戒》:原農事之不本者。

26.《山至數》:終身有天下而勿失,爲之有道乎?

《桓公問》:吾念有而勿失,得而勿忘,爲之有道乎?

27.《揆度》:事名二、正名五而天下治。

《山權數》:此之謂事名二。

《樞言》:凡人之名三,有治也者,有恥也者,有事也者。事之名二,正之,察之。五者而天下治矣。

以上諸條祇是比較顯著的例證,其他文字類似、思想相通之處還有很多。以篇而言,《問》篇的調查統計之法與輕重理論之"國軌"很相似。《禁藏》錯簡的四時之政與《輕重己》文句相同的較多。《小問》主張"選天下之豪傑,致天下之精材,來天下之良工",并采用"五而六之,九而十之"及"三倍"的物價政策,討論"糴貸賤""糴貸貴"的問題,并提出"力地而動于時""富上而足下"兩項原則,《輕重》諸篇雖然没有對應的文句,但實際都已包含在内。

衆所周知,《管子·輕重》篇的文句和思想比較特殊,除了《鹽鐵論》引用較多,漢代以前古籍中與之相同或相似的論述極少,而在本書内特別是《經言》等篇中却如此之多,説它們不屬于一個思想體系,實在令人難以置信。而且上引的前七條,按語中已指出《輕重》諸篇中的諸句似早于《經言》等組内諸篇。古代文獻之間的淵源關係是很複雜的,我們并不敢肯定説,《輕重》篇所有文字都作于《經言》之前,也有可能是二者分别根據較早流傳的管仲言論所作的發揮。但可以肯定的是,《輕重》與《經言》《外言》各篇,以及《侈靡》等問對諸篇聯繫最爲密切,應該是一家之言,而且應爲管子學派的早期作品。

《管子》的治國理念及當代價值

"《管子》的治國理念及當代價值"這個題目裏面有三個關鍵詞。第一個"《管子》",是帶書名號的,不是不帶書名號的管子即管仲這個人。爲什麼非得加這個書名號,如何認識管仲本人與《管子》治國理念的關係,這是我們今天要講的第一個問題。第二個"治國理念",是一個比較新的概念,用來指一些關於國家治理的最根本的、原則性的思想觀念。《管子》一書中治國言論很多,我們不能把各種説法鬍子眉毛一把抓,都説成治國理念。我個人覺得"以人爲本""以法治國"這兩句話、八個字,可以代表《管子》的治國理念,這是我們要重點講的兩個問題。第三個"當代價值",我們讀古書,講傳統文化,首先應該儘量讀得明明白白,要真正瞭解古代歷史文化,但也要關注當代中國社會的現實需要,從我們的老祖宗那裏吸取今天仍有價值的思想營養。《管子》兩大治國理念確實至今仍然閃耀着思想光芒,對于今天實現國家富强、民族振興、人民幸福的中國夢,具有重要的參考價值,這是我們要講的第四個問題。

一、《管子》治國理念源自管仲

下面講第一個問題，《管子》治國理念源自管仲。這個問題實際上有一點純學術性，可能不太適合在今天的場合來講。但是我覺得這個問題很重要，有必要簡單交代一下。

"以人爲本""依法治國"，這兩句話在今天的中國，可以說家喻户曉、耳熟能詳，大家都聽說過，不少人還知道它們都出自《管子》一書。該書《霸言》篇說："夫霸王之所始也，以人爲本，本理則國固，本亂則國危。"《明法》篇說："威不兩錯，政不二門，以法治國，則舉錯而已。"這裏面很明確地説到"以人爲本""以法治國"兩句話、八個字。

但大家千萬不要以爲，這就是春秋齊國賢相管仲說的原話。因爲《管子》這本書從魏晉以來就有人説它是一本僞書，南宋學者葉適提出一個説法："非一人之筆，亦非一時之書。"這兩句話講得比較平實，被後人視作定論。然而直到清代，大多數學者仍然相信書中有些篇目是管仲本人寫的，後人所寫部分也應該是繼承和發揮管仲思想的。清末民初，疑古之風與西學東漸相互激蕩，中國古文獻考證和古史研究呈現出全新的面貌，學界對《管子》一書的主流看法也發生了根本性的變化。具體的不多講，舉傅斯年的三句話爲例。他怎麼説的呢？"《管子》書没有一個字是管子寫的，最早不過是戰國中年的著作，其中恐怕有好些是漢朝的東西。"（《戰國子家叙論》）後面兩句講《管子》各篇寫作時間的上限和下限，稍有偏頗。我寫《〈管子〉研究》一書，主要目的就是對這類疑古過甚的觀點略作修正,大致結論是書中編排在前面的寫作時間較早,編排在後面的寫作時間略晚,早可以到春秋末,晚不會在秦漢以後,其前後思想發展的脉絡比較清楚,不是雜亂無章的。所以對于"没有一個字是管子寫的"這句話,我仍然是舉雙手贊同的。傅先生當年外號"傅大炮",説起話來確實明白痛快,很有殺傷力。當然,對這個問題學界仍有爭論,有人認爲部分篇目應該出于管仲之手,但嚴肅的學者不會輕易把後面大部分篇目安到管仲頭上,那樣太不符合學術規範了。

具體到這裏涉及的兩篇,可以肯定地説,它們絶不會是管仲自己寫的。《霸言》從篇名就能看出來,齊桓公是"春秋五霸"之首,這是後人的歷史評論,管仲怎麼可能取這個篇名?而且它的前面一篇叫《霸形》,爲什麼是這麼個編排順序?借用書裏另一篇《内業》的話,這就叫"形然後言"。後人先是收集整理桓公、管仲問答和事迹編成《霸形》,作爲齊國爭霸的歷史記録;然後再對霸政進行評論,"霸言"這個篇名用現在的話説就是"霸論"。必須先有"形",纔有"言";"形"是後人收集整理的,"言"還能是管仲自己寫的?打個比方,一個人還是個胚胎,還在母親的肚子裏面,還没成人形,他怎麼開口説話呢?

《明法》則可以從其内容看出來,它的思想和文字風格,完全是戰國晚期的。《韓非子·有度》篇裏有一大段文字與之大同小异,究竟誰是原創,誰是抄襲,學界有過爭論。我個人認爲是韓非抄《管子》,但《明法》篇的思想確實已經相當接近韓非,抄入《韓非子》幾可亂真。因此,這篇文章應該是稷下學宫後期的作品,更接近韓非的時代,而絶不可能是管仲自己寫的。這種純粹的學術問題,就這麼簡單介紹一下。

這裏問題就來了,既然《管子》沒有一個字是管仲自己寫的,那能不能說《管子》這本書的思想跟管仲就沒有多大關係了呢?這種看法在二十世紀其實是占據上風的,甚至九十年代中國社會科學院有位老先生著《管子新探》一書,也是要修正疑古派觀點的,却仍說"民本思想當是總結田氏代姜齊的政治經驗",是田氏"收攬民心的措施"。大家知道,春秋末齊景公把民衆收入的三分之二都拿走了,老百姓窮困潦倒。而貴族陳氏關心民衆疾苦,災荒時開倉救民,借出時用大斗量,還回來用小斗量。于是民衆"歸之如流水",最終陳氏取代了姜氏,建立了新的政權。因陳氏戰國時改爲田氏,其政權史稱田齊。陳氏有收買民心之舉,史實確鑿,但要說《管子》民本思想都是總結田氏經驗而來,是不是有點牽强呢?因爲民本思想起源很早,周武王伐紂,殷民倒戈,這使周人認識到人心的向背關係到戰爭的勝敗和國家的興亡。僞《古文尚書》裏就有"民惟邦本,本固邦寧"(《五子之歌》)的說法。另外《管子·霸形》篇有這麼一個記載,齊桓公問管仲怎樣纔能稱霸,管仲說:"君若將欲霸王舉大事乎,則必從其本事矣。"桓公又問:"敢問何謂其本?"管仲回答:"齊國百姓,公之本也。"前面我們講了《霸言》與《霸形》的關係,所謂"以人爲本"顯然就是根據"齊國百姓,公之本也"這兩句話,做了更加簡要的理論概括。所以雖然這句話不是管仲的原話,但這一思想却完全可以說是屬于管仲的,不必說成對田氏政治經驗的總結。同樣,從管仲的言論和事迹,可以看出《明法》"以法治國"的理念也是來源于管仲,幷逐漸發展和成熟起來的。這裏不多舉例,另引一段史料來說明兩大治國理念在管仲那裏確已萌芽,而且是完美結合在一起的。

《國語·晉語》記載了這麼一段話:"昔管敬仲有言,小妾聞之,曰:'畏威如疾,民之上也。從懷如流,民之下也。見懷思威,民之中也。畏威如疾,乃能威民。威在民上,弗畏有刑。從懷如流,去威遠矣,故謂之下。其在辟也,吾從中也。《鄭詩》之言,吾其從之。'此大夫管仲之所以紀綱齊國,裨輔先君而成霸者也。"最後兩句明確說了,管仲怎麼來輔佐齊桓公成就霸業的,就是靠着這幾句話,這不就是管仲的治國理念嘛!

這段話的背景是這樣的:晉公子重耳流亡到齊國的時候,齊桓公把女兒姜氏嫁給他,姜氏就是這個自稱"小妾"的人。公元前643年桓公去世後,重耳的兩個謀士就覺得,齊國看來不行了,想借助齊國力量把重耳送回晉國登上王位,這個希望落空了,就勸重耳離開齊國,尋求別的諸侯國支持。重耳掉入溫柔鄉,不願意走。他的夫人姜氏却很識大體,對他說:"懷與安,實疚大事。"這是說一個人太貪圖享受、安于現狀,是要壞大事的。這個著名的勵志故事,對在座的年輕人應該很有啓發。姜氏又引用管仲的說法,來說明這個道理,重耳還是不聽,她就跟那兩個謀士把重耳灌醉了,抬上車,偷偷帶他逃離了臨淄。重耳後來回到晉國,成爲一代霸主,就是晉文公。

姜氏追述這段話時,管仲纔去世兩年,因此應該是相當可信的。但是很多人以爲其中兩個"懷"字意思相同,"從懷如流"就是從心所欲如同流水,這是不了解古人引書習慣而產生的誤解。先秦引《詩》,有"斷章取義"的做法,這個成語現在成了貶義,當時并不是的,而是說引用詩句時,可以不顧整首詩意,僅取詩句的字面意思。姜氏這裏追述管仲的話,同樣袛是取其中的且懷且畏之意,至于所懷所畏有没有區别,她是不用管的。好在她引得比較詳細,我們可以自己來看看管仲究竟是什麽意思。他其實是站在君主的立場評論老百姓,認爲有三類民衆,一種是畏懼國君的威嚴,就像害怕疾病一樣;一種是整天想着國君的恩惠,給點甜頭纔會像水往下流一樣服從;一種是既看見、感激國君的恩德,又畏懼國君的威嚴。對于國君來說,當然第一種膽小怕事的順民最容易管理,所以說"民之上也";第二種弄不好就成了刁民,所以說"民之下也"。但純粹因畏懼而服從,内心没有絲毫感恩之心,一旦"弗畏",還得動用刑法;給點甜頭纔服從,心存感恩之心,却不畏懼國君的威嚴,也很容易"在辟",就是犯法。所以上下兩種都不行,袛有"見懷思威,民之中也",纔是最佳的。所以管仲說"吾從中也",就是主張恩德和威權兩者齊抓并用。這與古人常說的治國者寬猛相濟、讓民衆懷德畏威之類說法,美國人的"胡蘿蔔加大棒"政策,其實都是一個道理,古今中外的道理是相通的。而用恩德,對民衆好點,自然就要求國君以人爲本;用威嚴,不是像專制暴君,和尚打傘,無法無天,一味殺人立威,而是讓民衆畏懼法律,自然就會走向以法治國。

總之,管仲"見懷思威"之說確實藴含了"以人爲本""以法治國"的思想萌芽,袛不過他還没有明確地這樣表述兩大治國理念。而且他把"畏威如疾"放在前面,也奠定了《管子》偏重法家的基調。有人認爲《管子》以"以人爲本"爲第一位,以"以法治國"爲第二位。我個人覺得應該是相反的,因爲從管仲開始就有重視威權的這個傾向,與斯大林所說"令人恐懼比受人愛戴更偉大"有點相似,發展到後來必定走向秦晋法家的刻薄寡恩,這是先秦法家的必然宿命和天生局限。

二、《管子》治國理念之一：以人爲本

下面來具體介紹《管子》的第一個治國理念。"以人爲本"這句話書中祇出現過一次，但其思想確實貫穿于全書當中，形成了一個既有理論依據，又有實踐意義，頗具特色的民本思想體系。

先來看看《管子》以人爲本理念的人性論依據。

所謂治國，主要就是管理老百姓，所以對人性的看法是直接跟治國理念密不可分的。有什麽樣的人性論思想，就會產生相應的治國理念。説到人性論，大家都很熟悉，中國先秦時期，最著名的莫過于孟子和荀子兩家説法。孟子認爲人性善，荀子認爲人性惡。實際上不管主張人性惡也好，還是主張人性善也好，他們都是把一個人天生就想吃好穿好之類，看作是人的不良欲望。不過，孟子認爲人天生是有善端的，祇要後天好生護持培育這個善端，人人都能成爲聖人。荀子承認人生下來的這種欲望就是惡，但認爲可以通過後天教化把惡克服了，仍然回到善。所以儒家尤其是孟子的以人爲本思想極其豐富，特別強調禮樂教化。《管子》對人趨利避害、貪圖享受的天性看得更加通達一些，這爲其以人爲本思想奠定了人性論基礎。

《管子》對人趨利避害、貪圖享受的天性，有很多直白的描述，而且基本没有什麽過度的批評。比如這段經常被人引用的話："凡人之情，見利莫能勿就，見害莫能勿避。其商人通賈，倍道兼行，夜以續日，千里而不遠者，利在前也；漁人之入海，海深萬仞，就彼逆

流,乘危百里,宿夜不出者,利在水也。故利之所在,雖千仞之山,無所不上;深源之下,無所不入焉。"(《禁藏》)人們看到有利可圖就往前湊,看到不好的事就躲得遠遠的。比如商人做生意,路途再遙遠,也會起早貪黑趕去掙錢;漁夫捕魚,海水再深,浪花再高,也會白天黑夜在船上作業。爲什麽呢?很簡單,一個"利"字當頭,利在哪兒人就在哪兒。這可以說是一種人性唯利論。它首先看到的是自然的人,想吃好的穿好的是人的本性,無可厚非。而在經濟疲軟的當下,肯花錢買享受,還能擴大内需;把生意做好做大,更能擴大就業,都有利于社會。

不過《管子》講這個問題,實際上是講給統治者聽的。他是讓統治者要承認個人這種追逐利益或者好逸惡勞、貪圖享受的天然合法性。老百姓就是這樣的,但民心的向背,關係到國家的興亡,所謂"政之所興,在順民心,政之所廢,在逆民心"。作爲統治者,必須要順應民心,滿足他們的各種願望和要求。"民惡憂勞,我佚樂之;民惡貧賤,我富貴之;民惡危墜,我存安之;民惡滅絶,我生育之……故從其四欲,則遠者自親;行其四惡,則近者叛之。"順從老百姓的四種欲望,滿足他們的利益,自然就會得到老百姓的支持。

《管子》對人性的正面肯定,爲其"以人爲本"治國理念奠定了堅實的人性論基礎。下面再來看看《管子》以人爲本思想的主要内容。

"以人爲本"祇是一句話,一個理念,如何將其落實到治國實踐中呢?《管子》提出了一條治理國家的基本原則,叫"知予之爲取者,政之寶也",就是説先要給予民衆,然後纔能收取民衆的回報。這個"予"不要理解成具體的給錢給物,而應理解爲施行愛民、利民、富民、惠民、教民等政策措施。

據記載,管仲本人最重視愛民。有一次齊桓公問,我想把國家治理好,稱霸天下,怎樣纔能做到？管仲説:"始于愛民。"桓公又問愛民之道,管仲説:"公修公族,家修家族,使相連以事,相及以禄,則民相親矣。放舊罪,修舊宗,立無後,則民殖矣。省刑罰,薄賦斂,則民富矣。鄉建賢士,使教于國,則民有禮矣。出令不改,則民正矣。此愛民之道也。"(《小匡》)齊桓公聽了之後,真的照着做了。這裏有很多制度問題,不能一一解釋,請大家特別注意,《管子》的以人爲本,不光停留在思想理念,它是有具體措施的。這個可能是《管子》一書跟《論語》《孟子》這樣的私家子書很不一樣的地方。比如薄賦斂的做法,"使税者百一鍾",一百畝收一鍾的税,換算下來相當于百分之五的税率,比古代聖王的十一税還要少一半。這是了不起的愛民措施。"孤幼不刑",就像現在未成年人犯罪不用坐牢,這是很先進的一種做法。還有"關譏而不徵,市書而不賦"。什麼意思呢？海關衹盤查,不收税,外國人來做生意,工作人員問一下,你拉什麼東西來或者拉什麼東西走,完了就放行。市場上也一樣,賣東西衹是登記一下賣什麼東西,不用收税。這簡直就是在建設東亞或國際自由貿易區呀！

第二個利民。《管子》認爲"得人之道,莫欲利之；利之之道,莫如教之以政",下面講了六項好的措施:"辟田疇,利壇宅,修樹藝,勸士民,勉稼穡,修牆屋,此謂厚其生。發伏利,輸滯積,修道途,便關市,慎將宿,此謂輸之以財。導水潦,利陂溝,決潘渚,潰泥滯,通鬱閉,慎津梁,此謂遺之以利。薄徵斂,輕徵賦,弛刑罰,赦罪戾,宥小過,此謂寬其政。養長老,慈幼孤,恤鰥寡,問疾病,弔禍喪,此謂匡其急。衣凍寒,食饑渴,匡貧竇,振罷露,資乏絕,此謂振其窮。凡此六者,德之興也。六者既布,則民之所欲無不得矣。夫民必得其欲,然後聽上;聽上,然後政可善爲也。"(《五輔》)簡單説一下:第一項"厚其生"就是發展農業生產;第二項可以説是發展商業,做很多便利于國際商人來往的措施;第三項就是相當于我們興建農業水利工程;第四項可以是一些法律上比較寬待老百姓的做法,一些比較寬鬆的政策、比較低的稅收等;第五項跟第六項實際上類似于我們現在的社會救濟,是對于社會底層、窮苦老百姓的一些救濟措施。所以最後説:"夫民必得其欲,然後聽上;聽上,然後政可善爲也。"對老百姓必須得讓他的欲望得到滿足,他纔能夠聽從統治者的統治。

第三個可以説是富民,富民政策可以説也是先秦多數思想家的共同主張。《管子》提得更加明確一些,它説:"凡治國之道,必先富民。民富則易治也,民貧則難治也。"爲什麼這麼説?一個人他祇要生活過得去,誰不願意老婆孩子熱炕頭?誰願意背井離鄉呢?所以富了他自然就願意在家鄉待着,他也不會去反對領導。他窮得日子過不下去了,纔會連家也不要了,跑到外面去,或者起義造反之類的。所以好的國君要藏富于民:"王主積于民,霸主積于將戰士,衰主積于貴人,亡主積于婦女珠玉。"(《樞言》)

關于富民,各派思想家多少都有所論述。比如孟子的"仁政"治國理念——五畝之宅、百畝之田。每個家庭都有五畝的土地蓋房子住,還有一百畝土地可以拿來種糧食,自然生活就好了。實際上,我們知道每家每户有個百畝,這不就是西周時的井田制嘛。所以孟子這種主張其實没有什麼新意,但是學界對其評價很高。《管子》則説，平均每個人有三十畝地，每年有五十石糧食，其中正糧三十石，"果蓏素食當十石，糠粃六畜當十石"，這纔是真正的"國有餘藏，民有餘食"。我覺得實際上《管子》比孟子高明，孟子祇不過是唱唱井田制老調，没有提出切實的新政策。《管子》的富民政策多麽具體，多麽細緻，這是根據當時的現實狀況，做過充分的調查統計，纔能制定出來的。所以這就是一個真正的從政的人，跟民間學者的區别。我們可以説《管子》裏很多富民措施實際上是可行的，而且符合當時的經濟發展水平，是一種真正的面向現實的富民政策。孟子的這種"五畝之宅，百畝之田"，祇不過是古代大家都那麽説的一種理想。

在《管子》這裏，富民跟富國其實是相通的，是有機融合的一個事情，不是兩件事情。從司馬遷以來最常引用的是打開《管子》這本書的頭幾句話，叫作"凡有地牧民者，務在四時，守在倉廩。國多財則遠者來，地辟舉則民留處，倉廩實則知禮節，衣食足則知榮辱"。這幾句話在《史記》裏面，祇引了後面幾句話，然後説"人富則仁義在焉"，這是後世儒者的解讀。我個人覺得，《管子》這句話實際上主要傾向是"富國"。國家用倉廩來守老百姓，國家倉庫糧食多了，就可以控制住老百姓了。從這個意義上説，其富民思想和現代思想還是有距離的，容易走向它的反面。

第四個是惠民政策。惠民特指對一些社會上比較貧窮或有某種困難的人的幫助，這種人用現在的話説叫弱勢群體。大家都知道，《管子》裏專門有一篇講"九惠之教"，所謂九惠之教就是"一曰老老，二曰慈幼，三曰恤孤，四曰養疾，五曰合獨，六曰問病，七曰通窮，八曰振困，九曰接絶"。這裏面有些大家一看就知道是什麽意思。它下面還有具體說明的,比如說"老老",就是說七十歲以上的老人就免除他一個兒子的徵役,每年給他三個月的肉食,八十歲以上就免除他兩個兒子的徵役,每個月都給他供應肉食,死了以後由國家統一給他準備棺材。還要求老人的子女"精膳食,問所欲",就像現在讓大家常回家看看,好好孝敬老人。慈幼、恤孤不用說了。第四養疾,第六問病,前者類似現代的福利院,身有殘疾,養不起自己的,國家給養起來;後者類似公辦醫院,生重病的和七十歲以上的老人,國家給看病。特別的是第五"合獨","合獨"是什麼意思呢?"獨"就是孤獨的人,這裏特指沒有老公、老婆,或從來沒結過婚,或婚後喪偶,男的叫鰥夫,女的叫寡婦。國家設立掌媒,相當於官辦婚姻介紹所,"鰥寡而合之",鰥夫、寡婦都由掌媒的官員幫他們結婚,國家還得給他提供田宅讓他們安家。哪像宋代以後理學家搞出個"餓死事小,失節事大",當然有點違背人性了。現在歐美有些人,沒來過中國,祇看過女子裹腳的電影,就以爲我們還是這樣落後,哪能想象到兩千多年前的齊國,就有了如此人性化、如此先進的思想和政策,我們現代人都未必能做得這麼好,是不是呢?下面還有一些具體的就不去介紹了。

第五個是教民思想。孔子講到怎麼教育老百姓的時候,講要先富之,富了之後怎麼辦?教之。《管子》也很重視教化。大家知道,《管子》第一篇《牧民》裏面提出"四維"。什麼叫四維?就是維繫社會國家的四件事情,哪四件事情呢?"一曰禮,二曰義,三曰廉,四曰恥。禮不逾節,義不自進,廉不蔽惡,恥不從枉。"所謂"禮不逾節",就是要上下尊卑有序。"義不自進",不要太急功好利。"廉不蔽惡",自己做什麼壞事也不遮擋。"恥不從枉",不去跟別人做壞事。當然我這翻譯不一定準確,大致是這麼一個意思。我們知道"禮義廉恥"這四個字可不得了,臺灣學校的牆上都寫着這四個大字,至今都是用這四個字來教育老百姓。

概括一下《管子》民本思想的內涵,大體可以看出它以《牧民》篇所確立的"予之爲取"的政治原則爲綱領,以人性唯利論爲依據,以愛民、利民、富民、惠民思想及其措施爲基本內容。用它來處理執政者同人民群衆的關係,借以鞏固封建政權,謀求國家的長治久安,實現齊國的霸業宏圖。

三、《管子》治國理念之二:以法治國

第三個介紹一下《管子》的法制思想,我照着我的書簡單地介紹,不像剛纔分這麼幾條來説它。我研究《管子》最主要的觀點,是認爲《管子》這本書,它前後是有好幾個階段的,這好幾個階段思想發展是很不同的,主要就是從法家思想來看。從《管子》這本書依法治國的思想的發展過程來看,它前後發展的痕迹是很清楚的。在《管子》當中最早成書的《經言》部分,有幾篇壓根没這個"法"字,有些篇所謂"法"衹是一些制度,不太像後來秦晉法家的嚴刑峻法,當然這部分也有關于法的提法,也具有依法治國的這種意識。

比如有兩句話:"不爲愛人枉其法,故曰法愛于人。"(《七法》)這兩句話在《管子》書裏面也很重要,在後面的很多篇裏面都有對這句話的解釋或發揮。我前面説,在《管子》裏面實際上是"以法治國"比"以人爲本"更重要,這裏寫得很清楚,"不爲愛人枉其法,故曰法愛于人",不因爲愛一個人而違背法律去愛護他,法律比個人

愛憎這種私欲更加重要。首先要守法,你在不違法的情況下,再去追求個人利益,這是可以的;但是你爲了追求自己的利益違反法律,這就不行了,所以這是把法律提得很高了。

還有一段話,這段話很長,我祇是把關鍵那幾句話引出來,你看看法是幹啥的。"法者,將立朝廷者也……法者,將用民力者也……法者,將用民能者也……法者,將用民之死命者也。"(《權修》)沒有法就沒有朝廷,必須用法纔能夠建立國家、建立制度。這個法到了"用民之死命",也就是說人民要完全服從法律的管理,你違背法律就得死,然後爲了國家的利益哪怕死了都可以,當然這個東西有一點不符合現代對人生命的尊重。說到底把法強調得太過分,跟前面說的以人爲本多少是要發生一些衝突的。

這是前面《經言》部分,到了它的第二部分《外言》這一部分,關于法的論述就多起來了。我剛纔說《經言》一共有九篇,那九篇裏面,其中有四篇壓根沒有一個"法"字。到了《外言》這部分每篇都有"法"字,更關鍵的是出現了很多帶有"法"字的複合詞。從前中國社會科學院有一個研究《莊子》的學者叫劉笑敢,他早年寫了一本研究《莊子》的書,那本書最大的貢獻是,因爲《莊子》很有爭議,他找了六個字、三個詞,這六個字在內篇裏面都是單字使用的,到了外篇、雜篇裏就變成雙音節詞了,即"道德、性命、精神"。實際上我這種說法有點仿效他這個說法,《管子》早期肯定是連"法"字本身都很少使用,更不會出現帶"法"字的複合詞。到了《外言》部分法的成分就多多了,最明顯的是出現了"法制""法令""法度""法禁""公法"等詞語。從思想上說,它"以法治國"的思想已經比較系統。

179

《管子》特別重視君主立法的重要性。對一個法制國家來說，"立法"是最重要的，這是決定後面其他法律制度的。立的是善法，當然國家就治理得好，如果立的本身就是一部惡法，你就是依法治國了，不也是害民？所以立法是最重要的。

　　當然在《管子》時代他是講君主立法，所以強調的是君主立法的重要性。"君一置其儀，則百官守其法；上明陳其制，則下皆會其度矣……廢上之法制者，必負以恥。"（《法禁》）君主把法立好了，百官就守着這個法，上面把制度定好了，下面按照這個設立的制度來，違背上面定的這個制度就一定要讓他得到懲罰。"不法法則事無常，法不法則令不行。"不按照法來行事，做事情就沒有規則，實際上就做不成。制定出來的法律不像話，法律制定的不好，法律也執行不下去。它認爲："法之所立，令之所行，與其所廢者鈞，則國無常經，國無常經，則民妄行矣。"（《法法》）你立的法有一半實行了，另一半沒有實行，或者實行得不好，等于你這個國家沒有統一、穩定、可行的法律。沒有經常性的治理國家的好辦法，老百姓最後就胡作非爲了。

　　《管子》特別強調法的等級性和遵法的平等性，因爲那時候畢竟是階級社會，所以法律肯定是有等級性的，不可能像我們現在強調的在法律面前要一律平等。所以它說："布法以任力，任力有五務。五務者何？曰：君擇臣而任官，大夫任官辯事，官長任事守職，士修身功材，庶人耕農樹藝。"（《五輔》）按照我們現在的話說，君主負責選擇適當的人來當官，當然這個官指的是比較高級的官員，高級官員就是大夫，下面是小官，高級官員大夫就是來管理一些事務，負責一些比較高級的事務，下面一般的官員具體地去幹自己的那一些事。老百姓、普通的士人好好地從事自己的職業。士人既有文士也有武士,農民主要就是從事生產。

所以在《管子》這裏,不同等級的人在法律體系裏面具有不同的地位。但是不管你具有什麽地位,大家都得守法,這一點是共同的。法律上不能有特權階級,所以它有幾句話:"故禁不勝于親貴,罰不行于便辟,法禁不誅于嚴重,而害于疏遠,慶賞不施于卑賤。"(《重令》)什麽意思?這個法律首先把君主身邊的人給管好了,君主身邊的人,家人親戚及身邊給他服務的人管理不好,外面下面的人就更加要違法了。這個是《管子》法律思想在我們今天也能還有現實意義的一個東西。不管你什麽等級都要守法,而且首先要把自己身邊人管好了。

下面還有兩句話:"惠者,民之仇讎也;法者,民之父母也。"(《法法》)"惠"有點儒家對老百姓好的那個味道,爲什麽是民之仇讎?《經言·七法》說過:"不爲愛人枉其法,故曰法愛于人。"爲了對一個人好,法外施恩,違背法律地對他特別好,如果大家都這樣,都去照顧自己的親戚朋友,普通老百姓的利益不就得被侵奪?這裏進一步把法提高到"民之父母"的地位,這個"法"雖然是管老百姓,但實際上也是管官員的,管君主自己的。如果大家都按這個法來做,確實對老百姓是有好處的。它又說:"上赦小過,則民多重罪,積之所生也。故曰:赦出則民不敬,惠行則過日益。惠赦加于民,而囹圄雖實,殺戮雖繁,奸不勝矣。"就是主張對小過錯也要進行比較嚴厲的懲罰,因爲小罪不去懲罰他,他養成習慣以後要犯大罪了。所以我們說教孩子,小時候不教,大了就要坐牢的。但這裏畢竟帶有浓厚的重刑的傾向。

在《法法》篇裏面，還有一句我個人認爲説得很好的話。法家爲什麼主張法治，反對人治呢？這是它跟儒家根本的區别，儒家總是主張德治，把賢良的人提拔到領導崗位上去，或者讓他做君主，好人當官不就好了？但《管子》不這麼看，"凡人君之德行威嚴，非獨能盡賢于人也；曰人君也，故從而貴之，不敢論其德行之高卑"。二十世紀有個著名學者叫蕭公權，寫了一本《中國政治思想史》，對這兩句話評價很高，認爲這可以代表法家思想的一個特點。法家不把君主期望爲必定是一個聖人、賢者，君主的品行、纔能，不一定要比他的臣民高明多少，衹不過他在那個位置上，是國家的象徵，一般情況下還得服從他。但是不能由着他胡來，因爲他不一定比咱老百姓强到哪兒去，所以需要用法治。我覺得這是很有道理的一個説法，法家也是有它自己的道理的。

前面説在《管子》這本書裏面法家思想越到後來，占的比重越來越大，相反有儒家傾向的内容越到後來越少。這裏舉個例子。比較典型的就是關于禮跟法的關係。同樣是《管子》這本書裏面，它有這麼三個不同的説法。你看較早的《樞言》篇是這麼説的："法出于禮，禮出于治，治、禮，道也。"法是出于禮的。後來到了《心術上》篇，它説："禮出乎義，義出乎理，理因乎宜者也。法者所以同出，不得不然者也。"也就是法跟禮同樣出于"義"跟"理"。到了更晚的《任法》篇裏面，它説："所謂仁義禮樂者，皆出于法。"你看從法出于禮，到法和禮都出于義和理，然後到"仁義禮樂"全都出于法，法的地位越來越高。

《管子·任法》中還有一段關于法治的名言，它説："君任法而不任智，任數而不任説，任公而不任私，任大道而不任小物。"這四句話可以說是《管子》依法治國的四大綱領。什麽叫"任法不任智"呢？你這個君主不一定聰明到哪兒去，純粹用他個人的智慧來治國是不行的，所以要根據法律來治國，不要用君王個人的智慧來治國。"任數而不任說"，"數"有人解釋說就是那個方法的"術"，是法家的法術勢的"術"，我覺得就是數字的"數"，就是黃仁宇《萬曆十五年》講的"數目字管理"。比如一個市長，不管他嘴巴上說得多天花亂墜，到時候 GDP 上不去就沒用，當然這兩年又不太提 GDP 了。"任公而不任私"，《管子》這本書裏面對公私的強調，也是它很有特點的一個方面，它認為任何事情都要出于公心，不能任逞私心。這個私不僅是像現在貪官似的以權謀私，還包括不要太主觀意志，比如前面說的不因愛人而枉其法，也可以包括在裏面。君主即使是出於好心做某事，如果祇是一時興起，不能公正無私、一視同仁，也是不行的。這四句話的前三句，暗中都有一點批評儒家的意思，儒家以德治國，比較重視君主個人的智慧、言說、意志，法家認為這對法治是有傷害的。"任大道而不任小物"，則主要受到了道家的影響。一個領導人不能太管小事，得從原則上去掌控，這是一種道家的處事方式。

下面還有一段話，對于封建社會下不同等級在法律上的地位說得十分透徹："有生法，有守法，有法于法。夫生法者，君也；守法者，臣也；法于法者，民也。君臣上下貴賤皆從法，此謂為大治。"古人所謂以法治國，與現代法制還是有很大距離的，關鍵就在于這個"生法者，君也"。法律完全是君主制定的，沒有老百姓什麽事。不過要是真能做到"君臣上下貴賤皆從法"，也算不錯了。

不過我個人對《管子》裏所有法治言論最喜歡的是《明法解》中

的一段話："百姓知主之從事于法也,故吏之所使者有法,則民從之;無法,則止。民以法與吏相距,下以法與上從事……明主在上位,則官不得枉法,吏不得爲私,民知事吏之無益,故財貨不行于吏。"多年前單位同事出去春游,閒聊時説到中西文化的异同優劣。有位世界史學者就説,國内總説自己古代文化如何厲害,後面纔落後的,不對,你看看古希臘的思想、古羅馬的雕塑、兩河流域的考古發掘,人家早就比你闊了。我們搞中國史的説不過他,我就把這幾句話念了給他聽,説中國也有很好的法治思想。他説真是《管子》説的?我説真是《管子》説的,他也覺得很好。特别是這兩句話,"民以法與吏相距",老百姓拿着法律跟直接管理他們的低級官吏相抗衡,你不能違背法律來欺負我;"下以法與上從事",下級官吏也拿着法律去跟自己的上級相抗衡,如果讓我做的什麽事是違法的,我就可以不做。由于最上一級的君主是一個重視法治的人,高級官員就不敢去違背法律,低級官吏也不敢去欺負老百姓,老百姓知道官員都是根據法律來辦事的,跟他套近乎對自己没什麽好處,這還會有人去行賄嗎?政府機關工作人員不要以爲這個都是針對官員,實際上不是的,各級機關如果都能依法辦事,這個活兒就好幹了。正是各種暗箱操作,不依法辦事,弄得有些工作人員夾在中間,上面有領導,下面有更小的幹部或者群衆,夾在中間也很難受。現在這個反貪總也反不了,爲什麽?私人老闆跟官員接觸都有好處,一個電話、一個條子就可以給你幾千萬的工程,誰不去跟他接觸?所以如果真正做到了《管子》説的這幾條,反貪就不用反了,就没有貪官了。當然從這幾句話可以看到,實際上以法治國,不是説君主一個人以法治國就行的,實際上還有老百姓,"民知事吏之無益,故財貨不行于吏",老百姓也得按照這個法律去行事,不要去做違法的事,不要一碰上事就想找有點權力的親戚朋友幫忙處理這個事。按法律來辦事,最簡單,最清爽。

四、《管子》治國理念的當代價值

第四個講講《管子》治國理念的當代價值。首先籠統地講,《管子》這本書在當代有何價值?

《管子》在先秦諸子書裏面是一本很特殊的書,因爲它的後世署名作者,或者説思想淵源者管仲,號稱中國歷史上的第一賢相;它的主要作者實際上是齊國稷下學宮的大夫,也具有齊國君王政治顧問的性質。他們和純粹的文人學者不同,寫這些東西是要給國君看的,是要直接給國君提供政治參考的。所以它跟孔孟老莊這樣的純粹學者寫的東西還是很不一樣的,這個書相比起其他諸子來説,這種關于治國理念,關于一些具體行政措施方面的内容更加豐富一些。先秦諸子,包括老子、莊子,實際上説到底最終都是講怎麽管理社會、治理國家的,莊子雖然説得好像世外高人一樣,但還是涉及治國的方法,祇不過他們私人學者講得不能太具體。《管子》裏面有很多講得相當具體,我們剛纔講這些以人爲本的時候,你看有很多以人爲本的具體措施,講得相當的具體。

因此,《管子》這本書可以説在先秦諸子裏面,是治國理念和施政措施最爲豐富的一本子書,其他先秦諸子加在一塊兒,經濟内容也趕不上《管子》這本書豐富。前些年剛去世的文化名人南懷瑾,國外學者跟他説我也想學中國傳統文化,請給推薦幾本書,南懷瑾給他推薦了三本書：一本是《論語》，一本是《中庸》，一本就是這個《管子》。這個評價很高了，一般《管子》排不到這個位置，在座的幾位教授都是做過《管子》研究的人，都知道實際上在學界，《管子》多少有點被輕視，但是南懷瑾給人推薦三本書就有《管子》了。他的意思是說《論語》跟《中庸》這是包含着很多中國最高深的哲理和治國道理的，基本上都是比較形而上的，而《管子》這本書除了一些形而上的，如大致屬于黃老學派的《管子》四篇等理論性比較強的篇章，絕大多數篇幅都是直接地談論怎麼管理國家、富國強兵的，所以被很多人看作古代的管理學經典。

正因爲《管子》內容上的這一特點，在歷史上一些特殊時期，它是很受人重視的。比如漢昭帝時召集的"鹽鐵會議"上，論辯雙方，御史大夫桑弘羊與賢良文學，都或明或暗地援引《管子》作爲立論依據。諸葛亮早年"每自比于管仲、樂毅"，晚年親自爲蜀漢後主劉禪抄寫《管子》，勸他讀這部書。中唐時《管子》頗受重視，杜佑寫過關于它的專書，并在《通典》中成篇成段地引用《輕重》篇等。史學界有個"唐宋變革"的說法，中唐是從唐制到宋制的轉型時期，稍早開元初年尹知章第一個給《管子》作注。北宋"王安石變法"前夕，楊忱第一次把《管子》這本書用雕版印刷出來。這些都不是偶然的，都發生在政治制度和治國理念發生很大變化的時期。明清後期更加明顯，明朝國家出亂子了，內政腐敗，軍備廢弛，晚清更被西方堅船利炮打殘了。當時朝野上下都想富國強兵，以爲《管子》這本書是管仲寫的，管仲能把齊國從一般諸侯國變成春秋首霸，一定有他的過人之處，所以經常有學者到《管子》這裏來尋找救國救民的措施。

具體説《管子》"以人爲本""以法治國"這兩條治國理念,我前面已經説過,古書裏面這兩句話實際上用得不多,説明它們至少没有成爲頂層的治國理念。但是最近幾十年用得越來越多了,現在已經有點婦孺皆知了,成爲當今中國兩大治國理念。

改革開放以來,我們國家重視法制建設,提倡依法治國。在1997年召開的"十五大"上,第一次把"依法治國"作爲治國理念提了出來。這裏大家注意一下的話,我們現在提的不叫"以法治國",改爲"依法治國"。這一字之差,我感覺改得相當高明。因爲以法治國相對來説主觀性强一點,依法治國顯得更加客觀一些,它强調的是政府要依照法律來治理國家,而不是在上者用法律來管在下者。進入二十一世紀以來,我們國家又提出要堅持"以人爲本",促進經濟社會和人的全面發展。至此,民本和法治開始相提并論,并被認爲是中國自古有之的傳統思想,《管子》中的這兩句話也受到格外重視。

關于"以人爲本"在學界是有一些爭議的。中國古書裏面除了説"以人爲本",還有個説法"以民爲本"。《管子》的這句"以人爲本"到底是民本還是人本？另外,西方近代歐洲在反對經院神學的時候也提出"以人爲本"的思想。西方"以人爲本"思想的目的是反神學,强調人的主體性,主體自覺,尊重人的生命。所以批評者就認爲《管子》的"以人爲本",從上下文來看,其實就是對人民好一點,然後讓人民給他賣命,這祇是"用民"。以"用民"作爲目的,這是一種政治理念,也就是在政治上是有所圖的,而不是在價值論上尊重人的生命。中國社科院的李存山先生專門寫了一篇文章,標題是《"人本"與"民本"》,大致就是這個意思,并認爲與西方人本思想更加接近的是古人説的"以人爲貴",而不是"以人爲本"。我近年研究一部出土古書,河北定縣竹簡《文子》,其中有一章專門用"以民爲本"作爲標題。這段論述先從"以人爲貴"説起,再一層一層遞進到"以民爲本"。這説明中國古代的人本和民本是一回事,與西方的人本也没有矛盾,已經包含尊重人的生命的意思在裏面。這種人本觀是中國文化的基石之一,直接影響到中國人的國家觀念。《周易·序卦傳》有一段話説:"有天地,然後有萬物;有萬物,然後有男女;有男女,然後有夫婦;有夫婦,然後有父子;有父子,然後有君臣;有君臣,然後有上下;有上下,然後禮義有所錯。"這幾句話什麽意思?這是在講國家的起源。我們的國家起源觀是温情脉脉的,人類生命之所以比動物高貴,是因爲人能夠有自我意識,能夠把自己和别人區别出來,從區别男女開始,直到區别君臣、上下。人祇有能夠把自己跟别人區别出來,纔能夠知道外面的人跟自己關係的遠近,知道離我最近的是父母,應該更親,還有鄰居,還有親戚等,不同的關係用不同禮儀來維持。這種禮儀就可以使得我們人類組成有序的社會,最後建立國家。

所以在我們中國人眼裏,君臣關係跟父子關係是一樣的,《管子》裏就把國君稱爲民之父母,管仲也是民之父母,官員也可以稱民之父母。現代社會更講究平等,有人批評這種比喻不好,其實這不過是要求君王、官員像父親愛護子女一樣愛民,又不是讓他們做一言堂的家長。這反映出中國的人本觀更富有人情味,有什麽不好的呢?

《管子》與齊學

"《管子》與齊學"這個題目裏面有兩個概念,第一個是《管子》這麽一部書,第二個是齊學這麽一個古代的學術流派。當然還要講到這兩者之間的關係,所以下面具體地分爲三個方面來講:第一是《管子》一書及其真僞,第二是《管子》成書"五階段"論,第三是從《管子》看齊學特徵。

一、《管子》一書及其真僞

我們先來講第一個問題,就是《管子》一書及其真僞。

《管子》這本書是先秦古書當中一部相當重要的書,歷來也是很受大家關注的。但是這部書問題也很多,其中一個最大的問題,就是這本書可不可信。它是真書還是僞書?這個問題歷代説法很多。我們這裏先從週邊説一下,《管子》這本書本身的一些流傳情況。

(一) 古本《管子》

第一個問題——古本《管子》。所謂古本,當然是相對于今本而言的。先秦古書大都經過漢代劉向整理而流傳于世,所以學界常把劉向整理以前的本子稱爲古本,而把劉向以後的本子都統稱爲今本。

關于古本《管子》,主要有這麼幾條記載。首先是《韓非子·五蠹》篇曾經説過,"今境内之民皆言治,藏商、管之法者家有之",又説"境内皆言兵,藏孫、吴之書者家有之",①也就是説家家户户都收藏了"商、管之法""孫、吴之書"。

對于這條記載,研究者有兩種不同的看法。有人説,其中"孫、吴之書"是叫書的,當然説明那時已經有了《孫子兵法》《吴子》這兩本兵書,但是韓非講商、管是叫"商、管之法",没有説是兩本書,應該衹是指商鞅和管仲制定的一些法令。

我認爲這種説法相對保守了一點。雖然傳世的《管子》《商君書》被後人定爲僞書,但從來没有人説這兩本書中的所有篇章都是韓非以後的人僞造出來的。因此,到了戰國末年韓非的時代,已經有了托名管仲、商鞅的書在社會上廣泛流傳,這是完全正常的。韓非以"商、管之法"和"孫、吴之書"相互對應,這是古人寫文章的習慣,即儘量用同類或近義的不同字詞來對應。所以從這條記載,我們可以肯定戰國時期《管子》就已經是一本社會上比較通行的書,

---

① 〔清〕王先慎:《韓非子集解》,中華書局,2013年,第493—494頁。

當然不一定有今本這麼多篇。

其次,西漢前期著名的思想家、文學家、政治家,像賈誼、晁錯、劉安、董仲舒等人,以及昭帝時桓寬編的《鹽鐵論》一書,都曾經大量徵引《管子》裏面的内容。其中特别是《鹽鐵論》,它反映了漢代後期關於以鹽鐵專營爲中心的經濟改革的爭議,當時以御史大夫桑弘羊爲一方,跟另一方的所謂賢良文學——就是儒生,相當於現在説的知識份子——在朝廷上進行辯論,被記録成書。辯論雙方都曾經引用過《管子》裏面的很多内容,足以説明西漢的時候《管子》這本書是一部在社會上流傳很廣,而且對當時的國家、現實的政治産生過重要影響的書籍。但是賈誼等人和《鹽鐵論》都衹是零星引用書中的文句,對于《管子》這本書各方面的情况提到的并不很具體,甚至一個篇名都没有提及。

最後,司馬遷在《史記·管晏列傳》末尾,以"太史公曰"口氣對管仲、晏子進行評論的時候,曾經説過一段話。他説:"吾讀管氏《牧民》《山高》《乘馬》《輕重》《九府》,及《晏子春秋》,詳哉其言之也。既見其著書,欲觀其行事,故次其傳。至其書,世多有之,是以不論。"①司馬遷的這一段評論,對于瞭解《管子》這本書在西漢的流傳是極其重要的,因爲其中具體提到了五個篇名,這在以前是從來没有過的。

對這個問題,學界也有兩種不同的看法。有人説,司馬遷雖然提到《管子》這部書,但没有使用《管子》這個總書名,而是列舉了《管子》的五個篇名,那麼就説明直到司馬遷的時代,《管子》還没有

---

① 〔漢〕司馬遷:《史記》,中華書局,1959 年,第 2136 頁。

一個正式的書名，還是以單篇流行的。關于中國古書流傳，歷代學者經過研究，形成了一個比較通行的看法，就是先秦古書最早是單篇流行的，沒有結集成書，很多先秦古書往往都是到了西漢，經過劉向、劉歆父子校書纔形成爲一個定本。所以這一派學者就認爲，既然司馬遷祇提到了五個篇名，而沒有提到《管子》這個書名，那就說明西漢初期《管子》還沒有形成定本，還沒有一個正式的書名。

我認爲這種說法也是值得商榷的。其實是很有意思的，你看司馬遷所提到的這五個篇名，前面這三篇就是我們今天所看到的《管子》這本書的前三篇。第一篇《牧民》；第二篇《形勢》，今本叫《形勢》，司馬遷稱爲《山高》，劉向《管子叙録》中說，"《山高》又名《形勢》"，名稱不同，其實是同一篇文章；第三篇《乘馬》。司馬遷提到的最後兩個篇名是《輕重》《九府》，今本《管子》最後是《輕重》十九篇，沒有《九府》，很多人以爲已經失傳。其實今本這十九篇是分爲兩部分的，前面的十二篇就對應司馬遷說的《九府》，後面的七篇就相當于司馬遷說的《輕重》，這是兩組文章的大篇名，今本合并成了一組。所以司馬遷這裏所提到的五個篇名，好像是他拿起這書先翻前面一二三篇，順着列舉了三個篇名；又翻到最後這兩部分，倒著列舉了兩個大篇名；這前後兩部分之間，應該還有很多篇，不可能一一列舉。所以我覺得司馬遷列舉的這五個篇名的順序，恰恰說明司馬遷所見到的《管子》這本書，很可能已相當接近于我們今天所看到的《管子》這部書。這是《管子》古本的問題，下面看看第二個問題。

(二) 劉向編校八十六篇

剛纔説了，中國的古書往往都是經過劉向、劉歆父子兩人整理的。西漢成帝年間，進行了中國歷史上繼孔子之後的又一次重要的校書活動，很多古書經過他們的這次校書，形成了定本，流傳于後世。

其中關于《管子》這本書，劉向寫了一篇《管子叙錄》。這篇叙錄裏面説道："所校讎中《管子》書三百八十九篇，太中大夫卜圭書二十七篇，臣富參書四十一篇，射聲校尉立書十一篇，太史書九十六篇。凡中外書五百六十四，以校除複重四百八十四篇，定著八十六篇。"最後，後面還有一句話，説"《九府》書民間無有"。

對這一段話，學界都很重視，因爲研究《管子》，這段話是首先需要來做解釋、需要認識清楚的。但許多學者對這段話是有所誤讀的，比如説著名的《管子》研究專家胡家聰在《管子新探》這部書裏面，認爲"太史書"屬于"中書"。① 其實"太史書"應該屬"外書"。劉向、劉歆父子校書的時候，主要是校皇宫當中的書，所以每部書的叙錄都先説"中書"有多少篇，"中書"是跟"外書"相對而言的。既然"中書"是指皇宫當中的書，那麽顧名思義，"外書"就是指皇宫外面的書。皇宫外面，就包括朝廷的一些機構，像太常、太史這些機構收藏的書，以及一些私人藏書家收藏的書，都屬于"外書"，所以"太史書"是屬于"外書"的。胡先生説"太史書"屬于"中

---

① 胡家聰：《管子新探》，中國社會科學出版社，1995年，第409頁。

書",這是不對的。

不過這一點小小疏忽,對于《管子》這部書的研究本身并沒有太大的影響,比較重要的一個疏忽是郭沫若提出來的。郭沫若是現代大學者,其《管子集校》是研究者必須要看的書,所以他的説法影響很大。郭沫若有個説法:"所謂'太史書',應該就是齊國的舊檔案了。"而《管子》一書"大率是戰國及其後的一批零碎著作的總集,一部分是齊國的舊檔案,一部分是漢時開獻書之令時由齊地匯獻而來的"。[1] 也就是説,我們今天所看到的《管子》書裏面可能有很多篇本來不屬于這本書,是齊國的一些舊檔案混到裏面來了。這個説法廣爲學界所引用,主要是在二十世紀八九十年代以前,現在引用的人可能稍微少一些,當時很多人就没有考慮郭沫若這個説法是從哪來的。

其實很簡單,郭沫若的説法來自對"太史書"的誤解,他以爲"太史書"是指齊國的舊檔案。他不了解劉向校書當中的一些獨特概念,不知道"中書"跟"外書"的區别,不知道《管子叙錄》的所謂"太史書",應該參照前面的"中《管子》書"來讀。"中《管子》書"是指皇宫當中收藏的《管子》書,那麽"太史書"就是指在太史府收藏的《管子》書。太史是個官名,太史府裏面所收的《管子》書絶不可能把不屬于《管子》的一般的齊國舊檔案給混雜到《管子》書裏來。

另外還有一個就是數字的問題,《管子叙錄》裏面説"凡中外書五百六十四篇",然後又説有重複的四百八十四篇。本來兩個數字

[1] 郭沫若:《宋鈃尹文遺著考》,《郭沫若全集・歷史編》第 1 卷,人民出版社,1982年,第 551—552 頁。

相減應該是祇有八十篇,但是他又説"定著八十六篇",就多出六篇來。學界經過研究,現在基本上形成一個得到比較多的學者認同的説法,即在今本最後一組《輕重》裏面,後七篇稱爲《輕重甲》《輕重乙》等,即"輕重"加上甲、乙、丙、丁、戊、己、庚這七個序號,很可能在漢代曾經有一種本子,這七篇是合成一篇的,劉向統計中外書總數時按一篇來算,統計重複篇數時按七篇來算,于是出現了六篇的差距。

講到這裏,我們知道了今本《管子》其實是經過了西漢成帝時候劉向、劉歆父子校書,最後形成的一個定本。這是絶大多數先秦古書基本上都有的一個過程,就是原來很可能是單篇流行,然後出現各種篇數不同的本子,到了劉向的時候就給它合編,形成了一個定本。這是所有古書成書的一個通例,并不是《管子》的特例。

(三) 今本二十四卷的來歷

下面講第三個問題,就是今本《管子》二十四卷的來歷。

劉向校書以後,他的兒子劉歆編了《七略》這麼一本目録書。東漢的時候,班固寫《漢書》時就把它抄進去,删減一下就成爲《漢書·藝文志》。在《漢書·藝文志》裏面,著録《管子》一書也是八十六篇。但是我們今天所看到的《管子》書,所有版本都是二十四卷的。這裏面就有一個《管子》流傳史上的重大疑問,就是從漢代的八十六篇的這個本子到我們今天二十四卷的這個本子,在流傳過程中,有没有發生什麼根本性的變化?

這個問題在學界引起爭議,主要是因爲這麼一條史料。唐代有個叫張守節的學者，給《史記》作注，稱之爲《史記正義》。其中說："《七略》云：'《管子》十八篇，在法家。'"①剛纔説過《漢書·藝文志》其實是根據《七略》來編的，《漢書·藝文志》記載是八十六篇，《七略》著録的怎麽可能是十八篇呢？其實這個問題早在清朝的時候，就有孫星衍、姚振宗等學者，近代又有國學大師章太炎，做過解釋。他們認爲《史記正義》裏面曾經兩次稱引"阮孝緒《七略》"，還有一些零星的没提阮氏名字的，如上面這條"《七略》云"，其實都是阮孝緒《七録》這部目録書的訛誤。阮孝緒是梁代人，他編了一部著名的目録書叫《七録》。所謂"《管子》十八篇，在法家"，其實是指梁代的時候，阮孝緒編《七録》這部目録書，著録的《管子》書是十八卷的。古人經常篇卷不分，明明是十八卷，却說成十八篇。因此，所謂"《七略》十八篇"這個説法原來是個誤解，歷史上根本没有存在過十八篇的《管子》書。

但是我們國内學術界曾經長期圍繞這個問題進行討論，很多學者——當然主要是二十世紀八九十年代，現在已經没人這麽説了——認爲所謂十八篇的《管子》書，很可能是劉向校書以前的原本。也就是說，管仲所寫的原本《管子》可能就是十八篇的，現在的這個八十六篇本，是後人加進去了很多篇目。有些學者還進一步猜測，今本《管子》裏哪十八篇是管仲本人寫的，進而斷定其他篇目都是後人寫的。其實所謂"《管子》十八篇"這個説法，是對梁代阮孝緒這部《七録》裏面著録《管子》十八卷這麽一個事情的訛傳，這是一個問題。

---

① 司馬遷：《史記》，中華書局，1959年，第2136頁。

另外,《隋書·經籍志》,這是我們中國古代現存的第二種重要的目錄,它在著錄《管子》的時候,說是"《管子》十九卷"。《舊唐書·經籍志》著錄是十八卷,《崇文總目》既記錄了一個十八卷的,解釋的時候說是"劉向錄校";又著錄了一個十九卷的,解釋的時候說:"唐國子博士尹知章注,按吳兢《書目》,凡書三十卷,自存十九卷,自《形勢解》篇而下十一卷已亡。"這說的是唐代尹知章注《管子》,是三十卷的,但是到了宋代的時候,從《形勢解》以下十一卷已經亡佚了。所以到北宋初,就已經祇存在十九卷。《新唐書·藝文志》也是著錄了一種十九卷的,一種三十卷的。直到南宋初,鄭樵的《通志·藝文略》這部目錄裏面纔第一次著錄了二十四卷的《管子》。所以對于唐宋時候書目當中著錄《管子》這本書的卷數的不同,學界是有一點被搞得雲山霧罩的,不知道這些目錄之間《管子》的卷數差別代表了什麼東西。

我這裏祇引一下黎翔鳳的說法,他的《管子校注》作于二十世紀五十年代,直到2004年纔出版。這本書的校注品質還是很好的,所以現在學界比較通行。但是他《緒論》裏面有一個說法:"十八卷本房析爲二十四卷,十九卷本尹析爲三十卷。"什麼意思呢?就是黎翔鳳他認爲,《舊唐書·經籍志》著錄的這個十八卷本,唐代房玄齡給它分成了二十四卷;《隋書·經籍志》著錄的十九卷,唐代的尹知章給它分成了三十卷。他根據古代書目的記載,給《管子》區分出了這麼兩個版本流傳的系統。黎先生所謂《管子》流傳兩個系統的說法,其實是對唐宋時期這些書目記載歧異的一個誤解。

我在博士論文《〈管子〉研究》裏面曾經根據這些書目的記載來推測《管子》這部書的流傳,應該是這麼一回事,就是劉向校定的所謂八十六篇其實就已經分成了十八卷,這個十八卷的《管子》後世一直流傳不絕,所以直到北宋《崇文總目》裏面還著錄了"《管子》十八卷,劉向錄校",就是劉向整理的這個本子,沒有加注的。到了唐代的時候,尹知章第一次給《管子》這本書做了注,然後把它分成三十卷。這個三十卷的注本,到了宋代的時候祇保留了前面的十九卷,後面的十一卷已經亡佚了。

到了北宋仁宗慶曆四年,這一年按照中國古代的紀年方式叫甲申年。楊忱這個人名氣不太大,但是他第一次把《管子》這本書用雕版印刷出來,後世的《管子》都是楊忱的刻本流傳下來的,所以他對于《管子》這本書是功莫大焉。楊忱的刻書序祇說是"大宋甲申",沒有提年號,所以在很長一段時間裏面,楊忱到底是什麼時候的人,大家并不清楚。郭沫若就認爲,楊忱是從宋代進入元代的人,在宋代滅亡以後還懷念故國,所以仍然稱爲"大宋",但是没用年號,没用年號就是因爲已經到了元代了。當然也有些人認爲他是南宋的。現在大家已經公認,這個楊忱其實是北宋慶歷年間的。楊忱其實是得到了當時所存的兩個本子,一個是十九卷的尹知章注的殘缺本,殘損以後保存的這一部分;另一個是十八卷本,劉向編校没有作注的本子。

因此,楊忱實際上是以十九卷尹注藏本作爲基礎,也就是我們今天看到的《管子》前面十九卷,都是根據楊忱的這個本子,所以都是有注的。我們今天所看到的二十四卷本的後面這五卷,其實就是來自劉向編校的本子。這個本子的後面五卷,也就是十八卷本裏面的後五卷。所以這後五卷原來是没注的。但是楊忱在合編的時候,又根據唐代杜佑的《通典》——《通典》大量地引用《輕重》

篇，引用的時候順便又加了些注——把這些注，從《通典》裏面抄出來，然後放在《管子》這本書裏面。所以我們今天看到的二十四卷本的《管子》，是北宋時候楊忱以十九卷尹注藏本爲主，并用十八卷本的後五卷加以補充，還加上了《通典》裏面的注文，這樣合刻成的一個二十四卷的本子。《管子》注本來是唐代尹知章作的，但是杜佑曾經有個説法，説房玄齡注過《管子》；所以楊忱又根據杜佑這個説法，把全部的注都給它説成是房玄齡注的。所以我們今天所看到的《管子》，都題作"管仲撰，房玄齡注"，就是這麼來的。

通過剛纔説的今本二十四卷的來歷，我們可以看出，它的來源是很清楚的。所以不存在像近代法國漢學家馬伯樂説《管子》這本書原來祇有十八篇，也就是根據剛纔説"《七略》十八篇"，認爲《管子》這本書真正由管子寫的就是十八篇，很多内容都是秦漢以後加上去的，少數恐怕還是公元四五世紀的作品。我們通過剛纔講的今本二十四卷的來歷可以説明，這種説法是完全不可能的。

我們大致可以肯定，今本二十四卷本的《管子》，基本上就是從漢代劉向校書時候所編成的本子發展而來的，兩者之間不會有太大的差异。所以到此爲止，我們説明一個什麼問題？説明從書籍的真僞來説，今本《管子》就是劉向編成的，《管子》不可能是劉向以後的人任意僞造出來的。從書籍真僞來説，已經可以説明它是一本真書了。但是所謂古書的真僞，除了書籍本身的流傳過程，還有一個寫作的過程，是不是後世所題的這個作者親自寫的書，是不是寫的時候就是别人假托這個作者的名字來寫的。這又是另外一個問題。所以我們下面講講關于《管子》辨僞的另外一些説法。

(四)《管子》辨僞

其實《管子》這部書,在《漢書·藝文志》裏面,是没有交代它的作者的,而衹是著録了《管子》八十六篇,并没有説這部書是誰寫的。到《隋書·經籍志》的時候,纔明確地給它加上了一個作者:"齊相管仲撰。"所以有些學者認爲,《管子》這部書的真僞問題,如果從《漢書·藝文志》來説的話,是不存在的,因爲它并没有説這書是管仲寫的。在《漢書·藝文志》的時代,著録圖書還比較隨意,很多書籍下面是没有作者的。或者説當時書籍命名的形式多樣,有時候就像子書,直接稱爲"某子"。其實這個"某子",你可以説是它的書名,也可以説是指作者。所以《漢書·藝文志》著録圖書的時候比較隨意,比較自由,没有統一的某某書、某某人撰這麽一個格式。到了《隋書·經籍志》,它需要給所有書都進行這麽一個格式化,所以就出了這麽個問題,好像《管子》這部書是管仲一人親手寫的。

不過我個人覺得,《漢書·藝文志》雖然没有加"管仲撰"這三個字,但是其實也是把管仲看成作者的。直到漢代,我們中國古人的知識産權意識或者説著作權意識都不像現在這樣明確。我們現在一個人寫本書不容易,肯定都得把自己的"某某人著"大名給它寫上,甚至著書的方式到底是"編"還是"著"也有區别。在先秦時代,甚至直到西漢時代,人們對這部書是不是自己寫的并不太在意,衹要自己的思想能够爲社會所接受就很高興了,有時候甚至寧願把自己寫的東西掛在自己老師的名下。先秦秦漢時代對書籍的著作權、知識產權,還没有形成明確的概念,那個時代對書籍作者衹不過是籠統言之。比如,劉安《淮南子·要略》裏面曾經明確地説:"齊桓公之時,天子卑弱,諸侯力征,南夷北狄,交伐中國,中國之不絶如綫。齊國之地,東負海而北障河,地狹田少,而民多智巧。桓公憂中國之患,苦夷狄之亂,欲以存亡繼絶,崇天子之位,廣文、武之業,故《管子》之書生焉。"①你看淮南王劉安就明確地認爲《管子》就是管仲寫的。我覺得這也可以代表劉向的看法,漢代人對《管子》這部書是不是管仲親自寫的,并没有刻意地去區分、去研究,他們衹不過是籠統地認爲這本書記載管仲事迹,反映管仲思想,因此就可以看作管仲的書。

但是《管子》這本書究竟是不是管仲這個人寫的,很早就已經引起人們的懷疑。最早提出這個問題的是晋代人傅玄。傅玄的書《傅子》已經亡佚了,但是宋代很多書裏面都引用了一段《傅子》的佚文,就是"管仲之書,過半便是後之好事所加,乃説管仲死後事。其《輕重》篇尤復鄙俗"②。這話説得很簡單,大致就是説,他根據《管子》這本書裏面已經提到了管仲身死之後的事情來判定《管子》這部書不是管仲寫的。"過半",也不是全部。另外他特别强調其中《輕重》篇"尤復鄙俗",認爲寫得很差,很不合道理。

這以後關于《管子》辨僞有很多説法,比如説宋代很有名的史學家劉恕,就根據《管子》這本書裏面提到"皇、帝、王、霸",把這四個字對着連着使用,又提到"三皇五霸"——宋代的時候就已經有人認識到這些概念和用法,要到孔子以後纔會有的,所以劉恕就認

---

① 何寧:《淮南子集釋》,中華書局,1998年,第1460頁。
② 〔宋〕王應麟:《漢書藝文志考證》卷6,影印文淵閣《四庫全書》本,第3頁。

爲《管子》這部書裏面有很多是孔子以後人語。這個可以説是通過《管子》這部書裏面的一些獨特的概念術語來進行辨僞,這在辨僞的水準上是有了很大提高的。

蘇轍提出來,《管子》這部書裏面多申韓之言。申是戰國的法家申不害;韓,是韓非。也就是説大多是戰國法家言論,所以説"非管子之正也"。

這一類的關于《管子》辨僞的議論太多,其實我們衹要記住很簡單的一個説法就行。南宋時候葉適曾經有幾句很有名的話,他説:"《管子》非一人之筆,亦非一時之書,莫知誰所爲。以其言毛嬙、西施、吴王好劍推之,當是春秋末年。"①葉適的"《管子》非一人之筆,亦非一時之書"這個説法,可以説是對《管子》編撰成書問題的一個最簡明扼要的説法,所以最爲通行。簡單地説就是:《管子》不是哪一人寫的,它是很多人的作品積累在一塊兒而編成的。

南宋又有一個學者叫韓元吉,他在講這個問題的時候提到兩個概念。他認爲《管子》這部書是"戰國游士之術",出于"稷下之邑",這是最早把《管子》與戰國稷下之學聯繫在一起的。可以看出,到了宋代的時候,我們現在關于《管子》這部書的一些説法,基本上都已經有了。元明清時期大量的議論都是對這一類説法略加改變和補充,就不再去重複了。

關于《管子》辨僞的這種言論,很多辨僞的著作收集得很全。有些學者還總結説,古代關于《管子》辨僞有多少種説法,有的認爲全僞,有的認爲部分僞等,儘然很早就已經有了《管子》這部書全部

---

① 〔宋〕葉適:《習學記言序目》卷45,中華書局,1977年,第663頁。

都是别人寫的這種説法。其實我個人認爲，雖然古人關于《管子》辨僞的説法很多，但是他們大多數人應該説都相信《管子》這本書裏面主體還是管仲這個人寫的，只是穿插進了戰國以後，特別是一些法家人物，以及齊國稷下大夫這些人的作品，就是混進去了這些人的作品，古人基本上很少會完全否定《管子》這本書跟管仲這個人之間的關係。即使懷疑其中竄進了後人的作品，一般來説也還承認這是在"傳衍管仲之緒餘"。也就是文章雖然可能不是管仲寫的，但是代表的思想確是管仲的。關于這些後人加進去的篇章所處的時代，也是越早的時候估計得越早。比如説剛纔説的葉適，他就認爲《管子》裏面的這些後人加進去的東西，大多數也應該是出自春秋末年。他有個具體推斷，即這部書是晚于《左傳》，早于《國語》，就是認爲《管子》裏面後人加進去的東西也基本上是出于《左傳》和《國語》之間，而没有太晚的。後來，越來越多的人説它是戰國的，但是清朝滅亡以前，還很少有人説到這裏面有秦漢以後的東西。

但是到了近代以來，《管子》研究的風氣，可以説發生了一個很大的轉移。這個轉移可以胡適在1919年出版《中國哲學史大綱》這部書作爲一個標志。胡適在這部名著裏面説過這麽幾句話，他說："《管子》這書，定非管仲所作，乃是後人把戰國末年一些法家的議論和一些儒家的議論（如《内業》篇，如《弟子職》篇）和一些道家的議論（如《白心》《心術》等篇），還有許多夾七夾八的話，并作一書。又僞造了一些桓公與管仲問答諸篇，又雜湊了一些紀管仲功業的幾篇,遂附會爲管仲所作。"①剛纔引的都是胡適原話,我把這段話特地照引一遍,就是想提醒大家注意,胡適的這幾句話影響是很大很大的。爲什麼這麼説呢?

1909年的時候,梁啓超曾經寫了一本《管子傳》。這本書對管仲和《管子》可謂推崇備至,稱管仲爲"中國古代第一大政治家"。他一共挑了六個人來寫,管仲是第一個。梁啓超説管仲不但是一個偉大的政治家,還是一個偉大的思想家。他的理由就是,雖然《管子》這部書裏面提到了管仲自己的死,這當然不可能是管仲的記載,也就是全書不可能是管仲一個人寫的,但是"其中十之六七爲原文,十之三四爲後人增益……雖當時稷下先生所討論、所記載,其亦必衍管子緒論已耳。"②也就是説,他在1909年的時候還認爲《管子》這部書裏面十分之六七都是管仲自己寫的,祇有十分之三四是後人加進去的,而且後人加進去這部分也大致都是繼承發揮管仲思想的,那基本上就是以爲《管子》這本書很可信。

但是,到了1922年以後,梁啓超做過很多學術演講,出過很多書。因爲他這個人,我們知道,是清末"百日維新"的主將,民國以後從事學術研究,以善于接受新鮮的事物、新式的思想而著稱。善于接受新思想,觀點自然就變得很快。在1922年到1927年之間,他在很多場合、很多書籍裏面一再地説,"以思想系統論,其大部分必爲戰國末葉作品無疑"。又推測説,"其中一小部分當爲春秋末

---

① 胡適:《中國哲學史大綱》,上海古籍出版社,2000年,第12頁。
② 梁啓超:《飲冰室合集》專集之二十八《管子傳》,中華書局,1988年,第1—3頁。

年傳説,其大部分則戰國至漢初遞爲增益,一種無系統之類書而已"。① 又説它"爲無名氏的叢鈔","爲戰國末年著作",②是一部大雜碎。所以梁啓超這個人,你看短短的十多年時間,他對《管子》這部書的看法簡直是發生了天翻地覆。

此無他,就是因爲1919年胡適《中國哲學史大綱》出版,扭轉了人們對《管子》這本書的傳統看法。古人祇是懷疑其中部分内容,到近代幾乎把《管子》這本書跟管仲這個人給徹底分開了。説得最爲明確、最爲果斷的是傅斯年。傅先生在《戰國子家叙論》裏面明確地説:"《管子》書没有一個字是管子寫的,最早不過是戰國中年的著作,其中恐怕有好些是漢朝的東西。"③這裏有三點明確的斷語:一是没有一個字,二是最早戰國中期,三是晚的可以到漢代。傅斯年這三句話,雖然説得很簡單,却足以代表近代以來對《管子》的主流看法。

以上幾種説法,基本上還是屬于偶爾説説,没有進行太專門的研究。1931年羅根澤出版了一部書叫《管子探源》,這本書采取逐篇考證的方式。《管子》這部書原來是八十六篇,但是因爲已經有十篇在唐代以前就遺失了,所以今本其實是有八十六個篇名,但是真正的文字是有七十六篇。他對這七十六篇逐篇進行考證,根據篇中出現的一些獨特的思想概念,一些文風等來推測。他認爲七

---

① 梁啓超:《飲冰室合集》專集之五十《先秦政治思想史》,中華書局,1988年,第18頁;《飲冰室合集》專集之八十四《漢書藝文志諸子略考釋》,中華書局,1988年,第20頁。
② 梁啓超演講,周傳儒等筆記:《古書真僞及其年代》,中華書局,1962年,第16、30頁。
③ 傅斯年:《戰國子家叙論》,《中國現代學術經典·傅斯年卷》,河北教育出版社,1996年,第325頁。

十六篇當中，有二十二篇是戰國末葉之作，其他還有二十四篇，他一般都稱爲戰國人作，另外還有三十篇，他都把它當成是秦至漢昭帝時代的作品，而各篇的作者那是五花八門，涵蓋政治思想家、法家、兵家、儒家、道家、陰陽家、雜家、醫家、理財家等。這裏面有些是傳統的漢代諸子的説法，有些像政治思想、理財，是近現代的詞語。所以他是替胡適的大膽假設，做了一次小心求證，想要證實《管子》全書都是戰國中葉以後的，而且不祇是哪一家哪一派的。

其他還有一些學者，對于《管子》書當中的一些單篇做了一些著名的研究。像郭沫若《十批判書》中提到的《心術上》《心術下》《白心》《內業》這四篇，後世就合稱爲"《管子》四篇"。郭沫若對"《管子》四篇"的研究，認爲其出于戰國中期。後來他又寫了一篇關于《侈靡》的研究，認爲《侈靡》篇是漢代吕太后當政時候的作品。馬非百對《輕重》篇做了很專深的研究，書分上下册，很厚的兩本書。馬非百認爲《輕重》諸篇爲王莽時人作的，王莽甚至是在劉向之後了，這大概是對于《管子》成書年代推斷最晚的了。但是同時也有一些學者認爲，《管子》書中有些篇可能還是管子自己作的。關鋒、林聿時在五十年代曾經發表過一篇《管仲遺著考》，從這篇文章的名字就能看出來，他們就認爲《管子》裏面有九篇是管仲自己一人寫的。

這些單篇的研究咱們就忽略不計。從總體上研究的，在二十世紀九十年代有一位中國社會科學院的老先生，叫胡家聰，他寫了一本書叫《管子新探》。這本書從這個名字上就能看出來，他是有意和羅根澤的《管子探源》唱對臺戲的，其實就是認爲羅根澤的書疑古過甚，他要往回拉一點。羅根澤大致是認爲《管子》書三分之一是戰國中期的,三分之一是戰國晚期的,還有三分之一是秦漢的。胡家聰采取的研究方法和羅根澤有一點近似,也是采取一篇一篇考證的方法。他把所有的《管子》裏的現存七十六篇,每篇都做出考證,認爲都是戰國人作的。那麽他也有總論的部分,來解釋《管子》這本書的成書,提出了一個稷下學宫的早期、中期、晚期這麽一個說法,意思就是說《管子》這本書中的這些作品,大概是分别出于稷下學宫的早期、稷下學宫的中期、稷下學宫的晚期這三個時期。其他零星的說法就不再介紹太多。

再說一個比較新的,前幾年在臨淄搞過一個"稷下講座",其中講《管子》這本書的是山東理工大學齊文化研究院的副院長巩曰國教授,他也是提出了一個《管子》編撰經歷三個階段的說法。他說的三個階段又有所變化,雖然仍是早期、中期、晚期,但是早期跟晚期對應的時代,他没有明說,中期他是說是齊威王、齊宣王、齊湣王這三個王時期。通過他的這個演講的前後文,我們可以推斷他說的早期,就是指的管仲時代,一直到戰國田齊的齊桓公時代,這屬于早期;中期就是威王、宣王、湣王這三個戰國中齊國最盛的時期;晚期就是指的齊襄王、齊王建時期,也就是大致是以春秋戰國給它分成三個時期。

這些分期方法各有不同,比如說有没有秦漢作品混入,各家具體說法有很大的差异。但是歸納一下,可以看到,前人關于《管子》成書比較流行一個所謂"三個階段"的說法,或者說是戰國的三個階段即戰國早期、中期、晚期;或者是往前再推一點,把春秋中後期也給它跟戰國早期合在一塊兒作爲早期;或者否認有戰國早期的,而在戰國中期、晚期之外,再加上秦漢時期;或者把《管子》說成稷下學宫的作品,然後稷下學宫本身可以分成早期、中期、晚期這三個時期,反正都是三個階段。

這類解釋表面看去是很周全、很圓通的,因爲我們知道,現在研究各個時代的歷史,一般都通行早期、中期、晚期這樣的説法。比如説漢代早期、中期、晚期,唐代、明代、清代大概也都可以這麽説。我們觀衆、讀者心裏其實基本上也有一些約定俗成的暗示,比如所謂清代早期是指的哪幾個皇帝,中期是哪幾個皇帝,晚期是哪幾個皇帝,大家基本上有一個約定俗成的概念。唐代的可能稍有不同,因爲研究唐詩的學者,在明代就曾經提出一個"初盛中晚",也就是初唐、盛唐、中唐、晚唐的"四唐"説,研究歷史的有時候也用這個"四唐"的概念,但是一般説來都是説三個階段。所以既然研究歷史都是這麽來的,那麽講《管子》也可以給它説成早、中、晚這三個時期,看起來好像很周全,但是我個人對這種貌似很周全的説法提出了一個懷疑的觀點,這是我們下面講的第二部分,就是提出一個五階段的全新説法。

二、《管子》成書五階段論

下面講第二部分,《管子》成書五階段論。

我所提出的所謂《管子》成書五階段,是從《管子》分組説起的。《管子》八十六篇一共是分成八組的,這個分組就很複雜。中國古書有些是有分組的,比如現存的《莊子》就分成《内篇》《外篇》《雜篇》三組。關於《莊子》爲什麽要分"内外雜",到底哪一部分是莊子自己寫的,哪些是莊子後學寫的,在學界是有很多争議的,這裏我們不談。《管子》比《莊子》更複雜,一共分成八組。它爲什麽要分這麽八組?誰給分的?這八組分得有没有道理?或者這八組有没有什麽説道?

這個可以説在我之前,大概很少有人注意過。當然注意是有的,但基本上都是抱着一種感到奇怪但又不得其解的態度,就是不知道它爲什麽分八組。比如清代《四庫全書總目》裏面,説:"書中稱'經言'者九篇,稱'外言'者八篇,稱'内言'者九篇,稱'短語'者十九篇,稱'區言'者五篇,稱'雜篇'者十一篇,稱'管子解'者五篇,稱'管子輕重'者十九篇。意其中孰爲手撰,孰爲記其緒言如語録之類,孰爲述其逸事如家傳之類,孰爲推其義旨如箋疏之類,當時必有分别,觀其五篇明題《管子解》者可以類推。必由後人混而一之,致滋疑竇耳。"①

什麽意思呢?就是《四庫全書總目》先介紹説《管子》分成八組,每一組分别有多少篇,然後説書中各篇有些可能是管子自己寫的,有些可能是管子後學寫的,原來通過分組編排來加以區分,但是可能是後人給它混了,混在一塊兒了,所以我們現在很難區别。也就是《四庫總目》注意到了《管子》分成八組,但是對于《管子》分八組究竟該怎麽解釋,它表示這個解釋不了,但是提出一種猜測:可能有些是管子自己寫的,有些是管仲後人寫的。

近代以來學術昌明,專門研究《管子》的學者和論著也很多。但是對于《管子》的八組之分,可以説没有做出什麽像樣的解釋。甚至有的學者對這八組是抱着一種否定態度的。近代有個學者叫

---

① 〔清〕永瑢等:《四庫全書總目》卷101,中華書局,1965年,第847頁。

石一參，他寫了一本書叫《管子今詮》，對《管子》加以通體改編，他認爲比較精妙的語言，都編在一塊兒，放在《經言》部分；他認爲重要的論述，給它放在《內言》這一組；而記載齊桓公、管仲歷史，也就是說以齊桓公、管仲對答口氣寫出來的部分，都給它放到《外言》。也就是今本原來是在《內言》的，他全給它放到《外言》去了。他自己說，這叫通體改編，就是把今本《管子》給它完全改掉了，給它重新改編一次。實際上，石一參就是認爲今本的八組是毫無道理可言的，全是胡編亂造，所以他自己又給它重新編一下子。當然，今人再來給先秦人重編，那肯定是亂來嘛！郭沫若對石一參的這部書評價很差，他說這可謂妄作。我認爲郭沫若的這個說法是比較中肯的。

但是，也有些學者對于這個分組還是有所關注的，比如老一輩的中國哲學史研究的大家張岱年，就認爲這種分組可能是劉向做的。但是他又說爲什麼要這麼分，可能現在已經無法考知了。南京大學有一位老教授叫劉毓璜，對于《管子》八組有一個很簡明的說法，他說《經言》是決策綱領，《外言》爲重要引申，《內言》是思想淵源，《短語》以下多屬重點補充。劉毓璜的這幾句話，我當年寫博士論文的時候看到以後，就覺得有一點醍醐灌頂、茅塞頓開的感覺，覺得說得很好。但是可惜他就是在一篇很短的文章裏，簡單地說了這麼幾句話，沒有進一步的分析，更沒有做出多麼翔實的考證。我當年寫博士論文，其實完全是從今本八組的這個分組方法入手去研究的。下面我們看看，《管子》這八組是怎麼分的。

剛纔說了所謂《管子》八組，就是指全書八十六篇一共分成八組。我們這裏不可能把八十六篇全念一下，我就念八個組名。第一組叫《經言》九篇,第二組叫《外言》八篇,第三組是《内言》九篇,第四組《短語》十八篇,第五組是《區言》五篇,第六組《雜篇》十三篇,第七組《管子解》五篇,第八組《管子輕重》十九篇。這八組名字,有些很好理解,比如說《經言》,當然是指經典的言論。比如說《雜篇》,那肯定是很雜的,内容龐雜,《莊子》裏也剛好有個《雜篇》,這都好理解。《外言》就有點不太好理解了。有些學者,就拿它跟《莊子》的《外篇》相比附,大概以爲《外言》就相當於《莊子》的《外篇》,《雜篇》就相當於《莊子》的《雜篇》。剩下的《管子解》也還好理解,《管子解》是給書中《經言》裏的四篇加上《區言》裏的一篇作解釋,它是屬於解釋的部分,也還可以理解。這裏面特別奇怪的主要是《内言》《短語》《區言》這三個組名,大家就覺得不太好理解,有各種說法,都不太講得通。

我認爲這個《外言》,它既然放在《經言》後面,當然就是指的《經言》以外的一些論述。把《經言》跟《外言》兩組對比一下就可以看到,這兩組都是相對來說比較全面的一些論述。像《經言》九篇,第一篇《牧民》,那是全書的總綱;第二部分《形勢》,是從哲理的角度來論證政治問題,可以說是《經言》部分的哲理論述;《權修》就是講君主怎麼能夠建立自己的威權;《立政》就講設官分職,怎麼來行政;《乘馬》是講財政經濟問題;《七法》重點是軍事;《版法》是法律;《幼官》跟《幼官圖》兩篇其實内容是一樣的,主要是用陰陽五行來安排農業生產,包括戰爭等,什麼時候該打仗,包括什麼時候用什麼旗、該用什麼顏色,可以說是以四時五行理論來安排各種事情的綜合性政論。所以《經言》這一組,是總綱、哲理、君主、設官、政治、經濟、軍事、法律,到最後又來個總綱,或者說又來個概論吧,這是一個自成一統的體系。所以多一篇太多,少一篇太少。《外言》部分,《五輔》可以說是對應《牧民》的一個總綱性的東西;《宙合》對應《經言》的《形勢》,也是講哲理的;《樞言》也是講君主行政的一些關鍵問題的,有點對應《權修》;《八觀》有點對應前面的《立政》;《兵法》有一點對應《經言》的《七法》;祇不過《經言》部分法律的專篇祇有一個《版法》,而到了《外言》變成了《法禁》《重令》《法法》三篇專門的法理論述。大致來說,《經言》內部它有個系統,《外言》內部有個系統,這兩部分都是一些比較重要的論述。所以《外言》可以說是僅次于經典的論述,也就是經外之言。

　　《內言》是什麼意思呢?《內言》首先要注意的是這部分主要是采取齊桓公與管仲對答的文體形式,然後內容或者是記事,記載齊桓公、管仲怎麼來治理國家,怎麼把齊國變成一個強國,然後最後成爲一匡天下的霸主;或者是圍繞一些具體的、零星的事情,桓公與管仲兩人之間一些沒有什麼條理性的對答、問答。所以一定要注意到《內言》這部分,它的文體主要是問答式的,內容是古代史官記事記言式的,而不像前面這兩組全是論述體的論文。

　　講到這裏,就需要講到先秦子書的編排體例。雖然學界也有很多研究,但是有一個問題好像還不見人說起過。我認爲先秦子書的編排可能是有一個通例的,什麼通例呢?我主要是根據出土的《孫子兵法》及今存的《墨子》來推測。《孫子兵法》漢代有七十多篇,傳世祇有十三篇,山東臨沂出土的漢代竹簡本《孫子兵法》有一塊原來列有十三個篇名的木牘,雖有殘缺,但足以說明這十三篇在漢代的時候,本來就是在一塊兒的,而且根據它內容的重要性,很可能是放在全書第一部分的。但是銀雀山出土的《孫子兵法》還有一些殘簡可以合并成數篇,其中有些篇是屬于對答式的,有些篇屬于雜論。

今存《墨子》的前三十篇,每三篇爲一組,分上中下,內容大致相近,其實可能是後世有三個不同的版本,所以實際上就是十篇,也就是論述墨子最主要的尚同、非命、天志、明鬼等十個概念。這十篇,是《墨子》全書最重要、最核心的內容。然後下面《耕柱》,這耕柱就是墨子學生的名字,用作篇名。《耕柱》那一篇,其實就是墨子跟他的學生耕柱的對答。你看它也是經典言論放在前面,後面是問答體的,然後再後面還有一些其他的雜論。另外還有馬王堆漢墓出土的黃老帛書,李學勤等認爲它就是《漢書·藝文志》著録的《黃帝四經》。《黃帝四經》第一篇《經法》,下面分很多章,都是論述體的;第二篇《十大經》,也有人認爲這個"十大"其實是章名,其實篇名應該是"經",下面也分很多章,多數是黃帝與謀臣的問答。後面還有兩篇雜論。你看這三種書,加上我們這個《管子》,大概可以說明先秦子書的編排可能存在一個通例,就是首先把作者本人的著述、論述體的文章放在最前面。如果全書都不是他本人寫的,那就仍然把一些最早的比較經典性的論述放到前面。然後第二部分是這個學派代表者,就是這個某子跟他的學生之間的問答式的篇章。最後面是附帶的雜論,這些雜論也可以給它分成兩部分以上。比如說《墨子》,它除了一些雜論,還有一部分統稱爲"《備城門》等篇"。《墨子》最後有《備城門》等十多篇,是因爲墨子是木匠出身,所以他有一些在古代稱爲兵技巧的著作,其實簡單講是兵器製造之類的方面。《備城門》以下的這十多篇,內容跟《墨子》其他篇談論政治經濟法律這些綜合性的政論有點區別,專門講

213

兵器製造等問題，很獨特，把它放在書中的哪個地方都不行，所以祇好給它放到最後面。所以先秦子書首先是經典性的論述，然後是問答體，然後附以雜論，這個雜論裏面可能還會有某一部分是很獨特的雜論，這樣的話又可以分成四部分，《墨子》大致可以這麼去劃分。

那麼《管子》這八組裏面，《內言》排在第三，其實也是符合這個通例的。祇不過《管子》的組分得比其他諸子要更細一些，所以其他的書可能經典性的論述祇有一部分，它這裏等於除了《經言》的經典性論述，又多出一個僅次於經典，但是又比後面那些部分要更重要一些的這種論述，把它作爲《外言》，放在《經言》之後，《內言》之前。

《內言》後面一組是《短語》，"短語"這個組名起得很奇怪，爲什麼？《短語》這一組一共有十八篇，前面幾篇確實很短，最後面幾篇也比較短，但是中間的《君臣上》《君臣下》等都是很長的，特別是其中那篇《侈靡》，那是很著名的文章，提倡奢侈消費的，這是《管子》全書現存的七十六篇裏面篇幅最長的一篇，但是它被放在《短語》裏面。所以有學者就說"短語"這個組名起得莫名其妙，不知道它是什麼意思。其實這個組名，我很懷疑它指的是《短語》裏面的這十八篇，每一篇都相當於解釋《經言》當中的某幾句話、某一個短語，所以稱之爲"短語"。

比如剛纔說的《侈靡》，在《經言》的《乘馬》裏面有一句話，叫"儉則傷事"，就是太勤儉、太節儉就不利於一些生產或者事業的發展，就像我們現在太吝嗇、太勤儉可能做不成事、辦不成事。《侈靡》其實就是提倡奢侈的享受，以此來流通社會財富，富人多用錢，窮人纔能吃得飽。富人也不去搞聲色犬馬的這種奢侈享受,他也專門用自己的錢來聚集基本生活物資、囤積糧食,窮人就更沒糧食吃了。富人奢侈消費,窮人通過給富人提供奢侈消費來解決溫飽問題,它講的是這麼一種主張。所以《侈靡》篇這個長篇,是全書最長的一篇,它的中心意思其實就相當于《經言》裏面的"儉則傷事"這句話,所以就被放在《短語》了。

更明顯的是《經言》部分有一篇叫《七法》,《七法》裏面有這麼幾句話,它説"審于地圖,謀十官日,量蓄積,齊勇士,遍知天下,審御機數"。第一句話叫"審于地圖",那《短語》的第一篇篇名叫《地圖》,其實就是講地圖怎麼重要,將領打仗以前一定要讓人畫地圖,或者是要派間諜去瞭解地形,然後畫成地圖,地圖應該畫些什麼内容,他都説得很清楚。《地圖》這一篇,其實就是在詮釋《七法》裏面的"審于地圖"這句話。《短語》的第二篇叫《参患》,"參患"什麼意思?就是綜合考慮各種戰爭的便利和不利因素,其實就是《七法》裏面的"量蓄積,齊勇士",就是怎樣考慮國家的財政足不足以支持一場戰爭,這就是"量蓄積"嘛。"齊勇士"就是得看自己國家的軍隊跟敵國的軍隊相比,軍力是不是能夠超過對方,這就是"參患",就是考慮戰爭的危險,能不能打勝仗。《短語》的第三篇《制分》,是説整個戰爭的戰略性計劃,這也就是《七法》説的"遍知天下,審御機數",一定要知道整個天下的大勢,國家之間大小強弱、有道無道等,這是屬于《制分》的内容。所以整個《短語》的前三篇《地圖》《参患》《制分》,實際上就是分别詮釋《七法》裏面"審于地圖"等幾句話的,每篇分别對應《七法》的一句或者兩句話,那還不是短語嗎?所以"短語"這兩個字是很好解釋的。

下面一組《區言》,有人説這個"區"可能是通"樞"字,因爲《外言》中有一篇篇名也叫"樞言",命名的道理一樣,也就是把"區言"理解成"樞要之言"。有些人説"區言"指的是區别于商韓法家,區别于秦晋法家。我個人認爲這些都是不對的,這個"區言"其實是"區别于《外言》"。爲什麽是説區别于《外言》,我下面會舉個例子再來説説。

下面還有一組《管子解》。剛纔説過《管子解》,就是《經言》裏的四篇及《區言》裏面的一篇《明法》的解釋。一般認爲,這是屬于稷下學宫的講義,大家都公認的就不用説了。最後一組《管子輕重》十九篇,相當于司馬遷所説的《輕重》《九府》這兩部分。劉向校書的時候把這兩部分都合成一部分了,稱之爲《管子輕重》。正像《墨子》裏面的《備城門》以下諸篇,因爲它們專門講兵器製造等,跟前面這些政治經濟等綜合性的政論内容方面有點差距,所以就放在全書最後,其實并不一定就是全書當中最後寫作的。學界往往因爲《墨子》的《備城門》在書的最後,《管子輕重》也是在書的最後,就説它們是全書當中産生最晚、寫作最晚的部分。我個人認爲這兩部分放在兩書最末,跟它們是不是全書當中寫作最晚的没有什麽必然關係。原因主要是前面那些部分,比如説《管子》前面這七組不管有多少篇,大致來説,都是在討論怎麽治理國家,怎麽搞好政治經濟,怎麽打好仗。那個時代將相不分,都是一些政治家在領兵打仗,兵論往往并不是談什麽具體的戰術,跟政論也没什麽太大區别。也就是説,前面這七篇的内容,其實都没什麽太大區别。衹有《管子輕重》是很獨特的,專門講經濟問題,所以被放到最後。所以《管子》八組的這個區分是有實際意義的,不是像有些人講的那样毫無意義。而且這個八組之分,它跟成書先後是有點關係的。雖然不能完全拘泥,比如說把《輕重》説成是最後成書的,但是各組之間的先後順序應該是有點講究的。

我舉一個例子可以來説明這個問題。《管子》的《外言》裏面有一篇,它的篇名叫《法法》。這篇的中間部分有三段話,這裏就不去念了,祇念開頭幾句話。第一段話開頭説:"凡人君之所以爲君者,勢也,故人君失勢,則臣制之矣。勢在下,則君制于臣矣;勢在上,則臣制于君矣。故君臣之易位,勢在下也。"①這幾句話簡單地説,你不用聽得太仔細都能明白,其中最關鍵的是一個"勢"字,就是"勢力"的"勢"。這段話下面,隔了一些字,大概有個四五百字,後面就出現兩小段用"一曰"引出的話,比如"一曰:凡人君之德行威嚴,非獨能盡賢于人也。曰人君也,故從而貴之,不敢論其德行之高卑"。②前面的第一段是講人君之所以能夠做君主,關鍵是因爲他有勢,要利用好他取得的勢;後面兩小段没有講勢,而是説這個人君之所以能做人君,不一定是他德行多高,祇不過是他地位高貴,所以不要去討論這個君主是不是最賢的,不要討論君主的德行,祇不過是因爲君主有比較高的地位,所以我們去服從他。三者内容其實都是講爲什麽君主要讓臣民去服從他,似乎也没什麽太大差別,但是最關鍵的就在于,第一段裏面用到六個"勢"字,後兩小段"一曰"則没有用這個字。兩小段"一曰"中,後者更短一些,祇有一兩百字,其實是前者最後幾行的异文。同樣的道理,前面這個"一曰",其實是相當于第一段話的整個這五六百字的异文。

---

① 黎翔鳳:《管子校注》,中華書局,2004年,第305頁。
② 黎翔鳳:《管子校注》,中華書局,2004年,第308頁。

爲什麼會産生這種异文的現象，這需要我們做出解釋。當然也有可能是很偶然的，就是同一個作者寫了兩三種本子，這當然也有可能，但畢竟不太合乎情理。更合理的解釋是，這三段話應該是不同時代人寫的，也就是本來有一篇《法法》篇，但是後來有人把《法法》篇的這一段給改寫了，而且還不止一種改寫。問題是哪一個是原文，哪一個是後人改寫的？後兩小段"一曰"區別太小，看不出先後，但將其跟前一段相比較，它們的區別十分明顯，先後關係是很清楚的，即"一曰"是原文，前面這段勢論是改寫的。爲什麼呢？因爲《法法》篇中，這三段話的前面和後面，都使用了"德行""賢""賢人""賢者"這樣的詞語，而沒有出現這個"勢"字，那麼很顯然，把"一曰"的內容放到中間去，上下文理是很順的，意思是很通的。相反，如果把"一曰"給它拿掉不要，光把"凡人君之所以爲君者，勢也"這一段放在中間的話，因爲這一段很長的幾百個字裏面沒有一個"賢"字，也沒有"德行"這個詞，等于把前後論述"賢""德行"的文字隔開了，所以文氣就很不順暢。這就說明，肯定是後面的"一曰"是原文，前面這段勢論是後人加進去的。

漢代劉向校書的時候，其實得到三個本子，後面兩個本子大體上是一樣的，可以把它們簡單地看成一個版本系統，也就可以說主要是兩個版本系統。劉向把有勢論這一段的當作原文，把兩種"一曰"沒有"勢"，有"賢""德行"的，當作兩種异文，給它保存下來。劉向的取捨，似乎并不怎麼高明，其實應該把有"賢""德行"的放到前面，把有"勢"的一段作爲"一曰"，那就更好了。但是我們得萬分感謝劉向，感謝他當時沒有把後兩段扔掉。他把這兩段作爲"一曰"都保留下來，這就使得我們知道，《法法》這篇文章，其實是經後人改寫過的。但是這種改寫,如果祇能看出它們本身的異同,那就沒多大意思了,我們通過前後兩段話的比較,再去查考《管子》其他部分,有一個驚喜的發現,什麽發現呢?就是在《管子》的《經言》《外言》《内言》這三組裏面的主要篇章裏基本上沒有法家意義上的"勢"字。當然《經言》有一個《形勢》篇,有些地方也有"勢"字。但是那個"勢"跟法家所説的"勢"不同,法家所謂的"勢",是專指君主的權勢,而且它是主張君主要善于使用自己手中的權勢,并且把這個權勢給它擴大到極致,利用自己手裏的權勢,并跟法術結合起來,用以控制臣民。《經言》《外言》《内言》三個部分裏面,也有很多重視君主威權的内容,但是没有使用法家意義上這個獨特的"勢"概念。相反,經常講"賢""德行"這些有點接近儒家的思想概念。而到了後面《區言》的部分,就發生一個逆轉。後面《區言》這部分裏面,大談特談"勢"。但是整個《區言》那五篇裏面,没有用過一個"賢"字,這兩種截然相反的情況肯定不是偶然的現象,而是反映了先秦諸子思想發展當中的一個重要的現象。

那麽,這個現象應該怎麽來做解釋呢?其實是很簡單的一個解釋嘛!稷下學者當中有一個人叫作慎到,他是從趙國來到齊國稷下的,成爲稷下先生,後來在湣王失敗以後,他就又離開了齊國,去了楚國。所以慎到這個人是稷下先生之一,他應該是受到過齊國學術影響的。而他本人作爲稷下先生之一,也應該會對稷下之學、對齊學産生一定的影響。慎到的學術思想,有兩個最大的特點,一是慎到是法家的所謂"法""術""勢"這三種理論中勢論的代表者,就是這個慎到是善言勢的,强調君主的權勢;一是慎到"笑賢",就是慎到不重視賢,不提倡用賢。慎到寫的《慎子》已經失傳,但現在所存的少量佚文裏面，也經常用嘲諷的口氣來批評所謂賢者。那麼，我們再看《法法》篇裏三段异文的思想區別，以及《區言》跟《外言》的思想區別，都是十分清楚的，一個是有"勢"無"賢"，一個是有"賢"無"勢"，這種截然不同的思想特徵，肯定是跟慎到有關的。

正是根據上述分析，我提出了一個説法，即《區言》是區別于《外言》的。區別是什麼呢？《外言》是齊國本土學者比較早的作品，也就是説，《外言》裏面的法家思想，其實是在齊國自己本土發展出來的。這種法家思想沒有受到慎到的影響，所以它是講"賢"不講"勢"的。慎到來到齊國以後，正是受到了齊國的思想影響，并結合秦晋法家思想，纔强調這個"勢"的。爲什麼這樣説呢？因爲孟子有句話説"齊人好言勢"，既然孟子説了這話，就説明"勢"這個理論可能是跟齊國有獨特關係的。但是孟子所謂"齊人好言勢"，還不是指的法家獨特的這個"勢"，很可能是指兵家的那個"勢"。我們知道，用兵打仗，特別强調氣勢，講究一鼓作氣。所以齊國的兵家，像《孫子兵法》《孫臏兵法》裏面都談到這個"勢"。這個孫子，是春秋末期人，當然要比慎子這些人都早。所以孟子所謂"齊人好言勢"，可能是指的像《孫子兵法》裏面談兵勢的這個"勢"字。但是不管怎麼説，兵家談"勢"跟法家的"勢"，肯定也是有一些共同性的。除上面提到的勢論一段，在《外言》諸篇中，已經比《經言》更加强調君主的權威，雖還很少使用法家意義上"勢"的概念，却仍然十分强調"賢"，説明它們都是慎到來到齊國以前的稷下學者作品。慎到從趙國來到齊國，不但帶來了更加刻薄寡恩的秦晋法家思想，還發現了齊國固有的"勢"的概念，可以很好地爲法家所用，于是把兩者結合起來，發展出其獨特的法家"勢"論。這種理論成爲齊法家的一個重要組成部分，反映到《區言》裏，就是它受到慎到思想影響，因而極其強調"勢"，且閉口不談"賢"。在《區言》裏面，一個"賢"字都沒有，而有很多個"勢"字。

《法法》裏面的兩段"一曰"异文，跟全篇的主體内容，和《外言》部分其他篇章的内容一致，都是産生于同一時代的。比如"一曰"也有比較深厚的法家氣息，但更加強調"令"這個概念，用了八次，而在《外言》裏面另外有一篇叫《重令》，可以看出它們完全是同時代的思想。那麽前面改掉的勢論那一段呢？它祇保留兩個"令"，另外這六個"令"，被改寫成幾句帶有"勢"字的話，一下子多出八個"勢"字來。其實稷下學宫中的法家學者，也是很強調君主權威的，這段文字把很多原來没有"勢"的句子給改成有"勢"的句子，大致意思也没什麽太大差别，但是變成了明確的"勢"論。因此，《區言》跟《外言》的關鍵區别，就在于有没有受到慎到的影響，有没有受到秦晉法家的影響。

由《外言》跟《區言》的差别，再來考慮《管子》整個這八組的編排。我認爲《管子》這八組中有五組是可以代表它成書的五個階段的，至少説明其成書過程是很有幫助的。先看《内言》，我認爲是指的"經内之言"，所謂"經内之言"，就是《經言》以内的論述，這個"内"是指它們與管仲本人的關係更近一些。《内言》雖然不是管仲自己寫的文章，但直接地記述齊桓公和管仲的歷史和言論；當然不一定是真實的記録，而是通過長期的口耳相傳，到後來纔被記述在簡帛上，即"書之于竹帛"的。所以它們的成文年代，未必就一定要比《經言》早。其中有些篇章，説不定比《經言》晚。但是如果考慮到前面長期的口耳相傳的過程,我們不妨把這部分内容看作是早于《經言》的。不管最終"書之于竹帛"是不是早于《經言》,這些内容最初產生的時間都應該是早于《經言》的。《管子》書中把它們編在第三組,這是先秦子書的編排通例,但從創作過程來説,《内言》可以代表第一個階段,這是全書的思想淵源。再看《經言》,顧名思義,經典之言,排在第一組,有人認爲是管仲親手寫的。我贊同管仲没有親自寫書的説法,它們不是管仲自己寫的,我認爲是春秋末和戰國早期學者通過研究管仲的歷史和言論,比如《内言》之類的口頭或書面材料,總結出來的管仲思想,勉强可以作爲管仲思想的代表。既然《内言》是"經内之言",那麽第二組《外言》與之相對,顯然是"經外之言"。它們成文要比《經言》稍晚一些,偏離管仲思想更遠一些,但是比後面那些部分又要稍微重要一些,是最接近《經言》的部分。第五組《區言》,上面説了是區別于《外言》,就是受到了秦晉法家的影響,屬于齊國稷下之學當中比較晚的一些作品。第七組《管子解》是最晚的,因爲它是稷下學宫的講義。

以上這五組,代表《管子》成書的五個階段。然後剩下還有三組,前面已經説過,《輕重》這一部分,雖然放在全書最後,但是并不像前人説的,就一定是《管子》中最後成書的。我認爲恰恰相反,《輕重》從思想上來説應該是《管子》全書當中出現時間比較早的一部分。我們勉强可以把它跟《經言》放在同一個時代。爲什麽呢?我們可以這麽解釋,《管子》的作者在根據口耳相傳的桓管歷史和言論來總結他們的歷史經驗,編纂《經言》部分論述體的綜合性政論文章的同時,也圍繞着輕重理論,創作了這一組文章。因爲輕重理論很獨特,祇有管仲有類似觀點,所以《輕重》其實是圍繞着一個相對小的主題,做了一個綜合的論述。它有可能是跟《經言》大致同時的,當然也可以略晚一點。

第四組《短語》,前面說過其實是對《經言》當中個別語句,或者某一個獨特的思想,比如說君臣問題、兵法問題,還有其他一些問題加以詮釋,給它發揮成一篇篇文章。第六組《雜篇》,與《短語》有點類似,也是因爲内容龐雜而編爲一組的。既然這兩組是因内容特殊而編的,那麼組内各篇就不一定是同時寫的,也不能作爲成書的兩個階段。

總之,《管子》分爲八組,但祇有五組可以代表其成書的五個階段,另外三組的斷代應該參照這五個階段。但是每個階段對應的具體年代坐標,很難確定,我以前祇是籠統地採用春秋中後期、戰國早期、戰國早中期之際、戰國中晚期之際、戰國晚期這樣的表述。有些疑古觀念較重的學者會嫌前兩個階段定的年代太早,那也不妨往後再推一點。因爲既然《管子》主要是稷下學宫的作品,那麼在稷下學宫比較興盛的時候可能會集中產生一些文章,所以整個成書過程不一定拉得太長。這樣的話,我覺得可以考慮其成書過程是在從春秋中晚期到戰國末期的這麼一個時間段内,但應該主要是根據田齊時代的歷史,做一些更加具體的推測。所以我現在認爲,《内言》很可能是產生于春秋中期至田齊桓公時期,《經言》產生于田齊威王時期。因爲威王實行改革,齊國就開始興盛起來了,特別是齊威王曾經讓士大夫整理古《司馬兵法》,并且把春秋末年司馬穰苴的著作也附在古《司馬兵法》的後面,所以有學者指出,既然齊威王曾經專門讓大夫來對司馬穰苴的兵法及古《司馬兵法》進行整理,而司馬穰苴祇是春秋末年的一個司馬,他的名氣和管仲根本没法比,齊威王既然讓大夫整理司馬穰苴的兵法,那麼也就完全有可能同時甚至更早整理管仲的史實言論,然後整理研究管仲的思想。① 我覺得這是完全有道理的,把《經言》部分放到齊威王時代,這是完全合乎史實的。《外言》大致可能産生于齊宣王時代,《區言》可能産生于齊湣王時代,然後《管子解》産生于齊襄王和齊王建時代。

特别是後面這一斷代,可以解釋另外一個事情,《鹽鐵論》裏面曾經説,齊湣王"奮二世之餘烈",然後攻掠其他諸侯。我們看這説話的口氣就可以立即想起來賈誼説秦始皇"奮六世之餘烈",然後下面也是削平諸侯,建立秦朝。從語氣上看來,湣王跟秦始皇有點相近,但是後來因爲湣王"矜功不休,百姓不堪,諸儒諫不從,各分散",就是説齊湣王時候,各種學者都去勸諫,他不聽,這些稷下大夫就全跑了。如荀子跑到楚國去了,但後來又回來了。荀子後來回到齊國,到齊襄王的時候"最爲老師",這可以解釋什麽問題呢? 我剛纔説的《區言》部分的思想,已經受了秦晋法家的影響,跟秦晋法家没有太大區别了,也是極言法術勢,這個"勢"字强調得很厲害,所以跟秦國的思想已經很接近了,甚至跟商鞅、韓非都很接近了。所謂齊湣王"矜功不休,百姓不堪,諸儒諫不從",很好地解釋了《區言》這一部分的思想特徵。《區言》這部分受到秦晋法家影響,比較殘暴,而儒家色彩極少,這與齊湣王時代比較符合。這個湣王敗了,後來齊襄王時期,孫卿(即荀卿)"最爲老師",《管子解》成書于齊襄王、齊王建時期,其中的法家思想也有所發展,但是一

---

① 王閣森、唐致卿:《齊國史》,山東人民出版社,1992年,第516頁。

個更引人注意的現象是,在《管子解》部分,儒家思想也有很明顯的回潮。在《區言》部分已經不言"賢"了,而到了《管子解》裏面,又經常地談論什麼禮義廉恥、賢者、智者、信者、聖者,什麼禮義、德義,什麼明主、賢人等。像這類各式各樣的賢者,各式各樣的儒家概念,在《管子解》裏面大量出現。這就很好地解釋了,到了齊襄王時候,孫卿"最爲老師",所以儒家思想有所恢復,或者回潮。所以我覺得,這個五段論對於解釋一些歷史現象、思想實際,都是很有幫助的。

三、從《管子》看齊學

下面講第三個問題,就是如何從《管子》來看齊學。

齊學這個概念,其實是有多重含義的。最狹義地來說,齊學本來是一個經學上的概念。因爲我們打開《漢書·藝文志》,你看《漢書·藝文志》在著錄古代經書的時候,《詩》分齊、魯、韓,《論語》分齊、魯,有齊詩,有齊論,還有《春秋》三傳裏面穀梁學是屬於魯學的,而漢代最盛行的公羊學是屬於齊學的。所以齊學本來是漢代經學當中的一個概念,指的是齊國人研治儒家經書的這麼一種學術,這是最狹義的。

廣義的齊學首先是指先秦齊學。臺灣有個學者,叫林麗娥,專門寫了一本書叫《先秦齊學考》。她所說的先秦齊學就是指齊國一切在秦朝滅亡以前的學術,也就是從太公建國,即公元前1100年左右一直到公元前221年齊國被秦統一,整個800年時間之内齊國大地上所產生的一切學術都可以納入齊學的範圍,這是廣義的齊學,就是先秦齊地之學。林麗娥還具體地考證了齊國有名可考的學者共87個人。這87個人，產生了37種著作。這些著作，以子學爲最多。先秦齊地之學這個概念，當然包括各種齊國的學術，但是最主要的是諸子之學。因爲先秦諸子裏面的很多人物，比如孔子、孟子，剛纔説的慎子、荀子這些人，都來過齊國，多數都在稷下學宮講過學。所以廣義的齊學，更主要的是一個子學的概念，是跟前面的經學概念相對而言的。

當然這兩種齊學又是可以相通的，爲什麼呢？因爲所謂漢代經學當中的齊學，其實主要是受到戰國時鄒衍的陰陽五行説的影響。所以漢代經學當中的齊學，是帶有一定的陰陽家學派的這種特色的。而陰陽家學派的鄒衍，當然也是先秦齊學當中的一個重要人物，這個陰陽家學派也是先秦齊國的諸子之學的重要派別。反映在我們剛纔講的《管子》這本書裏面，有《四時》《五行》《幼官》《輕重己》，它們都是帶有陰陽五行色彩的，都是先秦齊學陰陽五行説的主要代表。所以狹義的概念跟廣義的概念其實是可以相通的。

另外，齊學還有一個更加廣義的用法。現在有些人寫文章，把歷代祇要是山東大地上的學術都稱爲齊學、歷代齊學。這個概念太大，太籠統了，跟我們今天要講的齊學没什麼關係，就不去講它了。我們今天主要講《管子》，并從《管子》的角度來看齊學。怎麼來看齊學？漢代經學的概念，這裏也不去説它。那麼從諸子學的角度來説，所謂齊學這個概念，其實主要是相對於魯學、秦晉之學的，是相對而言的一個名詞概念。

中國的傳統文化，既有統一性，又有地域性。因爲中國強調大一統,所以中國從戰國就強調夏商周這種統一的朝代,其實那個時代未必有我們一般人所想象的那麼統一。我個人認爲,這個地域的影響,還是不如時間的影響。隨着先民之間交往的擴大,往往同一個時代會有一些那個時代的人獨有的思想,所以這個特有的思想,同一個時代的統一性是不容忽視的,甚至是占主流的。比如剛纔説的法家,在慎到没到齊國時,其實齊國的法家也已經有很大的影響了,出現了很多《外言》這樣的論述,這都是因爲他們時代相同,面臨的時代課題是一樣的,所提出的解决方案往往也是很近似的。但是由于中國的地域遼闊,各地的氣候、土壤等各種條件都不太一樣,相互之間的交通不便,來往不太容易,中國古代的這種地域性,文化的地域性區别也是很大的。所以中國古人很强調這種地域的差别,像唐代特别講究關東、關西、江南這三個不同地域的文化區别,説了很多。近代梁启超曾經有中國南北兩種文化之説,蒙文通把中國文化分爲齊魯、秦晋、荆楚這三支。這些説法,比較强調地域,相近的給它進行一下合并,也是有它的道理的。但是如果要去對應諸子的話,其實中國文化,以分成四個文化區域最爲合適,這就是以孔子、孟子爲代表的魯學;以商鞅、韓非爲代表的法家,可以説是秦晋之學;以老子、莊子爲代表的道家,可以説是楚學;然後就是我們齊學。剛纔三個都是很簡單的,魯學就是儒學,是孔孟儒學,晋是法家,楚是道家,都對應得很明確,但是齊學就不太好辦,齊學用個什麼來稱呼它呢?

如果用《管子》這部書代表的話,《管子》在漢代是被歸入道家的,但到了《隋書·經籍志》裏面,更早可能在三國時代就已經被看作法家之書了。但是如果説齊學是法家的話,簡單稱之爲法家,就没法跟秦晋法家相區别,所以可能還是像漢人一樣仍然稱之爲黄老道家更恰當一些。因爲黄老道家,它是一個善于吸收的學派,雖然《漢書·藝文志》的小序裏面并没有説道家"兼儒墨,合名法",但是其實我們看馬王堆出土的帛書《黄帝四經》,通過《黄帝四經》來總結黄老道家的這種學術特點,它確實有點接近《漢書·藝文志》講雜家"兼儒墨,合名法"的這種特點。所以用黄老道家這個概念來解釋齊學,可能是相對比較妥當的。

我們説可以用黄老道家解釋齊學,還有一個原因是齊國近海,自古多神仙方士之説,所以是陰陽家的一個大本營,這一點顧頡剛《秦漢的方士與儒生》這本書有很好的研究,講戰國時候齊國的方士怎麼影響秦漢時期的政治。這種陰陽家及方士跟後世的道教,也是有很多淵源關係的。道家,黄老道家,跟後世的道教,也是有很多淵源關係的。所以我們把《管子》視爲黄老道家,可以用它來代表整個齊學。如果要給它歸類,我覺得應該還是歸入道家。而且這個道家是受到了陰陽家、法家、墨家、名家影響,相互交融在一起的這種黄老道家。它跟雜家的區别就在于雜家是無所主的,而齊國的黄老道家還是有所主的,即主于這個道家。這是用漢代諸子百家的概念來講齊學的特點,我認爲《管子》和齊學還是離黄老道家更近一些。

但是齊學最本質的特徵,我個人覺得還是應該直接給它稱爲"霸",一個字就是"霸",兩個字就是"霸道",四個字就是"霸王之道"。大家都知道《孟子》裏面講過一個很著名的故事,説是齊宣王問孟子"齊桓、晋文之事可得聞乎?"孟子對曰:"仲尼之徒無道桓文之事者,是以後世無傳焉,臣未之聞也。無以,則王乎。"齊宣王和孟子這段關于齊桓、晉文的評論對話，其實是一段反映王霸——齊國的霸道和魯國的王道——根本對立的很好的對話。齊桓公、晉文公當然是霸道的典型，所以齊宣王一上來就問孟子怎麽來看待齊桓公、晉文公，其實就是一種自豪嘛！他其實是向孟子挑戰，我們齊國出過齊桓公這樣偉大的霸主，你們魯國有什麽呢？而孟子一開口就把齊人的歷史記載說成"齊東野人之語"，然後說是"仲尼之徒無道桓文之事"，也就是看不起齊桓公的這種霸政。他不理齊宣王那一套，仍然向他講述王天下之道，然後要讓他必須得這麽做纔能成爲賢王。而齊宣王最後也還是說，他還是要強調這個我不行，我是比較昏庸，"不能進于是矣，願夫子輔吾志，明以教我"。意思是說我做不了你說的這個賢王，你就告訴我怎麽做霸主就行了。當然《孟子》裏面講的，表面上看齊宣王被孟子給駁得不好意思，駁倒了，衹好自稱又貪財又好色，是一個貪財好色之徒，所以實行不了王道。實際上，仔細體味齊宣王最後的話，"捨女所學而從我"，齊宣王讓孟子捨棄自己的王道來聽從自己的霸道，當然孟子是不可能捨棄王道的。這個敘事當中，以孟子的口氣說出來的，我個人覺得其實是帶有孟子的個人情緒的。其實齊宣王自稱貪財好色，就是寧願自侮也不願意去行王道，這表明了齊宣王對于霸道的自信和堅守。他就認爲齊國從齊桓公、管仲傳下的這一套霸政，纔是治理國家的最好招數。所以根本原因在于齊宣王對于齊國傳統的霸政是有自信的。

我們打開《管子》這本書，可以說《管子》這本書裏面到處都是講霸道的，最著名的就是《區言》組有一篇《霸言》，這篇文章通篇都在講霸政。在我們現在的語境下，霸權主義經常被認爲是不好的東西。其實我們知道,孔子對于管仲,雖然批評他不知禮、不懂禮,但是對于管子建立的功業,那是評價相當高的。"微管仲,吾其披髮左衽矣。"可見孔子對桓管的霸政,應該説也是抱着基本肯定的態度的。但是到了孟子,他對霸是很看不起的,説王者是"以德行仁",而霸者是"以力假仁";王者是衷心地、心悦誠服地行仁,而霸者是假裝行仁。在孟子這裏,王道跟霸道其實是兩種不同的統一中國的策略。而在《管子》裏面,霸道其實并不是跟王道對立的,而是服從于王道的一種治理國家的策略。服從于什麽呢?其實就是服從于周文化,服從于周德。所以你看《霸言》這篇文章的開頭就説"霸王之形,象天則地,化人易代,創制天下,等列諸侯,賓屬四海,時匡天下"[1],下面就不去念了。其中有"創制天下"四個字,看到這句話,就令我們想起晉文公的時候,晉文公的勢力很强大,有一次他到周襄王那裏去,周襄王要賞賜給他地,晉文公説這個地他不要,他就請求自己死了以後,周襄王能够允許他用王者喪禮來發喪,或者把墳墓造得跟周王的差不多大。周襄王就説了一段話,他説你如果有能力,就去"創制天下",你不行的話,還得服從制度。意思就是説你有能耐你把我這個王位奪走,没有能耐,你就得服從于周代的這種政治體制。其實晉文公時候的霸道,已經有點走樣了。齊桓公時候的霸道,是真正的霸道,那是不滅同姓之國的。他最主要的貢獻就是"尊王攘夷",就是"存亡繼絶"。

什麽叫"尊王攘夷""存亡繼絶"呢?尊從周天子,然後率領中原諸侯國去打敗周邊其他民族的進攻,統而言之叫"攘夷",分而言

---

[1] 黎翔鳳:《管子校注》,中華書局,2004年,第463頁。

之東方是夷人,北方是狄人,西方是戎人,南方是蠻人。所謂"存亡繼絕",就是有些諸侯國傳不下去或者是被异族給滅了,齊桓公把他們的民衆遷到自己境内,然後給他一座城、一塊地,讓他延續下去,這叫"存亡國,繼絕世"。這本來是周天子的義務,但是因爲周天子勢力衰落了,禮崩樂壞,所以齊桓公其實是擔負起了周天子的義務,維持當時諸侯國之間的秩序,維持當時的天下秩序。

由此可以看出霸道的本質和齊學的特徵。二十世紀八十年代的時候,我記得當時很多學者寫文章,都是强調《管子》這本書或者管仲這個人,最大的特點就是改革開放。《管子·小匡》裏記載"叁其國而伍其鄙",叁國伍鄙不就是改革内政嘛!當時强調改革,那麽改革就强調變,直到現在很多學者也都强調齊文化的求新、變革。我覺得,齊國的霸道或者《管子》這本書裏面反映出來的齊學的特點,其實是有一個核心,它是推行霸政,不輕易去争王,它是在服從于、遵從于周文化、周天子的前提之下,再來進行一些具體的改革或者變化。它首先是尊重舊有的文化傳統,維護現有的政治體制的,這是《管子》和齊學最基本的特徵,是它區别于秦晋法家的地方。

《管子》和齊學區别于儒家和魯學的地方,則在于孔孟一味標榜王道,有點脱離現實,而《管子》和齊學是尊重王道,立足霸道,更適應現實一些。《管子輕重》諸篇有這麽幾句話,它説"彼壤狹而欲舉與大國争者"與"天子之制"不同(《事語》),"霸國守分"與"王國守始"不同(《乘馬數》)。這個"守分""守始"是什麽意思呢?

所謂"王國守始",就是一個王國承平,没什麽戰争,比較和平的時代,那麽不用管太多,衹要管好開始的環節就可以了,也就是從發展生產做起就行了。但是霸國不行，霸國除了發展生產，還要注意"守分"。什麼叫"守分"？可以簡單地說，就相當於我們現在說的二次分配，還要注意怎麼分配財富的問題。所以說"王者不奪民時"就可以了，但是霸者一定要采用"高下之策"（《匡乘馬》），也就是控制市場、掌握物價，通過物價的變化來控制市場，通過經濟手段來控制臣民，然後纔能富國强兵。可見《輕重》諸篇裏面，是自己公然地承認我就是霸國之策，我不是王國之政。用這種口氣說話應該是比較早的，它不可能是戰國中期，孟子的王霸理論通行以後不可能再有這種口氣，自居霸道而又推崇王道。你看商鞅去游說秦王的時候，他講的全是霸道，甚至比霸道還要霸道，但是他必定要拉上先王，說什麼先王也是這麼做的。

　　齊學的霸道主張通過經濟手段來控制臣民，其實從全書開頭幾句話就能看出來。霸道有什麼好處呢？推行霸政就可以集中力量辦大事。那麼如何把整個國家的力量集中起來呢？《輕重甲》裏有幾句話，就是："今爲國有地牧民者，務在四時，守在倉廩。國多財則遠者來，地辟舉則民留處，倉廩實則知禮節，衣食足則知榮辱。"①這幾句話大家聽着肯定有點耳熟，我這裏引的是《輕重甲》，但《管子》第一篇《牧民》開門見山就是這幾句話，就第一句有點不一樣，後面基本上是一樣的。漢代的時候，賈誼、司馬遷等大概十來個人都引用過這段話，但是他們無一例外地衹引後面十四個字，也就是："倉廩實則知禮節，衣食足則知榮辱"。司馬遷在引用了以後，還特地加一句，說是"人富則仁義附焉"，就是人衹要富了以後

---

① 黎翔鳳：《管子校注》，中華書局，2004年，第1432頁。

自然就會講仁義的。這幾句話也是廣爲後世引用,大家都把它作爲管子重視富民的代表。其實我覺得這幾句話,得通過《國蓄》篇的説法來理解它。《國蓄》説:"國有十年之蓄而民不足于食,皆以其技能望君之祿也。君有山海之金而民不罪于用,是皆以其事業交接于君上也。人君挾其食,守其用,據有餘而制不足,故民無不累于上也。五穀食米,民之司命也。黄金刀幣,民之通施也。故善者執其通施,以御其司命,故民力可得而盡也。"①簡單地説,就是説人都得吃糧食,都得用錢,而糧食要用錢來流通。所以它主張國家或者君主通過金錢把糧食給控制起來,這樣民衆離不開國家和君主,國家和君主讓你貧就貧,讓你富就富,讓你吃得飽就吃得飽,讓你餓肚子就餓肚子,這樣一來的話,民衆誰敢不聽君主、不聽國家的話呢?可見,所謂"倉廩實則知禮節",是説國家的倉庫充實,它就可以通過國庫裏的財富來在民衆間分配,這樣一來,各個階層的臣民根據他的不同層次、不同地位得到國家的財富,通過這樣的辦法,君主掌握國家命脉,控制臣民。所以霸政跟王政的區别,我覺得頗有一點像現代西方經濟學界所謂自由主義和干涉主義的區别。王政相當于自由主義,所以你看孟子講的經濟理想就是百畝之田、五畝之宅這樣的話,老百姓自然而然就自己會生産,把小日子過得很好,用不着國家去多加干涉。而《管子》是主張國家干涉的,要國家來控制整個的生産、消費、流通各個環節。大致來說,我們可以説王道其實就是自由主義,也可以説是理想主義,認爲治理國家很簡單,老百姓自己會拚命生産的,衹要國家政策好,他們自

---

① 黎翔鳳:《管子校注》,中華書局,2004年,第1259頁。

己就能富起來。而霸道其實是一種干涉主義,也可以說是一種實用主義。

那到底是王道對還是霸道對呢?從根本上,當然儒家的王道是更加符合人類社會的需要的。但是在一些特殊的時期,特別是面臨國際競爭的時候,霸道是更加實用的。所以它們各自適應不同的時代需要,沒有什麽高下之分。《管子》講霸道,跟秦晋法家商鞅、韓非等人的那種霸道,是有很大不同的。它的這個霸王比較接近齊桓公和管仲的本意,指的是服從于王政的霸道,是在服從于周文化的大前提之下,再來做一些具體的政策層面的變革。而秦晋法家,商鞅、韓非的霸道,其實是跟王道相對立的。儒家強調用王道去統一中國,他們就希望用霸道去統一中國,不也是王嘛!所以韓非子的所謂霸王,其實是用霸這種方式去統一中國,這是不一樣的。

正因爲如此,在《管子》裏面還有很多帶有儒家氣息的或者其他一些學派的説法。比如説我們現在特別強調的治理國家的兩大理念,一個是以人爲本,一個是依法治國,這兩個理念都是出自《管子》這本書的。所以以《管子》爲代表的齊學,繼承了從太公、齊桓公和管仲以來的這種比較實用主義、接近實用主義的治國方略,能夠采取以人爲本的治國方式。"以人爲本"這句話也是出自《霸言》,我剛纔那段話裏没引它,"以法治國"是出自《明法》。《管子》的以法治國有很多經典性的論述都是很好的,比如《明法解》裏面有一段話説:"明主者,有法度之制,故群臣皆出于方正之治,而不敢爲奸。百姓知主之從事于法也,故吏之所使者有法,則民從之;

無法,則止。民以法與吏相距,下以法與上從事。"①主要就兩句話吧,"民以法與吏相距,下以法與上從事",也就是説老百姓敢于拿着法律去跟官吏抗衡,下級官員敢于拿着法律去跟上級法院去較真,這樣的社會就比較好治理。"民知事吏之無益,故財貨不行于吏",因爲老百姓或者下級官員知道,你去討好官員,或者討好更上一級的官員對自己并没什麽好處,那這樣的話,財貨就不會從老百姓手裏流到官員的手裏,或者從低級官員那裏流到更大的官員手裏,這自然就不會出現貪官污吏。"民以法與吏相距"這種提法,跟秦晋法家後來主張"以吏爲師",顯然有很大的差距。這説明一個什麽問題呢? 我們知道戰國的思想史,其實就是從儒家的孔子或者説孔子的儒家,發展到戰國末的韓非子的法家,其他思想家就是他們中間的過渡。所以以《管子》爲代表的齊學,就是從孔子到韓非中間的這麽一個過渡,它的思想是由于齊國本來就有兼收并蓄的傳統,齊太公在初到齊國的時候就能够既接受周文化,又采用一些東夷的習俗,已經有了兼收并蓄的傳統。在《管子》這部書裏面,可以説戰國各家各派的思想都能够有所反映。這説明齊學是一個具有很大的包容性、創新性,但是同時又有一個服從于王道的霸政、霸道這一中心的思想,是一個相對來説在戰國思想界別具特色,也有很高水準的一種學術體系。

既然齊學這麽厲害,爲什麽齊國後來失敗了,打不過秦國? 都説秦國落後,這玩意兒其實很容易解釋嘛! 用個通俗的説法就是,兩個人打架,更狠的人容易取勝。但是這種取勝,它不能持久,所

---

① 黎翔鳳:《管子校注》,中華書局,2004年,第1213頁。

以秦國最後能夠統一中國并不能説明秦國的那套東西就真是符合人類的需要，它衹不過是暫時取勝，最終二世而亡，很快就失敗了。到了漢代的時候，治理國家還得重新采用齊魯的這一套，特別是齊學。漢宣帝説，漢代本來就是"以霸王道雜之"。什麽叫"以霸王道雜之"？這個以"霸王道雜之"就是齊學嘛！它奉王道爲更高的一種理想，但是更加注重立足現實，更加强調霸道，更加以霸道自居，不去誇誇其談地追求王道，這可能是齊學的一個優點，比較脚踏實地。

《管子四篇疏證》述論

《周秦道論發微》是張舜徽在子學研究領域取得的重要成果之一①,在學界產生了廣泛而深遠的影響。全書包括《叙錄》一篇,《道論通説》一卷,《道論足徵記》一卷,《老子疏證》二卷,《管子四篇疏證》四卷,《太史公論六家要指述義》一卷。已有多位學者就書中有關周秦道論的一些獨特認識,或專就《老子疏證》部分,做出過中肯的論述。② 但其中《管子四篇疏證》幾乎占據一半篇幅,在全書中舉足輕重,却迄未見到專門深入的研究。

---

① 張舜徽:《周秦道論發微》,中華書局,1982年。本文引用此書,據華中師範大學出版社 2005年出版的《張舜徽集》第 2 輯,在引文後注明頁碼。
② 高華平:《一切哲學是實踐性的——讀張舜徽先生的〈周秦道論發微〉》,《華中師範大學學報》1997年專輯。張三夕:《文獻學功夫與思想史發微——〈周秦道論發微〉與〈史學三書平議〉研讀劄記》,劉固盛:《論張舜徽先生的〈老子〉研究》,以上二文刊《張舜徽學術研究》第 1 輯,湖北人民出版社,2005年。

一

《管子》四篇是近人對書中《心術》上下、《白心》和《內業》的合稱。宋人晁公武曾説:"《心術》《白心》之篇,亦嘗側聞正心誠意之道。"①張嵲亦謂:"《心術》《內業》等篇爲管氏功業所本。"②這是取儒家正心養性之説以相附會,與四篇思想特徵迥不相謀,未能真正揭示其思想價值。影響所及,直到近代胡適、馮友蘭等的早期哲學史著作,都没有對它們予以格外重視。二十世紀三四十年代,隨着古書辨僞和思想史研究的深入,劉節、羅根澤、蒙文通、張岱年等及日本學者武内義雄對它們的寫作年代、學派歸屬等問題展開了討論。1945年,郭沫若發表《宋鈃尹文遺著考》《稷下黄老學派的批判》兩篇宏文,③在學界産生了巨大的影響。此後"《管子》四篇"成爲一個通行術語和研究熱點,思想史著作大多設立專門的章節來作論述。1973年,長沙馬王堆漢墓黄老帛書的出土,將這一研究再次推向高潮,并最終確立了《管子》四篇作爲黄老之學代表作品的地位。

《周秦道論發微》初版于1982年,從發表時間來看,似乎祇是上述研究催生下的産物,但事實遠不是這麽簡單。先生在全書《叙

---

① 〔宋〕晁公武編,孫猛校:《郡齋讀書志校證》,上海古籍出版社,1990年,第491頁。
② 〔清〕戴望:《管子校正》卷首《管子文評》,《諸子集成》,中華書局,1954年,1988年第6次印刷。
③ 郭沫若:《宋鈃尹文遺著考》《稷下黄老學派的批判》,分别收入《郭沫若全集·歷史編》第1卷,人民出版社,1982年,第547—572頁;第2卷,人民出版社,1984年,第155—187頁。

錄》中自述：

> 這一研究工作，從1944年—1945年之間便開始了。那時正值抗日戰爭期中，隨學校轉徙四方，不能多得書。我在教學餘暇，便努力溫習周秦諸子。着重涵泳白文，探求大義。對古代道家闡明人君南面術的言論，頗有領悟。認爲《管子》心術、白心、内業等篇，是這方面的代表作，有重新整理的必要，于是抽出來爲之疏證各一卷。（第5頁）

> 我的這幾種稿子，都是早年寫的，當時避難荒陬，没有多書可供參考。當我寫《管子》心術、白心、内業等篇疏證的時候，手頭便祇有戴望的《管子校正》，因之所采取的注説，便很有限。近年由郭沫若、聞一多、許維遹合撰的《管子集校》既已出版，搜采廣博，給讀者帶來許多方便。這次重理舊稿，便從《集校》中擇取了不少精確之説，豐富了《疏證》的内容。（第7頁）

根據這兩段自述，先生對先秦道論的研究始于1944—1945年間，并且最早是從研究《管子》四篇開始的。可惜《疏證》之序末没有像其他部分那樣標明日期，無法確考這一工作起始的精確時間。最近讀到影印出版的先生1942—1947年的日記殘存稿，嘗試從中尋找答案。不巧先生于1944年5月5日至1945年3月23日期間未寫日記，祇有"補記一年來行蹤"的簡略文字。但這以前的多篇日記，反映出先生對黄老之學認識逐步深入的過程，可以佐證《叙錄》所述是真實可信的。

晨起盤桓長松下，背誦史談《論六家要指》，深有所會。先秦政治之最高理想，漢人猶能得其真，可于此文見之。論政理而不窺道家精旨，則無可由之徑……余往歲于周秦諸子，皆有節鈔本，名曰《諸子撮要》，分類手錄，已逾十種。于役澧陽，同罹劫灰，至可惜也。（1942年11月22日）

漢以上黃老并稱，猶施之政治，以休息天下。魏晉以來，始以老莊并稱，則但崇玄虛，以趨于曠達，故其學盛于漢而極敝于魏晉。漢世大儒猶能洞知道家精意，班孟堅曰："道家清虛以自守，卑弱以自持，合于君人者南面之術。"具此眼光以讀老氏之書，則大道之要不在彼而在此，切于人事而非虛罔之論……百家立言，指歸各异。然其言主術，同歸于執本秉要，清虛自守，莫不原于李耳之意……余往歲嘗爲一文，以闡斯旨，命曰《李耳無爲自化清静自正辨》，徵引諸子之言主術者，疏通而證明之，于古昔政理之大原，頗有所窺測。稿毀于火。（1942年12月14日）

爲諸生講授太史公《論六家要指》，博引《吕覽》《淮南》諸書，以呿發之。此文爲千古論政絶作，後人但視爲論學之文，隘矣。余嘗以司馬氏父子爲西漢大政治家，洞達政理之本，故于道家之旨，所得尤深……此篇揭出"虛""因"二字，以爲主道之綱。虛者，去健羨、絀聰明之謂也；因者，與時遷移、應物變化之謂也。篇中反復申明，其義自見，學者必深思而熟玩之，乃能見大道之要。後之居大位者，多不諳于此道，以其蔽于儒言耳。即曾文正亦猶病諸……其筆記中有"克勤小物"一則，博引史實，以證爲政貴于纖密，躬親庶務。末又贊歎清宣宗居位三十年，親理細事，可爲後世法。夫所貴乎主上者，無爲于日事，而有爲于用人，施政得其綱維，不親小物何害。(1944年3月9日)

暇念近年教士，自覺亦深有裨于來學。開宗明義，即以《儒行》《西銘》《六家要指》三篇爲教。此三篇實垂諸日月，不刊之典，立己立人，悉由乎此……熟讀《六家要指》，而有味乎道家之意，則智不可勝用也。天下之達道，盡于此三篇矣……余每講授此三篇，時徵引浩博，啓迪周詳，後生聞吾言，無不悚然有悟，亦足以發越其志趣。丁喪亂之世，不能膏澤斯民，恥固厚矣。苟能磨厲多士，底于有成，抑亦所以報國也。舊思于此三篇，撰成衍義，以播之國人，可及早圖之。(1944年3月12日)

先秦諸子之說，皆務爲治，雖所操之術各异，而其言主術，同歸于執本秉要。管韓諸家無論矣，即孔氏亟稱舜之"無爲"，其與道家之旨無二也。莊周稱關尹、老聃曰："建之以常無有，主之以太一，以濡弱謙下爲表，以空虛不毀萬物爲實。"司馬談論道家曰："其術以虛無爲本，以因循爲用。"司馬遷贊老子曰："老子所貴道，虛無因應，變化于無窮。"班志稱道家亦曰："清虛以自守，卑弱以自持。"此皆片言居要，信有得乎道家之精旨矣。約言之，則不外乎"虛""因"二字。後人稱之則曰虛因，老子自言則稱道德。蓋無形謂之道(《管子·心術上》篇云：虛而無形謂之道)，無爲謂之德，無形者虛之謂也，無爲者因之謂也……道德云者，虛無因應之謂也。著書五千言，而以道德名書，旨在斯乎，旨在斯乎。偶悟及此，無任豫悅，不識昔人已先

241

我言之否？（1944年3月18日）①

先生在《八十自述》中説，"余之治學，始慕乾嘉諸儒之所爲，潛研于文字、聲韻、訓詁之學者有年。後乃進而治經"，"推而廣之，以理群書，由是博治子史"。② 這是晚年簡略追憶學術歷程，不可能細説何時、何故開始"博治子史"。對照1945年10月26日日記："舜徽自丁喪亂，一悟往者所學，率支離不適于世用，發憤取史乘及他經世之書急讀之，七八年于兹矣。于天下興亡之故，生民憂樂之本，獨有以知其原，不惜爲後生强聒不能休。"③ 則先生實因抗戰軍興，乃急讀子史，想從中尋求救國之道。先生在後來的著作中認爲，諸子百家的興起，都在于救時之急，"諸子之學，爲用甚廣，本不亞于六經，不應妄分軒輊也"。④ 這一認識其實就是先生早年開始道論研究的動力。

到1942年以前，先生已分類節鈔成《諸子撮要》，并撰文論述："百家立言，指歸各异。然其言主術，同歸于執本秉要，清虚自守，莫不原于李耳之意。"這一思想成爲後來《周秦道論發微》全書論證的主旨，最早則是從司馬談《論六家要指》體會得來。先生高度評價"此文爲千古論政絶作"，深得"先秦政治之最高理想"，將其用作講課的教材之一。1944年3月9、12、18日，先生相繼寫了三篇較長的日記，談對《論六家要指》和道家的認識。如此集中的論述，説

---

① 張舜徽：《張舜徽壯議軒日記》，國家圖書館出版社，2010年，第157、204—206、320—322、325、334—335頁。
② 張舜徽：《訒庵學術講論集》，嶽麓書社，1992年，第909頁。
③ 張舜徽：《張舜徽壯議軒日記》，國家圖書館出版社，2010年，第517頁。
④ 張舜徽：《清人筆記條辨》，華中師範大學出版社，2004年，第13頁。

明先生這十天內都在研究黃老道家,設想"撰成衍義,以播之國人"。而在構思過程中,先生受《管子·心術上》"虛而無形謂之道"一語的啓發,體會到"道德云者,虛無因應之謂也"。先生爲此感到極爲高興:"偶悟及此,無任豫悦,不識昔人已先我言之否?"由此推斷,先生撰寫《太史公論六家要指述義》《管子四篇疏證》當始于此後不久。

先生在疏證《白心》篇名時又説:

> 白心者,猶云道心也。《淮南·俶真》篇曰:"虛室生白。"高誘《注》云:"白,道也。"是白有道誼矣。《荀子·解蔽》篇引《道經》曰:"道心之微。"僞古文《尚書·大禹謨》亦曰:"道心惟微。"皆指君道言,詳拙著《危微論》。(第 266 頁)

從字面上看,《疏證》之作似當在《危微論》之後。但《荀子》所引《道經》和僞古文《尚書·大禹謨》"危微精一"十六字都極爲簡略,很難從中直接讀出"皆指君道言"之意。以邏輯思路論,先生應該是在解釋《白心》篇名時,發現"白心"即"道心",而《白心》篇言君道,纔悟出兩書之"道心","皆指君道言"。故先生在《道論通説》(即《危微論》)中又一再説:"《管子》中有《心術》《内業》《白心》諸篇,實歸于闡明君道。"(第 32 頁)"吾讀《管子》,而得精一之真諦焉。"(第 41 頁)因此,"詳拙著《危微論》"一語,并不足以證明此論先成。而有可能先生在作《疏證》的同時,已擬接着撰寫此論,故在這裏略作説明;或者《疏證》原稿并無此語,後來修訂出版時纔增入。《道論通説》序記于 1945 年 1 月 12 日,《管子》四篇疏證工

243

作,應該在這以前就已經開始。

綜上所考,《管子四篇疏證》初稿始撰於1944年3月至1945年1月之間,幾乎與郭沫若之研究同時,并非受後者影響而作。祇有認清這一點,纔能對其學術意義做出更準確的評價。當然,《管子集校》出版後,先生整理舊稿,從中"擇取了不少精確之説,豐富了《疏證》的内容",這一點先生已經説得很清楚。

二

正因爲先生的道論研究是從"涵泳白文"出發,以救時之急爲目的,所以其疏證旨趣與時人頗有不同。近現代學界對《管子》四篇的研究,注重兩個方面:一是考證其作者和學派歸屬,二是以西方理論爲參照研究其哲學思想。先生指出,《管子》四篇爲"主術之綱領,道論之菁英","因博采諸家之説,以校正其文字;亦自抒管窺之陋,以發明其義理"。(第209頁)他采用傳統的疏證著作體式和文言表達方式,在校正文字、準確理解原文的前提下,"着重在理論方面的闡發"(第7頁),得出比較正確的結論。對其理論意義可以做如下四點分疏:

首先,先生從總體上指出《管子》四篇所言皆"君人南面術":

> 近世述周秦哲學者,鮮見齒及《内業》。間有究釋及此,則亦牽引唐宋以來理學諸儒復性、主静之説以傅會之。且謂某語爲周子主静之説所自出,某語爲李翱復性之書所由成,朱子得某語而爲主敬之義,程子得某語而爲定性之論。穿鑿惑亂,

莫甚于此。舜徽研核遺文,始悟是篇所言,專爲君道而發。舉凡後起傅會之説,皆非此文本旨也。今取《心術》上、下及《白心》篇,與是篇彼此印證,則其所以言性情,言道德,言仁義禮智,而歸本于一心,乃君人南面之術,昭昭明矣。(第304頁)

先生的這一論述應該是初稿已有的,因爲在郭沫若的宏文刊行之後,"鮮見齒及《内業》"的現象已完全改觀。他一掃前人傅會心性之説,揭示其"專爲君道而發"的真相,有力地支撑起其道論研究的主旨:"周秦人之所謂'道',無慮皆爲君道而發。"(第63頁)周秦諸子皆言君道,漢人早已説得很明白。太史公《論六家要指》説:"夫陰陽、儒、墨、名法、道德,此務爲治者也。"《淮南子·氾論》篇説:"百家殊業,而皆務于治。"所謂"治",即指君主治國之道。不過這都説得比較寬泛,難以給人以具體的印象。而先生關于諸子部分篇名精闢絶倫的解釋,使人對此有了深刻的認識:

心術者,猶云主術也,君道也……百家殊業,皆務爲治。故其立言,莫不有專篇以闡明南面之術。顧標題各有不同耳。若荀卿書中有《君道》篇,《韓非》有《主道》篇,《吕覽》有《君守》篇,《淮南》有《主術》篇,此易明者也。亦有擬諸物象,以明道之體用,而立篇題者。譬諸自然,則謂之天,故《莊子》有《天道》篇。比諸形狀,則謂之圜,故《吕覽》又有《圜道》篇。遠象諸物,則謂之内,故《管子》又有《内業》篇。近擬諸身,則謂之心,此篇是已。題無常準,而旨趣不殊,在學者之善得其會歸耳。抑百家言主術,同歸本乎内潔其心……《淮南》所謂

"反己而得",亦即《管子》此篇所謂"内得",《内業》篇之所謂"中得",同歸于毋以物亂官,毋以官亂心而已矣。(第 211—212 頁)

其次,先生的具體疏證,廣泛引用周秦漢代古書中相關論述,然後略加"足以闡明斯旨"之類評語,要言不繁,爲讀者理解《管子》四篇提供了莫大便利。略舉兩例:

《心術上》:"心之在體,君之位也。九竅之有職,官之分也。心處其道,九竅循理。"……舜徽按:《九守》篇曰:"心不爲九竅,九竅治;君不爲五官,五官治。"與此篇開端數語,意正相發。皆所以明君無爲而臣有爲,君臣异事之理。《荀子·天論》篇曰:"耳目鼻口形能各有接,而不相能也,夫是之謂天官。心居中虚以治五官,夫是之謂天君。"《解蔽》篇曰:"心者,形之君也;而神明之主也。"《韓非(子)·揚權》篇曰:"事在四方,要在中央。聖人執要,四方來效。虚而待之,彼自以之。"均足以闡明斯旨。(第 212—213 頁)

《内業》:"凡道必周必密。"舜徽按:本書《樞言》篇曰:"先王貴當貴周。周者,不出于口,不見于色,一龍一蛇,一日五化之謂周。"《法法》篇曰:"人主不周密,則正言直行之士危。正言直行之士危,則人主孤而毋内。人主孤而毋内,則人臣黨而成群。使人主孤而毋内,人臣黨而成群者,此非人臣之罪也,人主之過也。"《易·繫辭上》:"子曰:亂之所生也,則言語以爲階。君不密,則失臣;臣不密,則失身。幾事不密,則害成。是

以君子慎密而不出也。"若此諸論，皆足以發明君道必周必密之義。（第321頁）

先生徵引文獻有兩個特點：一是極爲重視本書其他篇中的相關論述，凡引《形勢》《樞言》《九守》《法法》《形勢解》《君臣上》《版法》《立政》《七法》《兵法》《霸言》《戒》《勢》等十三篇；二是引證極爲廣博，凡引《老子》《莊子》《荀子》《韓非子》《吕氏春秋》《淮南子》《賈子》《易》《孟子》《商君書》《春秋繁露》《尚書》《逸周書》《國語》《禮記》《大戴禮記》《中庸》《論六家要指》《北周書》等十九部書（引《説文》等解釋字義者不計），但以周秦漢代古書，尤其是道家、雜家、法家諸爲主，最晚者爲《北周書》。先生這一做法暗含兩點啓示：一是應該重視《管子》全書内部的相互聯繫，而不應過分誇大其叢雜性；二是黄老道家與雜家、法家在思想上的聯繫最爲密切，其間的相互交融值得深入研究。最近幾十年來，除《管子》四篇外，《形勢》《樞言》等篇也被有些學者視作黄老道家作品，并加以詮釋研究，或許多少受到先生的影響。

再次，先生對部分原文的疏證，在引證文獻的同時，還做了較多的發揮，常能出人意表，既忠實原意，又益人心智。兹舉二例：

《白心》篇説："不可常居也，不可廢捨也。"前人對這兩句話多從字面理解，先生則認爲這是緊接上文"名正法備"的：

此承上文續申法之爲用，不可常居，亦不可常離，在能隨變斷事，因應適宜。此處曰"居"、曰"捨"，以喻賞罰爲人主所憑依以制下，若居處之有宫室，行游之有舟車耳。《韓非

247

(子)·奸劫弑臣》篇曰:"治國之有法術賞罰,猶若陸行之有犀車良馬也,水行之有輕身便楫也,乘之者遂得其成。"據此,可知周秦諸子言信法術賞罰,固已擬之于良馬便楫,故此處亦以"居"與"捨"爲言也。蓋人君不言正名則已,如欲循名責實,必以賞罰行之。行之而不適宜,則又足以敗事。故曰不可常居,不可廢捨,隨變斷事也。(第274頁)

這一理解是相當深刻的。同篇下文又說:"兵之出,出于人。其人入,入于身。兵之勝,從于適。德之來,從于身……左者,出者也。右者,入者也。出者而不傷人,入者自傷之也。"前人對這些文字仍從字面理解,先生則據《呂氏春秋·蕩兵》篇"此八者,皆兵也"之說,指出這裏不是談戰爭問題,而是論"人君立威":

此文上下,皆言人君馭下及所以自處之道,而忽然間入言兵之事,解者率釋爲三軍攻戰之兵,而前後文義,實不相貫。細繹此文原意,則所謂兵者,乃言人君馭下之威。凡盛氣、厲色、疾視、峻辭皆是也……據此,可知古所謂兵,甚目甚繁,初不止于三軍攻戰矣。人君立威之術,雖在賞罰;而接物馭下之頃,又有聲色氣辭之威焉。使能施用得宜,則群下畏伏,莫不從令,亦古者主術之一端也。故此處言及之。首云"兵之出,出于人",謂施用此威出加于人也。下云"入于身",謂不用則入藏于己也。運用之際,貴能審度其時、其人、其事。可用則用,始能取勝致果。故曰"兵之勝,從于適"。"適"即"敵"字,猶今言"對方"也。己之用威得宜,則對方自服,故曰"德之來,

從于身"。德者,得也。猶今言反應也。(第275—276頁)

此又續申人君立威,不可不慎之義。古者以左爲陽,右爲陰。君道爲陽,故以左爲言。臣道爲陰,故以右爲言。人君接物馭下之頃,常有盛氣、厲色、疾視、峻辭之威。出此威者既爲君,故曰"左者,出者也"。受此威者既爲臣,故曰"右者,入者也"。"入",猶今言接受也。出此威者,如不經意,若于人無傷;而受此威者,則自傷彌甚。故君人者,于接物馭下之際,尤宜慎之重之。"出者而不傷人,入者自傷之也",當作"出者不傷人,而入者自傷之也",傳寫者誤移"而"字于"出者"二字下,而義不可通矣。(第278—279頁)

這裏先生對原文的校勘,采王念孫"其人入"衍"人"字之説,并説"'入于身',謂不用則入藏于己",略有小疏。既然下文"右者,入者也"是指臣而言,"其人入"當爲"其入人"之誤倒。但其總體分析,確乎讀透紙背,非常人能及也。有的學者僅取其移正"而"字一點,真可謂見小遺大,令人憾歎。

最後,先生對《管子》四篇一些重要觀點的闡發、强調,洞穿黄老道家之精髓。這些散見議論,猶如遍地珍珠,前後貫串,足以看作先生的一家之言。前引先生1944年3月18日日記説,"道家之精旨","不外乎'虛''因'二字"。《疏證》則説:"虛静因應,無知無爲,乃君道之綱。"(第229頁)"'不言'與'無爲',乃君道之綱。"(第224頁)這是先生對四篇思想的提綱挈領式總結。先生經常强調"虛",所謂"虛"就是要"虛潔其心",而不應"自任其智":

人君自修之道,莫若自虛其中。自虛其中者,嗜欲不藏于己之謂也。(第236頁)

主道貴虛。惟虛能受,能受則可以制人,而不爲人所制。此乃主道之弘綱,無爲之精義。(第247頁)

心有二義:一謂人體五官之心。人君必先治其心,而後能治天下……一則以心喻君,謂君能自治,始能治國……治心之術,歸于執一。執一之要,不外清虛二字而已。此處重申治心爲治國之本,實承上文"執一不失,能君萬物"爲言。(第259頁)

人君必虛其欲,潔其心,正其形,而精始定止不去。則耳目不擾于物,心能專一正定,萬事皆合法度矣。(第317頁)

人君而能虛潔其心,精氣内充,如淵泉之不竭,則外物莫之能犯。(第320頁)

人君聽治之道,不貴任己之智謀,而貴用人之智謀也……凡爲君者,不得已而言,則法術之事,不涉于口。但平其論,無所損益。使人莫窺其門,乃可不至于窮。知非己知也,而謀非己謀也。誠能審慎周密以至如此,則群下之情自至矣。(第295頁)

人君不以多知爲貴。若過求多知,則心勞神擾,足以傷其生也。人君不務多知,惟在執本秉要而已。(第314頁)

天下至大,事物至繁,人君不可能智周萬物,纔盡萬事。恃一己之才智,何如任衆人之才智。(第223頁)

人君如好自用其智能,或數數變易其國政,皆足以自取覆敗。(第228頁)

有意思的是,先生用"學藝"來比喻"治道":

> 凡能專一心力以從事于一事一藝者,積之既久,始可語乎變化,俗所謂熟能生巧也。驗之詩文書畫、樂伎百工,靡不皆然。大抵用力之始,必專守成規,勤學苦練,即一氣一事之謂也。及其深造自得,始能越出成規,自成家法,而運用之妙,存乎一心,即能變之謂也。非極精大智,孰能臻于此乎?學藝如此,治道亦然。(第256頁)

這簡直就是先生一心學術而深造有得的經驗之談。人君衹有虛心,不自任其智,纔能"秉本執要""持簡御繁,以一治萬",并避免予臣下以可乘之機,這就是所謂"靜因之術":

> 爲人君者,但當虛靜無爲,使百官得守其分,得盡其能,而治道備矣。(第230頁)
>
> 大抵君臣异道則治,同道則亂。臣供百職,其效在顯。君臨萬民,其術在隱。(第289頁)
>
> 所謂公者,以天下之事責之天下之人也……本書言及君道,亦以自任其智爲不公。然則公之本義,固謂分命群纔以共任天下之事也。有道之君,無爲于上,而能致天下大治,言出而民從之者,非一手一足之烈,而群力輻湊之效也,故曰"公之謂也"。(第316頁)
>
> 百官群吏,遵制行事,以致善績者,蔽于一曲,而闇于大理,終不足以語乎道要也。蓋古者君臣异道,上下殊事……大

抵百官群吏,各有專司,徒工一伎,而昧于全體。以言守職,則善;若云應變,則隘。(第 261 頁)

馭下之術,在能循名責實,使下無隱情,而名實相當,夫是之謂聖人也……蓋人君授人以位,則必按其位之名以責其效。責其效,即所以使其實必副其名也。如此,則君臣競效才智,莫敢自隱,以求實副其名。故人君但須執名核實,而百官盡力。所謂"令名自命,令事自定",乃人君持簡御繁,以一治萬之術。執本秉要,不外是矣。(第 224 頁)

人君不當自見其好惡,而與臣下以可乘之隙……常人惟以有惡死好利之情,故可制之于法。以見受制于人,悉由自取。人君如欲不制于下,則必不怵乎好,不迫乎惡,恬愉無爲,去智與故,則臣下莫之敢欺。(第 227 頁)

三

先生早年治學,走的是乾嘉諸儒由小學入經學的路數,中年以後服膺鄭樵會通之學,晚年爲創建歷史文獻學學科做出巨大貢獻。先生一生著述宏富,及門弟子將其大致分爲四大系列:一是《鄭學叢著》《說文解字約注》等經學、小學系列,二是《廣校讎略》《中國文獻學》等文獻學系列,三是《顧亭林學記》《清人筆記條辨》《清人文集別錄》《清儒學記》等清代學術史系列,四是《勞動人民創物志》《中華人民通史》等歷史研究系列。① 《周秦道論發微》不屬于

---

① 謝貴安:《張舜徽與 20 世紀後半葉的國學研究》,《張舜徽學術研究》第 1 輯,湖北人民出版社,2005 年,第 40—41 頁;劉筱紅:《源于許鄭,歸于清學——清代學術史在張舜徽學術研究中的地位》,同上書第 219 頁。

以上任何一個系列,在先生的學術著述中似乎略顯特殊。但是在我們看來,此書《老子疏證》《管子四篇疏證》中的文字校勘部分雖非重點,却足以反映先生的治學方法,代表了先生的學術特徵。先生自云:

> 在今天研究周秦諸子的哲學思想,由于古書難讀,開始不可不倚靠前人注説,但衹能作爲理解字義、校正譌文的參考。至于有關闡明理論的方面,便有必要認真仔細地涵泳白文,從許多同時代的作品中,排比鈎稽,找出"道"字在當時的原始意義,超出前人注説之外,來一次大的翻案。(第23頁)

《疏證》爲"探求大義"之作,校正文字居于次要地位。清儒皓首窮經,在古籍訓詁考證方面成就巨大。而章學誠异軍突起,自言"從事于文史校讎,蓋將有所發明"。余英時先生特別抉出此語,認爲"章學誠的文史校讎確提出了一個重要的理論始點,與乾嘉的訓詁考證和今文派的疑古辨僞適成鼎足之局"。[1] 可以説,由小學訓詁入手的經學考證途徑和由目録校讎入手的文獻學途徑,是清代甚至整個中國古代最重要的兩種學術研究方法。學者受個人風格限制,大多精于一途,兩者兼擅者古代亦不多見,近現代以來更爲罕睹。先生在小學和文獻學兩方面造詣精深,爲并世學人所公認,也在此書中有所表現。兹僅以《管子四篇疏證》爲例。

---

[1] 余英時:《論戴震與章學誠》,生活·讀書·新知三聯書店,2000年,第164、161頁。

弗弗,猶昏昏也。即所以形容人君無智無能,冥冥昏昏之狀。凡從"弗"聲之字,多有幽晦不明義。《說文》目部:"眲,目不明也。"人部:"佛,見不審也。"彡部:"髴,若似也。"心部:"怫,鬱也。"其義皆近。山部:"茀,山脅道也。"山脅道自視常道為陰暗矣。《吳都賦》"嶁崺鬱茀"注云:"山氣暗昧之狀。"此乃茀字本義也。尹氏以興起釋"茀茀",非是⋯⋯"茀茀""昏昏",語之轉也。(第282頁)

先生對于因聲求義的方法十分嫻熟,且深悟雙聲之理及其功用,曾說:"由韻部以推字義,不如由聲類以求字義之尤可依據,而雙聲之理,為用至弘。"①《白心》篇"美哉茀茀"一語,唐人尹知章注說:"茀茀,興起貌。謂能而不為,有契于道。如此,則功美日興,故曰美哉茀茀。"完全是想當然耳。先生聲訓為"昏昏",進而指出:"蓋人君南面之術,不以察察為尚,而以昏昏為美。此篇上文既詳舉無為之益,復出此語以贊頌之,意在是矣。"

"不言之言",義不可通,且與下句"聞于鐘鼓"不協。下"言"字,當為"音"字之訛。篆文"言""音"二體,極似易淆,故傳寫者亂之。此處作"不言之音",猶《內業》作"不言之聲"也。此篇與《內業》理論全同,而文辭不必字字皆合。故此處作"戈",彼篇作"戎";此處作"音",彼篇作"聲":均無不可。惟有大關係處,若"全"誤為"金",則必據彼改此耳。"音"字

---

① 張舜徽:《張舜徽學術論著選》,華中師範大學出版社,1997年,第130頁。

既誤爲"言",引者又誤爲"信",益不可解矣。(第264頁)

"氣"字古但作"气",俗省作"乞",與"凡"字形近,故傳寫者誤書作"凡"耳。"凡物之精",原本蓋作"氣物之精",讀"氣"字小逗,而意自得。猶云氣者物之精也。(第305頁)

許氏謂"證"當作"近",是已。謂"知遠之近",猶言知遠若近,則非也。蓋"之"猶"自"也,"知遠之近",猶言"知遠自近"耳。亦即王者不窺牖户而知天下之意。《中庸》曰:"知遠之近,知風之自,知微之顯,可與入德矣。"朱注云:"遠之近,見于彼者由于此也;風之自,著乎外者本乎内也;微之顯,有諸内者形諸外也。"朱子以"見于彼者由于此"釋"知遠之近",亦即知遠自近之意。《内業》所云"雖遠若近",與此處"知遠之近"語意不同。許氏取以爲證,非是。(第254頁)

"山陵川谷,地之枝也。"……古人惟稱山陵川谷所生之物爲材,不謂山陵川谷爲材也。此處若徑改"材",而原意亦晦矣……山陵川谷,乃地平之别出,故曰地之枝也(《説文》:"枝,木别生條也。"引申爲一切旁出之名)。(第312頁)

前兩例利用古代字形訛變的規律來做校勘,後兩例以"自"訓"之",釋"枝"爲"地平之别出",都十分精當。由于《管子集校》網羅前人校正文字之説比較豐富,先生加以删繁就簡,其功力主要體現在取捨精當,自作校正者不多。書中更爲常見的則是以其掌握的古書通例,主張"不必據誤本《文選注》以改原書也"(第217頁),"《御覽》引書,多有脱誤,不可盡據以改本文"。最後引一段關于《管子》全書通例的疏證,以見先生之嚴謹學風:

竊疑《管子》原書,每篇皆自有解。蓋漢以上學者所撰,其初與本書別行。傳鈔者欲省兩讀之煩,乃雜取納之本書。劉向校書時,病其繁重,所除去之四百八十六篇中,此類書必甚不少。今所存八十餘篇,見于篇題而可考者,惟《牧民》《形勢》《立政》《九敗》《版法》《明法》諸解僅存耳。其有不別立篇題而混雜入本書內者,亦必繁多。若此處一大段文字是也。顧前人解説之辭,有得原文之意者,亦有與原意不符者。今爲疏證,不曲從,不立异,惟求其是而已。(第229—230頁)

《老子》第五十九章新解

老子相傳是一個修道而養壽的隱君子,《莊子·庚桑楚》説他有"衛生之經",後世的道士們常把修煉精、氣、神之術附會于《老子》書中"其中有精""專氣致柔""谷神不死"之言。一般學者注解《老子》,雖然摒棄了仙道之謬説,但仍難免受到老子重視養生之説的影響。如《老子》第五十九章:

> 治人事天,莫若嗇。夫唯嗇,是謂早服。早服謂之重積德。重積德則無不剋,無不剋則莫知其極。莫知其極,可以有國。有國之母,可以長久。是謂深根、固蒂、長生、久視之道。①

從先秦以來,絶大多數學者都以爲全章主旨是講嗇養精神,以

---

① 朱謙之:《老子校釋》,中華書局,1984年,第239—242頁。下引朱氏所集諸家校釋不另出注。

安其社稷,終其天年。我們認爲這未必符合老子本義,故草此小文,試作新解。

（一）"治人事天,莫若嗇。"這一句開門見山提出了"嗇"的原則,爲全章的總綱。其中"人""若""嗇"三字,個別版本作"民""如""式",前人或有主張據改者。郭店楚簡本、馬王堆漢墓帛書乙本并同今本(甲本此句殘缺),知其不誤。且前二字之異同,于文義無大差別,可勿具論。後一字則關涉甚大,不可不辨。

武内義雄説:"敦、遂二本'嗇'作'式','式'爲'嗇'之借字。"這祇是指出异文,并不以今本爲誤。朱謙之《老子校釋》則極力論證:"此云'治人事天莫若式',乃就法式而言。"《老子》雖有"聖人抱一爲天下式"(二十二章)、"知其白,守其黑,爲天下式"(二十八章)、"知此兩者亦楷式,常知楷式"(六十五章)之文,但諸句中的"式"都是承接上文的一個概括之詞,離開具體的語境,它本身并没有實質的内容。如果説,"治人事天",莫過于法式,莫過于規律,這樣的文句顯得内容空洞,也不合語法。而"嗇"字本身却有特定的具體内容,這句話的句式則正好與《銀雀山漢書守法守令等十三篇》"治家莫如稽(嗇),治官莫如公以直矣,治□莫如威以戒矣"相同,①足證"嗇"字不誤。關鍵的問題是如何理解這個字的理論内涵。

馬叙倫《莊子天下篇述義》説:"'餘而不費'者,《老子》云:'治人事天莫若嗇',譏之者乃云積歛無涯矣。"②這是把"嗇"簡單理解

---

① 銀雀山漢墓竹簡整理小組:《銀雀山竹書〈守法〉〈守令〉等十三篇》,《文物》1985年第4期。
② 馬叙倫:《莊子天下篇述義》,龍門聯合書局,1958年,第55頁。

爲吝嗇。晏子説:"稱財多寡而節用之,富無金藏,貧不假貸,謂之嗇;積多不能分人,而厚自養,謂之吝;不能分人,又不能自養,謂之愛。故夫嗇者,君子之道;吝愛者,小人之行也。"①可見儉嗇自古即爲美德。今人也偶有以此解老者,如徐梵澄《老子臆解》謂此章言"省嗇、儉嗇之義","讀此章然後知道家與墨家亦有相合者"。② 但通讀全章,似非專就財物而言,説它的主旨爲用財儉嗇,顯得有點片面。

王弼注云:"嗇,農夫。農人之治田,務去其殊類,歸于齊一也。"這是用農作的道理來形容治國之道,而不知"嗇"字的本義并非農夫。高亨《老子正詁》云:"《説文》:'嗇,愛濇也。從來,從㐭,來者㐭而藏之,故田夫謂之嗇夫。穡,穀可收曰穡。從禾,嗇聲。'朱駿聲《説文通訓定聲》曰:'嗇字本當訓爲收穀,即穡之古文也。'其説甚塙。嗇從來從㐭,來,麥也,即收麥而藏于㐭中之象也。是嗇本收藏之義,衍而爲愛而不用之義。此嗇字謂收藏其神形而不用,以歸于無爲也。"③今人對"嗇"字之義的闡述後出轉精,確不可刊,但又仍多認爲此章之"嗇"主要指收藏、愛惜精神。如陳鼓應《老子注譯及評價》也説:"老子提出'嗇'這個觀念,并非專指財物上的,乃是特重精神上的。'嗇'即是培蓄能量,厚藏根莖,充實生命力。"④這種觀點源自兩千多年前的韓非子,并且一直是老學之主流觀點,其實大有可商之處。《韓非子·解老》:

---

① 張純一:《晏子春秋校注》,《諸子集成》,中華書局,1954年,1988年第6次印刷,第117頁。
② 徐梵澄:《老子臆解》,中華書局,1988年,第86頁。
③ 高亨:《老子正詁》,《高亨著作集林》第5卷,清華大學出版社,2004年,第164頁。
④ 陳鼓應:《老子注譯及評介》,中華書局,1984年,第297頁。

聰明睿智，天也；動靜思慮，人也……書之所謂治人者，適動靜之節，省思慮之費也。所謂事天者，不極聰明之力，不盡智識之任。苟極盡則費神多，費神多則盲聾悖狂之禍至，是以嗇之。嗇之者，愛其精神，嗇其智識也。故曰："治人事天莫如嗇。"衆人之用神也躁，躁則多費，多費之謂侈；聖人之用神也靜，靜則少費，少費之謂嗇。

《老子》原文站在"有國"者的立場談"治人事天"，王弼注釋爲："上承天命，下綏百姓。"成玄英疏解爲："上合天道，下化黎元。"今人許抗生譯作"統治人民，侍奉上天"（《帛書老子注譯與研究》），順理成章，"天""人"與精神問題沒有關係。但河上公注説："治國者當愛惜民財，不爲奢泰；治身者當愛惜精氣，不爲放逸。"奚侗更據《吕氏春秋》高注"事，治也""天，身也"，解釋説："嗇以治人，則民不勞；嗇以治身，則精不虧。"蔣錫昌引其説，并評曰："奚解最爲簡明。"（《老子校詁》）"治人""治身"對言，表面上看似有道理，故今人亦多從之。殊不知"治身"之"身"是指相對于他人而言的自身，而解釋爲"身"的"天"，是指一個人天生的自然之身和認知能力，它是相對于自身後天形成的思想和行爲方式而言，而不是相對于他人。這一意義上的"天"祇能順養，而不是治理，所以古人祇説"全天"，没有説"事天"的。如《荀子·天論》："聖人清其天君，正其天官，備其天養，順其天政，養其天情，以全其天功。"《吕氏春秋·本生》"養天之所生"，"以全天爲故者也"，"以全其天也"，同書《尊師》"能全天之所生而勿敗之"，《大樂》"全其天"，《去宥》

"别宥則能全其天矣"。而《孟子·盡心上》所謂"存其心,養其性,所以事天也",論旨雖爲修身問題,但衹是説存心養性是侍奉上天的方式,"事天"二字不能説成"治身"。可見把"治人事天"理解爲"治人、治身",也是很牽強的。

回過頭來看,韓非之解天、人,倒是符合當時思想的,衹不過未必合乎老子本義。他如此解老,可能是由於戰國末葉把"嗇"理解爲愛惜精神的説法比較盛行。《吕氏春秋》有兩段話可以爲證:

> 古人得道者,生以壽長,聲色滋味,能久樂之,奚故?論早定也。論早定則知早嗇,知早嗇則精不竭。(《情欲》)
>
> 凡事之本,必先治身,嗇其大寶。用其新,棄其陳,腠理遂通。精氣日新,邪氣盡去,及其天年。此之謂真人。(《先己》)

但是,既然此章"治人事天"與治身無關,那麽"嗇"字表示的也不一定是愛惜自身的精神,而應是表示統治者與天、人之間的關係。《鶡冠子·王鈇》説:

> 成鳩之制,與神明體正。神明者,下究而上際,克嗇萬物而不可猒者也,周泊遍照,反與天地總,故能爲天下計,明于蚤識逢臼,不惑存亡之祥,安危之稽。……願聞其人情物理,所以嗇萬物與天地總,與神明體正之道。

《鶡冠子》長期被懷疑是偽書,近年人們則多承認其確爲先秦道家之作。其中"嗇萬物",很可能是繼承了《老子》"治人事天,莫若嗇"的思想。這可以反證老子本義當爲:治理人民,侍奉上天,没有比愛惜人民、愛惜上天之賜予這一原則更重要的。

(二)"夫唯嗇,是謂早服。"這句話校勘上有五個問題。朱謙之說:"'嗇',敦、遂二本作'式'。'謂',敦、遂本及嚴、彭、顧、傅、范作'以'。'早',嚴本作'蚤'。'以''蚤'二字并與《韓非子·解老》同。'早服',敦、遂二本'服'作'伏',彭、趙作'復',傅、范同此石。"高亨說:"早服下無賓語,意不完足。《韓非子·解老》篇:'夫能嗇也,是從于道而服于理者也。'增'道''理'二字以釋之。河上公注:'早,先也;服,得也。夫獨愛民財,愛精神,則能先得天道也。'增'天道'二字以釋之。王注:'早服常也。'增'常'字以釋之。皆增字爲訓,不可取也。竊疑服下當有'道'字,'早服道'與'重積德'句法相同,辭意相因。服道即二十三章所云'從事于道'之意也。《韓非子》引已無道字,蓋其挩也久矣。"[1]蔣錫昌等諸家校記尚多,皆大同小異,兹不具引。郭店楚簡本、馬王堆漢墓帛書乙本并作"夫唯嗇,是以早服"(甲本此句殘缺),當從之。

此處"是以",蓋涉下文兩"是謂"而誤。盧育三《老子釋義》說:"從全章文義考之,亦無區別。"實際從語法上說,二者有明顯不同:"是謂"乃判斷詞,可譯爲"這就是""這叫作";"是以"表示因果關係,"夫唯……是以"猶今言"正因爲……所以"。後者義長。諸家對"早服"的校釋意見雖有歧異,但大多都與"道"聯繫起來加以理解,認爲是主張及早得道、從道、用道、返于道。這也沿自《韓非子·解老》:

---

[1] 高亨:《老子正詁》,《高亨著作集林》第5卷,清華大學出版社,2004年,第164—165頁。

嗇之謂術也，生于道理。夫能嗇也，是從于道而服于理者也。衆人離于患，陷于禍，猶未知退，而不服從道理。聖人雖未見禍患之形，虛無服從于道理，以稱蚤服。故曰："夫謂嗇，是以蚤服。"

顯然，韓非子所見本"服"下原無"道"字，解爲服從于道理，這在思想上已有所發揮。老子"早服"之本義，唯勞健《古本考》最爲得之："早服猶云早從事，此句重在'早'字，'服'字但取葉韻。"上引《吕氏春秋》"知早嗇"，以及《鶡冠子》"嗇萬物"而"明于蚤識逢曰，不惑存亡之祥，安危之稽"，可證"嗇"確與"早"有重要關係。《左傳·哀公十一年》："不如早從事焉。"《韓非子·喻老》説："夫事之禍福亦有媵理之地，故曰：'聖人蚤從事焉。'"（今本《老子》無此句，論者謂係第六十三章之脱文）則都説明"早從事"是一種備禍主張，即預先采取措施以防備禍患發生。而"嗇"的本義爲收藏糧食，正是爲預防饑荒。此章引申爲愛惜人民，愛惜天之賜予，也隱含了否則將天怨人怒而致禍之意，所以要早做準備、預先防備。這與上一章的名言"禍兮福之所倚，福兮禍之所伏"，正好相互呼應。

（三）"早服謂之重積德。重積德則無不剋，無不剋則莫知其極。莫知其極，可以有國。有國之母，可以長久。"通過上文的分析，這幾句的意思就不難理解了。今略作解譯，對前人之校釋不作具體討論：

早做準備，就是重視（或重複、不斷地）積德。重視積德，就能無往而不勝。無往不勝,就沒有人能知道他的力量之極限。沒有人知道他的力量之極限,就能夠統治住自己的國家了。有了治國的根本——積德,就能夠長治久安。

(四)"是謂深根、固蒂、長生、久視之道。""蒂"帛書甲本、乙本、《韓非子》引、通行本作"氐"或"柢"。朱謙之校云:"遂州、邢玄、磻溪、樓正、室町、奈卷、嚴、顧、趙、高并作'蒂',意林、御覽六百五十九引同。""《字林》云:'蒂、柢音同。'夏竦《古文四聲韻》卷四引古《老子》亦作'蒂'。"《韓非子·解老》釋"根"爲曼根,"柢"爲直根。并説人"建于理""體其道",就像樹木"柢固則生長,根深則視久。故曰:'深其根,固其柢,長生久視之道也。'"河上公注説:"人能以氣爲根,以精爲蒂,如樹根不深則拔,蒂不堅則落。言當深藏其氣,固守其精,無使漏泄。深根固蒂者,乃長生久視之道也。"這是説道理、精氣作爲人的根本,可以讓人終其天年,甚至長生不死。他們之所以用養生論來解釋此章明顯是談論治國的文字,可能正是因爲戰國末年以後"長生久視"已經成爲一句十分流行的養生格言。如《荀子·榮辱》:"是庶人之所以取暖衣飽食,長生久視,以免于刑戮也。"《吕氏春秋·重己》:"世之人主貴人,無賢不肖,莫不欲長生久視。"此外《韓詩外傳》《黄帝内經》也用過"長生久視"。但這句話作爲全章之結語,"是"當指上文的治國之道,"深根、固蒂、長生、久視"則應是并列的四件事,用以比喻國家根本穩固、長治久安。這有《管子·侈靡》一段話爲證:

夫有臣甚大,將反爲害,吾欲優患除害,將小能察大,爲之奈何？潭根之毋伐，固蒂之毋义，深鸄之毋涸，丕儀之毋助，章明之毋滅，生榮之毋失。十言者不勝此一，雖凶必吉，故平以滿。（原文誤字據《管子集校》校正）

以二書互勘，"深根"與"潭根之毋伐"，"固蒂"與"固蒂之毋义"，"長生"與"生榮之毋失"，"久視"與"章明之毋滅"，所指大體相同。"深鸄之毋涸，丕儀之毋助"二句疑爲前兩句之注。如上所述，此章"早服"是指早做準備、預防禍患；而《侈靡》四事，也正好用以比喻"優患除害"之道，語境又復相同。這難道是偶然巧合嗎？《侈靡》篇今人以爲年代較晚，筆者曾撰文予以商榷。從此例來看，《老子》更像是對它所做的概括。又《說苑·反質》云："晋文公曰：自今以來，無以美妾疑妻，無以聲樂妨政，無以姦情害公，無以貨利示下。其有之者，是謂伐其根素（孫詒讓《札迻》作荄），流于華葉。若此者有患無憂，有寇勿弭。"如果這一記載可信，更足以證明"深根"之喻春秋時即已有之，《侈靡》"潭根之毋伐"等比喻的實際內容就是齊桓葵丘之盟令："毋易樹子，毋以妾爲妻，毋使婦人與國事"之類。而老子作爲周之柱下史，對于齊桓、晋文之史事當然十分熟悉，據以做出更高層次的理論概括，于是就有了此章文字。

《孔子家語》補校

《孔子家語》四十四篇,乃魏王肅雜取諸書割裂而成,前人言之鑿鑿,殆無庸議也。但王肅去今又千數百年矣,其書幸而不墜,固有研究價值在焉。清孫詒讓曾手批《家語》,今人輯爲《校記》一篇行世。① 孫校内容,除以宋本校汲古閣刊本,以《大戴禮》《史記》等書比勘《家語》本文外,又録經史注疏所引《家語》及王肅注校其异同,以期恢復王肅注本之舊觀。此一工作以前諸家少所措意,而孫氏采録仍嫌不廣。陳師維禮,昔從金老曉邨受業,故每以讀秦漢前古籍以爲學問根基相囑,且勉治《家語》。予不敏,未克成文,唯曾集唐人類書及注疏等所引《家語》數百條,與景宋本對勘,頗多歧异,尚微有裨學林。爰删存其要,移録于下,以爲金老壽。

---

① 〔清〕孫詒讓撰,雪克輯點:《孫詒讓遺書・籀廎遺著輯存》,齊魯書社,1987年,第253—281頁。

相魯第一

器不雕僞　《藝文類聚》卷五四引此下有"市不二價"四字,無"爲"至"樹"十八字。

而西方之諸侯則焉　孫校云:"'西'《史記》作'四'。"上引亦作"四"。

而物各得其所生之宜,咸得厥所　《初學記》卷十一、《藝文類聚》卷四七引并無"各得"二字。

賣羊豚者不加飾,男女行者別其涂　陳士珂《疏證》本"賣"作"賈"。《公羊疏》引作"粥羔豚者不飾,男女异路"。

始誅第二

注:陵遲猶陂池也　《文選》卷九李善注引"池"作"陀"。

五儀解第七

所謂聖者,德合于天地,變通無方,窮萬事之終始,協庶品之自然,敷其大道,而遂成情性　《初學記》卷十七引作"所謂聖人者,智通乎大道,應變而不窮,測物之情性者也"。按:此語見《大戴禮·哀公問五義》,唯"測"前有"能"字,《荀子》《家語·哀公問》亦略同。《初學記》此引若不誤,益證《家語》乃旁采諸書而成。

君以此思哀,則哀可知矣　《文選》卷六十引後"哀"字作"意"。

267

至于中冥　《文選》卷十三注引"冥"作"夜"。

苟爲此道,民畔如歸,皆君之仇也,將與誰守　《藝文類聚》卷五二引"爲"作"違",陳本同;"與誰"作"誰與",《説苑·指武》并同。

疾共殺之　《左傳疏》引作"病其殺之"。

致思第八

兩壘相望　《藝文類聚》卷二十引作"兩壘相當,旗鼓相望"。

釋國之患　上引作"二國釋患"。

曩者君治臣以法,令先人後臣,欲臣之免也　《通典》卷二五引前一"臣"作"人","人"作"君",則當于"先"字下點斷,義勝。

此臣所以悦君也　上引"悦"作"脱"。

驅而前,少進　《文選》卷九注引"少前"二字引此作"驅而少前"。

丘吾子曰:樹欲静而風不停　《文選》卷三八注引"丘吾子"作"吾丘","不停"作"摇之"。

豈非學之效也　《文選》卷二四注引作"非唯學之所致耶"。

其容不可以不飭　《文選》卷五六注引"飭"作"飾"。

譬之污池,水潦注焉,萑葦生焉　《毛詩疏》兩引俱作"(今)池水之大,魚鱉生焉,萑葦長焉"。

孰知其源乎　此句中脱"非"字,觀注文可知。《毛詩疏》兩引,作"誰知(其)非泉也(焉)"。《尚書大傳》作"誰知其非源水也"。

商之爲人也,甚吝于財。注:吝,嗇甚也　《説苑·雜言》"吝"

作"短"。《文選》卷四三注引作"商之爲人也,嗇短于財。王肅曰:短,吝嗇甚也"。當從之。

可剖而食之,吉祥也,唯霸者爲能獲焉　《初學記》卷六引略同。《文選》卷五注引作"可剖而食之,其甘如蜜,唯王者能獲此吉祥也"。

三恕第九

注:觴可以盛酒　《文選》卷十二注引"可"作"所",末有"者"字。

不舫舟,不避風,則不可以涉　上引同。《初學記》卷六引作"乃方舟避風,不可以涉"。

好生第十

匪申叔之信,不能達其義;匪莊王之賢,不能受其訓　《藝文類聚》卷二十、《史記正義》引"叔"後并有"時"字,"信"作"忠"。"達",《藝文類聚》作"見",《史記正義》作"建"。"不",《藝文類聚》作"弗"。

以劍自衛乎　《藝文類聚》卷四三引前有"固"字。

公索氏不及二年將亡　《史通·點繁》引"將亡"作"必亡矣"。按:《點繁》篇專論史文之繁瑣冗字句,所引當可據。

今過期而亡　上引作"今果如期而亡"。

夫子何以知其然　上引無"其"字。陳本"知其然"作"知其將亡也"。

西伯仁也　《藝文類聚》卷二一引"仁"後有"人"字。

大夫讓于卿　上引"于"作"爲"。

魯人閉户不納　《文選》卷二注引作"昔有婦人，召魯男子，不往"，與他書獨异，疑誤。

男女不六十不同居　《公羊疏》引此"同"作"閒"，陳本、《詩·巷伯》毛傳并同，此誤。

嫗不建門之女　《文選》卷三注、《後漢書·文苑傳》注引"建"并作"逮"，陳本不誤。

觀周第十一

老聃博古知今。注：博古知今而好道　《文選》卷四七注引作"老聃博古而達今。注：博達古今而好道"。

凡當今之士　《藝文類聚》卷二二引"今"作"世"，卷二九并《初學記》卷十八引作"凡當世之"。

好譏議人者也　上三引并無"譏"字。

知天下之不可上也　《文選》卷二三注引"上"作"蓋"。

弟子行第十二

博無不學，是曾參之行　《文選》卷五七注引"學"作"舉"。

是宫滔之行也　孫校云："'宫'上脱'南'字，宋本已然。"《後漢書》注引不脱。

信而好直其功,言其功直　《文選》卷五五注引作"信而好直,其切也。王肅曰:言其切直也"。知後四字爲注文,而脱二"也"字。陳本無此四字。又《大戴禮》"功"不作"切"。

賢君第十三

其閨門之内無別,而子次之賢　《藝文類聚》卷二十引無"之内"二字,"次之賢"作"賢之"。

靈公之弟曰靈公弟子渠牟　上引"靈公弟子"作"公子",是。陳本不誤。

則必起而治之　《文選》卷四六注引"起"作"赴"。

靈公郊舍三日　《藝文類聚》卷二十引"郊"作"却"。《説苑》作"邸舍三月"。

遠罪疾則民壽矣　《藝文類聚》卷五二引"疾"作"戾",陳本同。

計之于廟堂之上,則政治矣　上引"計"作"謹",《説苑・政理》同。

辯政第十四

振訊兩眉　陳本"眉"作"肩",并誤。《藝文類聚》卷二、《文選》卷二九注引俱作"臂"。

六本第十五

皇皇上天，其命不忒，天之以善，必報其德　《文選》卷十六注引"天"作"帝"，"以善"作"與人"。《説苑·權謀》同。

俄頃，左右報曰　《文選》卷十二注引："王肅《家語》注曰：'俄，有頃也。'"今本無此注，疑"頃"字即注文之殘而誤入正文者。

子貢三年之喪畢　《禮記疏》《藝文類聚》卷二二引并作"子夏"。按：下文有"子貢問"，則作子夏是。陳本不誤。

賜也或，敢問之　陳本"或"作"惑"。《藝文類聚》卷二二引作"賜也惑之，敢問"。

閔子哀未忘　上引"忘"作"盡"，《毛傳》《説苑》同。

憂而擊之則悲　《文選》卷三四注引脱此上下三句，下有"喜而擊之則樂"六句，亦今本所無。《説苑》《尸子》有六字。

建大杖以擊其背……小棰則待過　孫校云，《後漢書·崔烈傳》注引"建"作"舉"，無"待"字。檢點校本《後漢書》作"建"，有"待"字，無"過"字。又《文選》卷四十注引二句與今本同。

與寶貴而下人，何人不尊；以寶貴而愛人　《藝文類聚》卷二二、《初學記》卷十八引及陳本"與"并作"以"，"尊"作"與"。"愛人"，《初學記》作"敬人"，《藝文類聚》作"敬愛"。

君非民不治，民犯上則傾　《藝文類聚》卷二二引作"民非君不治"，疑誤。"傾"，上引作"君危"。

辯物第十六

季桓子穿井，獲如玉缶，其中有羊焉　汲古閣刊本"玉"作"土"，"羊"作"芊"。《史記索隱》引"井"後有"于費"，"獲"作"得"，孫校云當從之。《藝文類聚》卷九四引同汲古閣刊本。

注：肅慎氏之矢也　孫校云："注疑有誤奪，宋本同。"《文選》卷四二注引作"肅慎，北夷國名也"，當從之。

行路之人云：魯司鐸災　《文選》卷二九、五八注兩引，上並有"子路見"三字，"災"作"火"。按：下文有"以告孔子"，則當有此三字。

車士曰子鉏商。注：車士，持車者；子，姓也　《左傳疏》引此注，"持"作"將"，下有"鉏商名"三字。

子路初見第十九

南山有竹，不搏自直，斬而用之，達于犀革　陳本"搏"作"揉"。《藝文類聚》卷八九引作"山南之竹，不柔自直，斬而爲箭，射達革"。

慎此五者而矣　陳本"而矣"作"而已"。《初學記》卷十八引作"而已矣"。

陳靈公宣淫于朝　《左傳疏》《藝文類聚》卷二二引"公"下並有"君臣"二字。

泄治正諫而殺之　上二引并無"正"字。"殺"，《藝文類聚》作"煞"。

忠報之心　上二引"報"并作"款"。

必以死爭之　上二引"必以"作"以必"。《左傳疏》上有"當"字。

其本志情在于仁者也　《左傳疏》引作"本志存乎仁者也"。《藝文類聚》引作"本其情志在乎仁者也"。

欲正一國之淫昏，死而無益，可謂捐矣　陳本無"死而無益"四字，"捐"作"狷"。上二引"正"作"止"。"死而無益"，《左傳疏》同，《藝文類聚》作"死而益亡"。"捐"，《左傳疏》作"狷"，《藝文類聚》作"懷"。

彼婦人之請　《藝文類聚》卷十九引"請"作"謁"，《史記》同。按："謁"與下文"敗""歲"并古月韻，"請"屬耕韻，當以"謁"字爲是。

在厄第二十

不謂窮困而改節　《藝文類聚》卷八一、《初學記》卷二七引"謂"并作"爲"，"窮困"二字互乙。陳本同。

注：良農能蓋種之　《史記集解》引"蓋"作"善"，此誤。

注：意志同也　上引作"言志之同也"。

入官第二十一

説者情之導也。注：言説者但導達其情　《文選》卷二五注引《家語》本文亦有"言"字，注文"但"作"所以"。

枉而直之，使自得之　《文選》卷四五注引王肅曰："雖當直枉，從容使自得也。"此本脱。下注文"以開視之"，上引"視"作"示"。

困誓第二十二

覆巢破卵　《公羊疏》引作"摘巢毁卵"。

挺劍而合衆　《文選》卷五注引"合"作"令"，《史記索隱》引亦作"合"。

執轡第二十五

今人言五帝三王者，其盛無偶，威察若存。注：其盛以明察帝若存也　此注與本文不甚對應。《文選》卷二三注引"人"作"之"，無"其盛無偶"四字，"察"作"靈"，注作"其威明靈常若存也"，當從之。

民惡其殘虐　《文選》卷四四注引作"民怨其虐"。

山爲積德，川爲積刑　《初學記》卷五引"刑"作"形"。

冰泮而農桑起　《毛詩疏》二引、《周禮疏》一引"桑"俱作"業"。

論禮第二十七

無聲之樂，所願必從　《文選》卷二二、二七兩引，"必"并作"志"。

275

廟制解第三十四

其他祖宗者，功德不殊，雖在殊代　《左傳疏》引首句作"則其他所祖宗者"，後"殊"字作"异"。

辯樂解第三十五

近黝而黑　《文選》卷十六注引作"黝然而黑"。

南風之薰兮　《文選》卷三九注引王肅曰："薰，風至貌也。"此脫。

屈節解第三十七

三子退謂子貢曰　《文選》卷十注引作"子夏曰"，卷二一引作"子貢曰"，并無"三子退謂"四字，疑誤。

宓子使臣書而掣肘　《藝文類聚》卷七四引"肘"上有"搖臣"二字。

而責其善者非矣　上引"非"作"數"，可從。《吕氏春秋》作"必數有之矣"。

單父之老請曰　《藝文類聚》卷八五引"之"作"父"。

請放民出，皆獲傅郭之麥　上引作"請放民皆使出獲麥"。

使巫馬期遠觀政焉　《爾雅疏》引"遠"作"往"。

凡漁者爲得　上引末有"魚也"二字。

魚之大者名爲鱏　上引"鱏"作"鱄鱏"。

七十二弟子解第三十八

(顔回)三十一早死　孫校云："《史記索隱》引作'三十二而死'。"《文選》卷五四注引亦作"三十二而早死",當從之。

自吾有回,門人日益親　《公羊疏》引作"自予得回也,門人加親也。今而遭命,故曰天喪予"。

閔損　《史記索隱》引云"少孔子十五歲"。此脱。

宰予　《文選》卷四四引《家語》曰:"宰予爲臨淄大夫,與田常之亂,夷三族也。"此脱。按:《史記》載此事,《索隱》疑爲子我之誤。

(冉求)以政事著名　《文選》卷五三注引,下有"性多謙退"四字。

卜商,衛人無以尚之……而諮國政焉　《文選》卷三四注引《家語》曰:"好論精微,時人無以尚也。""衛人"下當脱"字子夏,好論精微,時人"九字。上引"諮"下有"問"字。

高宗以後妻殺孝己　《後漢書·申屠鮑郅傳》注引"己"作"子"。

得免于非乎　上引末有"遂不娶"三字。

原憲　《藝文類聚》卷三五引《家語》曰:"端木賜結駟連騎,以從原憲。憲居蓬蒿中,并日而食,子貢曰:'甚矣,子之病也。'憲曰:'予貧也,非病也。'"《文選》卷二六注引作"憲居衣冠弊,并日而食蔬,衎然有自得之志"。此脱。

孔子適衛,子驕爲仆……孔子恥之　《藝文類聚》卷七一引無"爲"字。《文選》卷四一引作"孔子居衛月餘……于是恥之,去衛過曹"。

本姓解第三十九

辟華氏之禍　《左傳疏》引同。《史記索隱》引作"畏華氏之逼"。

叔梁紇雖有九女,是無子　《史記索隱》引作"梁紇娶魯之施氏,生九女"。

身長九尺　《禮記疏》引"十"作"七"。

齊太史子與適魯見孔子　《文選》卷五八注引亦作"子與",卷二十作"子輿",卷二五作"子高","太史"俱作"大夫"。《左傳疏》引作"大史子餘"。

天將欲與素王之乎　《文選》卷三八注引無"與"字。《左傳疏》引作"天其素王之乎"。

正論解第四十一

夫孔子者大聖,無不該,文武并用兼通　《文選》卷五三注引作"夫孔子者,大聖兼該,文武并通"。

男女紡績,僭則有辟　《文選》卷十七注引"紡"作"效","僭"作"愆"。《國語》并同。

子游曰:何翅施惠哉　《文選》卷二十注引誤作"子曰",無

"施"字。

曲禮子貢問第四十二

齊大旱,春饑,景公問于孔子　《藝文類聚》卷一百引"景公"作"哀公"。

晉將伐宋,使人覘之　《史通·點繁》引無"人"字。

陽門之介夫死,而子罕哭之哀,民咸悦　上引前有"宋"字,"而"下有"司城"二字,後有"矣"字。

曲禮子夏問第四十三

注:流涕以手揮之　《文選》卷二三注引作"揮涕,以手揮之也",卷二六注引作"揮涕者,淚以手揮之",卷五八注引作"揮涕,涕流以手揮之也",卷五九引作"涕以手揮之也"。

從《孔子家語後序》看其成書過程

近年不少學者根據出土簡牘重新討論《孔子家語》的真僞問題，認爲其中許多材料足以印證《家語》爲相當可信的古書。我們認爲這些簡牘對于《家語》的微觀研究極其重要，但還不足以證明其全書之早出。倒是書末附載的兩篇後序內容翔實，可以直接證明《家語》并非王肅之僞作。可惜這兩篇序文明代以來也被説成王肅所作，最近雖已頗見引用，但仍然沒有人做出專門論述，其中有些關鍵文句尚未得到準確的理解。本文試圖通過對這兩篇後序做些新的解讀，證明《家語》確爲先秦流傳下來而由孔安國最後編定的古書；王肅僞作説固然是錯誤的，但時下比較流行的"漢魏孔氏家學的産物"之類説法仍不盡準確。

一

所謂《家語後序》包括書後附載的兩篇文字，都未題作者，前一篇使用孔安國的口氣，後一篇中記載孔衍奏言，通常稱爲孔安國序、孔衍序，以相區别。明代以來通行的《家語》版本多不收二序，許多人可能并未讀過二序，祇是盲目接受了辨僞家的王肅僞作説。這種説法是怎麽來的？理由是否充分？實在值得探討。

宋元以前，没有學者懷疑過後序的真實性。如宋葉適《習學記言》卷一七云："《家語》四十四篇，雖孔安國撰次，按後序實孔氏諸弟子集録。"王益之《西漢年紀》卷一曾經節取孔安國序的前半段，作爲漢初收聚文獻的真實記載。更有意思的是，王柏提出一種説法："今之《家語》十卷，凡四十有四篇，意王肅雜取《左傳》《國語》《荀》《孟》《二戴》之緒餘，混亂精粗，割裂前後，織而成之，托以安國之名。"這段話經常被後人引用，成爲《家語》辨僞史上最著名的論斷之一。但很少有人注意到，王柏其實主要是根據《家語後序》立論的。他對這兩篇序文可以説達到迷信的程度，如説："竊謂集《家語》者，固出于門人弟子也。于《家語》中集其精粹而爲《論語》者，疑子思也。"又説："《論語》者，古《家語》之精語也；《禮記》者，後《家語》之精語也。"他認爲戰國初孔門弟子編集古《家語》，又輯其精語而成《論語》；漢代孔安國重編後《家語》，戴聖又輯其精語入《禮記》，這純粹來源于他對後序的理解。可惜他的理解未盡準確，如説《家語》"一變于秦，再變于漢，三變于大戴，四變于小戴，五變于王肅"。① 孔安國序原文説《家語》秦至漢初一直收藏于宫廷秘室，吕后至景帝時纔嚴重散亂，王柏前二變的理解已不太符合原意。後三變中大戴、小戴先後編撰《禮記》，不過是從《家語》中抄撮

---

① 〔宋〕王柏：《魯齋集》，影印《文淵閣四庫全書》本。

材料,并未變亂本書;"五變于王肅"也衹是接受僞書説而已。總之,王柏對《家語》的看法,可以説衹是并不高明的《後序》讀後感。他篤信《後序》而疑今本之僞,其實在這兩方面都没有多少堅實的證據,正像不能輕易相信其僞書説,他對《後序》的迷信也難以成爲我們立論的根據。

明正德年間(1506—1521)何孟春在注《家語》時所作序文中,最早對孔安國序提出懷疑:"《孔子家語》如孔衍言則壁藏之餘,實孔安國爲之。而王肅代安國序未始及焉,不知何謂?"比他時代略晚的郎瑛(1487—1566)説:"予嘗疑孔衍序《家語》乃孔壁所藏,安國所爲。其後王肅序之尤詳,何無一言之及孔壁事。其曰'元封時吾仕京師'云云,却又是安國言語,何己爲序之而又以'吾'爲安國,疑必有訛字也。"他後來見到何孟春注本,"知其序若是,而孔衍之序意王肅自爲也,故己序遂不言在孔壁事耳"。[①] 清人多承襲何氏之説,如朱彝尊《經義考》卷二七八云:"安國《家語後序》疑亦後人僞撰。"姚際恒《古今僞書考》説今本《家語》"即肅掇拾諸傳記爲之,托名孔安國作序"。

何孟春説孔安國序是"王肅代安國序",没有提出任何證據,應該是根據宋代以來的《家語》僞書説所做的進一步推斷。郎瑛早先所見二序,顯然不是如《家語》善本附載的那樣,即孔安國序在前,孔衍序在後,而是類似晚明《經濟類編》卷四七所收録的,已經直接將孔安國序題作"漢王子雍(王肅之字)撰",並且編在孔衍序之後,所以纔會説"其後王肅序"。他質疑題爲王肅撰的序文用孔安國的

---

① 〔明〕郎瑛:《七修類稿》,上海書店出版社,2001年。

口氣，這顯然是明人妄題所致，不足置辯。他又認爲王肅自己作序（即孔安國序）不提孔壁事，是由于他先僞托孔衍序已説《家語》"乃孔壁所藏"，并以此推測"孔衍之序意王肅自爲"。這種推理既無邏輯可言，更與事實不符。因爲孔安國序不僅僅是没有提到孔壁事，而是明確叙述了秦至漢初《家語》的傳承，這就等于明言《家語》秦漢之際并未失傳，不是漢初出于孔壁的古文書。如果孔衍序説過《家語》"乃孔壁所藏"，就不僅僅是提與不提的問題，而是完全矛盾了。其實孔衍序先説孔子八世孫子襄"壁藏其《家語》《孝經》《尚書》及《論語》于夫子之舊堂壁中"，後説安國撰"《古文論語訓》十一篇、《孝經傳》二篇、《尚書傳》五十八篇，皆所得壁中科斗本也，又集録《孔氏家語》爲四十四篇"，又説："魯恭王壞孔子故宅，得古文科斗《尚書》《孝經》《論語》，世人莫有能言者，安國爲之今文讀，而訓傳其義，又撰《孔子家語》。"前後三處所記壁藏之書不同，後兩處都不包括《家語》。清人孫志祖《家語疏證》已引徐鯤説："此《家語》二字後人妄加也。"近年孫海輝亦説："顯然其中的孔壁出'家語'二字祇能是後人妄加，實際這又從側面印證了孔安國所述得書過程的真實可靠。"① 我們認爲衍文祇有一個"語"字，孔衍原意當爲"壁藏其家"之書，後人因其爲《家語序》，在"家"下妄加一"語"字。除了這個衍文，二序非但没有矛盾，而且正好相互印證、相互補充。

可見明人何孟春、郎瑛等根本没有讀懂《家語後序》，就輕易懷疑其爲王肅所作，刻書者更直接予以改題，都是極不慎重的。清代

---

① 孫海輝：《〈孔子家語〉成書問題考辨》，《儒家文獻研究》，齊魯書社，2004年，第405頁。

283

以後,這一說法更爲流行,則與《古文尚書》辨僞密切相關。史載魯恭王壞孔子宅,得壁藏古文,天漢之後孔安國獻之。閻若璩《尚書古文疏證》卷二根據《史記》"蚤卒"之説,疑"天漢後安國死已久,或其家子孫獻之",并從荀悦《漢紀》找出"武帝時孔安國家獻之"一語,以爲"足補《漢書》之漏"。這成爲校勘學上一個著名案例。閻氏在考證這一問題時,沒有引用《家語後序》,蓋以爲僞書不足置辯。二序特別是孔衍序所載孔安國生平及獻書事,略同《漢書》而更爲具體,自然也被視作僞妄之説。即便是最早爲《家語》翻案的李學勤,對其也仍然深加懷疑,説:"這兩種互相矛盾的説法都未必足信,後者尤爲失實。"[1]大概也是指此而言。其實二序記載西漢孔子世系和孔安國生平著述,比《史記》《漢書》更爲翔實可信,足證其一出孔安國之手,一據孔衍之奏改寫。這個問題非三言兩語能夠説清,筆者已另作考證。[2] 以下僅就序中所述《家語》成書過程和早期流傳,做些分析討論。

二

《後序》詳細記載了《家語》成書過程和早期流傳,可以大致概括爲五個階段:一,孔門弟子各記所問,後又取其正實者編輯爲《論語》,所餘則集錄爲《孔子家語》。二,秦昭王時,荀子入秦,昭王問儒術,荀子以《家語》等百餘篇與之。漢高祖克秦,悉斂得之,後被吕氏取歸收藏。三,吕氏誅滅後,《家語》散在民間,被好事者任意

---

[1] 李學勤:《竹簡〈家語〉與漢魏孔氏家學》,《孔子研究》1987年第2期。
[2] 張固也:《西漢孔子世系與孔壁古文之真僞》,《史學集刊》2008年第2期。

增損。景帝末年募求遺書,《家語》送官而多有錯雜,與《曲禮》衆篇亂簡合而藏之秘府。四,武帝元封時,孔安國求得副本,整理爲四十四篇。以上爲孔安國序所記。五,成帝時劉向校書,信《禮記》而疑《家語》,安國之孫孔衍上書辯之,未論定而成帝、劉向皆卒。

由于秦漢古書很少提到《家語》,對于《後序》的這些記載,古今學者可謂信者自信,疑者自疑。隨着簡牘古書的陸續發現,不少學者引録或複述《後序》內容,并從時代、身份、古書通例等方面論述其基本可信,但這僅限于事理推測,并未提出多少確鑿的證據,其實難以服人。如胡平生認爲"孔序關于孔子言論流傳的陳述,如非親聞親歷,恐難以杜撰",因而肯定"《家語》的編集者就是孔安國"。而且他在這一肯定的背後,又否定了《後序》所述孔門弟子集録《家語》的記載,説:"孔序在談到孫卿入秦所帶書籍時,又不説《孔子家語》,而稱爲'孔子之言(當作"語")及諸國事、七十二弟子之言'。""《孔子家語》仍是一個後起的書名,在先秦時,并不存在與《論語》并行的《孔子家語》書,而是一些記載孔子和門弟子言行的分散的材料。"[1]實際上,孔序其他記載很難與今本相印證,并不足以證明今本《家語》爲孔安國所編,因爲辨僞家主要不是懷疑孔門弟子、孔安國是否先後編過《家語》,而是認爲今本已非其舊。恰恰是胡氏用來證明《家語》是後起書名的"孔子之語及諸國事、七十二弟子之言"一語,可以作爲《家語》及其《後序》不僞最有力的證據,可惜古今學者都没有正確理解其含義。

孔安國序記載,孔門"弟子取其正實而切事者,別出爲《論語》,

---

[1] 胡平生:《阜陽雙古堆漢簡與〈孔子家語〉》,《國學研究》第7卷,北京大學出版社,2000年,第515—545頁。

其餘則都集録,名之曰《孔子家語》"。又説:"當秦昭王時,孫卿入秦,昭王從之問儒術,孫卿以孔子之語,及諸國事、七十二弟子之言凡百餘篇與之。"景帝時"得吕氏之所傳《孔子家語》,而與諸國事及七十二子辭妄相錯雜,不可得知。以付掌書,與《曲禮》衆篇亂簡,合而藏之秘府"。前後兩處都明確提到《家語》書名,逆推中間所述荀子帶入秦國的"孔子之語",應該是專指《家語》一書,其中"語及"二字不能理解爲"談到",本文特地在其中加一逗號。按這種新的讀法,再來考察今本《家語》的編排體例,可以有一個意想不到的發現。

今本《家語》四十四篇,其中前三十七篇爲弟子所記孔子言行,實爲全書之主體。第三十八篇《七十二弟子解》介紹孔門主要弟子,第三十九篇《本姓解》介紹孔子家世淵源,第四十篇《終記解》叙述孔子去世。這與後世在書末附載作者生平等材料的做法極爲相似,已經具有全書附録的性質,《家語》一書本應到此爲止。但是後面却又冒出《正論解》等四篇記載孔子言論的文字,明清有些學者大概以爲這四篇列在《終記解》之下顯得次序混亂,就妄加改編。如清姜兆錫《家語正義》本將這四篇前移至第三十七篇下,作爲第三十八至四十一篇,而將《本姓解》等三篇移殿全書之末。《四庫全書總目》卷九五斥之曰:"竄亂舊次,殊爲勇于變古。"這種做法典型地説明,古人對《家語》的編排方法已不甚理解。

第四十一篇《正論解》包括二十七章,其内容分别爲:(1)齊侯招虞人以弓。(2)齊國書伐魯。(3)魯孟僖子命二子學禮于孔子。(4)衛孫文子得罪于獻公。(5)晋史書趙盾弑君。(6)鄭子産獻捷于晋。(7)楚靈王汰侈。(8)魯叔孫昭子殺豎牛。(9)晋邢侯與雍子爭田。(10)鄭子產不毀鄉校。(11)晉平公會諸侯于平丘。(12)鄭子產謂子太叔。(13)齊苛政猛于虎。(14)晉魏獻子爲政。(15)晉趙獻子爲政。(16)楚昭王有疾。(17)衛孫文子使太叔疾出其妻。(18)齊陳恒弒簡公。(19)子張問高宗三年不言。(20)衛孫桓子侵齊。(21)魯公父文伯之母紡績不解。(22)樊遲問鮑牽事齊君。(23)魯季康子欲以一井田出法賦。(24)子游問子產之惠。(25)魯定公問隆敬于高年。(26)魯哀公問東益不祥。(27)季孫之宰問君使求假于田。顯而易見，篇中除第十九章講商代外，其他各章都在述論春秋時各諸侯國君和大夫之事。這不正好相當于孔序中所說的"諸國事"嗎？各章的行文方式比較統一，大多是在敘事之下，再用"孔子聞之曰"等口氣引出孔子的評論，少數章節亦以弟子問的形式敘述。所以本篇的篇名"正(政)論"，大意爲孔子關于各諸侯國政事的評論。

第四十二篇《曲禮子貢問》、第四十三篇《子夏問》、第四十四篇《公西赤問》總共六十九章，雖然分爲三篇，各自長短不一，但有如下兩個共同特點。一是這三篇內容十分豐富，但都與禮制有關。在三篇中共出現"禮"字八十五處，其中屬于喪葬、服制之禮的占絕大多數，約爲五十章，大多都以"某某人卒"開頭，核心則爲孔子論如何行禮，或評論他人的做法是否合乎禮制。此外還有關于祭祀、婚禮、弔問、朝覲等禮的章節，自數章至一章不等，散見于各篇。二是這三篇的行文方式基本上爲孔子與其門弟子的問答之辭，少數章節是孔子與國君大夫的問答或寓孔子之言于敘事之中。三篇提到弟子問的條目分別有：《曲禮子貢問》中子貢六章，冉子二章，子游六章，子路五章，子由一章，顏克一章，公明儀一章，有若一章，泛稱門人一章;《子夏問》中子夏八章,子貢五章,子游三章,子路二章,曾子一章,琴張一章,子罩一章;《公西赤問》中公西赤一章,子游三章,曾參二章,子貢一章,冉子一章。在這三篇六十九章中,明標"弟子問"的多達五十三章,其中最多者爲子貢十二章,子游十二章,子夏八章,子路七章,除"子夏問"諸章較集中外,同一弟子諸問散見于各篇之中。這兩個特點說明三篇相當于孔序中所說的"七十二弟子之言",内容則以禮制爲核心。

孔安國序在叙述《家語》早期流傳時,實際上暗中交代了今本的這種編排方法,即以秘府所得"吕氏之所傳《孔子家語》"爲主,又"募求其副",編爲前四十篇。這部分亦經重新"以事類相次",已非先秦古本之舊,但大體上爲舊有的内容。吕氏所傳《家語》本來就"與諸國事及七十二子辭妄相錯雜",又因"與《曲禮》衆篇亂簡合而藏之秘府"而發生新的錯雜,孔安國將這些錯雜的材料彙編爲後四篇,附于全書之末。即便這些彙編材料,也不是漫加收録,而排除了一些確非《家語》原文的材料。故孔安國序說:"《曾子問禮》一篇,自别屬《曾子問》,故不復録。其諸弟子書所稱引孔子之言者,本不存乎《家語》,亦以其已自有所傳也,是以皆不取也。"這些材料來自何處?《曲禮子貢問》這一篇名,已明言其材料出自《曲禮》,下兩篇篇名無此二字,祇是蒙上省略而已。《正論解》二十七章,其中二十章又見于《左傳》,其他又見于《禮記》等書。《家語》與《禮記》相關諸條當同出《曲禮》,逆推與《左傳》相關諸條亦係同出一源,而非二者之間直接相抄,這一點不難做出解釋。因爲"孔子之語,及諸國事"是由荀子帶入秦國的,而《左傳》據陸德明《經典釋文序録》,亦曾由趙人虞卿傳于荀子。《左傳》叙事之後常以"君子曰""仲尼曰"等方式發表評論,我們曾經推測"君子曰"是在《左傳》流傳過程中,由荀子竄入的。① 現在看來,荀子可能正是根據"孔子之語,及諸國事",將孔子的評論稱爲"孔子曰""仲尼曰",而將其他人的評論稱爲"君子曰"。孔安國則是將與"孔子之語"相錯雜的"諸國事"集爲《正論解》,所以纔會與《左傳》有如此多的重複,這正好說明孔序所述荀子與《家語》的關係十分可信。

今本編排方法與孔序所述如此吻合,絶不可能是王肅僞撰,最後還可以提出一條理由。如上所述,《曲禮子貢問》以下三篇從内容性質上看可以合爲一篇,之所以分爲三篇,完全是因爲篇幅過長,需要分卷。這三篇正文字數,分别爲 2397 字、2382 字、1243 字,前兩篇極爲均衡,而《公西赤問》篇幅獨短。公西赤在孔門弟子中名氣不大,該篇中系于他名下的"問"祇有篇首一條,爲何單單從這條以下分卷?其原因十分簡單,這是爲了與書末所附《後序》合爲一卷。但《公西赤問》加上孔安國序爲 1734 字,再加上孔衍序爲 2668 字,都與前兩篇相差數百字。我們懷疑孔安國在序後還附載孔子世系并自述其生平經歷,約六百多字(今本僅 478 字),末篇正文、孔序加上這些字,與前兩篇字數應該更爲接近。今本所謂孔衍序,當爲劉歆删節原有孔安國自述世系、經歷的文字,與孔衍奏言合編而成。末三篇的這種分卷方法,還給我們一個重要提示,即漢代《家語》原本平均以二千多字爲一卷。今本凡 57 000 多字,分爲二十七卷,每卷平均字數爲 2100 多字,與漢代古書分卷方法相符合,如《老子》五千言分爲兩卷;將今本中數百字或千餘字的短篇就

---

① 張固也:《論〈左傳〉"君子曰"與荀子學派思想的關係》,《中國典籍與文化論叢》第 3 輯,中華書局,1995 年,第 31—44 頁。

近合并爲一卷,《正論解》太長拆分爲兩卷,儘量使每卷字數在2000字左右,最合理的分卷方法也是分爲二十七卷。這與《漢志》著録的卷數完全相符,足證今本確實就是孔安國本,祇不過已被後人合并爲十卷。

三

在對《後序》關鍵内容做出以上新解讀後,再來討論古今學者在《家語》成書問題上一些似是而非的説法。

辨僞家認爲《家語》是王肅雜采諸書中有關内容重編而成的,有時甚至引《後序》之説爲證。如日本學者武内義雄説:"序中于《家語》之所取材,似可仿佛得之。"并具體分析説:《荀子》"記孔子及七十子言行,其語有見于《家語》中者,是王肅編《家語》時取之《荀子》者,當是古《家語》所無者也。""王肅《家語》多取材于《曲禮》衆篇。""王肅是見古《家語》者,其本文當無與《禮記》符合之部分。"[1]其實孔安國序已明言"諸弟子書""皆不取也",所謂"七十二弟子之言"僅指取自《曲禮》的末三篇。孔衍序説劉向校書時曾擬采取"其已在《禮記》者,則便除《家語》之本篇"的做法,孔衍上書辯之,"未即論定,而遇帝崩,向又病亡"。可見劉向的錯誤做法并未實施,其子劉歆好古文,當然也會重視孔安國編的《家語》,不會做大的變動,今本中有十多篇與《禮記》重複,正説明其爲未經劉向删改的孔安國本。

---

[1] [日]武内義雄:《讀家語雜識》,江俠庵編譯《先秦經籍考》中册,商務印書館,1931年,第195頁。

近年學者根據出土文獻認爲《家語》不僞,如胡平生上揭論文的結論説:"從漢初起就流傳着一批記録孔子及門弟子言行和諸國故事的簡書,這批簡書應當就是後來編纂《孔子家語》《説苑》《新序》等書的基本素材。"① 如果説漢初祇有這類零星材料,《家語》是根據它們編集的,何以證明《家語》是孔安國而不是王肅所編? 特别是出土文獻與《説苑》關係更爲緊密,更給《家語》真僞研究增添了一層迷霧。李傳軍認爲,"《説苑》與《儒家者言》的關係顯然遠較《家語》與《儒家者言》的關係緊密","而且有些《家語》與《儒家者言》的歧异之處,恰恰是《説苑》與《儒家者言》的相似之點","今本《家語》的確爲王肅所撰輯的一部著作"。② 而寧鎮疆通過比較阜陽雙古堆一號木牘相關章題,也認爲:"《家語》存在很多後人改動的痕迹,而《説苑》則與木牘章題最爲接近。"但他仍主張,"就回護孔子而言,孔氏顯然比王肅更爲可能",所以"《家語》的改動并非出于王肅之手,而很可能就是孔安國所爲"。③ 這樣的理由顯然還不夠充分。而對《後序》做出上述新解讀,則足以證明序中所有記載都是真實可信的,今本與孔安國的編排方法完全相符。今本《家語》仍有許多字句不同于他書,這并非因爲是王肅僞撰,而是由于它與《禮記》《説苑》等古書及簡牘材料同樣都是根據漢初流傳的古《家語》而編,但孔安國做過更多的有意改編,以至于劉向"疑之";

---

① 胡平生:《阜陽雙古堆漢簡與〈孔子家語〉》,《國學研究》第 7 卷,北京大學出版社,2000 年,第 515—545 頁。
② 李傳軍:《〈孔子家語〉辨疑》,《孔子研究》2004 年第 2 期。
③ 寧鎮疆:《〈家語〉的"層累"形成考論——阜陽雙古堆一號木牘所見章題與今本〈家語〉之比較》,《齊魯學刊》2007 年第 3 期。

相反，《禮記》及劉向新編《説苑》、簡牘等多屬抄編之書，改動較少。因此，證明《家語》非僞，并不表明其内容絶對真實可靠，但應將其與其他古書同等對待，擇善而從，不能以僞書爲由加以輕視。

最後對《家語》一書的性質談點看法。李學勤在上揭名文中，因王肅自稱從孔子二十二世孫孔猛處得《家語》，推測"孔子後裔中也有世守家學而成爲一個學派的"，"今本古文《尚書》《孔叢子》《孔子家語》很可能陸續成于孔安國、孔僖、孔季彦、孔猛等孔氏學者之手，有很長的編纂、改動、增補過程，它們是漢魏孔氏家學的産物"。① 這一説法意在否定王肅僞托説，重新肯定《家語》的價值，在學界産生了巨大影響。其説貌似通達，但仍不敢充分肯定今本《家語》就是孔安國編成，未能肅清辨僞家的流毒。我們既已證明孔安國所編《家語》四十四篇就是分爲二十七卷的，則後人最多不過做些字句的增删竄改，没有再做大的"編纂、改動、增補"，孔猛等人衹有收藏傳承之功，與全書編纂没有關係；而且這四十四篇中，四十篇爲孔安國以前古本原有内容，另四篇則是將懷疑錯雜入他書的内容重新輯編出來，全書從整體上説衹能代表戰國至漢初的孔氏之學，將其説成"漢魏孔氏家學的産物"，尤爲不妥。

其實對于《家語》的性質，蒙文通很早就已指出："諸侯國史稱《春秋》，大夫家史也稱《春秋》；諸侯國史稱《國語》，則大夫家史自可稱爲《家語》。《孔子家語》便是顯例。""其基本内容，則當猶是先秦舊物。就《孔子家語》一書的内容分析，顯然是介于《晏子春秋》與《吕氏春秋》之間的作品。换句話説，也就是介于家史與諸子

---

① 李學勤：《竹簡〈家語〉與漢魏孔氏家學》，《孔子研究》1987年第2期。

之間的作品。"①可惜前輩通人這一真知灼見,長期没有受到人們的重視,近年吴國武曾對蒙氏之説做過進一步論證,②可以參閱。

---

① 蒙文通:《周代學術發展論略》,《學術月刊》1962 年第 10 期。
② 吴國武:《周秦諸子書多出于國史、家乘論》,《古籍整理研究學刊》2005 年第 4 期。

《孔子家語》分卷變遷考

最近二十多年來,随着河北定縣八角廊、安徽阜陽雙古堆等漢墓簡牘的陸續公布,《孔子家語》真僞問題成爲學界關注的焦點之一。許多學者認爲出土簡牘足以印證《家語》爲相當可信的古書。其實這些材料祇是與《家語》部分相似,還不足以論定其全書之真僞,因爲持相反意見的學者可以辯解説,王肅正是利用這類較早的材料僞造出今本《家語》的。如李傳軍認爲:"利用考古資料,通過對文獻的梳理和對勘,對《孔子家語》的文獻來源、成書年代和學術價值進行考察和分析,可以肯定《孔子家語》爲王肅所編撰的傳統觀點是可信的。"[1]造成這種研究局面的主要原因之一,是今本卷數與古代記載存在巨大差異,這一問題至今并没有得到合理的解釋。本文希望通過考察漢唐時期《家語》的分卷變遷,能夠最終證明今本確實是從漢代古本發展而來,僞書説不可信。

---

[1] 李傳軍:《〈孔子家語〉辨疑》,《孔子研究》2004 年第 2 期。

一、《孔子家語》分卷問題

關于《孔子家語》篇卷數，漢武帝時孔安國所撰後序袛説"以事類相次，撰集爲四十四篇"，成帝時孔衍奏言，也説孔安國"集録《孔氏家語》爲四十四篇"，都没有提到卷數。東漢初班固《漢書·藝文志》著録《孔子家語》，却恰恰與之相反，未言篇數，袛記載爲二十七卷。唐初編撰《隋書·經籍志》，著録爲二十一卷。《舊唐書·經籍志》《新唐書·藝文志》以後的書目，則都著録作十卷。這三個數字之間差距較大，唐宋以來成爲不少學者懷疑《家語》是王肅僞作的一個主要證據。

《家語》辨僞最早可以追溯到與王肅幾乎同時的馬昭，《禮記正義》引録其説："《家語》王肅所增加，非鄭所見。"但他所謂"增加"二字，顯然袛是説書中有王肅增加的成分，還没有指斥全書皆僞。顔師古注《漢書》時，特别指出，《漢志》著録的《家語》"非今所有《家語》"。唐初存世的《家語》，當然是王肅注本。顔師古嚴格區分兩種《家語》，對後世影響很大，學界一般將《漢志》著録本稱爲古本或孔安國舊本，將傳世的王肅注本稱爲今本。但顔師古如此簡短的一句話，語意十分模糊，既有可能是指今本與古本完全不同，是王肅僞撰的另一部書；也可能袛是説今本與古本有所差别，是經過王肅加工的另一種本子。

宋代以後，《家語》辨僞受到學者們比較普遍的關注，而卷數歧異一直是僞書説的主要論據之一。人們大多順着前一種思路來理解顔師古的那句話，認爲唐代流傳的《家語》就已經是徹頭徹尾的偽書。清人陳士珂對此頗不以爲然,說:"小顏既未見安國舊本,即安知今本之非是乎?"①確實,顏師古沒有見過古本,他懷疑的根據,可能祇有當時《家語》卷數與漢代記載迥异這一點。具體來説,後人對這一歧异大致有兩種不同的解釋。

第一種説法認爲四十四篇較古本增加十七篇。如宋晁公武《郡齋讀書志》説:"凡四十四篇,劉向校録止二十七篇,後肅得此于孔子二十四世孫猛家。"②王柏説:"今之《家語》十卷,凡四十有四篇,意王肅雜取《左傳》《國語》《荀》《孟》《二戴》之緒餘,混亂精粗,割裂前後,織而成之,托以安國之名。"③其後多數學者都持這類説法,即認爲其全書是在古本亡佚後,王肅雜取諸書重新編撰而成。清代以來,有些學者强調《家語》部分可信,其理由是認爲古本二十七篇應該包括在今本四十四篇之内。如錢馥《孫志祖〈家語疏證〉跋》説:"肅傳是書時,其二十七卷具在也,若判然不同,則肅之書必不能行;即行矣,二十七卷者必不至于泯没也。惟增多十七篇,而二十七篇即在其中,故此傳而古本逸耳。"沈欽韓《兩漢書疏證》云:"《隋志》二十一卷,王肅解,有孔安國後序,即出肅手,并私定《家語》以難鄭玄。《王制疏》:'先儒以爲肅之所作,未足可依。'按:肅惟取婚姻、喪祭、郊禘、廟祧,與鄭不同者屢入《家語》,以矯誣聖人,其他固已有之,未可竟謂肅所造也。"日本人武内義雄《讀家語雜識》説:"今之《家語》非全部僞撰,似尚存有古《家語》之文于其中焉……今之《家語》删去《荀子》及説禮之文,其餘之材料大體

---

① 〔清〕陳士珂輯:《孔子家語疏證》,上海書店,1987年,序。
② 〔宋〕晁公武撰,孫猛校證:《郡齋讀書志校證》,上海古籍出版社,1990年,第140頁。
③ 〔宋〕王柏:《家語考》,《魯齋集》卷9,影印《文淵閣四庫全書》本,第29頁。

爲《古家語》文,當是改篇次、加私定者。"①王承略順着這一思路,考察了"四十四篇中有整篇增加者""語句的改易和添加"等情况,提出:"今本《家語》的大部分内容還保持着劉校本的原貌;今本較之劉校本多出的篇目和文字,有的確實是王肅所爲,有的則可能是孔氏家學中人所爲。王肅爲攻駁鄭玄而篡改《家語》的文字,其情形和數量是有限的,王肅僞造全書的觀點不能成立。"②

第二種説法認爲今本較古本亡佚大半。明何孟春《家語序》説:"《漢書·藝文志》載《家語》二十七卷,顏師古曰:'非今所有家語也。'《唐書·藝文志》有王肅注《家語》十卷,然則師古所謂今之《家語》者歟?""今世相傳《家語》殆非肅本,非師古所謂今之所有者。"黃魯曾《家語序》云:"《藝文志》有二十一卷,王肅所注,何乃至宋人梓傳者止十卷,已亡其大半。"《四庫全書總目》認爲今本爲"近世妄庸所删削"。姚際恒《古今僞書考》説:"《唐志》有王肅注《家語》十卷,此即肅掇拾諸傳記爲之,托名孔安國作序,即師古所謂今之《家語》是也。今世所傳《家語》,又非師古所謂今之《家語》也。"近代梁啓超總結辨僞方法,經常舉《家語》爲例,其主要理由爲:僞書卷數變化有兩種情况,"一是減少的,一是增多的。減少的如《漢志》有《家語》二十七卷,到了《唐書·藝文志》却有王肅注的十卷,所以顏師古注《漢志》説'非今所有《家語》',可見王注絕非《漢志》舊物"。③ 上揭李傳軍論文正是順着這一思路來考慮問題

---

① 以上三説參張心澂編著《僞書通考》,商務印書館,1939年,第612—617頁。
② 王承略:《論〈孔子家語〉的真僞及其文獻價值》,《煙臺師範學院學報(哲學社會科學版)》2001年第3期。
③ 梁啓超:《古書真僞及其年代》,中華書局,1955年,第46頁。

的,説:"非常奇怪,古本《家語》爲二十七卷,王肅注本爲二十一卷,而傳世今本《家語》却僅有十卷。""其原因大概是晉代以後,王學衰微,學者于其義理未安之處,多有所抉擇去取,因此《家語》的卷數纔日益減少,在唐宋時期成爲今天的十卷本。"①

這兩種説法顯然相互矛盾,但其致誤的原因却又基本相同。中國古代辨僞實踐中,很早就以古書卷數歧异作爲主要理由。明人胡應麟《四部正訛》所謂"核書之道有八",前兩條就是:"核之《七略》以觀其源,核之群志以觀其緒。"梁啓超論述辨僞方法的第三條"從今本和舊志説的卷數、篇數不同而定其僞或可疑",所舉例證就是上引辨《家語》的文字。這一方法當然有點道理,但古書卷數變化的情況十分複雜,有時卷數不同而内容大异,但更多的情況是内容基本相同而分卷方法大异,所以在使用這一方法辨僞時,應當格外慎重。就《家語》辨僞而言,上述兩種説法都是直接根據幾個數字不同輕率立論,特別是忽視了"篇"與"卷"的差异這一關鍵問題,其結論自然難以取信。

所謂今本增加十七篇之説的明顯漏洞,是將《漢志》著録的二十七卷,直接看作二十七篇。《漢志》著録《論語》十二家,衹有《家語》等三家稱卷,其他九家稱篇,而其下又説十二家總共有"二百二十九篇",是將一篇當作一卷統計的,似乎篇、卷無殊。但從《漢志》總體來看,其著録圖書,有時稱篇,有時稱卷;六略三十八種下的統計數字,若書下稱篇者多則亦稱篇,反之則稱卷,顯然衹是爲了統計方便,篇、卷之間應該還是有所區別的。再從與後世書目或傳世

---

① 李傳軍:《〈孔子家語〉辨疑》,《孔子研究》2004年第2期。

之書卷數比較來看，《漢志》有些書的篇數與後世卷數相同，如《論語》《晏子春秋》等；而更多的情況是後世著錄的卷數比《漢志》篇數少得多，如《管子》《荀子》等。這是因爲漢時篇爲圖書内容起訖單位，有時也兼爲物質形式起訖單位，卷則純屬圖書物質形式起訖單位。因此，當單篇文章足以獨立成卷時，篇數、卷數相等；當多篇文章湊成一卷時，卷數少於篇數。可見從《漢志》著錄圖書篇卷數的通例考慮，《家語》二十七卷本有可能包括四十四篇，不能徑作二十七篇。

既然今本《家語》包括四十四篇，與孔安國、孔衍之說相符，本來最簡單的解釋應該是，《漢志》二十七卷本原來就是分成四十四篇，後世分卷方法不同，但篇數没有發生變化，大體仍爲原書。但持僞書說者大多不相信孔安國的後序，認爲也是王肅所僞造，其實這篇後序是相當可信的。據孔安國所述，漢初《孔子家語》"與諸國事及七十二子辭妄相錯雜，不可得知，以付掌書與《曲禮》衆篇亂簡合而藏之秘府"。前人對這幾句話没有足夠重視，實際結合孔序來分析今本，可以很明顯地看出，今本末尾《正論解》相當於孔序所謂"諸國事"，《曲禮子貢問》以下三篇相當于孔序所謂"七十子之言"，它們原來不在《家語》之内，孔安國重編時纔將其附錄于書末。孔序不但詳細叙述《家語》流傳，還對編集方法做了如此清楚的交代，這恐怕不是王肅所能杜撰出來的。因此漢代《家語》古本爲四十四篇合成二十七卷的本子，今本增加十七篇之說不能成立。

至于今本亡佚大半之說，也是事出有因，查無實據。明代宋版《家語》已不易得，何孟春祇見到元人王廣謀《標題句解孔子家語》三卷本，于是以爲它非但不是漢代二十七卷的舊本，而且已非顔師古所見王肅十卷注本,尚屬一種可以理解的錯誤推斷。何孟春没有注意到《隋志》著録王肅注本爲二十一卷,僅據《唐書·藝文志》以爲王肅注本原爲十卷,他可能在潛意識裏估計約有二卷脱佚,所以祇將全書由三卷重分爲八卷。後來黄魯曾得到一個宋刻十卷本,將其覆刻行世,他在刻書序中還提到二十一卷本,却又將《隋志》誤作《藝文志》(當指《漢志》)。本來這已經足以證明,王肅注本原來至少分成二十一卷,唐代纔出現十卷本,這個本子此後流傳有緒,何氏所謂王肅注本十卷、今本已非唐本之舊的説法早已不攻自破。但晚清以來疑古之風盛極一時,姚際恒、梁啓超等都不去思考何氏之説的由來,往往直接照搬舊説,以訛傳訛,誤人不淺。

二、敦煌本《孔子家語》的分卷方法

《家語》二十七卷、二十一卷、十卷這三個數字之間有何關聯,僅僅從其本身確實難以得到明確而合理的解釋。所幸敦煌發現的幾條新材料,爲探討漢唐時期《家語》的分卷變遷,并進而判斷今本之真僞,提供了關鍵性的證據,可惜這一點長期以來没有得到學界應有的重視。英藏敦煌遺書中,有一份《家語》殘卷,編號爲 S.1891。早在 1931 年,王重民就撰寫過一篇叙録,首先對這個殘卷做出介紹:

> 此殘卷存七十三行,凡《郊問》篇末十二行,《五刑解》全。
> "民"字不諱,殆爲六朝寫本……又按此卷存後題:"《家語》卷

第十"。"十"字當是"七"字之訛,蓋分卷非與今本有异。①

這篇叙録除上引内容外,主要是依據殘卷校勘毛晉影宋本和明覆宋本的字句异同,肯定敦煌本的學術價值。其後臺灣新文豐出版公司出版的黄永武博士所編《敦煌寶藏》《敦煌古籍叙録新編》二書,都收録了《家語》寫本,分别編在第十四册和第八册,但没有新的叙録,説明對殘卷本身的研究成果比較少。這裏首先對這個寫本做點補充介紹。

敦煌寫本《家語》殘存不足一卷,共七十三行,分别抄寫在十頁紙上,除第一頁右角兩三行殘損外,其他行基本上保存完好,字迹清晰。内容爲《郊問》篇末十二行,《五行解》全篇。《五行解》首尾完整,前有篇題,作"五行解第卅",同一行下題有書名"孔子家語",其下小字標明"王氏注",正符合版本學上所謂"小題在上,大題在下"的做法。在具體出注之處及注文内容等方面,與今本都基本一致,所謂"王氏注"顯然就是王肅注。其《五行解》爲第三十篇,逆推《郊問》爲第二十九篇,與今本篇序相同。值得注意的是,敦煌本與今本的行款亦有相似之處。敦煌本大致爲每頁八行,行十八字;明覆宋本爲每半頁九行,行十六字,二者乘積都是一百四十四字。祇不過寫本行款不如後世刻本規整,有的頁僅七行,有些行不足十八字,雙行注文長度與正文相當而不是占半字格,因此同樣字數在敦煌本中所占頁面比今本略多。如敦煌本《五行解》占七頁零四行,覆宋本占七個半頁零二行。這雖然并不完全一致,却十分接近。

---

① 王重民:《敦煌古籍叙録》,中華書局,1979年,第149頁。

大致説來,敦煌本一頁相當于覆宋本的半頁,又相當于據覆宋本影印合頁的《四部叢刊》本的四分之一頁。王重民認爲,敦煌本"民字不諱,殆爲六朝寫本"。而據下文考證,其分卷與今本不同,則今本之祖本即最早的宋刻本應該不是直接出于敦煌本,而是依據行款類似敦煌本而分爲十卷的唐寫本刻印的,并儘量與唐本每頁字數保持了一致。換句話説,雖然《家語》一書在六朝唐宋長期傳抄、刻印過程中,分卷方法發生過重大變化,但頁面行款的差别不大,頁數幾乎相同,這從一個側面説明了今本之相當可信。其後宋蜀本爲每半頁九行,行十六七八字不等;日本太宰純本每半頁九行,行十八字;岡白駒本每半頁十行,行二十一字,每頁字數略有增加。

敦煌寫本爲我們提供的最重要的信息之一,是殘卷末尾標明了卷次:"《家語》卷十。"這與今本《家語》分卷明顯不同。今本全書祇有十卷,而《郊問》《五行解》兩篇屬于第七卷。王重民大概正是有鑒于此,所以認爲:"'十'字當是'七'字之訛,蓋分卷非與今本有異。"由于古書中"十"與"七'字形相混致訛的情況確實很常見,而多數人未能親眼見到敦煌本,長期以來學界一直沿襲了王先生的説法。最近寧鎮疆纔指出,這個"十"字并非誤字,而且詳細列舉了三點理由:

> 首先,"十"字在此卷中出現了兩次。除了此處之外,在此卷末背面還題"家語傳十"。其云"傳",蓋因早期《家語》一類書甚至《論語》相對于"經",都可謂"諸子傳記"。而一曰"卷十",一曰"傳十",其爲"十"明甚,故絶不可能是"七"字之誤。其次,有迹象表明,此寫本抄完之後,時人還做了一定的校勘

工作,以補正脱誤。最明顯的是第四十三行,原文爲"制量之度。有犯不孝之獄者,則飭朝覲之",其中在"飭"字下有脱文,我們可見抄手就在"飭"字右側兩行之間用小字補上脱去的"喪祭之禮;有犯□",這顯然有校對、勘正的工作在裏頭。如果此處"十"字真是"七"字之誤,如此明顯之失,抄校者竟然没有發現,也實在説不過去。最後,假若王説不誤,即卷子本確實如今本般作"卷七",但我們看今本卷七包括了從二十八篇《觀鄉射》到三十二篇《禮運》這五篇,也就是説第三十(此處原文誤衍"三"字)篇的《五刑解》并不是第七卷的結束。但是,敦煌本在《五刑解》篇末題"家語卷第十",而且留下空白,不再接抄其他的内容,這就意味着敦煌本至此是一卷的結束(原注:而二十九篇末尾却并没有"家語卷第十"字樣),這與今本直到三十二篇纔結束第七卷就是矛盾的。這種情況説明,敦煌本的分卷方法與今本存在不同,换言之,"十"字不可能是"七"字之誤。

其實,王氏此處的誤字説,主要問題還是拿今本律寫本。實際上,《家語》的分卷唐初與五代以下乃至今本有明顯的不同。我們看《隋書·經籍志》云《家語》是二十一卷,而兩唐書乃至今本都爲十卷。長期以來,學者鑒于今本卷數與《隋書·經籍志》所載差異如此之大,似乎認爲今本較之又有大的精簡,甚至"删除",以致面目全非。現在看來,這是個很大的誤會。"二十一"與"十"的差异,其實祇是分卷方法的不同,并不意味着它們各自包含的篇數有所增減。①

---

① 寧鎮疆:《英藏敦煌寫本〈孔子家語〉的初步研究》,《故宮博物院院刊》2006年第2期。

寧先生的這一發現相當重要，論述也極具說服力，所以我們詳盡引錄如上，并且爲這一説法提供兩條佐證。一是《家語》二十一卷本除見于《隋志》外，還見于《日本國見在書目録》著録，説明這不是一條孤證。該目録編撰于日本寬平年間（889—897），主要收録唐代東傳日本的漢籍，而漢籍大量傳入日本，是從武則天、唐玄宗時期開始的。所以它所著録的《家語》二十一卷本，這一時期甚至中唐以後在中國本土也應該仍在廣泛流傳，敦煌本確有屬于此種抄本的可能。二是敦煌類書中還有一條引文，亦應出自二十一卷本。敦煌殘卷 P.3036 和 P.4022，書迹相同，屬于一種不知名的唐代類書。其中多處稱引及《家語》，且有兩條提及卷數。《高危門》引：" 《家語》曰：位高則危，任重則崩，可立而待也。" 注云：" 其第五卷。"《墳籍門》又云：" 《孔子家語》共十卷，總四十四篇。《古文尚書》十三卷，五十八篇。《古文論語》十卷，廿一篇。《孝經傳》二篇。"[①]後一條記載《家語》十卷，正與《舊唐書·經籍志》著録相符，可以確證十卷本出于唐代，《四庫總目》所謂 " 近世妄庸所删削" 之説有錯。但是《墳籍門》僅此一條，而所提到的四種書都與孔安國有關，有點奇怪。這部佚名類書編撰水準不高，研究者懷疑其爲未成之草稿。本條似乎是編者讀《家語》時，抄出孔安國後序之下那段文字（或謂孔衍序）中提到的四種書名，又憑記憶添注各書篇卷數。這些數字分別與早期書目中某項記載相符，而又不是僅僅依據某一種書目，也不是編者親眼見到的本子，因爲其中所説的《古

[①] 王三慶編：《敦煌類書·録文篇》，臺灣麗文文化事業股份有限公司，1993 年，第 270、273 頁。

文論語》隋唐時已經亡佚,編者不可能看到。所以編者所見《家語》,也可能不是十卷本,這一記載應該與《舊唐志》同爲根據唐開元年間所編《古今書錄》等書目而來。這一點對于討論前一條注文中的卷數十分重要。前一條引文下注云"其第五卷",今檢出自第十五篇《六本》,在十卷本中屬于第四卷的頭一篇,可見其所據并非十卷本。但也不可能是二十七卷本,因爲《六本》前有十四篇,後有三十篇,如果前分四卷,後須分二十三卷,這就太不均衡了。既然《家語》祇有三種分卷,排除這兩種情況後,其所見就祇能屬于二十一卷本。

寧先生還對敦煌本與今本分卷的差異做了初步的比較,并認爲二十一卷本較爲合理,似有將其認定爲王肅原注本之意。他的這一結論恐怕是錯誤的,且許多具體推測流于表面,尚欠研究深度。

首先,他認爲:"《隋志》的'二十一卷'的分法,可能純粹是從每卷所轄篇數的規模角度考慮的。"這一推測的思路有所偏差。如上所述,早期圖書的卷爲物質形式起訖單位,是用來處理古書中各篇文字內容以及與之相應的書寫簡帛多寡不均這一矛盾現象的。所以卷與篇的關係,既可以多篇合爲一卷,也可以單篇爲一卷,偶爾還可以分一篇爲兩卷以上,而決非爲了使每卷內所含篇數均衡。

其次,思路上的偏差,必然導致其具體論述上的失誤。他認爲今本"各卷內所轄篇數并不一致:少則三篇,多的則達七篇,各卷規模不甚均衡","有欠合理。然若把四十四篇作《隋志》的'二十一卷'劃分的話,則各卷就相對均衡:每卷以含平均大約兩篇爲常態"。實際上按敦煌本的分卷,前三十篇分成十卷,平均一卷含三篇,而剩下的後十四篇,要分出十一卷,平均一卷祇含一篇略多,哪裏談得上"均衡"？寧先生當然注意到了這種極不均衡的現象,但又提出一種解釋,"第三十篇之前更多的是積'篇'成'卷',而此後則很多是'單篇成卷'的",之所以如此分卷是因爲"今本三十篇以後包含了許多篇幅較大的篇"。這裏已經考慮到"篇幅"的大小,但他祇考慮到後部有一篇"超大型",而没有注意到後部有六個幾百字的短篇,前部也有幾篇兩千字以上的長篇,各自平均計算,每篇篇幅相差并不大。總體上説,前部與後部相比,篇數超過兩倍,字數也接近兩倍,没有任何理由要將前部分爲十卷,而將後部分爲十一卷。因此,單從分卷是否均衡來説,敦煌二十一卷本的分卷完全不合理,而傳世十卷本前七後三的分法比它要合理得多,這一事實與寧先生的説法恰恰相反。

最後,既然認定敦煌本後十四篇分爲十一卷,那其就必然多數都是"單篇成卷"的,如果再考慮一下各篇的篇幅長短,完全可以對這十一卷的分卷方法做出比較準確的具體推斷。而由後十四篇的分卷方法,再來推測二十一卷本前十卷甚至二十七卷本的分卷情況,并由漢唐時期《家語》一書的分卷變遷進而討論今本之真僞,或許可以得出一些令人意想不到的收穫。寧先生似乎没有注意到這一點,所以論述未能深入,實有必要重做探討。

三、《孔子家語》分卷變遷之推測

由以上討論,可以看出敦煌本提供了《家語》二十一卷本的三點信息:一,《郊問》《五行解》兩篇列第二十九、第三十,與今本相同,則其全書篇目及其次序當亦相同。二,這兩篇在第十卷,與今本在第七卷不同。三,《六本》篇在第五卷,與今本在第四卷不同。根據這三點做進一步分析,可以推測出其書分卷變遷的一個大致過程。茲先列《家語》分卷變遷表如下:

篇名	篇次	各篇字	各篇頁	27卷本 卷	27卷本 字	21卷本 卷	21卷本 頁	10卷本 卷	10卷本 頁
王肅序			4						
相魯	1	859	8	1	2762	1	26	1	60
始誅	2	648	5						
王言解	3	1255	9						
大昏解	4	830	6	2	1926	2	34		
儒行解	5	1096	9						
問禮	6	742	6	3	2323				
五儀解	7	1581	13						
觀思	8	2502	22	4	2502	3	46	2	46
三恕	9	1156	10	5	2808				
好生	10	1652	14						
觀周	11	874	8	6	2556	4	44	3	44
弟子行	12	1682	15						
賢君	13	1405	11	7	2731				
辯政	14	1326	10						

续表

篇名	篇次	各篇 字	各篇 頁	27卷本 卷	27卷本 字	21卷本 卷	21卷本 頁	10卷本 卷	10卷本 頁
六本	15	2683	20	8	2683	5	42	4	42
辯物	16	1391	12	9	2578				
哀公問政	17	1187	10						
顏回	18	1039	9	10	2325	6	48	5	46
子路初見	19	1286	10						
在厄	20	958	8	11	2056				
入官	21	1098	9						
困誓	22	1463	12	12	1463				
五帝德	23	936	8	13	1529	7	14	6	45
五帝	24	593	6						
執轡	25	1651	13	14	1651	8	13		
本命解	26	743	8	15	1982	9	18		
論禮	27	1239	10						
觀鄉射	28	616	6	16	2093	10	18	7	42
郊問	29	493	5						
五刑解	30	984	7						
刑政	31	649	6	17	2600	11	24		
禮運	32	1951	18						

续表

篇名	篇次	各篇 字	各篇 頁	27卷本 卷	27卷本 字	21卷本 卷	21卷本 頁	10卷本 卷	10卷本 頁
冠頌	33	574	5	18	1017	12	10	8	40
廟制	34	443	5						
辯樂解	35	1036	10	19	1686	13	16		
問玉	36	615	6						
屈節解	37	1818	14	20	1818	14	14		
弟子解	38	1982	17	21	1982	15	17	9	62
本姓解	39	822	6	22	1437	16	11		
終記解	40	615	5						
正論解	41	3758	34	23	3758	17	34		
				24		18			
子貢問	42	2397	20	25	2397	19	20	10	59
子夏問	43	2382	19	26	2382	20	19		
公西赤問	44	1243	9	27	2668	21	20		
後序		1425	11						

　　上表字數、頁數據光緒二十四年玉海堂影印宋蜀本統計。漢代二十七卷本當爲簡書，無王肅注，故統計正文字數，文中言及他本字數同此。六朝以後皆書于紙頁，有王肅注，故統計頁數，此指宋蜀本半頁，相當于敦煌本一頁。

　　對于這個分卷變遷表，或許有人會大加懷疑：從敦煌本的三點簡單信息，何以能做出如此具體的推測，這值得相信嗎？其實古書如何分卷,固然有一定的偶然因素,但比較合理的做法應當是儘量使各卷篇幅相當,同一書的不同分卷方法之間應當有所承襲,充分考慮這兩點,是可以對古書分卷變遷做出合理推斷的。下面從分析敦煌本的分卷情況入手,做些具體的論述。

首先,要將敦煌本後十四篇分爲各卷篇幅比較均衡的十一卷,祇有上表所述這唯一一種分卷方法;進一步分析則可以發現,從漢代孔安國以來就是如此分卷的。

後十四篇中有六篇都祇有數頁幾百個字,顯然不足以單獨成卷。其中《冠頌》(33)與《廟制》(34)、《本姓解》(39)與《終記解》(40)兩兩相近,應分別合編成卷;《刑政》(31)、《問玉》(36)則理應與相鄰之篇各自合爲一卷。這樣一來,如果剩餘六篇都單篇成卷,就祇有十卷。且《正論解》(41)篇幅特別大,如果作爲一卷,就必須將《刑政》或《問玉》獨立出來作一卷,這兩篇都祇有六頁六百多字,約爲《正論解》的六分之一,也顯得極不均衡。反觀《正論解》接近其他各篇平均篇幅的兩倍,其內容本來就是短章之彙編,很容易從中間分開,顯然應將其分爲兩卷,這樣後十四篇就可以比較均衡地分爲十一卷。

與《正論解》正好相反,最後三篇都是從《曲禮》中抄出的孔子及其門弟子論禮的短章,從內容性質上看可以合爲一篇,其分作三篇,實源于分卷。不同之處是,它們在分卷的同時用卷首弟子之名加上一個標題,于是篇卷合一。這三篇正文字數,分別爲2397字、2382字、1243字,前兩篇極爲均衡,而《公西赤問》篇幅獨短。公西赤在孔門弟子中名氣不大,該篇中系于他名下的"問"祇有篇首一條,爲何單單從這條以下分卷?其原因十分簡單,是爲了與書末所附《後序》合爲一卷。但《公西赤問》加上孔安國序491字爲1734字,再加上孔衍序934字爲2668字,都與前兩篇相差數百字。我們懷疑孔安國在序後還附載孔子世系并自述其生平經歷,有600多字(今本僅478字),加上末篇正文、孔序也是二千八九百字。今本所謂孔衍序,當爲後人刪節原有孔安國自述世系、經歷的文字,并與孔衍奏言合編而成。所以末三篇的區分,確實出于孔安國之手,否則末篇的分法就不能得到合理的解釋。

進而論之,後十四篇的分卷方法雖然見于敦煌二十一卷本,但其分卷標準根本不適用于敦煌本全書的分卷。敦煌本後十一卷21000多字,平均每卷不到2000字,其中間七卷平均更不到1700字。按照這一情況,末三篇7000多字,本應分爲四卷,爲何卻分成三卷?這很可能是由于與之相應的全書平均每卷2100字左右,而由此向上、向下浮動500字,儘量使每卷字數在1600—2600字之間,很可能就是其基本分卷標準。用這個標準覆檢後十一卷,九卷都在標準範圍之內,另兩卷各爲1017、1437字,則屬特例。但敦煌本前三十篇近36000字,分爲十卷,每卷多達3600字,與這一分卷標準差距太大。所以這祇能是孔安國二十七卷本的分卷方法,而爲敦煌本所繼承。

其次,根據敦煌本後十四篇的分卷方法,逆推今本前三十篇以分爲十六卷最爲合理,由此可以大致復原出漢代二十七卷本的分卷情況。

敦煌本後十四篇的分卷方法與同一寫本前三十篇的實際分卷完全不符,但如果先不考慮敦煌本的分卷問題,直接根據這一分卷方法來給前三十篇分卷,可以有一個驚人的發現:以分爲十六卷最爲合理！前部篇數較多，似乎難以找出唯一可行的分卷結果，但其中有兩篇(8、15)篇幅較大，顯然都應單篇成卷；又有十二篇(1、2、4、6、11、20、23、24、26、28、29、30)祇有數百字，顯然應與鄰篇合爲一卷，可以采用不同分法的篇數并不多。事實上，按照上述分卷標準，前三十篇有兩種比較合理的分法。一種分法如上表所示，有十卷在標準之內，另六卷也很接近，若將標準再放寬二百字，可以都包括進來。字數最多的爲2808字，是由於《三恕》(9)既不足以單成一卷，又不可能與上篇合卷，祇能與下篇合卷。另一種分法則可以從前七篇中多分出一卷，另將第二十二至二十五篇少分一卷。這種分法各卷篇幅略微平均一些，我們不采用這一分卷方法，是考慮到《困誓》(22)、《五帝德》(23)在今本中分別爲第五卷末篇和第六卷首篇，而據下文推測，今本各卷可能是直接將古本兩卷或三卷合成一卷的，所以古本中這兩篇不應在同一卷之內；而從篇名內容推斷，《五帝德》也以與下篇《五帝》合爲一卷更爲妥當。其實哪種分法更爲準確并不重要，重要的是這兩種分法都是分成十六卷，與後十一卷相加，正好爲二十七卷。回頭來看，今本凡五萬七千多字，按平均每卷二千一百字計算，也正好分爲二十七卷。這說明雖然今本分爲十卷，但按敦煌本後十四篇的分卷方法，它原來應該是分成二十七卷的，必定是由漢代古本發展而來。辨僞家可以無視孔安國、孔衍所述四十四篇與今本相符的事實，將其一概斥爲王肅僞說，但如今面對這四十四篇可以按一個比較嚴格的標準復原爲二十七卷這個新的事實，還能做何辯解？

再次，今本并非就四十四篇重新做統一分卷，而是在古本分卷基礎上，直接如上表所示，將原來的兩三卷合并爲一卷。

對照上表復原的二十七卷本和今傳十卷本兩種分卷方法，今本每卷的最末一篇在古本中或爲單篇成卷，或在一卷末尾；反過來說，凡是古本中兩三篇合成一卷的，今本都沒有將其拆散分編在前後兩個不同的卷次。似乎今本並非直接針對四十四篇另做分卷，而是采取了一種更加簡捷的方法，即簡單地將古本相鄰的兩卷或三卷合并爲一卷。這一推測從合編者的意圖和結果之間的細微矛盾，也能得到證明。

古本各卷字數爲 1017 至 2808 不等，超出或低于上述分卷標準的各有四卷，篇幅上還不是十分均衡。今本頁數最少的爲四十頁，最多的爲六十二頁，差距明顯地縮小；而且頁數較多的第一、第九、第十處于全書首尾，中間七卷都是四十多頁。這反映出合編者追求各卷篇幅均衡的意圖極其明顯，也是比較成功的。它在分卷均衡性上，與二十一卷本相比可謂天壤有別，比二十七卷本也具有明顯的優勢。由此可見，上引寧先生說今本分卷"不甚均衡""有欠合理"之類的批評，確實嚴重違背事實。但是我們仍然要追問：如果直接針對四十四篇來做分卷，可以有更爲均衡的分法，爲何單單采取今本這種分法呢？比如將今本前三卷末篇即第七、十、十四依次下移編入下一卷，將第九、八卷的首篇即第三十八、三十三篇依次上移編入上一卷，則前九卷頁數介于四十五至五十二頁間，末卷若不計《後序》爲四十八頁，全書分卷比今本更加均衡。但今本沒有采用這一分卷方法，比較合理的解釋是，它實際是在古本分卷基礎上做簡單合并，而合并較長的舊卷并達到均衡，顯然要比合并短篇困難得多，今本這一并卷結果已經是最爲均衡合理的。

最後，二十一卷本是一個前部做過并卷，後部仍古本之舊的本子,這是從古本到今本之間的過渡環節。

今本前三十篇共三百頁,按敦煌本分爲十卷,平均每卷達三十頁,實際分卷則肯定將有多卷超出《正論解》的三十四頁,爲後十一卷平均十七頁的兩倍多,更是頁數較少之卷的四倍多,前後兩部分各卷篇幅極不均衡。即使不考慮這一前後矛盾,要將前三十篇比較均衡地分成十卷,也面臨兩大困難。一是據上文推測,今本十卷是合并古本二十七卷而來,但古本早已亡佚,唐人應是依據二十一卷本來做并卷的,這個本子必須也沒有將古本在同卷內的兩三篇拆散分編入前後兩卷,今本據古本并卷纔能間接地做到。而要在這一條件限制下,將前三十篇比較均衡地分爲十卷,很難做到。二是據敦煌殘卷,第十五篇《六本》在此本中屬于第五卷。則《六本》之前四卷十四篇,平均每卷三十七頁多,而且無論如何分卷都會有一卷多達四十四頁;之後六卷十六篇,平均每卷二十五頁,與前相差十二頁之多,而且至少要分出兩個十多頁的卷。這樣前三十篇內部的不均衡,絲毫不亞于全書前後兩部分的不均衡,二十一卷本將成爲一個平均頁數三級遞減的雜亂不堪的本子。反思敦煌本前後分卷的矛盾,衹是殘卷僅存第十卷而提供的一點信息,其實這個本子前後分卷不同的臨界點完全有可能前移;前四卷已與今本三卷很接近,而且必有一卷篇幅與今本相同,則上表所示的分卷方法應該是最爲合理的。二十一卷本其實并非有意識地重新分卷的結果,而衹是古本在流傳過程中,前十二卷被人偶然合并爲六卷,後十五卷則仍古本之舊,于是成爲一個分卷標準極不統一、前後各卷篇幅懸殊的本子。

唐人正是有鑒于此,纔進一步仿效這一并卷方法,將其前六卷、後十五卷分別合并爲五卷，成爲今傳十卷本。這種分卷最爲均衡，可以説是爲《家語》分卷變遷畫上了一個完滿的句號。當然，即使没有二十一卷本這一失衡現象，十卷本仍有可能取代二十七卷本。因爲十卷本的出現并非像辨僞家所説，是後人任意删削的結果，而是符合古代圖書發展規律的。周秦漢魏時期書寫材料主要爲簡帛，一卷書籍的篇幅通常爲二千多字，所以《老子》五千言需要分成上下兩卷。《家語》古本平均二千一百字分爲一卷，顯然是很恰當的。東晉以後紙取代了簡帛，書寫方式、裝幀方式等有所改進，書籍製作更加便利，書卷的篇幅隨之增多，一卷書通常都在五千字以上，甚至達到一萬字。《家語》王肅注比較簡略，所以漢代按其正文分爲二十七卷尚屬正常；而到唐代即使加上注文，按原來的分卷，每卷也衹有一二十頁，合爲十卷，正是理所當然。

總之，敦煌殘卷提供的三點簡單信息，使我們得以將《家語》從漢代二十七卷本，經六朝二十一卷本，再到唐代十卷本的分卷變遷過程大致理清。魏代王肅作注時所依據的，毫無疑問就是漢代二十七卷本，因今本卷數不符而起的僞書説，可以休矣！

西漢孔子世系與孔壁古文之真僞

經學今古文之爭,發軔于漢代。唐宋以後,對古文經的懷疑愈演愈烈。晚清今文學家甚至提出,西漢發現孔壁古文一事純屬子虛烏有,是劉歆僞造古文群經以爲新朝改制張目。其代表性論述是康有爲所謂"壁中古文之事,其僞凡十"。[1] 這種説法對于近代以來的思想革新起過重大作用,但從純學術的角度來説,實在難以成立。近人符定一説:"康舉十僞,似是而非,逐一闢之,實成十誤。"[2]但對于這十條的關鍵,即孔安國于武帝末獻書的記載與司馬遷稱其"蚤卒"的説法相互矛盾,符氏仍信從清人閻若璩的解釋,尚不足以完全駁倒對方。至今相信康氏之説的人已經不多,然而并未絶迹。本文試圖通過考察西漢時期孔子世系,確定孔安國的生活年代,最終解決孔壁古文真僞這一歷史懸案。不當之處,敬請學

---

[1] 康有爲:《康有爲新學僞經考》,吉林人民出版社,2013年,第45頁。
[2] 符定一:《新學僞經考駁誼》,轉引自張心澂《僞書通考》,商務印書館,1957年,第234頁。

界同仁指正。

一

有關早期孔子世系的原始材料,前人比較看重《史記·孔子世家》《漢書·孔光傳》的兩條記載。《孔子家語》附有兩篇後序,一爲孔安國撰,一無撰人,其中載有孔衍奏言,有人稱之爲孔衍序。明代以來,兩序被懷疑是魏人王肅的僞作。從《家語》一書的分卷情況來看,兩序在漢代二十七卷本中就與末篇《公西赤問》合編在一卷,不可能出于東漢以後人之手。後一序當是劉歆校書時據孔衍奏略加改寫而成,稱之爲孔衍序亦未嘗不可。這一點當另文論證,這裏先將其中有關西漢孔子世系的記載與《史記》《漢書》做一比較。

三者記載秦代以前孔子世系爲:孔子生伯魚鯉,鯉生子思伋,伋生子上白(帛),白生子家求,求生子京(眞)箕,箕生子高穿,穿生慎(順)。世系完全相同,白與帛、京與眞、慎與順,屬古同音字互用,可以勿論。但三者記載第九代(或稱爲八世孫)孔鮒以下世系,則有明顯的不同。《史記·孔子世家》曰:

> 子慎生鮒,年五十七,爲陳王涉博士,死于陳下。鮒弟子襄,年五十七。嘗爲孝惠皇帝博士,遷爲長沙太守。長九尺六寸。子襄生忠,年五十七。忠生武,武生延年及安國。安國爲今皇帝博士,至臨淮太守,蚤卒。安國生卬,卬生驩。

317

《漢書·孔光傳》曰:

> 順生鮒,鮒爲陳涉博士,死陳下。鮒弟子襄爲孝惠博士,長沙太傅。襄生忠,忠生武及安國,武生延年。延年生霸,字次儒。霸生光焉。

《孔子家語》孔衍序曰:

> 子武(字子順)生子魚名鮒,及子襄名騰,子文名祔。子魚後名甲。子襄以好經書,博學,畏秦法峻急,乃壁藏其家(原文此處衍"語"字)《孝經》《尚書》及《論語》于夫子之舊堂壁中。子魚爲陳王涉博士、太師,卒陳下。生元路,一字元生,名育,後名隨。子文生冣,字子產。子產後從高祖,以左司馬將軍從韓信,破楚于垓下,以功封蓼侯,年五十三而卒,諡曰夷侯。長子滅嗣,官至太常。次子襄,字子士,後名讓,爲孝惠皇帝博士,遷長沙王太傅,年五十七而卒。生季中名員,年五十七而卒。生武及子國。

三者除内容詳略不同外,其所列世系也有明顯的歧异。孔衍序所説最爲詳盡,其可信度究竟如何?以下逐代做出分析。

第九代始分爲子魚鮒、子襄騰、子文祔三支。《史記》言及鮒、子襄,漏載子文。《漢書》上言"鮒弟子襄",下言"襄生忠",又參《古今人表》云"孔襄,孔鮒弟子",則此處亦當以襄爲鮒弟之子,疑係誤讀《史記》。但三者更重要的歧异,在于孔衍序以名騰字子襄者與名襄字子士者爲祖孫輩的兩個人，而《史記》《漢書》祇有鮒弟子襄一人。《孔叢子·連叢子上·叙書》云："家之族胤，一世相承，以至九世，相魏居大梁，始有三子焉。長子之後承殷統爲宋公，中子之後奉夫子祀爲襃成侯，少子之後彥以將事高祖，有功封蓼侯，其子臧嗣焉。"其分爲三支，與孔衍序所述同；而説"中子之後奉夫子祀"，殆亦以安國等屬子襄一支，似又與《史記》《漢書》所述比較一致。但如果據此斷定孔衍序憑空杜撰出子士襄，授人以柄，亦不合情理。西漢私人編撰家譜的風氣尚未興起，司馬遷可能祇是從孔子後人采訪其世系，不慎將子襄騰、子士襄誤合爲一人。而孔衍序所述是今存最早的西漢孔子後人記載的世系，其以子襄騰、子士襄爲二人，應更爲可信。東漢以後班固甚至孔子後人都受司馬遷的影響，積非成是，這種可能性也是存在的。從以下各代世系往上逆推，亦當以作兩人爲妥。此外，如果藏書壁中的鮒弟子襄惠帝時尚在世，他在除挾書之律後爲何不將其取出，亦令人費解。

　　第十代鮒子元路及子襄後代皆無考，子文之子㝡字子産。《史記·高祖功臣侯者年表》云："蓼，以執盾前元年從起碭，以左司馬入漢，爲將軍，三以都尉擊項羽，屬韓信，功侯。(高祖)六年(前201)正月丙午，侯孔藂元年。"《史記》索隱云："即漢五年(前202)圍羽垓下，淮陰侯將四十萬自當之，孔將軍居左，費將軍居右(事見《史記·高祖本紀》)是也。"《漢書·高惠高后文功臣表》作"聚"，又云："三十年薨。"則子産卒于文帝九年(前171)。孔衍序所説，與以上記載相符，又説他卒年五十三，上推其生于前223年。從高祖起兵的"前元年"，顏師古注云："謂初起之年，即秦胡亥元年(前209)。"則其時年僅十五歲。其名"㝡"當作"藂"，即"叢"。《新唐書》卷七五《宰相世系表》載鮒少弟名樹,宋黄震《黄氏日抄》卷三二引孔宗翰《闕里譜系》云:"樹字子文。"《史記·趙世家》索隱云:"叢,樹也。"疑宋人混子文、藂父子爲一人,又誤作"樹"字。藂字子産,"産"可以指草木叢生,名、字義正相通。《孔叢子》云:"少子之後彦以將事高祖,有功封蓼侯。""彦"當爲"産"字之訛。

第十一代藂子臧、襄。《史記·高祖功臣侯者年表》云:"(文帝)九年(前171),侯臧元年。元朔三年(前126),侯臧坐爲太常,南陵橋壞,衣冠車不得度,國除。"《漢書·高惠高后文功臣表》略同。《藝文志·六藝略》儒家著録《太常蓼侯孔臧》十篇,《詩賦略》又載《太常蓼侯孔臧賦》二十篇。前一書下顔師古注:"父聚,高祖時以功臣封,臧嗣爵。"李零説:"《孔叢子》名書,是孔臧以父名題書。"①故孔衍序所謂"長子滅嗣",爲孔臧無疑。其所謂"次子襄字子士",必指藂之次子,與鮒弟子襄騰是祖孫輩的兩個人,與他書所載獨異。藂子襄惠帝時最多不過十幾歲,不可能先爲博士,又遷長沙太傅。然"太傅"《史記》作"太守",據《漢書·百官公卿表》,郡守"景帝中二年(前148)更名太守",疑"惠帝"爲"景帝"之誤。孔藂漢高祖六年(前201)已封侯,臧文帝九年(前171)嗣爵,武帝元朔三年(前126)失爵。臧、襄當皆生于高祖時,臧武帝時卒,年七八十歲,襄景帝時卒,年五十六歲,都很正常。

第十二代臧子琳,襄子季中(忠)。

第十三代琳子黄,忠子武、安國。

第十四代黄子宣,武子延年,安國子卬。

---

① 李零:《簡帛古書與學術源流》,生活·讀書·新知三聯書店,2004年,第310頁。

第十五代延年子霸,卬子驤。

第十六代霸子福、光,驤子子立。

以上諸代統做幾點説明:

(一)《孔叢子·連叢子下·叙世》云:"臧子琳,位至諸吏,亦博學問。琳子黄,厥德不修,失侯爵。大司徒光以其祖有功德,而邑土廢絶,分所食邑三百户封黄弟茂爲關内侯。茂子子國,生子卬,爲諸生,特善《詩》《禮》而傳之。子卬生仲驤,爲博士、弘農守。善《春秋左傳》《公羊》《穀梁》,訓諸生。仲驤生子立,善《詩》《書》,少游京師,與劉歆友善。"《孔叢子》古人以爲僞書,錢穆亦云:"考其書中事實,多有大謬不然者。"[1]黄懷信曾論定爲東漢人所著,并據以考證孔子世系,但對于此處的矛盾,亦不得不予以承認:"孔臧之孫孔茂既與孔光同時,則已是劉歆同時人,而下云茂四代孫子立與劉歆友善,已是不可能之事,再下又記子立之孫子建不仕于莽,祖孫七代均與王莽同時,顯然是荒唐的。"[2]然其誤實不止于此。所謂"黄弟茂",殆因安國父武字子威,"武""威"二字與"茂"形近致譌。即使黄果真別有弟曰茂,亦不太可能與光同時。《漢書·高惠高后文功臣表》載:"元康四年(前62),聚玄孫長安公士宣詔復家。"宣當爲黄子,則孔黄一輩約卒于昭帝時,比孔光的時代約晚六十年。東漢人之所以造出此説,疑乃據襄即鮒弟子襄之説往下推,黄、光僅相距一代,故以爲同時人。而按孔衍序所述臧、襄爲兄弟往下推,黄與武、安國同輩,宣與延年、卬同輩,時代都更爲接近,可見其説較爲合理。

---

[1] 錢穆:《先秦諸子繫年考辨》,上海書店,1992年,第451頁。
[2] 黄懷信:《〈孔叢子〉與孔子世系》,《儒家文獻研究》,齊魯書社,2004年,第339頁。

（二）《叙世》雖謬，但以安國屬子文一支，爲臧玄孫輩，却頗堪玩味。按《史記》《漢書》所載，安國皆爲鮒之曾孫輩，比臧晚一輩。但據《連叢子》中《叙書》《與侍中從弟安國書》《與子琳書》三篇所述，則臧與安國爲從兄弟。《叙書》爲東漢人作，後兩封書信都用孔臧的口氣，然不類西漢人之辭，疑亦東漢人僞托。如《與侍中從弟安國書》說："古文乃有百篇。"《尚書》古文百篇之說，起于成帝以後，非孔臧時所能有。當是東漢人因臧與安國同仕武帝朝，又讀《漢書》"鮒弟子襄"爲鮒之弟名子襄，故誤以臧與安國爲同輩人，而僞撰兩封書信。其實臧生于高祖時，文帝九年（前171）已嗣爵，約仕終于武帝前期；而安國無論按《史記》"蚤卒"之說還是按孔衍序所述，都應生于景帝中元初年，約比臧年輕五十歲，確有可能如孔衍序所述爲祖孫輩。《叙世》以安國爲臧玄孫，其誤不爲無因。

（三）《史記》以安國爲武之子，而《漢書》則以安國爲忠之子，與武爲兄弟。按常理推測，司馬遷與安國同時相游，所記不應有誤，但班氏似也無改是爲錯之理。且《漢書·孔光傳》載："自御史大夫貢禹卒，及薛廣德免，輒欲拜霸。"事在元帝永光元年（前43），則延年子霸之卒必在此後。《闕里譜系》稱其年七十二，則當生于武帝元鼎四年（前113）以後。《史記》載安國子孫，不載霸名，當因其尚未成年，則霸父延年不太可能爲安國之兄，而應爲安國之侄。安國子孫雖見于《史記》，生活年代亦不清楚，但由驩子子立與霸子福、光同時，可以上推驩與霸、卬與延年亦有可能爲同時同輩人。孔衍與子立同時，而稱安國爲祖，疑係泛稱，實爲曾孫，或即名衍字子立。

（四）《闕里譜系》第十四代列福、光，又云："吉，鮒五代孫。"

《漢書·成帝紀》載,成帝綏和元年(前8)二月癸丑,詔曰:"昔成湯受命,列爲三代,而祭祀廢絕。考求其後,莫正孔吉。其封吉爲殷紹嘉侯。三月,進爵爲公。"則福、光、吉爲同時代人,似乎可以推測福、光爲子襄五代孫。但鮒子孫世系漢代就已不詳,甚至始封殷紹嘉侯的究竟是孔吉還是其子孔何齊,尚有疑問。《漢書·外戚恩澤侯表》又云:"殷紹嘉侯孔何齊,以殷後孔子世吉適子侯。""綏和元年(前8)二月甲子封,八年,元始二年(2),更爲宋公。"疑《成帝紀》"封吉"下脫"適子"二字,受封者實爲孔何齊。班固未言吉、何齊爲鮒幾代孫,宋人大概是先據《史記》《漢書》推算福、光爲子襄五代孫,然後將同時代的孔吉定爲鮒五代孫。如果據孔衍序所述,定福、光爲子文七代孫,則吉亦當爲鮒七代孫。這兩種推算哪種較爲可信?成帝爲高祖八代孫,孔子同時代子孫若爲孔鮒兄弟之七代孫,則大致相符;若爲五代孫,則平均每一代都應四十歲生子。孔子子孫雖有壽至七八十者,亦有四十歲生子者,但以壽五十左右者爲最多,西漢孔鮒子孫絕不可能每代都平均四十歲生子,孔衍序所述較爲合理。

總之,關于西漢時期孔子世系的各種史料都有程度不等的錯誤,相比較而言,以孔衍序所述最爲詳細,也比較合理。可惜後世如宋代《闕里譜系》、孔傳《祖庭雜記》和《東家雜記》、金代孔元措《孔氏祖庭廣記》等,雖然曾經利用其中部分材料,但在子襄一支的排列上,無不依據《史記》《漢書》,故其多數世系都比上述所列早兩代,實在是一個莫大的錯誤。

二

孔衍序所述西漢孔子世系比較可信,故其關于孔安國生平的具體記載也不容忽視。孔衍序又云:

> 孔安國字子國,孔子十二世孫也……子國少學《詩》于申公,受《尚書》于伏生。長則博覽經傳,問無常師。年四十爲諫議大夫,遷侍中、博士。天漢後,魯恭王壞夫子故宅得壁中詩書悉以歸子國……子國由博士爲臨淮太守,在官六年,以病免。年六十,卒于家。

孔安國的仕履,《史記·孔子世家》載:"安國爲今皇帝博士,至臨淮太守,蚤卒。"《儒林列傳》亦云,申公"弟子爲博士者十餘人,孔安國至臨淮太守"。其任博士的具體時間,没有明確記載。據《漢書·兒寬傳》云:"(寬)以郡國選詣博士……受業孔安國……補廷尉文學卒史……時張湯爲廷尉。"清閻若璩《尚書古文疏證》卷二云:"案湯爲廷尉在武帝元朔三年(前126)乙卯。""漢制,擇民年十八以上儀狀端正者補博士弟子,則爲之師者年又長于弟子,安國爲博士時年最少如賈誼,亦應二十餘歲。"(下引閻説出處同)王國維《太史公行年考》亦云:"以此推之,則安國爲博士,當在元光、元朔間。"[1]又《漢書·儒林傳》云:"安國爲諫大夫。"據《百官公卿表》:

---

[1] 王國維:《觀堂集林》,中華書局,1959年,第488頁。

"武帝元狩五年(前118),初置諫大夫,秩比八百石。"閻若璩云:"蓋初置此官,而安國即爲之。何者？元狩五年(前118)癸亥,上距博士時乙卯凡九年,後又幾年至臨淮太守,遂卒,此安國生平之歷官也。向云安國爲博士年二十餘,則諫大夫時年三十外,卒于郡太守應亦不滿四十,與孔氏他子孫异,故曰蚤卒,此安國之壽命也。博士秩比六百石,郡守秩二千石。由比六百石遷比八百石,由比八百石遷二千石,此安國之禄秩也。"這些推斷大多很有見識,但對早卒之説并未做出令人信服的論述,而先入爲主的傾向極爲明顯。

孔衍序載安國年六十而卒,與《史記》早卒之説不符,閻若璩不引其説,顯然是以爲僞書之説不足置辯。但他既然考證安國爲諫大夫時至少已三十多歲,後來又任郡太守六年之久,免官後卒于家,至少已年近四十,通常應推測其壽在四十以上。他又説:"孔氏子孫都無高壽者,不過四十五十耳,四十五十俱不謂之蚤卒,何獨于安國而夭之乎？"本來應據此致疑于早卒之説,但他偏偏以此爲理由,認定安國死時"不滿四十"。這除了迷信太史公,實在没有任何道理可言。其實《史記》既載安國歷官,又獨言其"蚤卒",顯得十分异常。并且《史記》所謂"忠生武,武生延年及安國",《漢書》作"忠生武及安國,武生延年",從孔子世系來看,應以後一説較爲可信。《漢書》中許多内容都是采自《史記》的相關記載,其所載孔子世系,較《史記》簡略,但除對"鮒子襄"的理解有誤外,與《史記》并無其他矛盾,祇有此處純屬世系排列不同。因此有理由推測,班固記載孔子世系是根據《史記》略作删節的,其所見《史記》"武生延年"四字很可能在"蚤卒"二字前,今本偶有錯簡。上文考證延年爲安國之侄,其子霸生于武帝元鼎四年(前113)以後,如果他在霸生不久後去世,確屬早卒。但《新唐書》卷七五《宰相世系表》載延年爲大將軍、太傅,又似不應早卒。《闕里譜系》更明言:"延年武帝時爲博士,轉太傅,遷大將軍,年七十一。"又云:"武字子威,爲武帝博士,至臨淮太守,早卒。"唐宋晚出之説,張冠李戴,疑不可從,然由此可見早卒者非安國的懷疑,實乃古已有之。

胡平生説:"如果以兩序爲主折衷全部材料,却能夠排出一張比較合理的'孔安國大事年表'。"①其不從《史記》所言早卒之孤證,頗有可取,但他没有説明具體的考證經過,所列年表與兩序頗多矛盾,還不夠準確。首先,他可能是根據劉歆所説"天漢之後"獻書的記載,將安國獻書和卒年確定在天漢二年(前99)或三年(前98),并由卒年上推其他事迹的年份,這一基點有誤。其次,他推測安國十九歲爲侍中,三十五歲爲博士,四十九歲爲諫議大夫,這與漢代官制不符,也與孔衍序"年四十爲諫議大夫,遷侍中、博士"明顯相左。最後,由于胡氏所定卒年不確,上推安國元封六年(前105)爲臨淮太守,亦自有誤。

我們認爲孔安國生平繫年應以"年四十爲諫議大夫"作爲最重要的支點。需要説明的是:武帝始置諫大夫,東漢光武帝時纔改爲諫議大夫,以後歷代相沿不改。所以孔衍序原文中"諫議大夫"應爲"諫大夫",此爲東漢以後人誤改,《史記》《漢書》中都有這樣的誤例。孔衍序説安國由諫大夫"遷侍中、博士",易滋疑竇。因爲安國元朔初二十多歲時已任博士,而且諫大夫、侍中官秩都高于博士,豈能説安國四十以後先任諫大夫、侍中,再"遷"爲博士? 但仔

―――――
① 胡平生:《阜陽雙古堆漢簡與〈孔子家語〉》,《國學研究》第7卷,北京大學出版社,2000年,第52頁。

細考察漢代官制，這一記載不僅是可信的，而且恰恰反映了西漢比較特殊的官制。漢代諫大夫和博士官秩相近，皆可爲郡國守相之選，如《漢書·蕭望之傳》云："是時選博士、諫大夫通政事者補郡國守相，以望之爲平原太守。"諫大夫和博士還可以同時兼任。如《史記》卷六十載武帝時人奏疏，言及"諫大夫、博士臣安""諫大夫、博士臣慶"，《漢書》卷九載"諫大夫、博士賞"，卷七二載王吉"復徵爲博士、諫大夫"，卷七五載翼奉"以中郎爲博士、諫大夫"。應該特別指出的是，以上諸例都見于武、昭、宣三朝，東漢時期則僅《後漢書·丁恭傳》載其"建武初爲諫議大夫、博士"，可見這一現象西漢中後期最爲常見。孔安國既然二十多歲時已任博士，晚年又由博士出任太守，則所謂四十爲諫大夫當係由博士而兼任。那麽，安國四十歲在何年？《孔子家語》安國後序自言："元封之時，吾仕京師。"結合安國生平來分析其上下文意，這并不是説他元封中纔仕京師，而是説元封中仕京師時纔見到秘府所藏"吕氏之傳"，并開始募求副本，重新撰集《家語》。其契機應該就是孔衍序所述年四十爲諫大夫。胡氏將"爲諫議大夫"和"編集《家語》"同繫于元封元年（前110），當亦有見于此。但爲遷就卒年，無視"年四十"之明文，定此年爲四十九歲，實屬不妥。元封凡六年，可以照顧其前後事迹，推測其中任何一年爲四十歲，但不宜徑改其年齡。考慮到孔安國元朔三年（前126）以前爲博士，當已二十多歲，下距元封元年（前110）凡十六年，自然很有可能此年已經四十歲，故應由此上推四十年，暫定安國生年爲景帝中元元年（前149）。這比胡氏所定晚近十年，若伏生尚在，亦已百歲，頗疑孔衍序所謂"受《尚書》于伏生"，乃因二人皆以《尚書》學名世，而有此傳聞美談。

孔安國由諫大夫"遷侍中、博士",亦屬可信。據《漢書·百官公卿表》,侍中爲加官,"所加或列侯、將軍、卿、大夫"等,"侍中、中常侍得入禁中"。安國加侍中時之正官當爲博士,博士侍從天子時的加官本爲給事中,但安國此前已兼諫大夫,故可加官侍中。胡氏將安國爲侍中定在武帝建元元年(前140)十九歲時,可能是因爲孔臧有《與侍中從弟安國書》。這封信上文已疑其依托,即使真出孔臧,其中提到"古文百篇",亦不可能寫于武帝剛即位的建元元年(前140)。按我們確定的生卒年推斷,建元元年(前140)安國年僅十歲,更不可能任侍中之職。但是《連叢子》多處提到安國爲侍中,可見這一任官是東漢時孔氏家族相傳的一個事實,不過時間較晚。

這裏還應特別提出一個問題:孔衍序爲何不記安國始官博士之年,獨從"爲諫大夫,遷侍中"説起?諫大夫爲光祿勳屬官,光祿勳即秦郎中令所改,掌宮殿掖門户;侍中則爲入侍天子之官。而漢代藏書制度,雖然外廷有太常、太史、博士之藏,但以宮廷内延閣、廣内、秘府之書爲最富,這從今存《別録》《七略》佚文可以得到充分證明。所以成帝時校書,實以"中秘書"爲大宗;而劉向、劉歆父子分別以光祿大夫和侍中的身份,先後主持其事,則説明掌管内廷藏書是這兩種官員的職守之一。孔安國初任博士,授業弟子員,乃外朝官員;任諫大夫、侍中後,纔有見到内廷藏書的便利,而整理其中部分圖書更成爲其職責所在。孔衍序下文所述著書之事,都在安國爲諫大夫之後,有些更是在這兩任内受詔而撰,則序文之核心即在于敘述安國之學術,其從爲諫大夫説起,固極其自然。這一點很容易被人忽略,更是後人造僞不太可能注意到的,僅此就足以説明序文内容的真實性。

孔安國生平繫年的另一個支點，當然是"年六十卒"。史書僅言安國官至臨淮太守，孔衍序又載其"在官六年，以病免，年六十，卒于家"。根據上述生年的推斷，可以推算出其卒年爲征和三年（前90），這就與安國武帝末獻書的記載沒有任何矛盾。胡氏定在天漢中，有三點不妥。第一，天漢下距征和巫蠱事起尚有六七年時間，何以不得立于學官？第二，據孔衍序，天漢實爲孔壁古文悉歸安國之年，安國以今文讀之，又作訓傳，不可能在一年內完成。第三，由這一卒年上推，安國爲太守至晚在元封六年（前105），這也是不可能的。因爲孔衍序先言天漢，後言爲太守，其爲太守必在天漢之後；且若元封中出爲太守，難以看到京城豐富的公私藏書，其收集各種古文抄本的工作當早已完成，不應說"天漢後""悉歸安國"。而將卒年定在征和三年（前90），則安國當是從元封之時開始募求《家語》諸本和孔壁古文副本，祇不過《家語》易于從事，當時即已着手編撰工作。而古文副本至天漢中纔悉歸安國，安國開始整理，并于天漢四年（前97）出爲太守。征和二年（前91）安國病免之時，初步完成整理工作，自計來日無多，乃獻書于朝。巫蠱事初起于前一年十一月，此時尚未達到"禍及士大夫"的程度，安國病免于家，或許還蒙在鼓裏。次年病卒之時，自能預見到不立于學官的結局，可謂齎恨而逝。

根據上述考證，并參考胡氏所列，另排"孔安國大事年表"如下：

景帝中元元年　　　前149年　　1歲　　安國出生。

武帝建元元年　　　前140年　　10歲　　少學《詩》于申公，或又受《尚書》于伏生。

武帝初（或景帝末）　　　魯恭王壞孔子宅，得壁中古文。

　　建元五年　　　　　　前136年　　14歲　　武帝初置五經博士。

　　元朔三年　　　　　　前126年　　24歲　　爲博士。兒寬受業安國。

　　元狩五年　　　　　　前118年　　32歲　　武帝初置諫大夫。

　　元狩六年　　　　　　前117年　　33歲　　武帝初置臨淮郡。

　　元封元年　　　　　　前110年　　40歲　　爲諫大夫、博士。撰集《家語》。後遷侍中、博士。

　　天漢元年　　　　　　前100年　　50歲　　孔壁古文悉歸安國，爲作訓傳。司馬遷從安國問故。

　　天漢四年　　　　　　前97年　　53歲　　出爲臨淮太守，在官六年。

　　征和二年　　　　　　前91年　　59歲　　以病免官，獻書于朝，值巫蠱事。

　　征和三年　　　　　　前90年　　60歲　　卒于家。

三

　　關于孔壁古文及其與孔安國的關係，學界爭議較大，上表所列過于簡單，有必要再談點粗淺的看法。

　　史書中最主要的記載有四條：《史記·儒林列傳》云："孔氏有古文《尚書》，而安國以今文讀之，因以起其家。《逸書》得十餘篇，蓋《尚書》滋多于是矣。"《漢書·儒林傳》抄録此説後，又云："遭巫蠱，未立于學官。安國爲諫大夫，授都尉朝，而司馬遷亦從安國問故。遷書載《堯典》《禹貢》《洪範》《微子》《金縢》諸篇，多古文說。"又《楚元王傳》載劉歆《移太常博士書》云："及魯恭王壞孔子宅，欲以爲宮，而得古文于壞壁之中，《逸禮》有三十九，《書》十六篇。天漢之後，孔安國獻之，遭巫蠱倉卒之難，未及施行。及《春秋左氏》，丘明所修，皆古文舊書，多者二十餘通，藏于秘府，伏而未發。"又《藝文志》云："武帝末，魯恭王壞孔子宅，欲以廣其宮，而得古文《尚書》及《禮記》《論語》《孝經》凡數十篇，皆古字也……孔安國者，孔子後也，悉得其書，以考二十九篇，得多十六篇，安國獻之。遭巫蠱事，未列于學官。"此外，《漢書·景十三王傳》、王充《論衡》、許慎《說文解字叙》、荀悦《漢紀》等亦有零星的記載，諸書關于孔壁古文發現的年代、孔壁所出古書的種類、孔安國與孔壁古文的關係等的説法不盡相同，後人的解釋更爲紛歧。在確定孔衍序的真實性以後，其有關記載可以爲討論孔壁古文之真僞提供重要依據。孔衍序又云：

天漢後，魯恭王壞夫子故宅，得壁中詩書，悉以歸子國，子國乃考論古今文字，撰衆師之義爲《古文論語訓》十一篇、《孝經傳》二篇、《尚書傳》五十八篇，皆所得壁中科斗本也。又集録《孔氏家語》爲四十四篇。既成，會值巫蠱事，寢不施行……其後孝成皇帝詔光禄大夫劉向校定衆書，都記録名《古今文書論語別録》。子國孫衍爲博士，上書辨之曰："……時魯恭王壞孔子故宅，得古文科斗《尚書》《孝經》《論語》，世人莫有能言者。安國爲之今文讀，而訓傳其義。又撰次《孔子家語》。既畢，會巫蠱事起，遂各廢，不行于時。"

331

前人討論這一問題，都直接從史書記載之異立論，往往不信《漢書》多出《史記》的部分，甚至懷疑爲劉歆僞説。其實對照孔衍序，劉歆和《漢書》的有關記載很明顯都是源于此。孔衍序所謂"天漢後"，是指孔壁古文歸于安國的時間，魯恭王得書的時間必在此前。劉歆先述魯恭王得書，後述安國獻書。一合述，一分述，并無矛盾。既然劉歆説"孔安國獻之，遭巫蠱倉卒之難"，而"巫蠱之難"起于征和元年(前92)十一月，爲何不直接説征和或其前的太始年號，却祇説"天漢之後"？唯一合理的解釋是，劉歆正是依據孔衍序立論的，而序中述安國獻書前祇有天漢年號，所以纔泛言天漢之後獻之。魯恭王封于景帝時，卒于武帝元光六年(前129)。其發現孔壁古文的時間，王充《論衡・正説》篇説是"孝景帝時"，但《佚文》《案書》兩篇皆言"孝武帝時"，與《漢紀》相符合，應以後一説較爲可信。無論如何，魯恭王武帝末已死，班固理應知道這一點，爲何《藝文志》却載"武帝末，魯恭王壞孔子宅"？比較合理的解釋是，班固正是根據孔衍序改寫的，因序中"天漢後，魯恭王壞夫子故宅，得壁中詩書，悉以歸子國"這句話，很容易讓人忽略原文之意是説書歸安國之年，將其直接讀作魯恭王從孔壁得書之年。武帝在位五十四年，天漢之時已在位四十多年，班固將"天漢後"改寫爲"武帝末"，自屬正常。如此，則"天漢後"安國獻書之可信，"武帝末，魯恭王壞孔子宅"之致誤原因，都很好理解。既然最早明確記載孔壁古文的是孔衍序，則劉歆僞造之説已不能成立。而前人對安國獻書問題的一些其他解釋，已屬多餘。如閻若璩懷疑"天漢後安國死已久，或其家子孫獻之"，并從荀悦《漢紀》找出"武帝時孔安國家獻之"一語,以爲"足補《漢書》之漏"。這個校勘學上的著名案例,其實難以成立。因爲《漢書》兩言"安國獻之",不太可能都是脫漏所致。今人撰文考證孔安國獻書遭巫蠱,是指武帝元光五年(前130)陳皇后巫蠱之案,獻書者"可確定爲孔安國本人,并非其'家'"。① 這種說法康有爲的僞證之四就已提及并予以否定,殊乏新意。孔衍序既然先言"天漢",後言"巫蠱事起",當指征和之事無疑,不容做其他解釋。

根據孔衍序,不但孔安國獻書在武帝末,孔壁古文悉歸于安國亦已在天漢之後,這一點值得注意。閻若璩對于史書所載孔壁古文本身,并未加以懷疑,而祇是對恭王發孔子壁及安國獻書的時間做了考證,并認爲今傳《古文尚書》是東晉梅賾所獻僞本。自從康有爲開始懷疑孔壁古文的真實性,這也成爲《古文尚書》辨僞的重要依據。如康氏證僞之第七至第九條,都是以"兒寬受業于安國,歐陽、大、小夏侯學皆出于寬之傳也,司馬遷亦從安國問故",而諸人皆治今文學爲疑。在得知安國天漢年間纔開始整理孔壁古文之後,這一疑問就可以渙然冰釋了。因爲兒寬受業是在元朔中安國二十多歲任博士時,早于天漢近三十年,所傳當然是今文學。至于司馬遷,康氏説:"考史遷載《堯典》諸篇説,實皆今文,以爲古文者妄。"符定一已指出:"《史記》古文説,則較然無疑。康謂是今文,失考實甚。"《史記》中既已明言"孔氏有古文《尚書》",又説"安國以今文讀之","《逸書》得十餘篇",這與孔衍所説孔壁古文發現後"安國爲之今文讀",劉歆、《藝文志》載逸《書》多十六篇極爲相似,

---

① 白新良:《孔安國獻書考》,《中國歷史文獻研究集刊》第四集,嶽麓書社,1984年,第181頁。

無疑是指孔壁古文。《史記》主體記事下訖太初,其偶引古文《尚書》,當是晚年"從安國問故"後增入,并及時記載了"孔氏有古文《尚書》"之事,已屬難能可貴,不能要求其文字表述上也與後人一模一樣。

現代學者順着康氏的懷疑思路,又提出孔壁古文出于訛傳的説法。陳夢家説:"頗疑《古文尚書》本孔氏舊藏,出壁中乃後來的訛傳。""漢興以後,不同地方所出所獻的先秦古文書和孔氏家藏的古文書,漸漸都蒙壁中書之稱。"① 這種説法至今尚有很大的影響,如劉起釪亦認爲"劉歆宣揚的中秘所藏孔子壁中本"出于"訛傳"。② 最近有人還專門撰文論述孔壁古文其實就是"中秘古文","是河間獻王所得之古文"。③ 這類説法很可能正好顛倒了事實。世言安國之學,唯知其爲孔聖後裔、獻書于朝,不知漢初孔門之學,不絶如縷,安國受歷官之賜、讀中秘之書,遂有以成其學、起其家。《史記》所謂"孔氏有古文《尚書》",分明是孔壁古文,不是什麽"孔氏家藏的古文書"。漢代雖然還有其他古文書的發現,但以孔壁古文爲大宗,河間古文之類極可能爲其副本。關于孔壁古文發現以後的去向,今本孔安國《尚書序》云:魯恭王"悉以書還孔氏",安國"定其可知者爲隸古定,更以竹簡寫之","凡五十九篇,爲四十六卷。其餘錯亂摩滅,弗可復知,悉上送官,藏之書府"。而王充《論衡‧佚文》篇云,恭王"上言武帝,武帝遣吏發取,古經、《論語》此時皆出"。《正説》篇亦云:"武帝使使者取視,莫能讀者,遂秘于中,外

---

① 陳夢家:《尚書通論》,河北教育出版社,2000年,第45頁。
② 劉起釪:《尚書學史》,中華書局,1989年,第117頁。
③ 陳開先:《孔壁古文與中秘古文》,《中山大學學報(社會科學版)》1997年第5期。

不得見。"以情理度之，王充之説或許更爲可信。若今本《孔傳》果係僞書，書歸孔氏之説或爲後人想當然之辭。但這兩種表面矛盾的説法，仍有可能都是可信的，即或者各得其部分，或者一爲真本，一爲副本。至于《漢書·景十三王傳》記河間"獻王所得書皆古文先秦舊書，《周官》《尚書》《孟子》《老子》之屬"，王國維曾提出"漢時古文諸經有轉寫本説"，其理由之一即爲："獻王所得古文舊書，有《尚書》《禮》。此二書者，皆出孔壁，或出淹中，未必同時更有别本出。而獻王與魯恭王本係昆弟，獻王之薨僅前于恭王二年，則恭王得書之時，獻王尚存，不難求其副本。故河間之《尚書》及《禮》，頗疑即孔壁之傳寫本。"① 又漢代中秘藏書，興于武帝之世，由劉向校書時"中書"同一書篇卷之夥，可以逆推武帝時中秘古文亦多複本，既有孔壁所得真本，也有河間獻王所抄副本，甚至還有其他未見記載的副本。而由孔安國撰集《家語》時廣求衆本的做法，也可以推測孔衍序所謂"悉以歸子國"，應該不僅是指書的種類，也包括同一書的不同副本。因此，孔安國之所以在天漢以後纔爲古文諸經作訓傳，是因爲他元封中任諫大夫以後，纔有機會見到和收集中秘古文的多種真本、副本，并在完成《家語》編撰工作後，與其所藏魯恭王還歸孔氏的本子相校，以今文讀之并受詔作訓傳。

　　本文通過考察西漢孔子世系和孔安國的生平年代，澄清了前人對于孔壁古文及其與孔安國關係的一些疑惑。至于今本所謂僞孔傳的真僞，這是另一個問題，因其牽涉太多，這裏不予評論，希望以後能有機會就此做些更深入的研究。

---

① 王國維：《觀堂集林》，中華書局，1959 年，第 327 頁。

竹簡《文子》復原

1973年河北定縣西漢中山懷王墓出土的竹簡《文子》嚴重殘損,學者多以爲衹是全書的一小部分。除與今本對應的九章以外,其餘散簡難以連貫通讀。趙雅麗曾對全部簡文做過復原,以爲僅係上經,另有下經已經闕佚。[①] 其所謂文子思想綫索純出臆測,且動輒改竄簡文,無視竹簡形制,隨意割裂今本對應諸章,可以說是一次并不成功的復原嘗試。2012年暑期,筆者擬出一個新的復原方案,包括三卷九篇三十六章,六千餘字。十年多來反復修改,基本框架和文意没有變化,文字增訂爲八千四百八十二字(不包括合文一、重文十四,以及標題、尾題字數)。其篇章結構十分嚴整,不存在整篇整章亡佚的可能性。由此可以斷定,這就是《漢志》所著録九篇之完本。因篇幅所限,不能詳述復原理由,兹就簡本及復原

---

① 趙雅麗:《〈文子〉思想及竹簡〈文子〉復原研究》,北京燕山出版社,2005年,第124—216頁。

格式略做說明：

竹簡《文子》單簡長漢代一尺，滿寫三十字，十餘枚簡多少一二字。上下兩端半寸空白，每篇首簡上端標一黑點，依次代指九個篇題。內文上、中、下有三道編聯綫，各占一分。各卷前有一枚標題簡，包括書名、卷次、篇題。各章另起書寫，首列章題，下標黑點，不占字格，間距略寬。第三篇以下首章不標章題，因其與篇題相同，故用簡端黑點兼代之。各章正文後小計該章字數，各篇末章合計該篇字數，各卷末總計該卷字數。釋文原標闕文符號處所補文字外加方框，其他增補文字外加方括號。重文、合文外加圓括號，脱文外加單書名號。簡文中個別通假字、古今字、异體字、誤字徑改爲通行字，如"知"改作"智"、"和陸"改作"和睦"、"民者"改作"卑者"等。

《文子》上：《經》《聖[智]》《明王》。【2465】

[·聽]道·平王曰："[聽]【1024】[道奈何？"文子曰："學問不精，聽道不深。凡聽者，將以達智也，將以成行也，將以致功名也。不精不明，不深不達。故上學以神聽，中學以心聽，下學以]耳聽。故以耳聽者，學在皮膚；以心聽【2482下】[者]，學在肌肉；以[神]聽者，【0756】[學在骨髓。故聽之]不深者智不遠，而不能盡其功，不能【2500】[盡其功，即行之不成。"平王曰："聽之理何如？"文子曰："凡聽之理，虛心清静，損氣無盛，無思無慮，目無妄視，耳無苟聽，專精積蓄，内意盈并，既以得之，必固守之，必長久之。"百六十八字。]

［天］道·平王曰："請問天道。"文子曰："天之【2219】［道,原］產于有。始于弱而成于強,始于柔而【0581】［成于剛,始］于短而成于長,始〈于〉寡而成于衆,始【2331】［于易而成于難,始于細而成于大,此天之道也。是以十圍之大,始于拱把;百仞］之高,始于足下;千方之群,始于寓强。【1178】［由是］觀之,難事,道于易也;大事,道于細也。【0595】不道始于弱細者,未之有也。"百一十八字。【0696】

法天道·平王曰："人法天道奈何?"【0689】［文子曰］:"聖人法于天道,卑者,以自下【0871】［也;退者,以自後也;斂者,以自少也;損者,以自小也。故］卑、退、斂、損,所以法天也。"平王曰:【0912】"［卑、退、斂、損何如?"文子曰:"卑則尊,退則先,斂則廣,損則大,此天道之所成也。"］八十六字。【0059】

道產·平王曰:"道之于人也,亦有所不宜【2439】［乎?"文］子曰:"道產之,德畜之;道有博,【0722】［德有厚。臣］聞之傳曰:'道者博【0741】［施,德者厚利。'夫道者,萬物之］元也,百事之根,【1181】［禍福之門。萬物待之而］生,待之而成,待【0792】［之而清,待之而寧。夫道者,無爲無形,內以修身,外以治人,功成事立,與天爲鄰,無爲而無不爲,莫知其精,莫知其真,其中有信。天］子有道,則天下皆服,長有【0590】其社稷;公侯【0629】［有］道,則人民和睦,長有其國;士庶有道,【2218】［則全其］身,保其親。必强大有道,則不戰【0619】［知］克;弱小有道,則不爭得識;舉事有【2462】［道］,則功成得福。是以君臣之間有道,則【0625】［忠惠;父子］間有道,則慈孝;士庶間有道,則【2445】［相愛。故有道則和,無道則苛也。由是觀]之,道之于人也,【1179】[無所不宜。"平王曰:"得道而失于人,亦可謂帝王乎?"文子曰:"夫道]者,(君子)小行之,小得福;大行之,大得福;【0937】[盡行之,天下服。天下服,則民懷之;民懷],則帝王之功成矣。故帝者,天下之【0929】[適也;王]者,天〈下之〉往也。天下不適不往,不可【0990】[謂帝王]矣。是故帝王者不得人不成,得人失【0798】[道而能守其社稷者],唯未嘗之有【0809】[也。"平王曰:"失道者,奈何之?"文子曰:"失道者,以強劫弱,以]徒暴寡,廣奢驕佚,慢倨陵降,見餘【1194、1195】[見賢,自顯自明,執雄堅強,作難結怨],爲兵始,爲亂首。小人行之,身受大殃;大人行【2437】[之,國家滅亡。淺及其身,深及子孫。故罪莫大于無道,怨莫深于無德,天道然也。"四]百卅八字。【0598】(合文一)

[德畜・平王曰:"何謂德?"文子曰:"畜之養之,遂之長之,兼利無擇,與天地合,此之謂德也。"平王曰:"何謂仁?"文子曰:"爲上則不矜其功,爲下則不羞其病,于大不矜,于小不偷,兼愛無私,久而不衰,此之謂仁也。"平王曰:"何謂義?"文子曰:"爲上則輔細]弱,爲下則守節,循道寬緩,窮【0582】[不易操,達不肆意,一度順理,不私枉撓,此之謂義也。"平王曰:"何謂禮?"文子曰:"爲上則恭嚴,爲下]則敬愛,損退、辭讓、守柔,服之以【0615】[雌,立于不敢,設于不能,此之謂禮也。"平王曰:"修此四者何如?"文子曰:"君子修其德則下從令,修其仁則下不爭,修其義則下平正,修其禮則下尊敬,四者既修,國家安寧。故物]生者道也,養者【2466】[德也,

愛者仁也,正者義也,敬者禮也。不畜不養,不能遂長];不慈不愛,不能成遂;不正【0600】[不匡,不能久長;不敬不寵,不能貴重。故德者民之所貴也,仁者民之所懷也,義者民]之所畏也,禮者民之所敬也。此四【2259】[者,文之順也,聖人之所以御萬物也,謂之四經]。四經者,聖智之道也。王也不可不【0909】[修,不可不立。"平王曰"四經不立,奈何之?"文]子曰:"君子之驕奢不施,謂之無德;【0716】[傲虐不]慈,謂之無仁;淫【0874】溢侵陵,謂之【0903】[無義;怠慢]踰節,謂之無禮。毋德者則下怨,無【0591】[仁者]則下爭,無義則下暴,無禮則下亂。四【0895、0960】[經]不立,謂之無道,而國不【0811】[亡者,未之有也。"四百廿一字。《經》五章,凡千二百卅一字。]

[聖]智·平王曰:"何謂聖智?"文子曰:"聞而知之,聖也;【0896、1193】[見而知之,智也。臣竊聞傳曰:'聖者聞禍福所生]而知擇道,智者見禍福【1200】[成]形而知擇行。'故聞而知之,聖也;【0765】[見而知之,智也。"平王曰:"禍福之至,亦可聞而]知之見而知之乎?"文子曰:"未生者,可【0904】[聞而]知也;成形者,可見而【0834】知也。故聖者聞【0803】未生,智者見成【0711】[形。聞未生,故知禍福所生;見成形,故知禍福之門。聞未生,聖也;先見成形,智也。無聞見者,愚迷。"百卅七字。]

禍福·平王曰:"何謂禍福?"〈文子〉曰:【2444】"[君子之所謂禍福]者,寔得失之謂也。故斯人得失者,【0984】[禍福之所生也。"平王曰:"何謂得失?"文子曰:"斯人得失者,道得失之謂也。

從事而道者同于道,得者同于得,失者同于失。同于得者,道亦得之;同于失者,道亦失之。"平王曰:"吾未明]也。"文子曰:【1054】"[道者,所道也。君子之道得失者,其嗜欲之所道也。王者有嗜乎理義也,亡者亦有嗜乎暴慢也。所嗜不同,則其禍福亦不同,有得]天下者,有失其國者。故其所道者適,【2339】[則功成得福;所道者過,則事敗取禍。由是觀之],嗜欲者,【1739】禍福得失之樞;而【0204】[王智者,死生存亡之機,不可不慎也。"二百六字。]

[死生・平王曰:"人之情,莫不欲生而憎死也。然欲生不可事,憎死不可辭,爲之奈何?"文]子曰:"臣聞道者,萬物以【0868】[之而生,莫之知德;以之而死,莫之敢怨。故死生同理,萬物變化,合于一道。簡生忘死,何往不壽。去事與言,慎無爲也。"平王曰:"吾未明也。"文]子曰:"此不生而喜至,不死而惡【0822】[極。臣聞黃帝之言曰:'形有靡而神不化,以不化乘化,其變無窮。'故死于是者,安知不生于彼乎?又安知今之死,不愈昔之生乎?是以聖者生而不知喜,所以無德;死而]不敢惡,所以無怨。而容貌以【1843】[文之,禮義以節之,憎死不示人惡,欲生不]示人喜,故聖者毋言毋行。過喜則貪生,【2366】[過惡則畏死。毋過喜,毋過惡,明于死生之分,達于存亡之數,則禍福得失不能惑矣。"二百卅二字。]

[王智・平王曰:"吾聞死生之道矣,請問王智。"文]子曰:"王智者,先王行成敗功,謂之【2390】[王迹;君子觀存亡之迹,見成敗之變,謂之王智。君子必有王智,而後可以爲天下]王。"平王

341

曰:"吾未明也。"文子曰:"古者【2214】[天子常以季冬考德,以觀治亂得失。凡行成而治者,必有盛德;敗功而亂者,必]有殆德。王若知【0952】[之,國家之幸也。是故君子考德,則天下之治亂得失,可坐廟堂之上而知也。德盛則脩法,德不盛則飾政,法政咸得,而德不衰,故曰王也。"百]六十三字。【0599】]

[致功·平]王曰:"請問【0743】[王者之功,何以致]之也?"文子曰:"臣聞傳曰:'致功之道,【0565】[虛心清静],以養其神。'故功成名遂,與天地欽育(育),以致【2438】[其功。"平王曰:"虛心清静奈何?"文子曰:"血氣者,人之神也,不可不謹養。故聖人虛心平意,清静無爲,則血氣和平;血氣和平,則息津蕩下;(息津蕩下),耳目説樂;(耳目説樂),則聽無【0962】[不聞,視無不見,事無不立,功無不成。是故]此功者,天道之所成。聽聖人,守道要,【0766】擇其善,致其功。王者之功,不以【0754】[道而能致之者,未之有也。"百五十七字。《聖智》五章,凡九百一十五字。](重文九)

[·平]王曰:"吾聞古聖莅天下,以道莅天下,【2262】[爲之]奈何?"文子曰:"執一無爲。"平王曰:【0564】"[此言何謂也?"文子曰:"執一無爲者,因天地,與之變化。"平王曰:"請問其道。"文子曰:"天]地,大器也,不可執,不可爲,(爲)者敗,執者失。【0870】是以聖王執一者,見小也;無爲者,【0593】[守静]也。見小故能成其大功,守静故【0908】[能爲天]下正。"平王曰:"見小守静奈何?"文子曰:【0775】"[聖王處大,則滿而不溢也;居高,則貴而不驕

也。處大不溢,則大而不衰;居高不驕,則]高而不危。高而不危者,所以長守民【0864】也;大而不衰者,所以長守社【0806】[稷也。故富]有天下,貴爲天子,富貴不離其身,【2327】[禄及子孫。古之王道,具于此矣。"二百五字。](重文一)

[執一·平王曰:"吾欲執一勿失,請問何謂一?"]文子曰:"一者,萬物之始也。"平王曰:"何【2246】[謂]萬物?"文子曰:"萬物者,天地之謂也。"【0607】[平王]曰:"何謂萬物,何謂天地?"文子曰:"王者【2240】[不]可臣于物,不可生知道。【0856】[故執一如天地,慎守而勿失,所以君萬物也。天地之道,大以小爲本,多以少爲始。王者以天地爲品,以萬物爲資,功德至大,勢名至貴,二德之美,與天地配。"平王曰:"王者二德之美,壹至于此之大耶?"文子曰:"然。能【0588】[因天地之性,萬物自正而天下贍。其德乃天覆而地載,美矣大矣。"百七十五字。]

[無爲·平]王曰:"王天下者宅【0919】于天地之間,【2475】[以]何者爲功名也?"文子曰:"王者,【2360】[天之子也],地之守也,故王者以天地爲功【0574】[名也。王]者君萬物也,國家【2288】[之主也,故王者以萬物爲功名也。"平王曰:"王者之功名,能長久乎?"文子曰:"然。聖人執道,虛靜微妙,以成其德。故執道即有德,有德即有功,有功即有名,有名即復于道,功名長久,終身無咎。"平王曰:"請問其道。"文子曰:"君]子自愛也,小人自氣也。【2322】[故天子公侯以天下一國爲家,以萬物爲蓄,懷天下之大,有萬物之多,即氣實而志驕。大者用兵侵小,小者倨傲陵下,用心奢廣,譬猶飄風暴雨,不可長久。是以聖人以道鎮之,執一無爲,而不

343

損沖氣,見小守柔,退而勿有。法于江海:江海無爲,以成其大;窊下,以成其廣;爲天下溪谷,其德乃足]。江海以此道爲百谷王,故能久長,功【0916】[名與天地相保。聖人法之:不爲,故功名自化;不强,故能成其王;爲天下牝,故能神不死;自愛,故能成其貴,卒爲明王。"三百一十三字。《明王》三章,凡六百九十三字。]

[凡三篇],凡二千八百卅九字。【0690】

[《文子》中:《聞道》《用兵》《爲政》。]

[・平王曰:"人主之知道者,可以比于明王]乎?"文子曰:"不然。臣【0740】[聞之,知之者不如好]之[者]。"平王曰:"善。好乎道,吾未嘗聞道也。【0976】[吾聞萬物莫不尊道,請問其何以命曰]道哉乎?"文子曰:"其稟[授]不【0993】[竭,布施無窮,視之]非見,聽之不聞,【2472】毋形毋聲。萬物[待]【2481】[之]而生,待之而成,【2469】[待之而清,待之而寧。是以道者,萬物所由]之道也,故命曰【2446】[道。若]夫受之[藏]之、行[之用之者],【2503】[可以比于明王矣。"平王曰:"惡有藏之約,行之行,萬世可以爲子孫常者乎?其道可得而聞乎?"文子曰:"然。臣嘗得聞之矣。"平王曰:"吾學于]子,子可而[道]【2504】[之,亦能得其道乎?"文子]辭曰:"道者,先聖人之傳也。天王不齋,不[可]【2391】[道之。天王若欲學道,盍齋乎?則臣將道]之。天王若能得其道而勿廢,傳之後嗣,【0892】盡行之,帝王之道也。"【0925】[二百四十八字。]

[象天道・平王曰:"今余既]已聞道矣,請[復]【2477】[言]天之道何如?"文子曰:"難言于天。"[平]【1184】[王曰:"天道]何故難

344

言?"文子曰:"臣竊聞傳曰:'不【2404】[可聞,聞而非也;不可見,見而非也;不可言,言而非也。'故聖人唯象于天道,而罕]言其詳也,非君子之所聞也。"平王曰:【0873】"[聖人]胡象于天道?"文子曰:"天之道,高【0585】[始于]下,先始于後,大始于小,多始于少。【0899】[故聖人必貴矣,而以賤爲本;必高矣,而以下爲基,此象于天道也。"百冊四字。]

[人道·平王曰:"道盡此乎?"文子曰:"道莫大]乎是。"平王曰:"吾不能盡學道,能勉學人【2470】道。請問人道。"文子【0918】[曰:"臣竊聞傳曰:'人道惡盈而好謙。'故持而盈之,不若其已。是以聖人持盈之道,損又損之,下又下之。"平]王曰:"何謂損又損之、下又下之?"文【0813】[子曰:"持]大者損又損之,持高者下又下之。【0926】[故處大者,則損以自小也;居高者,則卑以自下也。]損而下,其君子者,獨有此【1068】[耶]?"平王曰:"王天下者,位于公侯之上也。吾【0890】[焉能]損而下乎?"文子曰:"不然。王【0755】[者不自稱,非以讓也,惡其蓋人也。君子知天下之不可蓋也,故下之。"平王曰:"以君下臣,其可]乎?"文子對曰:"我自有位,何下之有?【1061】[夫以貴臨人,未有得人者也;以貴下人,未有不得人者也。故以君下臣,欲求得人也。君下臣則聰明,不下臣則闇聾,不可不慎也。"二百五十九字。]

[師徒之道·平王曰:"吾聞人主自取師以舉]過,可以無罪矣。請問師徒之道。"【1198】[文子曰:"帝者以師爲]輔,王者以

345

友爲佐。卿相【1145】[輔佐者,所以成帝王之功也。臣竊聞傳]曰:'仁者取人,百【0749】[里,舉呂望而諸侯歸之];七十里,舉伊尹而天下歸之。'故聖人之治【2329】[天下也,必自取師友,以爲其卿相輔佐]矣,故主道成。聞道而陳其所欲言,【0571】[則賞之,故無]所不得言焉。言而得之,則其人【1841】[尊而爲帝王師友,其言傳之于後世子孫]。言而不得,則致【1037】[之又致之,致而無及也,已。故師徒之道成]。夫以文王之賢,輔【1157】[以呂望],始成聖人君子;成【0753】[湯之賢,佐以伊尹,終爲明王天子。由是觀之,人主不用輔佐之助,不聽聖智之慮,而成帝王之功者,未之有]也。是以聖人周徵誰舉過,【2359】[而立以爲師友。明于天地之道,通于人情之理。大足以容衆,惠足以懷遠;信足]以壹异,智足以知權;彊足以獨立,節足【0198】[以屈伸。故賢師良友在其側,捨而爲非者,寡矣。"三百四字。《聞道》四章,凡九百五十五字。]

・平王曰:"王者幾道乎?"文子曰:"王者一道【2419】[也。"平]王曰:"古者有【0829】[以道王者,有以兵【0850】[王者,何]以一道也?"文子曰:"古之以道王者,【2210】[用德];以兵王者,【1035】亦用德。用德,則不【0723】[重用兵也]。故王道唯德乎!臣故曰一道。"平王【2385】[曰:"王者]一道,晁其不行,奈何之?"文子曰:【0573】"[德之衰]也,兵之門。天地之間,物【0914】[萬不同]也。其用之也,物异。"平王曰:"其用之异何?"【2312】[文子曰:"若兵之爲物者一也,而用之有五:有爲義者,有應敵者,有行忿者,有爲利者,有恃衆者。是以其名又有五:一曰義兵,二曰應兵,三曰忿兵,四曰貪兵,五曰驕兵。"平王曰:"請問用兵之道何如?"文子曰:"誅暴救弱者,謂之義兵;敵來加己,不得已而用之者,謂之應兵;爭小故,不勝其心者,謂之忿兵;利人土地,欲人財貨]者,謂之貪兵;待其國家之大,矜其人民【0572】[之]衆,欲見賢于敵者,謂之驕兵。義兵【2217】[王,應兵勝,忿兵敗,貪兵死,驕兵滅,此用兵之]道。"平王曰:"此天道也,【0887】[非但人事]而已矣。"三百【0800】[字]。

[義兵・平王曰:"兵者,凶器]也。夷人宗廟,【0721】[滅人社]稷,何可謂德?"文子曰:"不然。夫教人【2389】[以道,導之以德,而不聽,即臨之以威武;臨之不從,則制之以兵革。殺無罪之民,養不義之君,害莫大焉;聚天下之財,贍一人之欲,禍莫深焉。臣]聞所爲立君【0451】[者,以誅暴救弱也。今乘萬民之力,反爲殘賊]。言則分爭,鳳【0633】[祥不降;行則寇]讎,龍慶【2502】[不至]。其民皆灑灑然,甚者懷其離心。唯【0651】其失道生君不死,六畜不蕃,人民不【2379】[滋。故兵誠義,誅暴君而振弱民]兮,何而德加【1773】[于此?"百六十八字。]

[王天下・平王曰:"夫義兵者,誠王天下之]道也。然義兵誅暴救弱,不足禁會,【2278】[爲之奈何?"文子曰:"人之情,心服于德,不服于力。故王天下者,必得天下之歡心也。"平王曰:"王者得其歡心,爲之奈何?"文子曰:"若江海即是也,淡兮其無味,用之不可既,先小而後大。夫欲上人者,必以其言下之;欲先人者,必以其身後之。于是天下]歡愉,而無憂者,【0251】故天〈下〉孰不樂?則

347

天下【2353】百姓,百國之君,皆歡然思欲愛【0699】[利之,莫不進其仁義,而無苟氣。是以聖人居上而民不重也,居前而衆不害也,天下樂推而不厭也。雖絕國殊俗,蜎飛蠕動,莫]不親隨。是以國家之昌而功名【0587】[之美,無之而不通,無往而不遂,故爲天下貴。"二百廿四字。《用兵》三章,凡六百九十二字。]

・平王曰:"爲政奈何?"文子曰:"御之以道,養【0885】之以德,勿視以賢,勿加以力,聽以行此【0707】四言。"平王曰:"御【2205】之以道奈何?"文子曰:【2220】"[御之以道者,亦必養之以德,勿視以賢,勿加以力也。故損而執一,無處可利,無見可欲,方而不割,廉而不劌,無矜無伐。御之以道則民自附,養之以德則民自服],毋視以賢則民自足,毋加以力則民自【2324】[樸。四者一]度順理,則禍亂不起。"【2485】[平王曰:"不行四者,奈何之?"文子曰:"不行四者,不]可以治國。不御以道,則民離散;不養【0876】[以德],則民背叛;視之〈以〉賢,則民疾爭;加之以【0826】[力],則民苟逃。民離散,則國勢衰;民背【0898】[叛,則上無威;民疾爭,則輕爲非;民苟逃,則]上位危。"平王曰:"行此四者何如?"文子【0886】[曰:"御以道者,下之也;養以德者,賂之也;毋視以賢者,斂也;毋加以力者,不敢也。下以聚之,賂以取之,斂以自全,不敢自安。四者誠修,正道幾矣。"平王曰:"此愛民]治國之道也。"【1182】[二百八十九字。]

[以民]爲本・平王曰:"天地之間物幾,獨人者爲【0772】[貴耶?"文]子曰:"天地之間,【1018】[號物之數謂之萬,殊形而異類,

竹簡《文子》復原

唯人爲萬物之靈]也。故天形其物各不同,能文其辨【2371】[者,唯人。故萬物]莫貴乎人也。"平王曰:"諸物幾,【1171】[莫能文其辨乎?"文子曰:"水火有氣而無生,草木有生而無知,禽獸有知而無義。故萬物雖多,莫能文其辨也。"平王曰:"人何以能文其辨耶?"]平王曰:"人【2336】[有氣、有生、有知,亦且有義。故聖人稱情而立文,以辨夫婦、父子之親,以別君臣、上下之位。故人道莫不有辨,辨莫大于分,分莫大于禮,禮莫大于聖王。"平王曰:"然則以聖王爲本耶?"文子曰:"君臣之與百姓,轉相爲本,君以民爲本,民以君爲本。是以道約而]反本,教約而國富,故聖【0635】[王以民爲本也。"二百四十三字。]

[富]國·平王曰:"請問富國之道。"文子曰:"臣聞【1176】[傳曰]:'令遠者來,令近者説。'"平王【0818】[曰:"説近而來遠,是教民望賞也,則天子]不得意焉。賞則虛府庫,毋蓄【2486】[積。其言可泯。"文子]曰:"不可泯。此言甚淺,用之甚隧,行之甚【2209】[易。富其民,則]能來遠者。"曰:"未富其民【1002】[者,奈何之?"文子曰:"其]民未富者,則天子亦【1196】必不能富,不能貴也。【0830】[故天子毋繁刑罰],而民毋維;毋多積藏,而民毋病;毋好味,【0583】[而民無饑;毋好服,而民無寒。故民懷其德,近者説,遠者來,得民力而國富矣。"百六十五字。]

[畏威·平王曰:"吾聞畏威如疾,民之上也。夫民背叛,何以謂上無威?"文子曰:"夫民],無爲信,不足以威其心,故謂【0735】

349

［上無威。上］無威,則令不行］。"平王曰:"何謂信?"【0901】［文子曰］:"未嘗不然謂之信。【2326】［夫信者,如日月之遞炤也］,如四時之相受・,如風雨之【0645】［時］至也。外各物取,世而無適過,是則不必【0883】［然,非則不必不然。是非不必,則無信矣。"平王曰:"必信何如?"文子曰:"是必立,非必廢,有功必賞,有罪必誅。故以禁則止,以令］則行,(行)下則下畏其威,下畏其威則不【0907】［背叛。故人主操令行禁止之柄,以御其民］,國無有賢不肖,莫不盡其能:【0724】［農粟,商貨］,工器,左右忠諫,不失其職,【1827】［則政平而民安矣。"二百一十二字。］(重文一)

［無争心・平王曰:"吾聞先王不爲刑辟,懼民之有争心也。夫政平而不干,民敬讓］而無争心,亦可得耶?"文子曰:"等【0865】［之以禮,立之以義。"平王曰:"何謂也?"文子曰:"民修禮義,則］足以釋所欲。聖人長使民嗜欲足,以【0222】［虛其心,實其腹,弱其志,强其骨,恒使民無知無欲也。使夫智者不敢、不爲而已,則無不治矣。"平王曰:"吾未明也。"文子曰:"凡人之情,皆願賢己而疾不及人。願賢己,則争心生;疾不及人,則怨争生。是以聖人之治也,以禮義辨等,使民不越;不尚賢,使民不争;不貴難得之貨,使民不爲盜;不見可欲,使民心不亂。夫民］,欲足則貞廉,貞廉則無争心,無争心則【0846】［不輕爲］非,而令災害不生,禍亂不起【0674】［也。"二百廿五字。］

［不敢・平王曰:"何以謂不敢自安?"文子曰］:"不敢者,所以自守也。天子居中央者,【2215】［心無爲也,以守至正。故安徐而

静,柔節先定,立于不敢,設于不能,是以天子身逸而國安也。"平王曰:"吾未明也。"文子曰:"古]者天子設明堂之中者,天子中立而【0211】[聽朝,宗祝在廟,三公在朝,三老在學。天子前巫而後史,卜筮瞽侑,皆在左右。故]不敢作驕暴之人,不敢起比臣之爭。【2242】[其爲天下有容:豫兮其若冬涉大川,猶兮其若畏四鄰,儼兮其若客,渙兮其若冰之液,敦兮其若樸,混兮其若濁,廣兮其若谷。故無爲而無不爲也。"百九十字。《爲政》六章],凡千三百廿四字。【2267】

[凡三篇,凡]二千九百七十一字。【0824】

[《文子》下:《道德》《仁義》《人主》]。

[·平王曰:"古聖王之莅于天下也,何以治]之?"文子曰:"用道德。"平王曰:【2201】"[夫子之言少,請益之。"文子曰:"非道德無以治天下也]。"平王曰:"子以道德治天下,夫上世之王,【2255】[繼嗣因業,世世不絕,亦有無道,各没其世,而無禍敗者,何道以然?"文子曰:"以臣]觀之,古之天子以下,至于王侯,無不各【2376】欲自活也,其活各有薄厚,人生亦有賢【0877】[不肖,天下時有亡國破家,無道德之故也。是以繼嗣之君,篡修其身,夙夜不懈,戰戰兢兢,常恐危亡,故能没其世而無禍敗也。若無道德,則縱欲怠惰,其亡無時。"平王曰:"修道德則禍災不生乎?"文子曰]:"然。使桀紂修道德,湯武雖賢,毋所建【2252】[其功名也。夫道德者,所]以相生養,所以【2213】相畜長也,〈所以〉相親【2206】[愛也,所以相敬貴也。夫聾蟲雖愚,不害其所愛,誠使王者修道

351

德,則天下之民皆懷仁愛之心,禍災何由生乎!"二百七十三字。]

　　[修道・平王曰:"修道奈何?"文子曰:"聖王修身]行道,所以苞【1007】[天下。臣聞傳曰:'桀之所亂,湯受而治之;紂之所亂,武王受而治之。'故世不渝而民不易,上變政而民改俗,存乎桀紂而天下亂矣,存乎湯武而天下治]矣。故有道者苞天下,則天下治;【0717】毋道以苞天下者,天下亂。故曰:【2273】[民之治亂在于上,天下之治亂在于]道。"平王【2265】[曰:"請問治亂之本。"文子曰:"有道者苞之則]治矣;毋道而苞之者則亂。故治亂【0695】[之本,在于治身。未嘗聞身治而國亂者也,身亂而國治者未有也。身治者有道,身亂者]無道。"平王曰:"請問無道之過。"文子曰:【0780】"[夫無道者苞天下,則賢人不至,讒諛在側,奸邪比周,蔽美揚惡,慶賞不當,刑罰不]中,是謂上障下塞,忠臣死傷,萬民【1180】[離散,國家滅亡,此]無道之【1812】[過也。"二百五十一字。]

　　[修德・平王曰:"吾聞古者不施而親,不言而信。聖人既没,天下無道,諸侯力正,民不]知所親,不知所信。今余何修何昭,使民【2341】[知所親、知所信乎]?"其對曰:"所曰修者,【1858】[修德之謂也;所曰昭者,昭德之謂也。聖人]修德,非一【2482上】[道]也。修之身,其德乃真;修之家,其德有餘;修之鄉,其德乃長;修之邦,其德乃豐;修之天下,其德乃溥。臣聞《周頌》道之曰:'聖人之德,若天之高,若地之溥。'其有昭于天下也。由是觀之,王者欲民之親己信己也,不可不修德,不可不昭]德。"平王曰:"不修德【2397】、[不昭德者,奈何之?"文子曰:"人主不修德,而好逸豫,使令不時,徵斂無度,上下無親,不足以懷其民者],是殆德也;人

352

主不【0647】[昭德,而名不彰,賞罰不當,號令不行,貴賤無信,不足以來遠人]者,是殆德也。【0631】[王]者殆德,則士女【0747】[去之,而失于人矣。王者失于人,而能守其社稷者,未之有也。"二百七十八字。]

　　[修務・平王曰:"古聖]用道【2204】[德治天下,保民而]王。嗣後【0978】[之君,背先王之道,廢先王之德,終爲無道、殆德,而士女去之,何爲其]然也?何失于人乎?以此觀之,道德【0613】[其不足用乎?"文子曰:"不然,道德足以治天下。古之王者,道德加于民,則莫不受命于]天。道德之行也,自天地分畔至今,未【2216】[嘗廢]。道德之力也,無宿其夜取,務循之。後【0902】之王者,期于此矣。【1015】[臣聞]傳曰:'人主進【1805】[德修業,欲及時也。'此言疾學道德,修身端行],務從時也。由是觀之,人主若能修【0614】[道德,以嗣先王之業,何患不能守其社稷,受命]曰主哉乎?是故聖王務修道德,【2211】[恭遜、敬愛、辭讓、除怨無爭,以相逆也,則不失于人矣。不失于人,則帝王之功成矣。"二百廿五字。《道德》四章,凡千廿七字。]

　　[・平王曰:"吾聞子得道于老聃,今賢人雖有道,而遭淫暴之世,處貧賤之地;無道之君,富貴淫佚,慢倨陵降,而驕得道之士矣]。王者無道如此而咸活,以子之事【1086】[觀之,何以無禍害也?"文子曰:"夫無道而無禍害者,仁未絕,義未取也。仁雖未絕,義雖未取,諸侯以輕其上矣。諸侯輕上,則]朝請不恭,而不從令,不集。"平王【2212】[曰:"仁絕、義取者,奈何之?"文子曰:"仁

絕、義取者,【0567】諸侯背叛,衆人 力 正,强乘弱,大陵小,以【2321】[攻擊爲業,災害生,禍亂作,其亡無日,何期無禍害也?"百七十字。]

[用仁·平王曰:"吾聞君子用仁義,何謂用]仁?"文子曰:" 若 夫御以道者,下之也者,【2364】[道]純則不矜其【0836】[賢,不伐其功,方而不割,廉而不劌],是謂用仁【0920】[者也。仁者,以之象道也,而艱于行也。于大不矜,兼愛無私,人主有行仁者如是,久而不衰,此其君子耶?非耶]?"平王曰:"用仁何如?"文子曰:"君子【0917】[自愛,故]毋驕于臣,毋敬不肖,毋賢【0773】[小人,毋友便辟]。 公 平而先知人,【1828】[知人則能官人。是以勞于取人,佚于]理事,故必仁且【0208】[智。仁智者,禮之所由生也,愛人之道也。"平王曰:"何謂仁絕?"文子曰:"夫人主自氣],以矜其賢,則 驕 ,則 御 下不 以道 ,養(養)則【0940】[不正,賢人不用,讒佞在位,傲虐無親,不恥不仁,是謂仁絕。"平王曰:"仁絕者奈何之?"文子曰:"夫道不純而仁可極,見賢而不能舉,見不善而不能退,好人之所惡,惡人之所好,則不仁而失道矣。人主失道]不仁者,雖立不 能安 其【1097】[社稷,和其民人,其亡無日矣。"二百九十字。]
(重文一)

[用義·]平王曰:"何謂 用義 ?"文子曰:【2501】"[若'夫養以德者,賂之也'者,德厚則足以安百姓],輔細弱,公正而不以私爲己故 侵 【0584】 其民 ,是謂用義【2436】 者 也。義者,以之象德也,而艱【2236】[于行也。人主寬緩,一度順理,不私枉撓],有行義者如

是,【0852】[不變故,不易常,此其君子]耶?[非耶?]"平王曰:"用義何如?"文子曰:"君子上【0869】[德不德,不縱身肆意而制度,可以爲天下儀。故除民之所害,而持民]之所義,唯【1188】[務利之而已。臣竊聞傳曰:'利物足以和義。'故利之]足,唯生義,義【2356】[唯]生禮。【0893】[故義禮]者,理之實也,文之質也,正人之道也。"【0617】[平王曰:"何謂義取?"文子曰:"夫人主縱身肆意,以私爲己故侵其民,是變其故而易其常也。故君臣上下之]間,言不當義,行【1816】[不中理,侵陵暴慢,不畏]不義,是謂【2373】[義取。"平王曰:"義取者奈何之?"文子曰:"夫德不厚]而義可極,所必不可隨,所立不可用【0379】,[所行者寡,所廢者多,則不]義而曠【0759】[德矣。人主曠德不義]者,必殘亡;德義在人者,【0624】[必蕃昌。"三百三字。《仁義》三章,凡七百六十三字。]

[·平]王曰:"人主雖賢,而遭淫暴之世,以一【0880】[人]之權,欲化久亂之民,其庸能【0837】[乎?"文子曰]:"然。臣聞之,王者蓋匡邪民以爲正,振亂世以爲治,化淫敗以爲樸。淳德【1172、0820】[復生,天下安寧,要在一人。"平王曰:"王者一人,何以能匡邪民也?"文子曰:"人主者,民]之師也;上者,下之義法也。【2208】[臣聞之,上美之,則下服之;上嗜之,則下食之。故上有道]德,則下有仁義,下有仁義,則治矣;【0575】[上毋]道德,則下毋仁義之心,下毋仁義之【2248】[心,則亂矣。由是觀之,人主果賢,能以道德化其民,則無淫暴之世矣。"平王曰:"人主無賢不肖,莫不欲治也。然堯舜王于天下,而桀紂身死國亡,何道以然?"文子]曰:"積怨成亡,積德成王。積【0737】[石成山,積水成海],天之道也。不

355

積而成者,寡矣。臣聞【2315】有道之君,天舉之,地勉之,鬼神輔【0569】[之,鳳凰翔其庭,麒麟游其郊,蛟龍宿其沼;毋道之君,天不舉,地不勉,鬼神不輔,鳳凰不翔,麒麟不游,蛟龍不宿。故以道莅者,天下]之德也;以毋道莅者,天下之賊也。以得六曰君,【2442】[以失六曰讎。夫毋道之君,以]一人任與天下爲讎,其能久乎?此堯【0579】[舜所以昌,桀紂所以亡也。"三百五十四字。]

　　[教化・平王曰:"王者之化]民何如?"文子曰:【2461】"[以]教化之。"平王曰:"何謂以教化之?"文子【2310】[曰:"民之化上也,不從其所言,而從其所行。是以]古聖王以身先之,命曰教。"平王【0694】[曰:"邪]民不化,爲之奈何?"文子曰:"不化,人【0570】[主教之不行,罪不在民也。臣聞傳曰:'王者必教而後刑。'故既陳道德以先服之,而猶不可,上賢以勸之;又不可,即廢之;又不可,而後以威憚之。若是三年,而百姓正矣。其有邪民不從化者,然後待之以刑,則民咸知罪矣。"平王曰:"然則教化不如刑罰乎?"文子曰:"不然。王者欲求百姓尊]主,國家安寧,其唯化也。刑罰不足【2243】[以移風,殺戮不足以禁奸,唯神化爲大]獸。故民之化教也,毋卑小行,則君服之甚【2260】[微,而民化之甚大。是以威厲而不試,刑錯而不用。故聖人在上,民化如神,無以]加焉已。必教之,所以【1803】[移風易俗也,所以禁奸止邪也,刑罰何足以致之也?"二百八十四字。]

　　[淳德・平王曰:"淳德何由生]?"文子曰:"聖人【0992】積碩,生淳德。(淳德)興,大惡之端以息。【0300】[雖遭淫暴之]世,必無患害。"平王曰:"請問其道。"【0815】[文子曰:"聖人者,與天地

合德,與日月合明,與鬼神合靈,與四時合信,懷天心,抱地氣,執沖含和,不下堂而行四海,變易習俗,民化遷善,若生諸己,能以神化者也。臣聞傳曰:'堯舜積德含和,而終以帝]。'積之,乃能適之。此言多積之謂也。堯舜【2249】[之]積德成帝,豈不以其修道【1130】[而不貳,積]德而毋息,鄰國之曠于境內乎？上有道【2309】[德,則下有仁義之心矣;下有仁義之心,則知慕]有德,而上下親矣。上下親則君【2293】[尊,君尊]則鬼,鬼則服矣,是謂王德。【0712】[夫王德純厚,化行若神,使民日徙善遠罪而不自知,則天下無爲而治也。"平王曰:"寡人敬聞命矣。"二百卅四字。《人主》三章,凡八百八十二字。](重文二)

[凡三篇,凡二千六百七十二字。]

竹簡《文子》釋文與摹本校讀記

1973年河北定州出土西漢中山懷王墓竹簡《文子》，其釋文在《文物》1995年第12期公布。① 已有幾位學者指出過釋文的一些瑕疵，主要涉及部分標點不夠準確甚至錯誤，至于文字識讀上可能存在的問題，迄今未見專門的討論。僅李縉雲曾經指出，0871簡"民者以自下"之"民"字當爲"卑"字之形訛。② 雖然定簡沒有公布圖版，缺乏全面討論這一問題的基礎，但整理小組在公布釋文時，附有部分殘簡的摹本，對校正釋文還是頗具參考價值的。可惜除筆者十餘年前在一篇小文中略有提及外，很少有人注意到這頁摹本與相關簡文的異同，使得竹簡《文子》的文本討論難以深入展開。

這頁摹本包括十八枚殘簡，茲先將其中八枚殘簡的相關圖影

---

① 河北省文物研究所定州漢簡整理小組(劉來成執筆)：《定州西漢中山懷王墓竹簡〈文子〉釋文》，《文物》1995年第12期。
② 李縉雲：《〈文子·道德篇〉傳世本與八角廊竹簡校勘記》，《道家文化研究》第18輯，生活·讀書·新知三聯書店，2000年，第133—150頁。

截錄于下,然後與對應的釋文進行仔細校讀,以期彌補釋文存在的缺陷,主要是補釋没有釋讀出的簡文,并探討竹簡本的形制問題,最終目的則是爲復原竹簡《文子》全書奠定堅實的基礎。

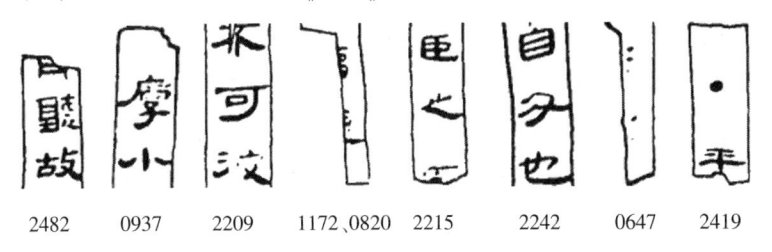

2482　　0937　　2209　　1172、0820　　2215　　2242　　0647　　2419

(一)[修德非一]聽

釋文排在最前面的 2482 簡,"[修德非一]聽。故以耳聽者,學在皮膚;以心聽。"據定簡整理小組的説明,方括號内爲"未能校對的簡文",即前期整理者"抄録于卡片上",唐山大地震後損毁,後期整理者看到的殘簡上已經没有這四個字。但從摹本來看,"聽"字之上殘存了半個字迹" ",且十分清晰,絶不可能是"一",而當爲"耳"字。釋文的這一錯誤,不知出于何種原因,却對認識竹簡《文子》與今本《文子》的關係産生極大的負面影響。

今本《文子·道德》篇第一章開頭部分:"學問不精,聽道不深。凡聽者,將以達智也,將以成行也,將以致功名也。不精不明,不深不達。故上學以神聽,中學以心聽,下學以耳聽。以耳聽者,學在皮膚;以心聽者,學在肌肉;以神聽者,學在骨髓。故聽之不深,即知之不明;知之不明,即不能盡其精;不能盡其精,即行之不成。"據此復原竹簡本,2482 簡後補一"者"字,即可與 0756 簡"學在肌月

(肉);以□聽者"連讀,"以□聽者"的缺文爲"神"字;0756簡後補"學在骨髓。故聽之"七字,則可與2500簡"不深者知不遠,而不能盡其功,不能"連讀。雖然後一簡文句與今本略有差異,但從這三枚簡文來看,今本上面這段話中最獨特的"三聽"之說,竹簡本大致相同,本來應該推測三枚簡文前後很可能亦有對應于今本的文句,僅因竹簡殘損而沒有發現而已。

然而,由于將2482簡釋文誤作"修德非一聽",定簡整理小組進而做出了截然不同的分析:"在漢簡《文子》和今本《文子》內容相同的部分中,于今本《文子》中似乎有後人訓釋的東西變爲正文。如第2482號簡'修德非一聽',今本《文子·道德》則云:'文子問道。老子曰:學問不精,聽道不深。凡聽者,將以達智也,將以成行也,將以致功名也,不精不明,不深不達。故上學以神聽,中學以心聽,下學以耳聽。'顯然爲漢簡'修德非一聽'的訓釋。"①這一說法長期誤導學界,幾乎所有人都把今本中"有後人訓釋的東西"視作理所當然之事。張豐乾更是極力論證:"竹簡文爲'修德',今本中却成了'聽道'。今本還論及'聽'的目的,'聽'的程度,'聽'的方法,顯然是對竹簡本思想的發揮。"并認爲今本對"竹簡本思想的繼承和保存祗占次要的地位,更多的是訓釋、發揮、增删,甚至割裂和背離"。② 後來又在其竹簡《文子》研究專著中多次大談"修德非一聽"的"主題"和"思想"。③

---

① 河北省文物研究所定州漢簡整理小組(劉來成執筆):《定州西漢中山懷王墓竹簡〈文子〉的整理和意義》,《文物》1995年第12期。
② 張豐乾:《試論竹簡〈文子〉與今本〈文子〉的關係——兼爲〈淮南子〉正名》,《中國社會科學》1998年第2期。
③ 張豐乾:《出土文獻與文子公案》,社會科學文獻出版社,2007年,第34、103、155頁。

事實上，定簡整理小組已在今本中找到依據的一千多個簡文，約占全部簡文三分之一強，絕大多數都與今本相同，或僅有字面上的細微不同，真正重要的差異主要有兩處。一是有無"吾聞子得道于老聃"一句，這個問題我們將另文探討；二是"修德非一聽"與今本之間的差異。如果竹簡本真有這句話，那麼它與今本確實差異較大，各家説法當然可以成立。但我們十多年前就已經指出："2482號簡'聽'上之字明顯是'耳'字之殘，而没有'修德非一'四字，似乎此句當同今本一樣作'下學以耳聽'。"① 胡平生、徐剛先生亦曾指出："此句整理者誤釋'修德非一聽'"，"此句之摹本僅有'耳聽'二字，今本此句作'下學以耳聽'，正相合"。② 可惜多數學者没有注意到這一點，以至于直到最近，有人在引用分析這枚簡文時仍作"修德非一聽"。③

摹本這半個殘字，足以徹底摧毁所謂今本"訓釋""發揮"之類説法。既然竹簡本并無"修德非一聽"之説，而與今本同作"下學以耳聽"，那麼這句話之前的二句也應該同作"故上學以神聽，中學以心聽"。同樣道理，2500簡"不深者知不遠，而不能盡其功"，前後脱文應爲"聽之""成其行"，與今本文字略异，但都是從反面論述"聽""知""功""行"四者的關係。而古今行文方式，經常會先提出一個正面論述，再做反面論述，這也是竹簡《文子》中經常采用的論述方式。因此，根據2500簡可以推斷，竹簡本上文必定有對應甚至

---

① 王慕湘、張固也：《也談〈文子〉竹簡本與傳世本的關係》，《古籍研究》2002年第2期。
② 《中國簡牘集成》編輯委員會編、初師賓主編：《中國簡牘集成18·河北省、安徽省（上）》，敦煌文藝出版社，2005年，第1591頁。
③ 連劭名：《定州八角廊漢簡〈文子〉新證》，《文物春秋》2014年第1期。

相同于今本"凡聽者,將以達智也,將以成行也,將以致功名也"的論述。今本剩下的"學問不精,聽道不深""不精不明,不深不達"四句,則起到溝通"學""聽"關係的作用,没有這四句,"故上學以神聽"以下三句就顯得十分突兀,因此這四句同樣也必不可缺。由此推測,竹簡本與今本對應各章的内容不會有太大不同,祇有些小小的字面差異,簡文整句缺少的,都是因殘損所致,并非今本有所"訓釋"或"發揮"。關於竹簡本與今本關係的這一全新認識,對于竹簡《文子》的復原和研究來説極其重要。

(二)□□小行之

0937簡"□□小行之,小得福;大行之,大得福",對應于今本《文子·道德》篇第一章"夫道者,小行之,小得福;大行之,大得福"。晁福林、趙雅麗關于竹簡《文子》復原的兩種方案,都據今本在簡首兩個缺文處補了"道者"二字。① 而摹本這枚簡首實際上祇有一個"🈳"字,顯然不是"者"字。這個字傳世古書、出土簡帛中未見,且上部不太清晰,整理者可能因無法識讀,祇好標了個缺文符。郭店簡、上博簡中有不少"君子"二字的合文,據禹鵬所列多達五十一個,如🈳(《郭店·忠信》5)。② 竹簡《文子》這個字亦爲上下結構,上近于"君",下確爲"子",而從上下文義推測,應該就是"君

---

① 晁福林:《定州漢簡〈文子·道德〉篇臆測》,《中國歷史博物館館刊》2000年第2期。趙雅麗:《〈文子〉思想及竹簡〈文子〉復原研究》,北京燕山出版社,2005年,第142頁。
② 禹鵬:《戰國楚簡合文研究》,吉林大學碩士學位論文,2012年,第95—98頁。

子"合文。至于其字形的上部與郭店及上博簡"君子"合文的細微差异,或許是由于合文現象起于殷商、盛于戰國,漢代已很罕見,以至于漢簡抄手描摹走樣;亦有可能是定簡整理過程中,卡片抄録者還没有見過後出的"君子"合文現象而導致抄録失誤。

(三)不可□

2209簡"曰:不可□。此言甚淺,用之甚隧,行之□",前一缺文摹本作"汶",顯然就是"汶"字,因横畫殘泐變得細短,與下面兩畫交接處看上去像兩個小點。《説文》凡從水之字多僅釋爲水名,"汶"字亦復如此,没有説它有其他義項。此處用作動詞,當爲"泯"之通假。簡帛中從民與從文之字多有相通。①《史記·張儀列傳》:"秦西有巴蜀,大船積粟,起于汶山。"唐張守節《正義》:"汶,音泯。"泯字義同棄、滅、廢等,亦有二字連用爲詞者。如《左傳·昭公二十九年》:"若泯棄之。"晋杜預注:"泯,滅也。"《風俗通義·過譽》:"今茂泯棄天常。"簡帛中泯通作昏、昬,故古書中"泯棄"又作"昏棄",如《尚書·牧誓》指責殷紂"昏棄厥肆祀","昏棄厥遺王父母弟",《史記·周本紀》則説"昏棄其家國"。當然亦可用昏、泯、棄、滅、廢之類單字表示棄人、棄言,如《上博簡二·容成氏》:"今受爲無道,昏者百眚(姓)。"《上博簡六·申公臣靈王》:"氏(是)言棄之。"《論語·子路》:"雖之夷狄,不可棄也。"今本《文子·上仁》:"使言之而是,雖商夫芻蕘,猶不可棄也。"《荀子·大略》:"流言滅

---

① 白于藍編:《戰國秦漢簡帛古書通假字彙纂》,福建人民出版社,2012年,第829頁。

之。"《孔子家語·顏回》："里語云：'相馬以輿，相士以居。'弗可廢矣。"竹簡《文子》此處的"不可汶"，亦指不能廢棄下文所謂"此言"。

這裏可以附帶對"此言"所指做一番推測。0818簡"令遠者來，令□□□□"，據《論語·子路》："葉公問政。子曰：'近者說，遠者來。'"則此處"令"字下的前三個缺文可以補為"近者說"。孔子與葉公的這段對話十分著名，是儒家政治思想的典型表述，亦曾招致墨子、韓非子等人的批評。《韓非子·難三》："或曰，仲尼之對，亡國之言也。葉民有倍心，而說之悅近而來遠，則是教民懷惠。惠之為政，無功者受賞。"下面的批評主旨在于其敗法亂政，茲不具引。這裏值得注意的是對惠政濫賞的批評，亦見于2486簡"不得意焉。賞則虛府□，毋□"。將以上三枚簡文聯繫起來，顯然是文子或明或暗地引用了孔子之說，平王表示疑惑，認為悅近來遠則國君不能如意了，因為厚賞會使國庫空虛，并先說了"此言可汶"之類的話，文子纔又回答說此言"不可汶"。竹簡《文子》中，受儒家思想影響的痕迹比今本更多，這也是重要例證之一。

(四) □［德］

1172、0820簡"然。臣聞之，王者蓋匡邪民以為正，振亂世以為治，化淫敗以為樸。□德"，對應于今本《文子·道德》篇第二十章"夫道德者，匡邪以為正，振亂以為治，化淫敗以為樸，淳德復生"，"德"字之上的缺文顯然應補作"淳"，其下則脫"復生"二字。但晁福林卻將"德"與其下2208簡首"之師也"連綴補讀作："［王者］，德之師也。"釋文祇標了一個缺文符，却補了"王者"二字，顯然是不妥當的。其實摹本"淳德"二字都僅殘存右側小半字迹，前者僅剩下"〒"，還可以看出是"言"的右半，是漢代"淳"字的通行寫法；後者更不清晰，釋文在"德"前後標了方括號，大概早期定簡整理者還看得清楚。

需要附帶説明一下的是，"淳德"是竹簡《文子》中的一個重要概念，較明顯的就有三枚殘簡可以綴連："文子曰：'聖人【0992】積碩，生淳德。（淳德）與（興），大惡之端以□。【0300】□□□□世，必無患害。'平王曰：'請問其道。'【0815】"以下應該更進一步論述如何"積碩生淳德"的問題，而 2249 簡"積之，乃能適之，此言多積之謂也。堯□"正是論述"積"的，這些内容足以獨立成爲一章，并且當以"淳德"作爲章題，根據我們的復原應該排在《教化》章之下。

（五）所以自□也

2215 簡"不敢者，所以自□也。天子居中央者"，中間祇有一個缺文符，趙雅麗却在此處補了"减損"二字，①顯然是不妥當的。從摹本來看，此處實作"〒"，很像戰國文字的"又"字。竹簡《文子》是用漢代通行的今文即隸書抄寫的，這個字與上文疑爲"君子"合文的"〒"字，却都接近于戰國文字寫法，可能是漢代抄手對古文已經比較生疏，稍有殘泐就不識爲今文何字，故描摹走樣。但是"所

---

① 趙雅麗：《〈文子〉思想及竹簡〈文子〉復原研究》，北京燕山出版社，2005 年，第 174 頁。

以自又"在文義上不好解釋,我們懷疑"又"字實爲"守"字的省體。"守"字從宀從寸,古亦或從宀從又(手),作 ᕮ、ᕮ、ᕮ、ᕮ等形。① 而戰國文字經常省減形符,如"官""安"等字都有省"宀"的例證。郭店簡《成之聞之》"敬慎以 ᕮ 之",袁國華、周鳳五、劉釗、何琳儀等都釋作"守"字。② 則此簡的" ᕮ "字,當亦爲"守"字省減形符。

文子作爲老子弟子,主張天子"不敢""自守",應該是從老子的無爲思想發展而來。在傳世文獻中,《禮記·禮運》有曰:"故宗祝在廟,三公在朝,三老在學,王前巫而後史,卜巫瞽侑,皆在左右,王中,心無爲也,以守至正。"(又見《孔子家語·禮運》)其中"心無爲也"與簡文"不敢","以守至正"與簡文"所以自守","王中"與簡文"天子居中央者",文字相近,意旨相通,可以作爲這一推斷的佐證。0211 簡"□天子設明堂□中□,天子□□□"與 2215 簡應該同屬一章。該章與上引《禮運》諸句,都是兼融儒家明堂思想和道家無爲思想的,但側重點和宗旨立場并不完全相同。

(六)不敢起比臣之□

2242 簡"不敢作驕暴之人,不敢起比臣之□",從文義上一眼可以看出與 2215 簡有關,趙雅麗直接予以綴連,并將末尾的缺文補作

---

① 古文字詁林編纂委員會編纂、李圃主編:《古文字詁林》第 6 册,上海教育出版社,2003 年,817 頁。
② 參單育辰《郭店〈尊德義〉〈成之聞之〉〈六德〉三篇整理與研究》,科學出版社,2015 年,第 174—175 頁。

"能"字。這枚簡末摹本作"⌒"形,可以看出該字起筆爲一撇二點,我們懷疑本當爲三點而殘泐了右點,即爲"爭"字的起筆部分。這句話的解釋則可以參照《逸周書・程典》:"德當天而慎下,下爲上貸,力競以讓,讓德乃行。慎下必翼上,上中立而下比,爭省,和而順。攜乃爭,和乃比。"它的大意是說,在上者能中正謙讓,親近在下者,在下者自然願意輔翼在上者,上下之間就沒有了爭鬥。簡文則説不敢挑起與近臣之間的爭鬥,二者的主要意旨是相通的。

附帶説明一下,將這枚簡文直接綴連在2215簡之下,也是不妥當的。因爲從竹簡《文子》的論述風格來看,其同一主題下經常用兩三次以上問答,層層深入地進行論述。比如上文所推測,在文子提出"積碩生淳德"之說後,平王又以"請問其道"的方式,將問題引向深入。上文提到的 0211 簡"□天子設明堂□中□,天子□□□",很明顯是對2215簡"天子居中央者"一句的解釋,應該在文子下一番答語内。其下應該有類似《禮運》"宗祝在廟"等五句的内容,然後再接以2242簡"不敢作驕暴之人,不敢起比臣之爭",就上下呼應,文理順暢了。

(七)是殆德也,人□□

0647簡"是殆德也,人□□",兩個缺文中,摹本上一字殘作"⋮",下一字殘作"ʹ",僅從殘痕確實看不出它們究竟爲哪兩個字。但結合相關簡文,這兩個殘痕仍然可以爲文字識讀提供有益的參考。殘簡中另有以下兩枚:2341簡"知所親,不知所信。今余何修何昭,使□",2397簡"德。平王曰:不修德"。我們推測是先討論人主修德以使民知所親,昭德以使民知所信,然後討論不修德、不昭德及其後果。0647簡"是殆德也,人□□",以及另一枚類似的0631簡"者,是殆德也"之前的脱文,則是在分别描述人主不修德、不昭德的兩種表現。顯然,從文義上推測,"人"下這兩個缺文極可能是"主不",這兩個字的字形與摹本的兩個殘痕也是比較符合的。

(八)平王曰:王者幾道乎?

這枚簡文并無問題,但李學勤曾經指出:"竹簡《文子》有的簡首有黑點,如2419'·平王曰:"王者幾道乎?"……',0885'·平王曰:"爲政奈何?"……',都是一章的開端,説明竹簡各篇是分章的。"①由于竹簡《文子》殘損相當嚴重,過半簡文不到十個字,超過十六個字的僅有寥寥數枚,無法清楚反映其形制特徵。李學勤根據兩枚殘簡推斷出篇内有分章及章首有黑點的説法,是極爲重要的發現。但奇怪的是,2419、0885兩簡在釋文中都没有簡首的黑點。李先生參加過早期定簡整理工作,也是促成竹簡《文子》釋文公布的關鍵人物,其文内注釋説"釋文係據舊作卡片",可見他的説法應該就是根據"舊作卡片"而來。再來看2419簡摹本,簡首的黑點十分清晰,而且占據兩個字格,這一點李先生也没有提到。那麽,雖然摹本無0885簡,但李先生説這枚簡首有黑點,也應該是可信的。殘簡中還有一枚2439簡"道產。·平王曰:道之于人也,亦有所不□",根據我們的研究,"道產"二字實爲章名。結合李先生

---

① 李學勤:《試論八角廊簡〈文子〉》,《文物》1996年第1期。

之説,我們可以對竹簡《文子》形制做出一個更準確的判斷:每篇下分若干章,每章正文前有章題,下標黑點,占據兩個字格。這一結論可以爲復原竹簡《文子》全書奠定堅實的基礎。

除以上八個比較重要的問題外,還有三個小問題:一是2482簡末"以心聽"之下,摹本有中腰綴絲綫紋,而釋文漏標"‖"號。二是上引1172、0820簡二十七字,爲殘簡中最長的一枚,中腰應該有綴絲綫紋,但摹本上也沒有,説明綴絲綫紋亦有殘泐現象。三是2360簡"文子曰"前有較長的空白簡,疑爲居于整簡之首。這幾點瑣碎問題相對不太重要,但如果要進行竹簡本全書復原,還是有必要加以考慮的。

最後提一點希望。定簡命運多舛,漢代曾經遭受盜墓者的破壞,出土以後又碰上唐山大地震,再一次遭受損毁。據當地學者近年走訪河北文物研究所所長韓立森所知,定簡雖有精心保管,但已比當年殘碎更加嚴重。① 筆者亦請曾在河北博物館工作的朋友詢問定簡現狀,被告知碳化嚴重,字迹不清。在這種情況下,早期整理者留下的摹本,或李學勤所謂"舊作卡片",正如本文研究所顯示,或許已經成爲可以校正釋文的最重要依據。因此,筆者衷心希望,這些寶貴資料能夠公布于世,以推進竹簡《文子》之復原和研究。

---

① 韓文濤、曹現娟:《定州漢簡與簡策制度》,《青年文學家》2013年第18期。

竹簡《文子》2465號簡新釋

1973年出土的河北定州八角廊漢墓竹簡《文子》共有277枚殘簡,2790字。其中第2465號簡"文子上經聖□明王",雖僅有八個字,且有一個不辨字迹,但因爲簡首有"文子"二字,較爲特殊,早已引起學界的重視和討論,可惜各家説法似均有未諦。本文先就時賢論述略作回顧,再提出一種新的釋讀意見,并揭示這一新釋對於探索竹簡本篇章結構、做好文本復原工作的重要意義。

一

定州漢簡《文子》散亂殘斷,且僅有三分之一簡文可于今本《文子·道德》中找到依據,釋文依今本拼對排位,列在前面;其餘三分之二簡文于今本中找不到依據者,釋文按其文義編排于後。2465號簡屬于後者,排在1157號簡"夫以文王之賢輔"之下。這大概是由于二簡分別言及"文王""明王",而被視作文義相關的兩枚正文簡。河北省文物研究所定州漢簡整理小組(劉來成執筆)在發布釋文的同時,還對這部竹簡古書的整理和意義做過説明,其中説道:"因竹簡中未發現篇題,所以原本衹是一篇或者是若干篇,尚需大家研究後發表意見。"①

但是釋文發表後不久,李學勤就指出 2465 簡"很像是書的標題",他説:

> 按漢代《老子》分上經、下經。宋董思靖《道德真經集解》序説引《七略》即云:"劉向定著二篇,八十一章:上經三十四章,下經四十七章。""上經"之稱與簡文相似。揣想這支簡應該這樣標點:"《文子》上經:《聖□》《明王》……"
>
> 如果這一設想不錯,竹簡《文子》原分上經、下經,各包含若干篇,很可能加起來即《漢志》的九篇。
>
> 《聖□》《明王》是竹簡《文子》上經的前兩篇。值得注意的是,這兩個篇題都不見於今傳本。由此可見,竹簡《文子》和今傳本的差別是很大的。②

李先生的標題説,確實是一個重要發現,引起學界廣泛關注。他還注意到 0696 號簡末標注"百一十八字"字數太少,"恐不能是一篇,衹能是指一章"。這一篇下分章的説法亦極重要,可惜没有受到重視。其標點是否完全妥當,留待下文討論。而最明顯的不

---

① 河北省文物研究所定州漢簡整理小組(劉來成執筆):《定州西漢中山懷王墓竹簡〈文子〉的整理和意義》,《文物》1995 年第 12 期。
② 李學勤:《試論八角廊簡〈文子〉》,《文物》1996 年第 1 期。

足,在于没有補出"聖□"中的闕字。其後邢文爲之彌縫了這一缺陷,指出"聖□"是"聖知"之闕。殘簡中有一組共七枚簡文,與之對應的今本《文子・道德》第五章開頭爲"文子問聖智",簡文則作"平王曰:何謂聖知"。所以邢先生説:

> 簡本《文子・聖知》的存在,是没有疑問的。篇題"聖知",除上引0896與1193號簡以外,又見于0909號簡,曰"□經者,聖知之道也。王也不可不"。此簡至少可見兩層意義:一,"聖知"之道;二,"王"如何如何。這兩者恰恰與2465號殘簡所記的篇題相合:"《文子》上經:《聖[知]》《明王》……"①

筆者曾據李、邢二家之説,爲《聖知》做出復原,并對標題説略加修正:"竹簡《文子》是分爲上經、下經的兩篇本,《聖知》《明王》等應爲章題,而非篇名。"②趙雅麗肯定"李先生把竹簡分爲上經、下經的見解十分獨到與犀利",但認爲2465簡應標點爲"《文子》上經《聖知》,明王……","則上經的標題變成'上經《聖知》'",并據1198號簡推測下經是講"師徒之道"的。③ 其復原方案把後一簡排在末尾,似乎以爲殘簡文字都屬于上經,而下經則全部亡佚。如果説竹簡本有一最核心且能涵蓋所有簡文的話,衹能是"道德",而非"聖知",其與今本對應的文字都在《道德》篇内,就足以説明這一

---

① 邢文:《八角廊簡〈文子・聖知〉探論》,《學術集林》卷10,上海遠東出版社,1997年,第198—203頁。
② 張固也:《八角廊簡〈文子・聖知〉的復原及其思想》,《文獻》2002年第4期。
③ 趙雅麗:《〈文子〉思想及竹簡〈文子〉復原研究》,北京燕山出版社,2005年,第127、130頁。

點,趙氏此説過于牽强。

丁四新似乎也認同2465號簡爲標題簡,并將其與0909號簡放在一起論述:

>"經"是講聖知之道的;然簡文"經"字前缺一字,不知是否作上下之"上"字? 第0696號簡在"不道始于弱細者,未之有也"後有"百一十八字"字樣,與上面兩簡聯繫起來看,《文子》有上下經之分似可推斷,且經文字數約略兩三百字的分量。《文子》竹簡有277枚,共計2790字,除去經文字數,尚餘兩千餘字,這些內容當是解經之傳、説。第0741號簡有"聞之傳曰道者博"幾字,第1805號簡有"傳曰人主□"幾字,由此似可推斷竹簡《文子》有《經》有《傳》有《説》,其主體構成部分當是後來產生的解説矣。這樣看來,竹簡《文子》一書的製作有一個歷時的過程,其"經"的部分可能在春秋末、戰國初,其"傳"的部分可能在戰國早期偏晚或中期偏早,其"説"的部分則可能在戰國中期或晚期偏早的時候形成。①

丁氏直接將"百一十八字"看作上經或下經的字數,而推算"經文字數約略兩三百字的分量",其他文字則當作傳、説。古書行文中稱引"傳"的現象很常見,多指他書而言,哪有如此自稱自引的呢? 且竹簡本的文體格式完全一致,用一般經書與傳、説的關係加以附會,似不足取。

---

① 丁四新:《郭店楚墓竹簡思想研究》,東方出版社,2000年,第79頁。

趙建偉最早明確反對標題説,提出了五點理由,略謂出土簡帛"一般都是小題(章節題目)在前,大題(篇題)在後",不會"兩個或兩個以上的章節題目標在一起","一般都要在大題下或小題下標字數",也不會"將書名、大題、小題一齊標出",標題下"一般都有墨釘以爲標識",而2465號簡却與此不相符合。所以他提出了另一種解釋:

> 竹簡《文子》爲古本《文子》輯要本的可能性最大。這支簡與古本《文子》原來的題目和章節劃分無關,可能是抄寫者選輯了古本《文子》前後兩部分的一些内容,臨時擬了"上經""下經"這樣的題目;"聖知明王"不是章節題目,而是抄寫者對所選抄前半部内容的概括(意謂上半部歸納爲講聖智明王之道);又爲了與所抄其他書簡相區别,便在自擬的大題之上以"《文子》"來做標識;可能正是因爲不是全抄本,祇是輯要,所以抄者不便標寫總字數,而祇在每段後出示段落字數。[①]

趙先生文中還主張0909號簡可拼接在2259號簡之下,連讀爲"四經者,聖知之道也",比上引邢、丁之説更爲通達合理。但其反對標題説的五點理由都似是而非,因爲他主要用馬王堆漢墓帛書中"名理經法凡五千"之類標注作爲反證,這是將每章、每篇正文之末標注單個章題、篇題及其字數的做法,拿來與單獨的標題簡做比較,當然會鑿枘不投。銀雀山漢簡《孫子兵法》有一枚專記篇題的

[①] 趙建偉:《〈文子〉六論》,《道家文化研究》第18輯,生活·讀書·新知三聯書店,2000年,第234—235頁。

木牘,雖已殘斷,但仍可看出所記爲十三個篇題;①《守法守令等十三篇》也有一枚篇題木牘,上書十三個篇題,全牘文字爲:"守法,要言,庫法,王兵,市法,守令,李法,委法,田法,兵令,上扁(篇),下扁(篇),凡十三。"②阜陽雙古堆漢簡一號木牘則記載了《孔子家語》的四十七個章題。③ 可見西漢竹簡古書在正文簡之外,多用單獨的木牘記載篇題或章題。定州簡年份略晚,以簡代牘,使標題簡可與正文簡一起編聯,或許正是當時書籍制度上的一個小小進步,毫不足怪。倒是趙氏自己提出的"輯要本"之説,在出土簡帛中絶無佐證。雖説抄本書時代没有兩本完全相同的書,但古人對于王公貴族墓中的隨葬品,必定鄭重其事地抄録,或選取較完善的抄本,而不會用"輯要本"敷衍了事。且即使2465號簡確爲抄寫者對"前半部内容的概括"或"輯要",也没有理由和必要推斷竹簡本全書是個"選抄"或"輯要本"。據我們對殘簡文字的分析,其全書結構嚴整,内容豐富,更絶對不是什麽"輯要本"。

李厚誠把"經"看作動詞,"懷疑所説的是文子整理、效法以前的聖哲明王(的言論、治國方略等)"。④ 他似乎懷疑却又没有明言"聖"下闕損的是"哲"字。張豐乾則明確指出:

---

① 銀雀山漢墓竹簡整理小組編:《銀雀山漢墓竹簡·孫子兵法》,文物出版社,1976年,第92頁。
② 銀雀山漢墓竹簡整理小組編:《銀雀山漢墓竹簡》,文物出版社,1985年,第154頁。
③ 胡平生:《阜陽雙古堆漢簡與〈孔子家語〉》,《國學研究》第7卷,北京大學出版社,2000年,第517—519頁。
④ 李厚誠:《〈文子〉問題後案》,《分析哲學與中西之學》,華東師範大學出版社,2009年,第240頁。

"聖□明王"最通順的釋文應該是"聖帝明王"。《管子·桓公問》:"此古聖帝明王所以有而勿失、得而勿忘者也。"《漢書·楚元王傳》記載劉向、劉歆父子的議論,多次使用"聖帝明王"。實際上,2465號竹簡可以斷句爲:"《文子》。上經,聖□明王……"而0909號竹簡"《□經》者,聖知之道也。王也不可不",有可能是指《文子》下經。那麽,2465號竹簡和0909號竹簡所代表的應該是説明《文子》的主旨及其意義的"序"(叙)、"要略"之類的内容。也許竹簡本的《文子》祇分爲上下經,那麽,"九篇"的分類則可能是劉向、劉歆父子的成果了。①

兩位先生都是受到趙氏的影響,把簡文看作普通的陳述句,這與其他殘簡文字多爲對話的風格不符。李氏也認識到這一問題,因而又説,"是殘簡有些問題(竹簡原文或作釋文者抄漏了'文子'後的'曰'字),還是竹簡《文子》原本在對話部分之前或對話之間尚有些介紹性文字,説明文子曾經上經聖智明王之道,或還有望其他的解釋"。至于補爲"哲"或"帝"字,單就這枚簡的上下文來説,當然都不無可能,但在殘簡中確有一組文字談論"聖知"、趙氏"輯要本"之説不足信據的前提下,恐怕還是以作"知"字更爲可信一些。

譚寶剛順着趙氏的思路走得更遠,説"2465簡是抄手爲了方便區别于其他篇章而從《聖知》章的首句即0909簡抄寫下來的幾個關鍵詞","是整個《文子·聖知》章的概括","簡中的'文子'表示

---

① 張豐乾:《出土文獻與文子公案》,社會科學文獻出版社,2007年,第44頁。

發話者而非書名,'上經聖知明王'等字皆爲文子談話内容之輯要","'經'非指《文子》本書,而是指《老子》"。① 一章短短百餘字的正文前就抄出四個"關鍵詞"共八個字,又都是從章首幾句的十多個字中抄出。更奇的是據説文子開頭準備談"上經",平王"轉换話題"而去談"聖知"了,全章的"關鍵詞"却又集中在還没有切入正題的這幾句話中。試問切入正題後爲何反而一個詞也不抄了?又爲何其他章前都不抄?若説每章前都這樣抄,那得抄出多少?請問古今中外有過這樣的抄法嗎?不知這是否受新近舶來的西方文前開列"關鍵詞"做法的啓發而產生的异想天開?他説今本《老子》中涉及"聖知""明王"的主要是第二、三十四、六十四章,這與其對簡文的解釋不符,祇好以郭店竹簡本與今本章序不同爲理由,推斷第六十四章原屬"上經",同樣十分牽强。

總之,關于2465號簡的性質,大致有"標題""輯要"二説。相對而言,標題説較有道理,但其具體解釋各家亦有所不同,這枚簡的讀法值得做進一步討論。

二

儘管"標題""輯要"二説紛争,但所有學者都以爲簡文中"上經"二字應該連讀,且除個别學者外,大都承認它指《文子·上經》,而竹簡本全書分爲上經、下經兩部分。現在看來,這一公認的讀法其實大可懷疑。

---

① 譚寶剛:《竹簡〈文子〉所稱"經"爲〈老子〉考》,《許昌學院學報》2010年第6期。

首先,李學勤引證的《七略》佚文説:"劉向定著二篇,八十一章:上經三十四章,下經四十七章。""上經"不過是劉向叙録中的指稱,并非當時的正式標題。馬王堆帛書乙本正文末分别題作"道""德",這纔是正式的篇題。漢人講究正名,"經""子"涇渭分明,不容混淆。道家雖然確實視《老子》爲經,爲之作傳,又稱之爲《道德經》,但不可能把"老子經"這樣不倫不類的稱呼作爲正式書名。即使已有,按下文所述上下書篇的標題格式,也應該作"《老子》經上"。

其次,若如多數學者所信從,其書上、下兩部分都題作"經",則意味着全書已被他人尊爲"經"。而上揭譚寶剛文指出:"若《文子》當時已稱'經',則本之于向、歆《别録》《七略》的《漢志》不會没有記載。而察《漢志》,道家著作祇有《老子》和《黄帝四經》稱'經',儒家祇有'六經',他書未有稱'經'者。"即以《文子》的地位,它不可能被道家共奉爲"經"。

最後,若如有些學者所説,竹簡《文子》有經、傳、説之别,且經分上下,則其更不可能題作"上經""下經"。譚氏據上述理由,認定"簡文中之'經'非指《文子》本書"而指《老子》,其實是有漏洞的。因爲先秦子書中確有用"經"作爲篇名的,如《墨子》有《經》上下兩篇,《管子》有《經言》一組,黄老帛書有《經法》《(十大)經》兩篇。可見,"經"也可以是子書内部的重要部分,或被某一小派别尊奉爲經典。問題是這類"經"與書中他篇并列,若分上下,其標題格式如何?

早在先秦時期,書篇分爲上下或上中下已極爲常見,不外乎三種情况。一是同書内收有同名异篇,如《尚書·盤庚》上中下三篇;

二是同一篇文章的不同傳本,如《墨子》中的《尚賢》至《非命》各有上中下三篇;三是同一部書或同一篇文章篇幅太大,分成上下或上中下,這種情形最多,如《易》之《彖傳》《象傳》《繫辭》,《禮記》之《曲禮》《檀弓》《雜記》,《韓非子》之《説林》《内儲説》《外儲説左》《外儲説右》等,都分爲上下兩篇。無論哪種情况,所有這些書篇的標題格式,都是在書名、篇名下加"上""中""下"字樣,如《彖傳上》。而後人指稱,則没有定規。如《彖傳上》亦有引作"彖上傳""上彖"的。這是由於書篇標題有固定格式,而學者行文可以隨意。

根據以上三點分析,若承認這是一枚標題簡,則該句應該標點爲:"《文子》上:《經》《聖知》《明王》。"但這一讀法究竟可信與否,最終要看它是否符合文本實際,即能否從簡文和今本中找出《經》《聖知》《明王》的分篇痕迹。

今本《文子·道德》篇前八個奇數章和最後第二十章爲問答體,在簡文中基本保存,而其他祇作"老子曰"的十一章都不見于簡文。時賢大多認爲問答體各章抄自古本,其他各章抄自《淮南子》,應可定讞。少數學者仍爲之曲作別解,實不足取。但是,抄自古本的九章,是否保存了原來的順序呢?有些學者謹慎地以爲竹簡本散亂殘斷,且是否就是《漢志》九篇本,是否就是今本編者所依據的本子,都還無法定論,這個問題自然也難以搞清。有些學者更是輕易斷言今本竄改頗多,最典型的如趙雅麗,幾乎完全打亂了今本的順序來做竹簡本復原。然而,在探知竹簡本前三篇的篇名是"經""聖知""明王"之後,再來審視今本對應九章的先後順序,一下子就可以使人茅塞頓開。今本第一章文子(竹簡本爲平王)問"道",第三章問"德",第五章問"聖智",第七章問"古之王者,以道莅天下,爲之奈何"。很顯然,前兩章對應于竹簡本的《經》篇,第五章對應于《聖知》篇,第七章對應於《明王》篇,二者的順序是完全相同的。既然今本前四章都是照與竹簡本相同的古本按順序抄的,那麼對後五章也沒有任何理由懷疑其已打亂了古本的順序。簡言之,今本九章雖然不是照抄古本,而是在字句上有所改動,但其章序是完全忠實于古本的。這就解開了一個原本令人疑惑的問題。按李、邢二氏的説法,則《聖知》是"上經"亦即整個古本的首篇,今本却在《道德》篇的中間。李學勤説:"竹簡《文子》和今傳本的差别是很大的。"這一點必定是他下此斷語的重要依據之一。但即使後人僞造古書,爲何這樣做,總該有點理路可尋。如果説不清今本爲何將《聖知》移置到後面這一問題,終究令人疑惑。但現在知道,這是一個壓根兒不存在的問題。

下面,再來看看這前三篇論述的主題和内容,它們各自有何特點。《經》何以被稱爲"經"?《聖知》《明王》與《經》有何關聯,何以要緊隨其後?鑒於竹簡散亂殘斷,而從保存的簡文推斷,其與今本祇在文辭上略有不同,思想内容幾無差异,所以在做出可以令人滿意的復原之前,這裏姑且先根據今本中對應的前四章來做討論,以避免隨文交代復原理由而顯得過于繁瑣。

第一章論述的主題是"道",老子(竹簡本爲文子)答語實應分成四個小段落。首段講"聽道",有"神聽""心聽""耳聽"上中下三個層次,而目的是"將以達智也,將以成行也,將以致功名也"。次段講天道,即"原産有始,始于柔弱,成于剛强,始于短寡,成于衆長"等自然規律。又次講聖人法天道,提出"卑""退""儉""損"四點行事準則。末段講"道之于人,無所不宜",從"夫道者,德之元"

開始,大談道爲天地萬物的根本,可用以修身治人、戰勝天下,無論天子、公侯、士庶都離不開道,失道則亂,身滅國亡,"天道然也"。第三章雖以問"德"開始,實則將"德""仁""義""禮"并稱作"四經",認爲"德者民之所貴也,仁者民之所懷也,義者民之所畏也,禮者民之所敬也","四經不立,謂之無道"。結合對以下諸章的分析,這兩章是以"道"爲綱,以"四經"爲目,又合起來作爲以下諸章的基本思想綱領的。

第五章論述的主題是"聖智"。答語説:"聞而知之,聖也。見而知之,智也。聖人常聞禍福所生而擇其道,智者常見禍福成形而擇其行。聖人知天道吉凶,故知禍福所生,智者先見成形,故知禍福之門。"顯然都是指第一章開頭所謂"達智"的兩種高級境界。又説:"聞未生,聖也。"這也祇有如第一章所謂"上學以神聽",纔能真正做到。至此可以幡然頓悟,原來本章是從第一章首段"聽道"之説中生發出來的論述。

第七章論述王者如何"以道莅天下",答語説:"執一無爲,因天地,與之變化。"王者治理天下事緒紛雜,寬泛説來,後面五章講的用兵爲政等都是對王者的要求,所以這一章其實祇是最根本的要求。而之所以用"執一無爲"作爲原則,是因爲"見小故能成其大""守靜能爲天下正"。這正是從第一章次段所講始於弱小、成于強大之類天道生發出來的。

與上兩章相似,第九章講"五兵",第十一章講"王天下",第十三章講爲政,都是從第一章後半的大段論述中生發出來的;第十五章講道德仁義之功用,第二十章講人主如何化民,則主要是從第三章生發出來的。這些已在2465號簡提到的三篇之外,故本文不多

381

做分析,而略言于此。

通過以上對今本九章所做的分析,可見後七章是從前兩章的一些小段落或某些文句中衍生出各自的主題,然後一一展開論述的;不僅如此,後七章的先後順序,也完全是按照與其所論主題相關的段落或文句在前兩章中出現的先後順序排列的。由此而論,如果說前兩章具有總論的性質,後七章則更像是分論,大概不會離事實太遠。問題是這一順序是今本所依據之古本的原貌,還是出于今本的改編呢？這在定州竹簡出土并公布之前,當然無從判斷。而如今有了竹簡本作爲參照,特別是在破解了2465號簡文的讀法之後,這一問題終于可以迎刃而解。今本前兩章具有總論的性質,竹簡本中原來合爲一篇,并命名爲"經",可謂實至名歸,使人一看到這個篇名就知道後面諸篇與它的關係。竹簡本中與這兩章之首問語對應的,并非僅有"道""德"二字,今本省作如此,并分成兩章,進而把全篇命名爲"道德",其改編的思路清晰可辨。但這樣一來,前兩章與後七章完全并列,又在中間夾雜了十一章"老子曰",難怪兩千年來沒有人看出它們之間總論和分論的區別。

這裏還可以對前引有學者所謂"竹簡《文子》有《經》有《傳》有《説》"的說法再做點評論。竹簡本首篇確爲《經》,泛稱其餘諸篇爲"傳",似乎亦無不可。但《經》與他篇祇不過論題有總、分之殊,其文體格式則完全一樣,當爲同一人分篇布局、編撰而成。因此,它們之間并不是所謂聖人作經、賢人撰傳意義上的經傳關係,談不上"製作有一個歷時的過程"。

三

在上節討論中,我們暫且忽略了兩個重要的疑點。一,今本九章中,前兩章篇幅最長,各爲 558、309 字;後七章自 87 字至 263 字不等。從殘簡文字來看,竹簡本中對應的篇章比今本文字略多。若按上述説法,《經》篇約爲一千餘字,而《聖知》以下各篇字數約在一百至三百字之間,差距未免過大。二,更關鍵的是,據整理者統計,屬《道德》篇的竹簡有八十七枚(約漏計二三十枚),一千餘字。則剩下不見于今本的大半文字,與《經》篇的關係如何?又該如何編排呢?或許有人會推測,《道德》篇所抄者衹是"上經"及各篇近乎其"傳"的分論,竹簡本還有"下經"(或許還有"中經")及其"傳",今本改編者没有見到。這確實可以解釋以上兩個疑點,因爲若"上經""下經"各約千字,諸"傳"爲二百字上下,自然合情合理。而不見于今本的簡文自然與《(上)經》無關,可以另行單獨編排。但我們認爲這一推測不能成立。這需要從竹簡本《經》篇分章問題説起。

晁福林曾"結合今本《文子》試對定州漢簡《文子·道德》篇進行復原,并進行初步的文字梳理"。[①] 他没有注意 2465 號簡,基本上衹是以釋文爲基礎而據今本增補闕文,仍然采用今本的分章。現在看來,有欠妥善。但若將前兩章合并爲《經》篇,是否就萬事大吉了呢?事情并非如此簡單。因爲殘簡中有下列幾枚簡文:

---

① 晁福林:《定州漢簡〈文子·道德〉篇臆測》,《中國歷史博物館館刊》2000 年第 2 期。

道。平王曰:"請問天道。"文子曰:"天之【2219】

法天道。平王曰:"人法天道奈何?"【0689】

道產。平王曰:"道之于人也,亦有所不□【2439】

子曰:"道產之,德畜之;道有博【0722】

聞之傳曰:'道者博【0741】

這幾枚簡文確實在今本中找不到對應文字,所以釋文把它們編排在後面的散簡之間。但根據上節的分析,今本第一章可分成四小段,其後三段分別論述天道、聖人法天道、"道之于人,無所不宜"。從文義來看,上述簡文應該分別排在與今本這三段對應的簡文之前,再增補其中的闕文,就可以得到更好的復原結果。比如2219號簡首可補一"天"字,"天道"與下面兩枚簡首的"法天道""道產"都是每章正文前所標的章題。2439號簡末補上"宜乎?文"三個字,就可以與0722號簡首順暢地連讀。後一章的章題"道產",是取文子答語開頭"道產之,德畜之"的前兩個字。據此可進一步推測,始于談論"德"的下一章,亦應取與之相對的"德畜"二字作爲章題,而且必定是與《道產》章同編在一篇的。這三章章題中都有"道"字,則對應于今第一小段的首章不容有異,可據其內容擬定爲"聽道"。

至此我們知道,《經》篇原來是由《聽道》《天道》《法天道》《道產》《德畜》五章組成的,每章的字數就不會太多,而與《聖知》《明王》等大致相當了。由此進一步追問,既然《經》篇之下還有分章,會不會《聖知》《明王》等篇也同樣如此,祇不過今本僅僅各抄了其中一章,纔導致它們與《經》的篇幅失去均衡呢?下面以《聖知》篇爲例來做一番考察。

在上揭小文中,我們曾復原《聖知》,以爲它祇是《上經》篇内的一章。但文中亦曾指出,2444號簡首的"禍福"二字可能是章題。現在看來,《禍福》章正是對《聖知》章出現的這一重要概念做出補充論述的,應該緊接在它之下,屬于本章的有五枚簡文:

禍福。平王曰:"何謂禍福?"曰【2444】
者,□得失之謂也。故斯人得失者【0984】
天下者,有失其國者,故其所道者□【2339】
嗜欲者【1739】
禍福得失之樞;而【0204】

各簡之間殘損文字較多,但其義不難意會貫通。殘簡中還有幾條文字似在談論對待死生的態度,而死生爲禍福之大者,可能《禍福》章下接有《死生》章。這一點不敢肯定,簡文亦暫不列。又有下面兩組簡文:

□曰:"王知者,先王行成敗功,謂之【2390】
□平王曰:"吾未明也。"文子曰:"古□【2214】
有殆德。王若知【0952】
王曰:"請問【0743】

之也?"文子曰:"臣聞傳曰:'致功之道【0565】

385

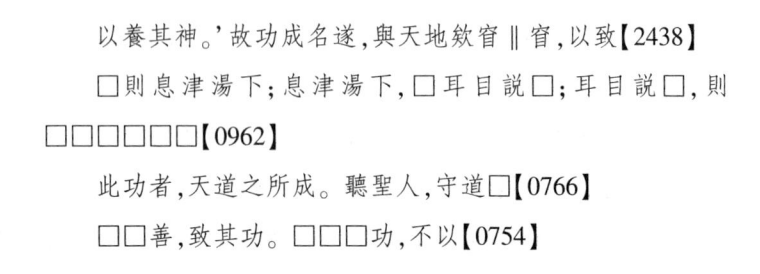

以養其神。'故功成名遂,與天地欸㝢‖㝢,以致【2438】
□則息津湯下;息津湯下,□耳目說□;耳目說□,則□□□□□【0962】
此功者,天道之所成。聽聖人,守道□【0766】
□□善,致其功。□□□功,不以【0754】

據上節所述,《聖知》是從《經·聽道》章生發出來的。與《聽道》對應的今本段落中說:"凡聽者,將以達智也,將以成行也,將以致功名也。"又說:"凡聽之理,虛心清静,損氣無盛,無思無慮,目無妄視,耳無苟聽,專精積蓄,内意盈并,既以得之,必固守之,必長久之。"竹簡本應有對應文字,簡文中沒有發現,當因殘損之故。上列簡文字面上與之迥异,而意思相通,應該歸入《聖知》篇,其章題可分別擬補爲"王知""致功"。《聖知》章衹發揮了《聽道》的"達知",加上這兩章後,《聽道》的"成行""致功""聽之理"都得到了發揮,《聖知》篇就很完整了。

可見,《聖知》篇至少由《聖知》《禍福》《王知》《致功》四章組成,可能中間還有一個《死生》章。其結構與《經》篇十分相似,每章字數亦較接近。

事實上,我們用同樣的方法,考察了所有不見於今本的簡文,發現絶大多數都可以像這樣編聯補綴成章,排在與今本相應的篇章之下,但與今本各章的分合略有不同。最後還有一批談論"道"的簡文,似係從《經·法天道》章生發出來,且難以歸入《聖知》以下諸篇,可以編聯成一篇四章,排在《明王》下作爲第四篇。這樣,可以復原出一個相當完整的竹簡本,凡三卷九篇三十六章,可以相信正是《漢書·藝文志》著録的九篇本。這一考察過程極其繁複,本文不可能詳細陳述,僅略言結論于此。

綜上所述,2465號簡可確定爲竹簡《文子》卷上的標題簡,應標點作:"《文子》上:《經》《聖[知]》《明王》。"其中"文子"是書名,"上"指卷次,"經""聖知""明王"是三個篇名。竹簡本卷中、卷下之首,也應該各有一枚格式相同的標題簡,可惜没有保存下來。

竹簡《文子》二題

一、文子"得道于老聃"新證

文子傳説是老子的弟子。東漢班固據劉歆《七略》編撰《漢書·藝文志》，其中《諸子略》道家類著録有《文子》九篇，稱文子爲"老子弟子，與孔子并時"。王充《論衡·自然》篇也以老子、文子的關係和孔子、顔淵相提并論。雖然從唐代柳宗元以來，今本《文子》十二卷被許多學者認作"駁書""僞書"，晚出于東漢以後，但人們針對的主要是書而不是人。因此，不僅少數仍然相信今本非僞的學者深信文子爲老子弟子，而且持僞書説者也往往承認《漢書·藝文志》的説法當有所據，漢代流行于世的古本《文子》應與今本不同，其作者有可能爲老子弟子。如清末江瑔言之鑿鑿：

> 班氏固深信文子者也，觀其既曰"老子弟子"，又曰"與孔子同時"，絶無猶豫之辭，可以想見。至其曰"稱周平王語，似

依托者",蓋謂文子生不與周平王同時,而書中稱之,乃僞托問答之辭。《莊》《列》諸家,素多此體,非謂其書由後人僞托也。班氏生于《文子》盛行之漢代,既信之最深,斯知之最詳,則其云文子"與孔子同時",當必可信。①

1973年,在河北定縣(今定州)八角廊西漢晚期中山王墓中出土了大批竹簡。1976年,竹簡經初步整理釋讀,其間辨認出有《文子》存在。一時之間,許多學者以爲今本僞書之説已不攻自破。然而,1995年竹簡《文子》釋文在《文物》月刊上發表以後,②事情發生了戲劇性的變化。學界在就竹簡本與《漢書・藝文志》著録本、今本三者之間關係展開爭論的同時,對于文子爲老子弟子這一記載幾乎無不予以斷然否定。其原因在于竹簡本與今本的一處關鍵差异,定簡整理者最早指出:

今本中有在原本上附加衍文并竄改原文之處。如0880號簡"(平)王曰:'人主唯(雖)賢,而遭淫暴之世,以一'",而今本《文子・道德》則作"平王問文子曰:'吾聞子得道于老聃,今賢人雖有道,而遭淫亂之世,以一人……'"。③

---

① 〔清〕江瑔:《讀子卮言》,轉引自張豐乾《出土文獻與文子公案》,社會科學文獻出版社,2007年,第275頁。
② 河北省文物研究所定州漢簡整理小組(劉來成執筆):《定州西漢中山懷王墓竹簡〈文子〉釋文》,《文物》1995年第12期。
③ 河北省文物研究所定州漢簡整理小組(劉來成執筆):《定州西漢中山懷王墓竹簡〈文子〉的整理和意義》,《文物》1995年第12期。

王博進而論述道：

> 班固等以文子爲老子弟子，實無證據。傳世本《文子·道德》篇中有"平王問文子曰：'吾聞子得道于老聃，今賢人雖有道，而遭淫亂之世。'"可爲文子師從老子之證。但遺憾的是，竹簡《文子》適有此段。0880號："王曰：人主唯（雖）賢，而曹（遭）淫暴之世……"而無"吾聞子得道于老聃"句，可知此爲後人增益，非原文之舊。①

這一說法被人廣爲引用，基本成爲當今學界的公論。但趙雅麗在復原竹簡本時，有如下一處做法：

> 平王曰："子以道德治天下，夫上世之王（2255）[者有道]，如此而咸[失其國]，以子之事（1086）[老聃，可得而知乎]？②

趙氏的這一復原，從句式上說，在古書中沒有可以相互佐證的例子；從復原價值上說，并不能解釋竹簡本與今本提及"老聃"的兩句話何以如此迥異；從復原方式上說，更是存在比較嚴重的問題。因爲1086簡作："王者無道如此而咸□，以子之事"，趙氏竟然毫無理由地刪除了簡首的"王者無道"四字，而臆補出"者有道"三字，以

---

① 王博：《關于〈文子〉的幾個問題》，《哲學與文化》1996年第8期。
② 趙雅麗：《〈文子〉思想及竹簡〈文子〉復原研究》，北京燕山出版社，2005年，第140頁。

與 2255 簡末的"王"字連讀成句;"咸"下祇有一個缺字符號,竟然臆補出"失其國"三字。至于在簡末補出"老聃"二字,理由僅爲今本"《道德》篇提供了文子與老聃關係的信息,這使我們相信文子是老子的弟子無疑",而完全無視漢簡整理者、王博等人的説法,顯然是不足以取信于人的。

然而,趙氏試圖通過 1086 簡的復原,來從竹簡本中尋找文子爲老子弟子的内證,這一做法本身,却給人以很大的啓發,可謂幸而偶中。我們反復玩味 1086 簡文之意,發現這枚簡文確實可以爲文子是老子弟子的傳統説法提供一個佐證。

1086 簡文中的"子"字,確爲平王對文子的稱呼。同樣的用法還見于 2255 簡"子以道德治天下"、2504 簡"子,子可而□"。後兩殘簡中的三個"子"字祇是簡單指稱,對討論文子的身份没有多大意義,而 1086 簡"子之事"究竟何所指,確實值得玩味。

趙氏以爲"事"字表示師事之意,故在簡文之下直接補出"老聃"二字。表面看來,"事老聃"固然没有問題,但"以子之事老聃"這樣的句式,古書中似乎罕見。《孟子·滕文公上》:"子夏、子張、子游以有若似聖人,欲以所事孔子事之。"與之比較接近,則這句話應譯作"用你師事老聃(的方式)"。但這樣理解,則趙氏下面補出的"可得而知乎",又在語義上無法銜接了,可見趙氏的復原并不足取。

實際上,"事"字的主要義項畢竟是"事情"。古書中"以……事(言、道等)觀(論、言等)之"之類句式十分常見,如竹簡《文子》殘簡中多見"以此觀之""由是觀之":

391

> 然也？何失于人乎？以此觀之，道德【0613】
> □從時也。由是觀之，人主若能修【0614】
> 觀之，難事，道于易也；大事，道于細也。【0595】
> 之，道之于人也【1179】

末簡對應于今本："由是觀之，道之于人，無所不宜也。"故知"之"字上脫"由是觀"等字。古書中多有與此句式相近，祇是略爲複雜一點的句子，如：《戰國策·趙一》："臣竊以事觀之，秦豈得愛趙而憎韓（齊）哉？"《大戴禮記·禮察》："聽言之道，必以其事觀之，則言者莫敢妄言……人主胡不承殷周秦事以觀之乎？"《墨子·魯問》："然吾以子之言觀之，則天下之所謂可者，未必然也。"《史記·司馬相如傳》："略以子之所聞見而言之。"《論衡·談天》："以天道人事論之，殆虛言也。"

我們在開始復原竹簡《文子》之時，就已經參照上述例證，把1086簡末句復原作"以子之事觀之"。① 但當時沒有意識到兩個極其重要的問題，而在這枚簡文前直接補出"平王曰"，即將簡文看作這一次平王問語的開頭，後來從《莊子·天道》的如下一段文字中受到十分重要的啓發：

> 桓公讀書于堂上，輪扁斲輪于堂下，釋椎鑿而上，問桓公曰："敢問：公之所讀者，何言邪？"公曰："聖人之言也。"曰："聖人在乎？"公曰："已死矣。"曰："然則君之所讀者，古人之

---

① 張固也：《定州八角廊簡〈文子〉復原》，《吉林大學古籍研究所建所三十周年紀念論文集》，上海古籍出版社，2014年，第165—173頁。

糟魄已夫!"桓公曰:"寡人讀書,輪人安得議乎!有説則可,無説則死!"輪扁曰:"臣也以臣之事觀之。斲輪,徐則甘而不固,疾則苦而不入。不徐不疾,得之于手而應于心,口不能言,有數存焉于其間。臣不能以喻臣之子,臣之子亦不能受之于臣,是以行年七十而老斲輪。古之人與其不可傳也死矣,然則君之所讀者,古人之糟魄已夫!"

在這個著名的故事中,前面交代了"輪扁斲輪于堂下",讀者纔能理解後面的"以臣之事觀之",是指輪扁從其職業身份出發來分析道理。以此類推,1086簡前面也必定會有與"子之事"呼應的内容,用來交代文子的身份。

在意識到這一問題後,我們又發現另一個問題:1086簡首的"王者無道如此",究竟如何無道,前面也應該有所呼應。殘簡中經常説到"無道""毋道":

□立,謂之無道,而國不【0811】
無道。"平王曰:"請問無道之過。"文子曰:【0780】
無道之【1812】
毋道以立天下者,□□□,故曰【2273】
治矣;毋道而莅之者則亂。故治亂【0695】
之德也;以毋道莅者,天下之賊也。以□六曰君,【2442】

我們在復原之初,以爲1086簡的"無道如此"正是與這些議論"無道"的文句相呼應的。後來在復原過程中,發現這些文句分散在不同的篇章,與1086簡離得很遠。而竹簡《文子》每一章上下文的呼應極爲密切,因此這枚簡文之前,必定會有關于"無道"的具體描述,"如此"二字纔不至于没有着落。

那麽,前面究竟該如何復原,纔能與1086簡相互呼應呢？這就必須先確定簡文在竹簡本中的篇章位置,我們發現今本《文子·道德》篇第十五章後半部分,很可能正是回答簡文中平王所問的:

> 夫無道而無禍害者,仁未絶,義未滅也。仁雖未絶,義雖未滅,諸侯以輕其上矣。諸侯輕上,則朝廷不恭,縱令不順。仁絶義滅,諸侯背叛,衆人力政,强者陵弱,大者侵小,民人以攻擊爲業,災害生,禍亂作,其亡無日,何期無禍也。

其中"夫無道而無禍害者"這句答語,顯然正是對前面問語中心意思的簡明概括。而1086簡"王者無道如此而咸□,以子之事"下補出"觀之,何以無禍害也",不正是在問爲什麽王者"無道而無禍害"嗎！

接下來的問題是,前面究竟會如何描述王者之無道？如上所述,竹簡本經常議論"無道"的問題,在不同的篇章中,必定會受其主題的限制,而各自有所側重。再來看今本《文子·道德》篇第二十章的"吾聞子得道于老聃,今賢人雖有道,而遭淫亂之世"三句話,正如時賢所指出,確實與0880簡相互衝突,不屬于竹簡本對應篇章的内容,但是如果移到與上面這段話對應的簡文之前,則密合無間,可以爲復原工作提供清晰的思路。即前面很可能是以賢人得道而貧賤,與王者無道而富貴相對而言;而此處"無道"的主要表現,很可能如《呂氏春秋·貴生》所言:"世之人主,多以富貴驕得道之人。"

根據以上分析,1086簡前後可以試作如下復原:

[平王曰:"吾聞子得道于老聃,今賢人雖有道,而遭淫暴之世,處貧賤之地;人主富有天下,廣奢淫佚,而驕得道之士矣]。王者無道如此而咸[貴],以子之事【1086】[觀之,何以無禍害也]?"

這一復原如果可信,則前述時賢的懷疑可立即冰釋,對文子作爲老子弟子的身份應該予以恢復。

二、竹簡《文子》的思想宗旨與綱領

今本《文子》第五篇《道德》第一章開頭部分:

文子問道。老子曰:"學問不精,聽道不深。凡聽者,將以達智也,將以成行也,將以致功名也。不精不明,不深不達。故上學以神聽,中學以心聽,下學以耳聽。以耳聽者,學在皮膚;以心聽者,學在肌肉;以神聽者,學在骨髓。故聽之不深,即知之不明;知之不明,即不能盡其精;不能盡其精,即行之不成。凡聽之理,虛心清静,損氣無盛,無思無慮,目無妄視,耳無苟聽,專精積蓄,内意盈并,既以得之,必固守之,必長久之。"①

竹簡《文子》整理者已指出以下三枚簡文與之對應:

[修德非一]聽。故以耳聽者,學在皮膚;以心聽【2482】
學在肌月(肉);以□聽者,‖【0756】
不深者知不遠,而不能盡其功,不能【2500】

今本没有2482簡首"[修德非一]聽"一句,而另有"學問不精"至"下學以耳聽"大段論述,整理者認爲這"顯然是對漢簡'修德非一聽'的訓釋"。②李縉雲、劉偉、張豐乾、王寧等都贊同并發揮過這一觀點③,晁福林更認爲,"修德"一句"是本段論述的主題所在","這裏不當作'問道',而應當是'問修德'。從文子答辭看,所講内容在于修德,故在這裏不是問道,而是問如何修德。後人篡改爲'問道',蓋以爲本篇題爲《道德》,故應先問道焉。殊不知,依

---

① 王利器:《文子疏義》,中華書局,2000年,第218頁。
② 河北省文物研究所定州漢簡整理小組(劉來成執筆):《定州西漢中山懷王墓竹簡〈文子〉的整理和意義》,《文物》1995第12期。
③ 李縉雲:《〈文子·道德篇〉竹簡本、傳世本的比較研究》,《哲學與文化》1996年第8期。劉偉:《從竹簡〈文子〉中道與德的關係看早期儒道關係》,《齊魯學刊》2004年第6期。張豐乾:《試論竹簡〈文子〉與今本〈文子〉的關係——兼爲〈淮南子〉正名》,《中國社會科學》1998年第2期。王寧:《定州西漢中山懷王墓竹簡本〈文子·道德〉篇校讀》,簡帛研究網,2008年1月11日。葛剛岩:《〈文子〉成書及其思想》,巴蜀書社,2005年,第141頁。趙逵夫、葛剛岩:《今本〈文子〉的形成與流變》,《中華文史論叢》總第80輯,上海古籍出版社,2005年,第124頁。

老子意本來是德在先而道在後的，馬王堆漢墓帛書即作德道經，而非道德經。首章問德而非問道，實寓有文子釋老的深意"。① 我們先後在兩篇小文中指出："檢與釋文同時公布的殘簡摹本，2482 號簡'聽'上之字明顯是'耳'字之殘，而沒有'修德非一'四字，似乎此句當同今本一樣作'下學以耳聽'。"②竹簡本既然有這一句，其上必定會有"故上學以神聽，中學以心聽"，而由 2500 簡的反面論述，可以進而推斷竹簡本必定有對應甚至相同于今本的"凡聽者，將以達智也，將以成行也，將以致功名也"等正面論述。③ 這裏我們還想進一步指出，竹簡本對應今本上引一段文字的當爲獨立一章，且爲全書首章，章題爲"聽道"，它開門見山地揭櫫了竹簡《文子》的思想宗旨和綱領。

何以知其爲全書首章？正如李學勤所指出，2465 簡"很像是書的標題"，但他把簡文標點爲"《文子》上經：《聖□》《明王》……"④却并不妥當。這枚簡文的準確讀法應爲："《文子》上：《經》《聖[知]》《明王》。"其中"文子"是書名，"上"指卷次，"經""聖知""明王"是卷上的三個篇名。⑤ 既然竹簡《文子》前三篇依次爲《經》《聖知》《明王》，而今本《道德》篇第一章談論"道"，第三章始于問"德"，第五章談論"聖智"，第七章始于問"古之王者，以道莅天下，爲之奈何"，後兩章正對應于竹簡本的《聖知》《明王》，逆推前兩章應該對應于《經》篇。"道""德"是道家最基本的概念，竹

---

① 晁福林：《定州漢簡〈文子·道德〉篇臆測》，《中國歷史博物館館刊》2000 年第 2 期。
② 王慕湘、張固也：《也談〈文子〉竹簡本與傳世本的關係》，《古籍研究》2002 年第 2 期。
③ 張固也：《竹簡〈文子〉釋文與摹本校讀記》，《澳門文獻信息學刊》2015 年第 2 期。
④ 李學勤：《試論八角廊簡〈文子〉》，《文物》1996 年第 1 期。
⑤ 張固也、易吉林：《竹簡〈文子〉2465 號簡新釋》，《社會科學戰綫》2015 年第 11 期。

簡本中這兩章合稱《經》篇,自然再正常不過了。

何以知其章題爲"聽道"?因爲根據我們的復原,竹簡本對應于今本《道德》篇第一章的内容分爲四章,後三章章題分别爲"天道""法天道""道産",其中都有一個"道"字,而今本此章亦以"問道"開始,可證竹簡本第一章的章題中也應該有一個"道"字。無論在簡文還是在今本中,這段話中出現最多、最爲核心的一個概念都是"聽"。今本有"聽道不深"一句,0766簡則有"聽聖人,守道□"之説,思想相通。毫無疑問,這一章的章題必爲"聽道"無疑。

衆所周知,先秦古書每多開宗明義。如《論語》"學而時習之"章、《老子》"道可道"章、《管子·牧民》篇等,都是各家精義之所在。竹簡《文子》用"經"這個神聖的字眼來命名首篇,又以《聽道》居其首章,它在全書中應該擁有不容忽視的特殊地位。我們反復研究所有殘簡文字及今本對應諸章,認識到它確實起到揭櫫宗旨、統領全書的作用,這可以從以下四個方面來加以説明。

首先,"聽道"二字不但是首章的章題,也揭櫫了竹簡本全書的宗旨,即主張王者"聽道",以建立帝王功業、成就帝王德行。有學者統計,"在竹簡《文子》總共277枚竹簡、2790字中,共有73枚竹簡的簡文中有'道'字87處,而且貫穿始終。由此可見'道'在竹簡《文子》思想體系中的重要性"。[①] 這固然不無道理,却也有點未達一間。竹簡本認爲"天之道""難言"(1184簡),所以很少談論道之體,而直接認定"道者,先聖人之傳也"(2391簡),專注于討論"道之于人"是否相宜(2439簡),即具體探討"王道""人道""師徒之

[①] 劉偉:《從竹簡〈文子〉中道與德的關係看早期儒道關係》,《齊魯學刊》2004年第6期。

道"等道之用。這一基本思想特徵是由首章《聽道》確立的,而與今本始于《道原》篇,從探討道之本原出發,形成鮮明的對照。

其次,《聽道》作爲《經》篇首章,起到引領以下四章的作用。在提出"聽道"主張之後,《天道》接着交代"聽"什麼"道";《法天道》更點明"聽道"就是爲了效法天道;《道產》詳述道之用,亦即聽道的效果,所謂"内以修身,外以治人,功成事立","天下皆服";《德畜》主張用德、仁、義、禮"四經"治國,實即"聽道"的外在表現。五章一氣呵成,共同組成了《經》篇。

再次,《聽道》章先説"凡聽者,將以達知也,將以成行也,將以致功名也",又説"故聽之不深者知不遠,而不能盡其功,不能盡其功,即行之不成",這决定了竹簡本的篇章結構,起到統領全書的作用。竹簡本首篇爲《經》,其他各篇則是按照《經》篇各章的論述次序,來做進一步深入闡述的,而這一次序實際已經隱含在《聽道》的上述論述中。由于"聽道"最直接的目標是要"達知",所以《聖知》僅次于《經》爲第二篇,用以發揮《聽道》章。爲了補充交代"聽道"的主體,繼之以第三篇《明王》,而其核心主張"執一無爲",實由《天道》章"道始于弱細"(0696簡)生發出來。下一篇應該發揮《法天道》章,今本中没有對應文字,而在殘簡中有關"聞道""象天道""人道""師徒之道"的論述可以復原成四章,合爲第四篇《聞道》。今本第九章講"五兵",第十一章講"王天下",在竹簡本中同屬第五篇《用兵》。今本第十三章講爲政,出自竹簡本第六篇《爲政》。對外戰勝敵國而王天下,對内以道治國而得民心,都屬于王者的事功,可見這兩篇是從《道產》章所述道之用抽取"致功"的用兵、爲政兩個主要方面來加以發揮的。今本第十五章講道德仁義,殘簡除對應文字外，還有大量分開論述四者的簡文，從分章和字數之多，可以推測竹簡本中分成《道德》第七、《仁義》第八兩篇。今本第二十章講人主如何教化民眾，在竹簡本中屬于第九篇《人主》。末三篇都屬于"成行"的範疇，同時又主要是對《經》篇《德畜》章"四經"說的發揮。可見，竹簡本的思想體系和脉絡，完全可以用《聽道》開頭幾句話中的四個詞語做一簡明概括：聽道—達知—致功—成行。

最後，《聽道》章的論述在《聖知》篇中得到了全面發揮。竹簡本《聖知》篇原有五章，今本祇取其首章，其章題亦爲《聖知》，我們十餘年前已做過復原。[①] 它的主旨在論述"聞而知之，聖也；見而知之，知也"，這是將《聽道》所謂"達知"分成了兩個高級層次來作闡述，其以"聞"知爲聖，亦與此章的"聽"相通。但今本中兩者的聯繫僅此而已，其發揮《聽道》的特徵尚不夠明顯。而在今本中找不到依據的殘簡中，還有許多簡文分別圍繞"禍福""死生""王知""致功"四個小主題加以論述，層層遞進，密不可分，可以復原爲四章，依次接在《聖知》章之下，共同組成《聖知》篇。如果說第二、三章直接上承《聖知》章，與《聽道》篇祇有間接聯繫的話，那麼第四、五章恰恰相反，與《聖知》章的關聯并不明顯，而完全是對《聽道》章"凡聽者""凡聽之理"兩層論述的進一步發揮。尤其0766簡"聽聖人守道"之說，無疑就是"聽道"的另一種稍繁的表述；這個"守"字，就是此章"既以得之，必固守之"之"守"。《聽道》章的幾個關鍵概念，《聖知》章僅發揮了"達知"，而加上《王知》《致功》兩章之後，"成行""致功""聽之理"就都得到充分發揮了。可見，《聖知》篇確

---

① 張固也：《八角廊簡〈文子·聖知〉的復原及其思想》，《文獻》2002年第4期。

實是專門發揮《聽道》章的,二者之間有着類似于傳與經的關係,衹不過這是出自同一人的精心構思,并非像學者所"推斷竹簡《文子》有《經》有《傳》有《説》",其"製作有一個歷時的過程"。①

總之,《聽道》章居于竹簡本首篇首章,揭櫫了全書的思想宗旨是"聽道",預設了其思想綱領是通過"聽道"而"達知",并進一步"成行""致功名",并決定了全書九篇三十六章的篇章結構與順序,更是《聖知》篇思想發揮的直接對象。説它是統領全書的靈魂,這一定位大概不算誇張吧!

---

① 丁四新:《郭店楚墓竹簡思想研究》,東方出版社,2000年,第79頁。

竹簡《文子》首章復原
——兼論其思想宗旨與綱領

黃宗羲有言:"大凡學有宗旨,是其人之得力處,亦是學者之入門處。"① 朱熹評論《大學》開篇所説"大學之道,在明明德,在親民,在止于至善",認爲"此三者大學之綱領也"。② 一個學者或學派的思想宗旨,往往可以從其核心概念中體現出來;其思想綱領或綫索,也往往可以從其關鍵文句中反映出來。找準這樣的概念和文句,領會其宗旨和綱領,是思想史研究的不二法門。

河北定州漢簡《文子》散亂殘斷,除一小部分可在今本找到依據外,大半簡文不見于今本,不知其原來如何編排,這給進一步研究其思想及其與今本的關係等問題,都造成極大的困難。筆者受黃宗羲、朱熹之説的啓發,試圖另闢蹊徑,通過考索竹簡《文子》的

---

① 〔明〕黃宗羲:《明儒學案》,中華書局,1985年,第17頁。
② 〔宋〕朱熹:《四書章句集注》,中華書局,2011年,第4頁。

宗旨和綱領,找到研究它的更佳"入門處"。令人驚喜的是,對《文子》釋文排在最前面的三枚簡文與今本對應文字做比勘研究,可以發現其正好出自竹簡《文子》的首章,且今本前後多出的文字并非如時賢所論出於後人之增竄和發揮,基本上是照抄竹簡本而來。根據這一發現,本文比較完整地復原出竹簡本首章内容,并爲之擬定章題,最後分析指出其在竹簡本中的地位:它開門見山地揭櫫了全書的思想宗旨和綱領,并決定了全書及第二篇《聖知》的篇章結構和順序,堪稱統領全書的靈魂。

一

竹簡《文子》"散亂殘斷,其中有于今本《文子・道德》中找到依據者,釋文依今本《文子・道德》拼對排位,竹簡文字于今本《文子》中找不到依據者,釋文按其文義編排順序"。① 其中排在最前面的三枚簡文:

[修德非一]聽。故以耳聽者,學在皮膚;以心聽【2482】
學在肌月(肉);以□聽者,‖【0756】
不深者知不遠,而不能盡其功,不能【2500】

其對應于今本《文子・道德》第一章開頭部分:

---

① 河北省文物研究所定州漢簡整理小組(劉來成執筆):《定州西漢中山懷王墓竹簡〈文子〉釋文》,《文物》1995 年第 12 期。

403

  文子問道。老子曰:"學問不精,聽道不深。凡聽者,將以達智也,將以成行也,將以致功名也。不精不明,不深不達。故上學以神聽,中學以心聽,下學以耳聽。以耳聽者,學在皮膚;以心聽者,學在肌肉;以神聽者,學在骨髓。故聽之不深,即知之不明;知之不明,即不能盡其精;不能盡其精,即行之不成。"①

  班固《漢書·藝文志》在《文子》下注云:"稱周平王問。"今本平王與文子問答者僅《道德》篇末章一處,文子與老子問答者十四處,其他各章則直接以"老子曰"引出,與班固注不合。定簡出土後,人們發現其中確實有不少"平王曰""文子曰",而没有"老子曰"。據張豐乾統計:"從殘存的竹簡來看,至少有80多枚竹簡可以認定爲'平王'與'文子'的對話。"②具體來説,有"平王曰"或"文子曰"字樣(包括殘闕爲一字者)的共七十八簡,其中提到平王四十二次,文子四十七次,其餘簡文則都可以與這些有人名的殘簡編聯成章。因此可以肯定,竹簡《文子》就文體而言,全書都是以平王和文子對話的方式展開論述的,而且每一章都以"平王曰"引出問語,而以"文子曰"引出答語。

  今本《道德》篇有九章與竹簡本對應,其中第一、三、五、十三章分別以"文子問道,老子曰""文子問德,老子曰""文子問聖智,老子曰""文子問政,老子曰"開頭,所有學者都已注意到其竄改了問答者的身份。早在1988年,李定生在《文子要詮》一書中已將其依

---

① 王利器:《文子疏義》,中華書局,2000年,第218頁。
② 張豐乾:《出土文獻與文子公案》,社會科學文獻出版社,2007年,第28頁。

次校改爲"平王問道,文子曰""平王問德,文子曰""平王問聖智,文子曰""平王問政,文子曰"。可惜當時釋文尚未公布,李先生不可能想象到今本中的這類直接疑問句,在竹簡本中原來是間接疑問句。如:

　　知·平王曰:"何謂聖知?"文子曰:"聞而知之,聖也;【0896、1193】
　　·平王曰:"爲正奈何?"文子曰:"御之以道,□【0885】

　　晁福林將與今本《道德》篇對應各章仍看作屬于同一篇,并進行復原,據0885簡正確地回改了該章的開頭部分,但受釋文簡序排列錯誤的影響,没有認識到0896、1193簡亦爲一章之首簡。①筆者十餘年前曾推斷此簡"知"上當脱"聖"字,二字合爲該章章題,并推測每章正文前標明章題應爲竹簡《文子》形制上的一個特點,②可知0885簡前當脱"爲正"二字章題。這枚簡的首端,釋文没有標加黑點,參與過定簡早期整理的李學勤在一篇文章中説有這個符號。參考相關殘簡,李先生的説法是可信的,在章題下標加黑點并占兩個字格,應爲竹簡《文子》形制上的又一個特點。以上兩簡還反映出竹簡本比較簡明的兩種提問方式:所問若爲名詞,則以"何謂"引出;若爲動賓結構,則以"奈何"引出。由此我們可以悟出,今本《道德》第三章的"問德"二字,在竹簡本中不會如李定生、晁福林所説那樣同于今本,而應復原作"何謂德",正與下文據今本復原出的

---

① 晁福林:《定州漢簡〈文子·道德〉篇臆測》,《中國歷史博物館館刊》2000年第2期。
② 張固也:《八角廊簡〈文子·聖知〉的復原及其思想》,《文獻》2002年第4期。

"何謂仁""何謂義""何謂禮"句式完全一致。

那麼,竹簡本中與"問道"二字對應的,可不可以也復原作"何謂道"呢？晁福林上揭復原論文認爲:

> 從内容上看,這裏不當作"問道",而應當是"問修德"。從文子答辭看,所講内容在于修德,故在這裏不是問道,而是問如何修德。後人篡改爲問道,蓋以爲本篇題爲《道德》,故應先問道焉。殊不知,依老子意本來是德在先而道在後的,馬王堆漢墓帛書即作德道經,而非道德經。首章問德而非問道,實寓有文子釋老的深意。

晁先生以爲排在釋文之首的2482簡"修德非一聽"句"是本段論述的主題所在",乃受定簡整理小組下述説法的影響并做了進一步的發揮:

> 在漢簡《文子》和今本《文子》内容相同的部分中,于今本《文子》中似乎有後人訓釋的東西變爲正文,如第2482號簡"修德非一聽",今本《文子·道德》則云:"文子問道,老子曰:'學問不精,聽道不深,凡聽者將以達智也,將以成行也,將以致功名也,不精不明,不深不達,故上學以神聽,中學以心聽,下學以耳聽。'"顯然爲漢簡"修德非一聽"的訓釋。①

―――――――――
① 河北省文物研究所定州漢簡整理小組(劉來成執筆):《定州西漢中山懷王墓竹簡〈文子〉的整理和意義》,《文物》1995第12期。

這一說法幾乎爲所有學者所沿襲。如李縉雲認爲，"修德"與"聽道"的區别是很明顯的，修德境界要比聽道高出一個層次。① 劉偉説："竹簡《文子》説的是修德的方法，而今本《文子》則是大談聽道的方法，二者似乎是兩回事。"② 張豐乾説："竹簡文爲'修德'，今本中却成了'聽道'。今本還論及聽的目的，聽的程度，聽的方法，顯然是對竹簡本思想的發揮。"③ "凡聽者"諸句，王寧説"當是古人爲'修德非一聽'作的注文，後混入正文中，并脱去了原來的正文"；④ 葛剛岩則以爲"是對'聽道不深'一句的注釋"。⑤

筆者十餘年前就已經指出："在竹簡本此章首端全脱的情況下，斷言今本對竹簡本思想作了發揮，實不足取。""檢與釋文同時公布的殘簡摹本，2482號簡'聽'上之字明顯是'耳'字之殘，而没有'修德非一'四字，似乎此句當同今本一樣作'下學以耳聽'。"⑥ 近年又就此做過進一步分析。⑦ 因此，竹簡本中與今本"文子問道"對應的，絶不可能像晁先生那樣復原作"平王問修德"，但

---

① 李縉雲：《〈文子·道德篇〉竹簡本、傳世本的比較研究》，《哲學與文化》1996年第8期。
② 劉偉：《從竹簡〈文子〉中道與德的關係看早期儒道關係》，《齊魯學刊》2004年第6期。
③ 張豐乾：《試論竹簡〈文子〉與今本〈文子〉的關係——兼爲〈淮南子〉正名》，《中國社會科學》1998年第2期。
④ 王寧：《定州西漢中山懷王墓竹簡本〈文子·道德〉篇校讀》，簡帛研究網，2008年1月11日。
⑤ 葛剛岩：《〈文子〉成書及其思想》，巴蜀書社，2005年，第141頁。趙逵夫、葛剛岩：《今本〈文子〉的形成與流變》，《中華文史論叢》總第80輯，上海古籍出版社，2005年，第124頁。
⑥ 王慕湘、張固也：《也談〈文子〉竹簡本與傳世本的關係》，《古籍研究》2002年第2期。
⑦ 張固也、賈海鵬：《竹簡〈文子〉釋文與摹本校讀記》，《澳門文獻信息學刊》2015年第2期。

像李定生那樣簡單改作"平王問道",或進一步復原作"平王曰:何謂道",可能仍然不夠準確。因爲在糾正了釋文上述關鍵錯誤之後,再將2482、0756二簡連讀成"耳聽。故以耳聽者,學在皮膚;以心聽[者],學在肌月(肉);以神聽者",就與今本完全一致了,且其上下必須據今本補出"故上學以神聽,中學以心聽,下學以""學在骨髓"等文句,文意始足。與此兩個層次的三"聽"上下呼應相類似,由下文2500簡[聽之]"不深者知不遠,而不能盡其功,不能"的反面論述,可以進而推斷竹簡本上文必定有對應甚至相同於今本"凡聽者,將以達智也,將以成行也,將以致功名也"諸句的正面論述,纔能起到前呼後應的效果,否則2500簡文就顯得太過突兀。從三枚簡文及可直接據之補出的文字來看,"聽"顯然是其核心概念,一段寥寥幾十個字的論述竟然用了八次之多,而"道"字却居然一次也沒有提到!如果說這段話是對"問道"的回答,豈非咄咄怪事!相反,如果說問語是"聽道奈何",則這段答語就很好理解了。

第一,今本答語開頭的"學問不精,聽道不深"兩句,顯然是直接對"聽道奈何"做簡明回答。中部的"不精不明,不深不達"兩句,則起到承上啓下的作用。因此,竹簡本必定會有這四句話,缺一不可。

第二,在復原出問語"聽道奈何"和答語開頭的"聽道不深"兩句之後,"凡聽者"以下大部分沒有使用"道"字的答語就毫不費解了:原來其中八個單獨的"聽"字正是上承"聽道"這一動賓式核心概念,而簡省其賓語以避繁複。

第三,今本將"聽道奈何"簡省爲"問道",正如將0885簡"爲正奈何"簡省爲"問政",手法如出一轍。當然還有另一原因,即今本

《道德》篇第一章其實合并了竹簡本論道的四章，原來的多次問答成了一次問答，問語不得不籠統地省作"問道"（詳見下文）。

在這三枚簡文中，前二者與今本無一字不同，其前後缺文也可以直接據今本補足，但 2500 簡"不深者知不遠，而不能盡其功，不能"，與今本對應文句"故聽之不深，即知之不明；知之不明，即不能盡其精；不能盡其精，即行之不成"相比，不僅首尾殘缺，所存簡文也有較大差异。晁福林認爲，今本"係遞進的論析方式"，"故依今本例，'不能盡其功'亦必重複論説一遍，再遞進到下面論析的層次"，并據以復原作："故聽之不深者知不遠，而不能盡其功，不能盡其功，即行之不成。"其實簡文前面没有重複"知不遠"，并不存在所謂"遞進的論述方式"，故晁先生的復原理由不能成立。從語法上説，簡末以僅增補"成其行"三字，與上一句"不能盡其功"成爲排比關係，最爲簡便。但仔細體味全章文意，晁先生按今本來復原末一句，也有其優點。因爲如上所述，今本前有"凡聽者，將以達知也，將以成行也，將以致功名也"之説，竹簡本也必有這幾句，但其中"成行"在"致功名"之前，與 2500 簡"盡其功"在前而後脱"成其行"，表面看來不相協調。這有兩種可能：一是竹簡本前面與今本不同，"致功名"在"成行"之前；二是竹簡本前面與今本相同，後面所做改動另有深意。筆者認爲後者可能性更大。所謂成行是指成就帝王的德行，致功名是指達致帝王的功名，從二者先後順序來説，應該是先德行、後功名，所以前面先説"成行"後説"致功名"。後面先强調"不能盡其功"這一顯著後果，再用"不能[盡其功，即行之不成]"做補充説明，暗寓"行之不成"是"不能盡其功"的原因之意。所以這兩句話并非遞進式，而是解釋性的，晁先生的復原可能是幸而偶中而已。今本編者對文子之意同樣没有深入領會,把後面這一"功"字改作"精",用來與前面"學問不精""不精不明"相呼應。正如張豐乾所分析,這是自相矛盾。因爲這樣一改,前面提到的"達知""成行""致功名"三者,僅有前二者得到呼應,後者没有了下文,顯然是不妥當的。

根據上述分析,我們以三枚簡文爲基礎,以今本對應部分爲主要依據,暫且擬定如下復原方案:

> 平王曰:"[聽道奈何?]"文子曰:"學問不精,聽道不深。凡聽者,將以達知也,將以成行也,將以致功名也。不精不明,不深不達。故上學以神聽,中學以心聽,下學以]耳聽。故以耳聽者,學在皮膚;以心聽‖【2482】[者],學在肌月(肉);以 神 聽者,【0756】[學在骨髓。故聽之]不深者知不遠,而不能盡其功,不能【2500】[盡其功,即行之不成]。"

二

今本《文子·道德》篇第一章在上引文字之後,緊接以下論述:

> 凡聽之理,虛心清静,損氣無盛,無思無慮,目無妄視,耳無苟聽,專精積蓄,内意盈并,既以得之,必固守之,必長久之。

這段文字學界公認爲竹簡本所無,是後人增加進去的闡述和發揮。這一推測過于保守,貌似嚴謹審慎,實屬簡單武斷。如果把今本不見于定簡的文字一概視作後人的增竄和發揮,對竹簡本殘損嚴重的事實熟視無睹,那還談得上研究二字嗎? 真正科學嚴謹的學術研究,應該是在全面細致地比較竹簡本和今本的基礎上,既能區分摒棄今本中確實不符合竹簡本的文風和思想的内容,又能發現抉擇今本中有可能承襲自竹簡本的内容。我們認爲上面這段文字不屬于前一情況,而屬于後一情況。理由如下:

第一,這段論述共四十四字,從今本與竹簡本對應九章的總體文字比較來看,今本不可能在短短的一章中比竹簡本增加這麽多文字。陳麗桂早已指出,今本《文子》的議論"常是直論,既不側説,也無反證",多是約省《淮南子》而成。[1] 其實今本改編古本《文子》的方法,與抄襲《淮南子》的手法大體相似。筆者曾經對那種認爲今本對應九章頗多增竄和發揮的説法提出商榷,指出其"增删的方式,主要是删繁就簡,是純技術性的。所以二者最顯著的差异,是傳世本略而竹簡本繁,傳世本多直論而竹簡本輔之以反證","偶有文字'增删',也看不出有任何思想上的區别"。[2] 現在看來,最後一句説得太過絶對,但經過長年細致比較,我們可以更加自信地斷言:凡是竹簡殘損不太嚴重而能大段復原之處,今本對應九章中增加三五個字的極其罕見,而删減數句十幾個字以上的比較常見。由此可以進一步推斷:凡是今本對應九章中連續數句十幾個字以上不見于定簡的,都是竹簡殘損的結果,而非出于後人的增竄和發

---

[1] 陳麗桂:《試就今本〈文子〉與〈淮南子〉的不重襲内容推測古本〈文子〉的幾個思想論題》,《道家文化研究》第18輯,生活・讀書・新知三聯書店,2000年,第200—231頁。

[2] 王慕湘、張固也:《也談〈文子〉竹簡本與傳世本的關係》,《古籍研究》2002年第2期。

揮,竹簡本原文或與今本相同,或比今本文字略繁,一般不會更簡單。因此,正如上文所論2482簡之前簡文復原一樣,在無法確定竹簡本與今本之間可能存在個別文字差異的情況下,應該把這段文字視作竹簡本原文。

第二,從文字内容和思想風格來看,這段文字應該與其前文字同樣襲自竹簡本。因爲上文先提出"聽道"的主張,然後論述聽道之目的和以神、心、耳聽三個層次的區別,這裏繼續討論"聽之理",實質上就是在進一步論述"以神聽"的具體做法。其間承轉遞進,層次分明,結構嚴整,缺一不可。假如没有這段論述,則三聽中文子所真正推崇的"以神聽",僅有"上學以神聽""以神聽者,學在骨髓"兩個空洞的提法,哪像一個思想家的論述?仔細玩味文子的論述方法,其對同類事物做出高下評判之後,一般會對最高者做進一步的論述,借以表明其正面提倡的觀點。比如在將兵區分爲義兵、應兵、忿兵、貪兵、驕兵五種之後,竹簡本接着還專設《義兵》一章來做論述。同樣,在提出三聽之說以後,進一步論述"聽之理",以正面提倡"以神聽",完全是聽道理論的題中之義。而從思想風格來看,這段論述接近黄老道家,但與《黄帝四經》、《管子》四篇等相比,要簡單得多,這與文子所處時代和作爲老子弟子的身份比較符合,很可能正是黄老道家的思想淵源之一。兹問題大,容當以後再作專文論述。

第三,最爲重要的是筆者在做竹簡《文子》復原的過程中發現,①其第二篇《聖知》其實是全面闡述發揮以上兩段文字的。因

---

① 張固也:《定州漢簡〈文子〉復原》,初稿刊《吉林大學古籍研究所建所三十周年紀念論文集》,上海古籍出版社,2014年;修改稿刊武漢大學簡帛網,2014年12月22日。

此,從竹簡本《聖知》篇的内容,可以反證其前必定先有以上兩段文字,而且兩段文字是合爲一章的,這裏暫且稱之爲"本章"。

竹簡本《聖知》篇分爲五章,今本祇取其首章,其章題亦爲《聖知》,筆者十餘年前已做過復原。它的主旨在論述"聞而知之,聖也;見而知之,知也",這是將本章所謂"達知"分成了兩個高級層次來做闡述,其以"聞"知爲聖,亦與本章的"聽"相通。但今本中兩者的聯繫僅此而已,其發揮本章的特徵尚不夠明顯。而在今本中找不到依據的殘簡中,還有些簡文可以編聯爲四組,復原成四章。由于復原過程比較繁瑣,這裏僅略爲申講大意。

第一組包括 2444、0984、2339、1739、0204 五枚簡文。開頭有"禍福"二字,是該章的章題。其大意爲,禍福是指道之得失,國君得道失道,關係到國家的安危存亡,而取决于其嗜欲好惡不同。這顯然是直接上承《聖知》章"禍福所生""禍福成形"之論,對"禍福"進行專題論述。

第二組包括 0868、0822、1843、2366 四枚簡文,殘損十分嚴重,似在談論對待死生的態度,認爲萬物死生由道,人應該順其自然,不喜不惡,若過喜過惡,必然貪生怕死,惑于利害存亡。死生爲禍福之大者,該章應緊接在《禍福》章之下,章題可擬爲"死生"。

第三組包括 2390、2214、0952 三枚簡文,似爲承接上一章,主張王者之禍福不僅指自身之死生,而在于"行成敗功",盛德者得福,殆德者取禍,王者應該總結并吸取這種歷史經驗教訓。殘簡一開頭就回答何謂"王知",末尾則存"王若知"三字,推測其章題當爲"王知"。

第四組包括 0743、0565、2438、0962、0766、0754 六枚簡文,主旨

在討論"致功之道",以爲王者虛心清静,以"養其神",就能血氣和平,"耳目悦樂","功成名遂"。王者之功乃"天道之所成",祇要"聽聖人守道",就能"致其功"。該章的章題當爲"致功"。

以上四章依次接續在《聖知》章之下,各自圍繞一個小主題加以論述,層層遞進,密不可分,共同組成《聖知》篇。如果説前兩章直接上承《聖知》章,與《聽道》篇祇有間接聯繋的話,那麽後兩章恰恰相反,與《聖知》章的關聯并不明顯,而完全是對本章"凡聽者""凡聽之理"兩層論述的進一步發揮。尤其"聽聖人守道"之説,無疑就是對"聽道"的另一種詳盡表述;這個"守"字,就是本章"既以得之,必固守之"之"守"。本章的幾個關鍵概念,《聖知》章僅發揮了"達知",而加上《王知》《致功》兩章之後,"成行""致功""聽之理"就都得到充分發揮了。可見,《聖知》篇確實是專門發揮本章的,二者之間有着類似傳與經的關係,祇不過這是出自同一人的精心構思,并非像學者所推斷"竹簡《文子》有《經》有《傳》有《説》",其"製作有一個歷時的過程"。[1]

總之,今本這段文字襲自竹簡本,這是毫無疑問的。但其論述主旨與前面的内容似乎略有區别,可以區分爲兩個層次:前面是解釋"聽道"是什麽及其功用,後面則轉向論述"聽之理",後者可以説是對前者的進一步深化。從殘簡反映的大量問答痕迹可以斷定,竹簡本每章一般包括兩三層甚至更多的問答,且一般來説,開頭的問答常用"何謂""奈何"等問辭,後面常用"何如""奈何之"等問辭。因此,這裏前後兩層中間應該補足平王問"聽之理何如"之類

---

[1] 丁四新:《郭店楚墓竹簡思想研究》,東方出版社,2000年,第79頁。

文字。

根據上述分析,我們以今本"聽之理"一段文字爲主要依據,參考竹簡本的問答方式,暫且擬定如下復原方案:

[平王曰:"聽之理何如?"文子曰:"凡聽之理,虛心清静,損氣無盛,無思無慮,目無妄視,耳無苟聽,專精積蓄,内意盈并,既以得之,必固守之,必長久之。"]

三

在做出以上兩層問答的復原之後,再來探討以下三個問題:爲什麽説它們在竹簡本中是獨立的一章?其章題爲何?其在全書中所處位置爲何?

今本《文子·道德》篇第一章在上引兩段文字之後,還有"夫道者"至"天道然也"凡四百零二字,同屬對于"問道"的回答。但從文義來看,這一大段文字可以分成四個小段,分别論述"天道""法天道""道之于人,無所不宜也"。而在殘簡中,則另有如下四枚簡文:

道·平王曰:"請問天道。"文子曰:"天之【2219】
法天道·平王曰:"人法天道奈何?"【0689】
道產·平王曰:"道之于人也,亦有所不□【2439】
子曰:"道產之,德畜之;道有博【0722】

前三枚殘簡首端的"道""法天道""道產"顯然都不是完整的文句,很容易讓人以爲是上一句話末尾的殘存字詞。但如果與今本第一章的論述層次聯繫起來看,這三條"平王問"很顯然正是引出後三小段論述的問語,而三枚殘簡首端兩三個字的詞語或短語,卻不可能是上一段論述末尾的殘存字詞。由此可以斷定,在竹簡本中,2219簡"道"前原有"天"字,與"法天道""道產"都不是正文,而是從下面的平王問語或文子答語開頭選取的核心概念,放在正文之前,用來作爲該章的章題。屬于這三章的殘簡有二十多枚,再參考今本增補闕文,可以比較完整地復原出竹簡本這三章的正文內容。今本刪除了這三章的章首問答,與開頭部分合并成爲一章。定簡整理小組沒有發現這一點,將這四枚簡文與其他今本中找不到對應文字的散簡編排在釋文後部。長期以來,研究者輕信釋文的編排順序,以爲竹簡本與今本同樣合在一章,而不知道其原分四章,這是十分令人遺憾的。

　　從後三章的格式可以看出,釋文頭三枚簡文所在的這一章正文之前,同樣應該有個章題。而在復原出上述兩段文字之後,這個章題早已呼之欲出。因爲今本第一章以"問道"開始,竹簡本後三章章題中又都有"道"字,前一章的章題中也應該有"道"字;無論在簡文還是今本中,這段話中出現最多、最爲核心的一個概念都是"聽";今本有"聽道不深"一句,0766簡則有"聽聖人,守道□"之說,正是對"聽道"二字的擴充和發揮。毫無疑問,這一章的章題當爲"聽道",它取本章開頭平王問語"聽道奈何",完全符合早期古書通行的篇章命名方式。根據上文所述竹簡《文子》形制上的兩個特點,應在本章正文前補上"聽道"二字章題,以及占兩個字格的黑點。

在確定《聽道》章題之後，還需要進一步追問：它在竹簡本中編排于何處？這個問題表面看來似乎無法回答。因爲殘簡僅存二千七百餘字，按李學勤的說法，"不僅不及今傳本十二篇，和《漢志》九篇之數也不相稱"，有可能"是節本或者單篇"，或者"原係全書，不過由于朽壞殘損，現今僅剩下比較連續的一小部分"；"竹簡業已散亂，我們無法判斷與《道德》篇內容相應的竹簡各章原來是怎樣排列組合的"。① 何況還有大半殘簡在今本中找不到依據，更像一盤散沙。要把這些殘簡文字都按原來的篇章順序編排，似乎無從談起，《聽道》章的位置自然也難以確定。

然而李學勤文中曾經指出，2465 簡"很像是書的標題"，這一發現極其重要，可以說爲竹簡本的復原和《聽道》章的定位打開了一道方便之門。可惜李先生將簡文標點爲"《文子》上經：《聖□》《明王》……"，并據以推測"竹簡《文子》原分上經、下經"，這一說法雖影響很大，却并不準確，實際上長期誤導了學界。這枚簡文的準確讀法應爲："《文子》上：《經》《聖[知]》《明王》。"其中"文子"是書名，"上"指卷次，"經""聖知""明王"是卷上的三個篇名。② 從這一全新解讀出發，對今本對應九章的順序略做分析，《聽道》的篇章定位就迎刃而解了。

既然竹簡《文子》前三篇依次爲《經》《聖知》《明王》，而今本《道德》篇第一章"問道"，第三章"問德"，第五章"問聖智"，第七章始于問"古之王者，以道蒞天下，爲之奈何"，後兩章正好對應竹簡

---

① 李學勤：《試論八角廊簡〈文子〉》，《文物》1996 年第 1 期。
② 張固也、易吉林：《竹簡〈文子〉2465 號簡新釋》，《社會科學戰綫》2015 年第 11 期。

417

本的《聖知》《明王》兩篇，逆推前兩章應該對應《經》篇。道、德是道家最基本的思想概念，竹簡本中將對應今本"問道""問德"兩章的内容合編成《經》篇，自然再正常不過了。且從章題來説，上文已經指出《道産》章題出自0722簡"道産之，德畜之"，則緊接着與"問德"對應的一章也應該按照同樣的命名方式題作"德畜"，并與《道産》章同在一篇之内。

總之，今本《文子·道德》篇第一章對應竹簡本《經》篇的前四章，《聽道》章作爲《經》篇第一章，同時也是竹簡《文子》全書的首章，這一特殊篇章位置值得注意。

四

衆所周知，先秦古書每多開宗明義，如《論語》"學而時習之"章、《老子》"道可道"章、《管子·牧民》篇等，都是各家精義之所在。竹簡《文子》用"經"這個神聖的字眼來命名首篇，又以《聽道》居其首章，它在全書中應該擁有不容忽視的特殊地位。我們反復研究所有殘簡文字及今本對應諸章，認識到它確實起到揭櫫宗旨、標明綱領、統領全書的作用，這可以從以下三個方面來加以説明。

首先，"聽道"二字不但是首章的章題，也揭櫫了竹簡本全書的宗旨，即主張王者"聽道"，以建立帝王功業、成就帝王德行。有學者統計，"在竹簡《文子》總共277枚竹簡、2790字中，共有73枚竹簡的簡文中有'道'字87處，而且貫穿始終。由此可見'道'在竹簡

《文子》思想體系中的重要性"。① 這固然不無道理,却也有點未達一間。竹簡本認爲"天之道""難言"(1184簡),所以很少談論道之體,而直接認定"道者,先聖人之傳也"(2391簡),專注于討論"道之于人"是否相宜(2439簡),即具體探討"王道""人道""師徒之道"等道之用。這一基本思想特徵是由首章《聽道》確立的,而與今本始于《道原》篇,從探討道之本原出發,形成鮮明的對照。

其次,《聽道》作爲《經》篇首章,起到引領以下四章的作用。在提出"聽道"主張之後,《天道》接着交代"聽"什麽"道";《法天道》更點明"聽道"就是爲了效法天道;《道產》詳述道之用,亦即聽道的效果,所謂"内以修身,外以治人,功成事立","天下皆服";《德畜》主張用德、仁、義、禮"四經"治國,實即"聽道"的外在表現。五章一氣呵成,共同組成了《經》篇。

最後,《聽道》章先説"凡聽者,將以達知也,將以成行也,將以致功名也",又説"故聽之不深者知不遠,而不能盡其功,不能盡其功,即行之不成",這決定了竹簡本的篇章結構,起到統領全書的作用。竹簡本首篇爲《經》,其他各篇則是按照《經》篇各章的論述次序,來做進一步深入闡述的,而這一次序實際已經隱含在《聽道》章的上述文句中。由于"聽道"最直接的目標是要"達知",所以《聖知》僅次于《經》爲第二篇,用以發揮《聽道》章。爲了補充交代"聽道"的主體,故繼之以第三篇《明王》,而其核心主張"執一無爲",實由《天道》章"道始于弱細"(0696簡)生發出來。下一篇應該發揮《法天道》章,今本中没有對應文字,而在殘簡中有關"聞道""象

---

① 劉偉:《從竹簡〈文子〉中道與德的關係看早期儒道關係》,《齊魯學刊》2004年第6期。

"天道""人道""師徒之道"的論述可以復原成四章,合爲第四篇《聞道》。今本第九章講"五兵",第十一章講"王天下",在竹簡本中同屬于第五篇《用兵》。今本第十三章講爲政,出自竹簡本第六篇《爲政》。對外戰勝敵國而王天下,對内以道治國而得民心,都屬于王者的事功,可見這兩篇是從《道産》章所述道之用抽取"致功"的用兵、爲政兩個主要方面來加以發揮的。今本第十五章講道德仁義,殘簡除對應文字外,還有大量分開論述四者的簡文,從分章和字數之多,可以推測竹簡本中分成《道德》第七、《仁義》第八兩篇。今本第二十章講人主如何教化民衆,在竹簡本中屬于第九篇《人主》。末三篇都屬于"成行"的範疇,同時又主要是對《經》篇《德畜》章"四經"説的發揮。可見,竹簡本的思想體系和脉絡,完全可以用《聽道》開頭幾句話中的四個詞語做一簡明概括:聽道—達知—致功—成行。

綜上所述,《聽道》章作爲竹簡《文子》的首篇首章,開門見山地揭櫫了全書的思想宗旨是"聽道",預設了其思想綱領是通過"聽道"而"達知",進而"成行""致功名",并決定了全書九篇三十六章的篇章結構與順序。這一發現對于復原竹簡本全書,準確把握其思想體系,深入研究其文本和思想上的其他問題,都具有重要意義。

八角廊簡《文子·聖知》的復原及其思想

1995年第12期《文物》發表的八角廊簡《文子》釋文中,有一組簡談論"聖知",格外引人注目,學界已有專文對其進行討論。但竹簡散亂殘斷嚴重,釋文聯綴不盡合理,影響了人們對其思想的理解。本文在盡可能復原竹簡本《文子·聖知》的基礎上,對其思想也做點粗淺的分析,敬請并世賢達不吝賜教。

一

八角廊簡《文子·聖知》殘存七條簡文,釋文是這樣聯綴的:

□之□而知之乎?"文子曰:"未生者可【0904】

知"。平王曰:"何謂聖知?"文子曰:"聞而知之,聖也。【0896、1193】

知也。故聖者聞‖【0803】

而知擇道。知者見禍福【1200】

［刑］,而知擇行,故聞而知之,聖也。【0765】

知也成刑(形)者,可見而【0834】

未生,知者見成【0711】①

今本《文子》中有與這一組簡文對應的文字,爲便于對照,引錄于此:

文子問聖智。老子曰:"聞而知之,聖也。見而知之,智也。聖人常聞禍福所生而擇其道,常見禍福成形而擇其行。聖人知天道吉凶,故知禍福所生。智者先見成形,故知禍福之門。聞未生,聖也。先見形,智也。無聞無見者愚迷。"②

兩者的主要差異是顯而易見的,即簡本爲平王與文子的兩問兩答,今本改寫爲文子與老子的一問一答。但就其所論而言,兩者基本一致,簡本的闕文可參考今本予以補足。筆者經過對讀,曾經在一篇小文中試做復原③,但仍有考慮欠周之處。這裏重做復原如下:

［聖］知。平王曰:"何謂聖知?"文子曰:"聞而知之,聖也

---

① 河北省文物研究所定州漢簡整理小組(劉來成執筆):《定州西漢中山懷王墓竹簡〈文子〉釋文》,《文物》1995年第12期。
② 王利器:《文子疏義》,中華書局,2000年,第229頁。
③ 王慕湘、張固也:《也談〈文子〉竹簡本與傳世本的關係》,《古籍研究》2002年第2期。

【0896、1193】;[見而知之,知也。聖者聞/禍福所生]而知擇道,知者見禍福【1200】[成]刑而知擇行。故聞而知之,聖也【0765】;[見/而知之,知也。"平王曰:"禍福可聞而知]之[見]而知之乎?"文子曰:"未生者,可【0904】/[聞而]知也;成刑者,可見而【0834】知也。故聖者聞【0803】未生,知者見成【0711】[刑。聞未生,故/知禍福所生;見成刑,故知禍福之門。聞未生,聖也;見成刑,知也;無聞見/者愚迷。]

這段話共138字,比今本的86字多出52字。其中簡文原有70字,補足闕文68字,幾乎與簡文相等。首先需要說明的是,第1172、0820簡,"然臣聞之,王者蓋匡邪民以爲正,振亂世以爲治,化淫敗以爲樸,淳德。"從與釋文同時公布的摹本來看,這是一支整簡,可知簡本每支簡上書寫27字。《聖知》138字應分寫在六支簡上,我們用"/"號將其分開,以醒眉目。復原的結果,原應在第一支簡上一條、第二支簡上二條、第三支簡上一條、第四支簡上三條,而沒有任何一條簡文被分列于兩支簡上,復原有可能是正確的。下面再就復原理由做些具體説明。

(一)第0896、1193簡開頭的"知",有人説是"另一段對話的結尾"①,有人直接與第0904簡連讀作"未生者可知"②,都未做深考。李學勤説,第2465簡應標點爲,"《文子》上經:《聖□》《明

---

① 李縉雲:《〈文子·道德篇〉傳世本與八角廊竹簡校勘記》,《道家文化研究》第18輯,生活·讀書·新知三聯書店,2000年,第133—150頁。
② 丁原植:《竹簡〈文子〉哲學思想探析》,《道家文化研究》第18輯,生活·讀書·新知三聯書店,2000年,第180—199頁。

王》……"也就是説,"《聖□》《明王》是竹簡《文子》上經的前兩篇"。① 邢文博士更進一步考證出,"聖□"即"聖知"之闕。② 筆者認爲,竹簡《文子》是分爲上經、下經的兩篇本,《聖知》《明王》等應爲章題,而非篇名。《聖知》如果是上經首章,前面就不應有"另一段對話","知"字之前祇能是"聖"字,二字合起來剛好是這一章的章題。古書的篇名章題多在正文之後;但也有寫在正文之前的,如《郭店楚簡》的《五行》篇首就標有"五行"二字,《荀子》中有多段正文前附加有小標題。③ 第0696簡,"不道始于弱細者,未之有也。百一十八字。"字數前没有章題,可知簡本《文子》章題不在正文之後,也就有可能在文前。第2444簡,"禍福。平王曰:'何謂禍福?'"第0780簡,"無道。平王曰:'請問無道之過。'"第2219簡,"□道,平王曰:'請問天道。'"簡首二字都有可能是章題。所以把"聖知""明王"定爲章題,并在此處補上"聖"字,是比較妥當的。

（二）第0896、1193簡和第1200簡之間所補13字,首末并同今本,與簡文上下正相呼應。中間的"聖者聞",今本作"故聖人常聞",爲什麽如此復原呢?簡文這兩句前後都是"聞而知之,聖也;見而知之,知也"。可知前爲提出聖知之説,中間用預知禍福之道做具體例證,然後重新肯定聖知之説。從第0765簡的"故"字,可以反證此處不應有"故"字,否則既重複又矛盾。今本省略了後面

---

① 李學勤:《試論八角廊簡〈文子〉》,《文物》1996年第1期。
② 邢文:《八角廊簡〈文子·聖知〉探論》,《學術集林》卷10,上海遠東出版社,1997年,第198—203頁。
③ [日]池田知久:《郭店楚簡〈五行〉研究》,《郭店簡與儒學研究》,遼寧教育出版社,2000年,第92—133頁。

的"故聞而知之"諸句,而加此一"故"字,成了用一般的聖知之説,推論具體的預知禍福之道,論證結構不同。從第0803簡"聖者聞"、第1200簡"知者見",可知今本中的"聖人"簡本當爲"聖者",今本中兩"常"字,簡本皆無。

(三)第0765簡和第0904簡之間所補16字,大多可從上下文推知,但中間爲什麼補"禍福可"三字,需要略加説明。釋文把第0904簡排在最前面,明顯不妥。有人説"據文意應排在0711簡文之前"①,也未必有當。筆者在前揭小文中,未能補出"禍福可"三字,而以爲此處有九個闕文。又以爲這條簡文前半是在文子提出聖知之説後平王進一步發問,應排在第0896、1193簡之後;第0834簡的"成刑者可",與此簡後半的"未生者可"正相對應,應前移排在此簡之後。這樣復原出的文字大致可以讀通,但稍嫌零亂,如兩"未生"相隔較遠;與今本的文字對應關係也不夠明晰,無法據以推斷今本爲何要如此竄改。現經再三玩味,始悟出後一問不是問聖知之説本身。因爲從今本來看,前半先提出"常聞禍福所生""常見禍福成形",後半纔論證"故知禍福所生""故知禍福之門"的理由,簡本後一問應介于其間,且必與"禍福"有關。質言之,即進一步追問何以知禍福。所以補足爲:"[禍福可聞而知]之[見]而知之乎?"此下文子分三個層次對此做了論證,上下豁然貫通。

(四)第0904簡之後明顯有兩個與第0834簡中"見而"二字對應的闕文,今本中則有"聞未生"的提法,可知其爲"聞而"二字。

---

① 李縉雲:《〈文子・道德篇〉傳世本與八角廊竹簡校勘記》,《道家文化研究》第18輯,生活・讀書・新知三聯書店,2000年,第133—150頁。

(五)第0711簡之前有人補出"聖者聞"三字,①頗有見地。但我認爲不如將第0803簡後移排在此處,因爲如上所述,該簡中的"故"字在前文中不宜出現。釋文因見今本祇有一處"聖人常聞",而做如此聯綴,不知該簡排在第0834簡與第0711簡之間,可上下貫通。有人説:"第0803號簡始以'知也',大約其前一簡在解釋何爲'知',但現在恐怕已經不能找見原簡。"②可能是過于謹慎的猜測。

(六)第0834簡釋文的標點明顯不妥,逗號應前移至"知也"下。此下簡文殘斷尤爲嚴重,研究者未明乎此,每每臆指今本後半部分文字對應于簡文某句,都嫌牽强。今本中最關鍵的"聖人知天道吉凶……故知禍福之門"諸句,丁原植將其補排在第0765簡與第0834簡之間,③較他家附會之舉爲有見,惜亦無法讀通。殘簡經重新聯綴爲:"未生者,可[聞而]知也;成刑者,可見而知也。故聖者聞未生,知者見成[刑]。"我們發現,其最後一句"知者見成刑"在今本("見"前多一"先"字)中是"故知禍福之門"的前提,因此在簡本中也不應是論證的結果。所以此下當有"聞未生,故知禍福所生;見成刑,故知禍福之門",文義始足。即簡本原爲三層六句,今本省略了第一層,又合并第二層和第三層,更爲言簡意賅,但論證的思路却不如原來清晰。這是今本慣用的竄改手法,如簡本"是以

---

① 丁原植:《竹簡〈文子〉哲學思想探析》,《道家文化研究》第18輯,生活·讀書·新知三聯書店,2000年,第180—199頁。
② 邢文:《八角廊簡〈文子〉與帛書〈五行〉》,《道家文化研究》第18輯,生活·讀書·新知三聯書店,2000年,第241—250頁。
③ 丁原植:《竹簡〈文子〉哲學思想探析》,《道家文化研究》第18輯,生活·讀書·新知三聯書店,2000年,第180—199頁。

聖王執一者,見小也;無爲者,【0593】[守靜]也。見小故能成其大功,守靜故【0908】[能爲天]下正【0775】",今本改爲:"執一者,見小也,見小故能成其大也;無爲者,守靜也,守靜能爲天下正。"今本此章末有數句,從"禍福"又回歸到"聖知"本身,前呼後應,恐怕也應是簡本原有文字。

比較簡本與今本的論述結構,有一明顯的區別,今本是援"聖智"作論,簡本是解釋何爲"聖知"。簡本提出"聞而知之,聖也;見而知之,知也"後,先以聞、見禍福作解,繼以"聞未生""見成刑"釋聞見禍福之故,最後把聖知之說深化爲"聞未生,聖也;見成刑,知也",層層遞進,結構謹嚴。今本在第一個"聖人"前增一"故"字,導致邏輯混亂。尤其把"聖者聞未生"竄改爲"聖人知天道吉凶",使得後面的"聞未生"頗顯突兀,其思想也有了重要的變化。

二

關于此章的思想,邢文博士曾作專文予以討論,讀來頗受啓發,不過他的下述基本説法可能是值得商榷的:

> "聖""知"之説,多見于馬王堆所出帛書文獻。如《經法·道法》有:"至正者靜,至靜者聖。無私者知,至知者爲天下稽。"但這與《文子》所論頗有距離。《文子》所論,是可以與馬王堆帛書《老子》甲本卷後所附佚書《五行》對看的。①

---

① 邢文:《八角廊簡〈文子〉與帛書〈五行〉》,《道家文化研究》第 18 輯,生活·讀書·新知三聯書店,2000 年,第 241—250 頁。

衆所周知，《經法》是黄老道家的代表作品，《五行》則屬于儒家思孟學派，文子作爲道家之一派，其聖知之説果真遠離道家而與儒家相近嗎？

馬王堆帛書《五行》及近年新公布的郭店楚簡《五行》，①確實貫穿着"聖知"之説。竹帛的經文主要有兩段文字排列位置不同，但其文句大同小異，帛書還有釋經的説文。這裏主要過録帛書經、説關於"聖知"的重要論述，以與《文子》聖知之説略做比較。

> 知之思也長，[長]則得，得則不忘，不忘則明，明則[見賢人，見賢人則玉色，玉色]則刑，刑則知。聖之思也輕，輕則刑，刑則不忘，不忘則聰，聰則聞君子道，聞君子道則王言，王言則[刑，刑則]聖。（182—184行，闕文據簡書補）
>
> 未嘗聞君子道，謂之不聰；未嘗見賢[人]，謂之不明；聞君子道而不知其君子道也，謂之不聖；見賢人而不知其有德也，謂之不知。見而知之，知也；聞而知之，聖也……聞君子道，聰也；聞而知之，聖也。聖人知天道。知而行之，聖也。（195—198行）

很明顯，"見而知之，知也；聞而知之，聖也"表面上看與《文子》的提法完全相同，聖、知的基本意義，即聖爲耳聞之聰，知爲目見之明，也與《文子》無殊。但兩者的相同之處僅限于此。《文子》的聖、知，

---

① 國家文物局古文獻研究室編：《馬王堆漢墓帛書（壹）》，文物出版社，1980年。荆門市博物館編：《郭店楚墓竹簡》，文物出版社，1998年。

所聞見的泛指各種"未生者""成刑者",并無特殊的内涵。而《五行》的聖、知是指"聞君子道""見賢人",并且祇有既聞聽到道之存在又透徹地悟知道之本體,纔能是所謂的"聖";祇有既識别出賢人又洞見賢人所涵之德,纔能是所謂的"知"。聖、知都是"君子之德",也就是説,君子必有"中心之知""中心之聖","知刑于内謂之德之行","聖刑于内謂之德之行"(171—175 行)。邢文博士認爲,《五行》的聖知之説是作爲仁義禮智聖這一"五行"學説的組成部分出現的,而"在《文子》中,'聖智'之論,基本上還是停留在其本義的討論。這當然容易使我們想到《文子》'聖智'之説的早出"。這是很精當的。但他又説,此處"聖人知天道"與《文子》"聖人知天道吉凶"的提法"是完全相合的","兩部古書關于'聖'的思想,有着緊密的聯繫,很可能是一源之流的結果",①則是直接用今本《文子》的文字來解釋簡本的思想,似乎并不妥當。

根據上文的復原,對應今本"聖人知天道"一句的,在簡本中應作"聖者聞未生",今本當是後人用《五行》思想竄改《文子》的結果。即便如此,有時僅靠竄改個别字句,未必真能把另一家的思想移植進來。今本《文子》的這句話,因爲前後没有相應于《五行》的對"聖""知"的其他解釋,"天道"仍祇有更接近于道家的那種純粹自然、自然規律的觀念,看不出儒家天道觀念中那種道德價值本原的意義。更重要的區別在于,《五行》從修養論的角度談人道與天道、善與德的關係,嚴格區别聖天、知人,這在無論簡本還是今本《文子》中都絕無蹤迹。請看《五行》下述文句:

---

① 邢文:《八角廊簡〈文子〉與帛書〈五行〉》,《道家文化研究》第 18 輯,生活・讀書・新知三聯書店,2000 年,第 241—250 頁。

> 德之行,五和謂之德;四行和,謂之善。善,人道也;德,天道也。(173行)
>
> 金聲而玉振之,有德者也。金聲,善也;玉言,聖也。善,人道也;德,[天]道[也]。(187—188行)
>
> [聞]而知之,聖也。聞之而[遂]知天之道也,是聖矣。聖人知天之道,道者所道也。(279—280行)
>
> 聖始天,知始人;聖爲崧,知爲廣。(244行)

"四行和"指仁義禮智之和,"五和"則指仁義禮智聖五行之和。四行和爲善,即今人所說的道德境界,爲人道;五行和爲德,是一種即道德而超越道德的天人合一境界,爲天道。李景林博士説:"《五行》篇言四行、五行,其内在意義在于説明天道與人道之關係。同時,天道與人道之區別,就人格成就言,則又可以聖和知括之。"①馬王堆帛書《老子》甲本卷後又有一篇,學者稱《四行》或《德聖》,也説"聖,天知也。知人道曰知,知天道曰聖"(254行),正是直接繼承了《五行》的思想。已有許多學者指出,《五行》即荀子所批評的思孟五行説,其聖知之説直接來源于《中庸》:"苟不固聰明聖知達天德者,其孰能知之?"②而《文子》的聖知之説與之不同,没有受其影響的痕迹。

此外,有學者説,"在《大戴禮》中對'聖知'也多有討論,其意

---

① 李景林:《教養的本原——哲學突破期的儒家心性論》,遼寧人民出版社,1998年,第123頁。

② [宋]朱熹:《四書章句集注》,中華書局,1983年,第39頁。

頗近《文子》","因此把《文子》看成漢初著作更爲合適"。① 僅就其所引來看,《大戴禮記》所謂"聖,知之華也""上賢而貴德,則聖智在位",似乎已受到思孟五行說的影響。其《禮察》篇評論殷周之事、秦王之政時所説的"聞""見",則借自春秋三世之説,與《文子》"聞未生""見成刑"更不搭邊。其說尤不可信。

我們認爲,《文子》聖知之説是道家關于禍福之道的學說。道家的經典著作《老子》雖有"絶聖棄智"之論(十九章),但近年公布的郭店簡本實作"絶智棄辯",研究者認爲今本出于後人的竄改,"'絶聖棄智''絶仁棄義'似是莊子前後流行的"。② 那麽其所針對的當爲思孟五行的聖智之論。《老子》確實反對"以智治國",但理由是"民之難治以其智多"(六十五章),可見反對的是民智;常常提及"聖人",都持肯定態度,這説明其總體上與《文子》的聖知之説并不矛盾。更重要的是,從《老子》的名言"禍兮福之所倚,福兮禍之所伏"(五十八章),足以推知其對禍福問題之重視;"爲之于未有,治之于未亂"(六十八章),與"聞未生""見成刑"之意相通。所以《老子》仍應被視作《文子》聖知之説的源頭之一。《管子》一書,漢人列入道家,其《小問》篇記載管仲對齊桓公説:"夷吾聞之:聖人先知無形。今已有形而後知之,臣非聖也。"我們認爲這是春秋以來口耳相傳而由戰國時人追記下來的,應爲《文子》聖知之説的又一來源。出于稷下道家的所謂"《管子》四篇"和《樞言》篇與聖知之説也多有相通之處,則可能因受《黄帝四經》的影響,兹不詳述。

---

① 張豐乾:《柳宗元以來的〈文子〉研究述評》,《國學研究》第 7 卷,北京大學出版社,2000 年,第 323—344 頁。

② 丁四新:《郭店楚墓竹簡思想研究》,東方出版社,2000 年,第 61 頁。

《孫臏兵法》多處談論"將軍之智",又説"兵不能見禍福于未形,不知備者也"。① 這是聖知之説在兵法上的應用,由此也可以説明其產生應該較早。

但與《文子》聖知之説聯繫最爲密切的還是馬王堆帛書《黄帝四經》。如上文所述,邢文博士曾引《經法》中的一句,并認爲"與《文子》所論頗有距離"。在那篇文章的最後一段,他又引用了兩句,且説"祇有少許字面上與意義上的相關"。對此我們不敢苟同,請看《黄帝四經》的論述:

> 禍福同道,莫知其所從生。見知之道,唯虚無有……至正者静,至静者聖。無私者知,至知者爲天下稽。(《經法·道法》)

> 死而復生,以禍爲福,孰知其極。反索之無刑,故知禍福之所從生。(《經法·道法》)

> 至神之極,[見]知不惑。(《經法·論》)

> 故執道者之觀于天下也,必審觀事之所始起,審其刑名……乃定禍福死生存亡之所在。(《經法·論約》)

> 神明者,見知之稽也……莫能見知,故有逆成,物乃下生,故有逆刑,禍及其身……循名究理之所之,是必爲福,非必爲災……唯公無私,見知不惑。(《經法·名理》)

> 唯聖人能察無刑,能聽無[聲]。(《道原》)

---

① 銀雀山漢墓竹簡整理小組編:《孫臏兵法》,文物出版社,1975年,第104頁。

432

這裏的聖、知,是指能洞見"盛而衰,極而反"的規律,并按照這一規律來行事。其中根本不見君子賢人、善與德、聖天知人的影子,所以與思孟五行的聖知之論肯定是不同的思想體系。相反,《文子》的論述與其有兩點極爲相似:一是從總體上看,它們討論聖知都是爲了"知禍福之所從生""知禍福之門"。二是具體提法相似,"聞未生"不就是"能察無刑,能聽無聲""反索之無刑"嗎?"見成刑"不就是"見知不惑""審觀事之所始起"嗎?所不同的是帛書的論述更爲繁複,也更加深刻,而且引進了虛靜、無私、名理等概念。這説明《黄帝四經》吸收了《文子》的聖知之説,并做了重要的發展。

綜上所述,簡本《文子·聖知章》所論述的是道家關于禍福之道的學説,它來源于《老子》《管子》,後經《黄帝四經》加以發展,産生更大的影響。思孟五行説衹不過借用了道家"聞而知之,聖也;見而知之,知也"的提法,思想傾向則完全不同。

433

再論竹簡《文子·聖知》章的復原
——兼答譚寶剛先生

十多年前,筆者寫過一篇小文,主要討論竹簡《文子·聖知》章的復原問題。① 最近讀到譚寶剛一篇文章,提出了該章新的復原方案,并批評拙文的"復原可商榷之處有三":

第一,没有考慮到 2465 簡和 0909 簡這兩支關鍵簡的歸屬。要復原簡文"聖知"章,2465 簡和 0909 簡是不可忽視的。以内容言,2465 簡和 0909 簡不但屬于"聖知"章,而且是"聖知"章的開頭部分。

第二,將 0904 簡的"□之□而知之乎"補爲"禍福可聞而知之見而知之乎?"不但其本身凝滯難通,而且與下文的"未生者可"在語意上不能連接。

---

① 張固也:《八角廊簡〈文子·聖知〉的復原及其思想》,《文獻》2002 年第 4 期。

再論竹簡《文子·聖知》章的復原
——兼答譚寶剛先生

第三,依據1172、0820簡的抄寫字數將簡本《聖知》章每支簡抄寫的文字定爲27字有欠考慮。因爲每簡抄寫時,字形有大小,上下字之間間隔也有寬窄。上博簡《恒先》十三支簡,長度一樣,但是每簡所抄文字相差很大,包括重文多者49字,不包括重文多者也有41字,少者37字。并且同書不同篇章,所用竹簡長度也未必相同,郭店《老子》三組所用竹簡長度就不一樣。①

兩種復原方案的優劣得失,學界自有公論,本無須置喙。但以上三點批評意見,恰恰關係到竹簡本復原的三點基本原理和方法。拙文對此祇是一筆帶過,未及深論,没能引起譚先生的重視,畢竟有點遺憾。故特撰本文,再陳管見,着眼點并不在于短短一章簡文復原之是非,而是試圖爲竹簡《文子》全書復原提供一些有益的借鑒。是否有當,還請譚先生并學界同仁指正。

一

所謂竹簡《文子·聖知》章殘存七枚簡文,整理者已指出它們對應今本《文子·道德》篇第五章。不久李學勤首先發現2465簡"很像是書的標題",并將簡文標點爲,"《文子》上經:《聖□》《明王》……"②邢文進一步指出"聖□"爲"聖知"之闕,就是竹簡本中

---

① 譚寶剛:《竹簡〈文子〉所稱"經"爲〈老子〉考》,《許昌學院學報》2010年第6期。
② 李學勤:《試論八角廊簡〈文子〉》,《文物》1996年第1期。

435

與今本第五章對應之篇的篇題。① 拙文以爲其正文篇幅過短,且既然説竹簡本是分爲"上經""下經"的兩篇本,則"上經"之下的"聖知、明王"應屬章題,故改稱之爲"《聖知》章",并參考今本試做復原。現在看來,這枚簡文應標點爲,"《文子》上:《經》《聖[知]》《明王》"。其中"文子"是書名,"上"指卷次,"經""聖知""明王"則爲篇題。這個問題十分重要,我們擬另撰文論證。但拙文復原的這段文字衹是《聖知》篇的首章,所以"《聖知》章"的提法仍然無誤,自可沿用。

有些學者如趙建偉、張豐乾反對"標題"説,這類討論與《聖知》章正文復原没有太大關聯,拙文没有述及,以免過于枝蔓。同時,邢文認爲0909簡"□經者,聖知之道也。王也不可不"亦提及"聖知""王",與2465簡記載的篇題正相符合。而趙建偉認爲0909號簡應該拼接在2259號簡之下,連讀爲"四經者,聖知之道也",與今本《道德》篇第三章關于德仁義禮"四經"的論述大致對應,而與2465簡無關。② 諸家説法各异,但都不認爲其屬于《聖知》章,故拙文也没有提到這枚簡文。譚氏因而批評拙文"没有考慮到2465簡和0909簡這兩支關鍵簡的歸屬",這至少在表述上是不夠準確的。因爲筆者與李、邢、趙、張等諸位先生一樣,都是在慎重"考慮"之後,"没有"把兩簡"歸屬"于《聖知》章,并非"没有考慮"。

譚氏認爲"2465簡和0909簡不但屬于《聖知》章,而且是《聖

---

① 邢文:《八角廊簡〈文子·聖知〉探論》,《學術集林》卷10,上海遠東出版社,1997年,第198—203頁。
② 趙建偉:《〈文子〉六論》,《道家文化研究》第18輯,生活·讀書·新知三聯書店,2000年,第232—240頁。

知》章的開頭部分",誠然是一個獨出心裁的説法,其來路却是清晰可尋的。上揭趙建偉文中説:

> 竹簡《文子》爲古本《文子》輯要本的可能性最大。這支簡與古本《文子》原來的題目和章節劃分無關,可能是抄寫者選輯了古本《文子》前後兩部分的一些内容,臨時擬了"上經""下經"這樣的題目;"聖知明王"不是章節題目,而是抄寫者對所選抄前半部内容的概括(意謂上半部歸納爲講聖智明王之道);又爲了與所抄其他書簡相區别,便在自擬的大題之上以"文子"來做標識。①

在劉向校書以前,這種附加"輯要"或"概括"的做法似無先例。且這段文字之前質疑"標題"説的五點理由,其實是將簡帛古書在正文之末標注單個章題、篇題及其字數的做法,拿來與這枚單獨的標題簡做比較,似是而非,難以成立。所以我們不能贊同其説。但不能不承認,單就2465簡文的釋讀來説,趙氏的上述説法是可以自圓其説的,也確實得到了不少學者的回應;他能不惑于0909號簡表面上字詞多有相同,斷定兩簡之間没有直接關聯,更可謂卓有見識。

然而,譚氏在此基礎上引申出來的"關鍵詞"之説,却正好抛棄了"輯要"説的合理成分,而將其錯誤苗頭發展到了極致。他説"同樣涉及'聖知'問題"的簡文必"有前後連綴關係",已失于武斷。

---

① 趙建偉:《〈文子〉六論》,《道家文化研究》第18輯,生活・讀書・新知三聯書店,2000年,第232—240頁。

因爲2465簡和0909簡字詞相同太多,若同爲陳述句的話,就不可能連綴在一起,否則就重複累贅了,這應該正是趙氏考慮問題的出發點。于是,譚氏不得不曲加解釋,説"2465簡是抄手爲了方便區別於其他篇章而從《聖知》章的首句即0909簡抄寫下來的幾個關鍵詞","是整個《文子·聖知》章的概括","簡中的'文子'表示發話者而非書名,'上經聖知明王'等字皆爲文子談話內容之輯要","'經'非指《文子》本書,而是指《老子》"。按他的復原方案,《聖知》章首應該這樣標點:

   文子、上經、聖知、明王。文子曰:"上經者,聖知之道也。[明]王也不可不知。"

其中臆補"明"字,有隨意增字釋經之嫌。一章短短百餘字的正文前抄出四個"關鍵詞"共八個字,且竟然都是從章首十八個字中抄出。試問其他章前是否也這樣摘抄?那得抄出多少?又爲何其他"關鍵詞"都恰好全部殘損不見了?更奇特的是,他説文子原本是要"強調'上經'的重要性,可平王并未急着要學習'上經'內容,而是轉換話題"。試問從還沒有切入正題的章首抄出的詞語,怎麽能作爲全章的"關鍵詞",又怎麽能"概括"全章內容?爲何切入正題後的一百多字中反而一個詞語也不抄了?恐怕這衹是受舶來不久的西方期刊"關鍵詞"做法啓發而產生的异想天開,而不可能符合實際。

  譚氏如此罔顧事理,標新立异,無非是爲了證明先秦時《老子》已被稱爲"經",以抬高其研究對象的地位。無奈《老子》中涉及

再論竹簡《文子·聖知》章的復原
——兼答譚寶剛先生

"聖知""明王"的内容并不多,主要爲今本第二、三十四、六十四章,後者更不應該在"上經"之内。於是,他又説這一章在郭店《老子》甲組,而"甲組明顯是《老子》上經的内容"。郭店《老子》三組之間及其與馬王堆帛書本、今本之間的關係,極爲複雜,學界爭論很大。譚氏本人曾論證"甲組爲經,乙、丙組爲傳注"。① 那麼,這一章在甲組十九章中列爲第十四章,若分上下,當在"下經",爲何如今又説是"上經"呢?譚氏前幾年剛考證過"《老子》書題以'經'名在史遷之後劉向之前"②,如今又單憑 2465 簡中"上經"二字,轉彎抹角地將其説成"《老子》上經",貌似勇于自新,實乃孤證難立。

與之相反,拙文提出在 0896、1193 簡"知"字之前補一"聖"字,合起來作爲《聖知》的章題。這并不衹是單純與 2465 簡聯想的結果,還在其他殘簡文字中找到了一些旁證。拙文曾經列舉 2444、0780、2219 三枚簡文,并推測其"簡首二字都有可能是章題"。譚氏承認這一推測"有一定道理",却仍然表示"不敢認同"。這個問題十分關鍵,若竹簡本正文前真有章題,則除補讀爲"聖知"外,不容做任何其他解釋。也許由于拙文衹是一筆帶過,未做詳論,所以没有引起譚氏的重視。這裏先引幾枚簡文,再做補充論證:

道。平王曰:"請問天道。"文子曰:"天之【2219】
法天道。平王曰:"人法天道奈何?"【0689】
道産。平王曰:"道之于人也,亦有所不□【2439】

---

① 譚寶剛:《老子及其遺著研究——關于戰國楚簡〈老子〉〈太一生水〉〈恒先〉的考察》,巴蜀書社,2009年,第184頁。
② 譚寶剛:《〈老子〉稱"經"考》,《學術論壇》2007年第5期。

439

> 子曰："道產之,德畜之;道有博【0722】

這幾枚簡文今本中找不到對應文字,所以釋文把它們編排在後面的散簡之間。但對照今本就會發現,《道德》篇第一章以"文子問道,老子曰"開頭,下接551個字的大段答語,可分爲四段,分別論述"聽道""天道""法天道""道之于人,無所不宜也",殘簡中各有若干對應的簡文。很顯然,上列簡文可以分別排在與今本後三段對應的簡文之前,作爲該章的開頭。其中2219號簡首可補一"天"字,"天道"與下面兩枚簡首的"法天道""道產"都是各章正文前所標的章題。2439號簡末補上"宜乎？文"三個字,就可以與0722號簡首順暢地連讀。前兩個章題是從平王問語中選取的關鍵詞語,後一個章題"道產",是取文子答語的開頭兩個字,這是晚周時期通行的書籍命名方式。

這三個確鑿無疑的連續章題,足以證明篇下分章、正文前標明章題應爲竹簡本的文本格式。而將2465簡和0909簡排在《聖知》章首,必然破壞這一格式,且其下正文以"文子曰"開頭,也不符合竹簡本每章都以"平王曰"開頭的風格,顯然是不妥當的。

二

由于今本文字有所改動,最多的是像上述三章這樣刪掉平王問語,答語也必然做相應的調整,所以竹簡本比對應的今本各章一般文字略多。釋文中這些多出簡文的排列有些不夠準確,往往成爲復原中的難點。

再論竹簡《文子·聖知》章的復原
——兼答譚寶剛先生

如0904簡"□之□而知之乎？文子曰：未生者可"，今本中没有對應的文句，釋文將其排在《聖知》章七枚簡文之首，明顯不妥。但應如何調整，頗費思量。筆者在先前一文中已將其後移至0896、1193簡下，中間闕文未能補足（該文發表時漏排了包括復原結果在内的數百字），[1]後來重寫拙文，纔悟出"從今本來看，前半先提出'常聞禍福所生''常見禍福成形'，後半纔論證'故知禍福所生''故知禍福之門'的理由，簡本後一問應介於其間，且必與'禍福'有關"。故將該簡移至"禍福"兩句下，并將簡文補綴釋讀爲"[禍福可聞而知]之[見]而知之乎"。

從上述過程可以看出，對這句問語的理解對《聖知》章復原起到關鍵的作用。趙雅麗的復原，似多暗襲拙文，而對復原理由幾乎没做交代，大概并未真正理解這句話的意義。[2] 譚氏復原的主體部分，同樣是照抄拙文而來，并未經過自己的深思熟慮，就想用雞蛋裏挑骨頭的手法來取勝，于是專門盯着闕損嚴重的0904簡大做文章，指責拙文復原的這句話"凝滯難通"。這句話譯爲現代漢語即："禍福可以聽到并知道、見到并知道嗎？"無論原文還是譯語，都文從字順，有何"凝滯難通"？若連這麽簡單的一句話都覺得"難通"的話，自然更理解不了拙文的思路，看不懂《聖知》章的文義了。從譚氏提出的復原理由來看，也確實如此：

0904簡"□之□而知之乎"是"未之生而知之乎"之闕。

---

[1] 王慕湘、張固也：《也談〈文子〉竹簡本與傳世本的關係》，《古籍研究》2002年第2期。
[2] 趙雅麗：《〈文子〉思想及竹簡〈文子〉復原研究》，北京燕山出版社，2005年，第127、130頁。

441

因爲文子在第一次回答平王問題時已經解釋了禍福生後聖者知擇道,禍福成形後知者知擇行;又,從0904簡後半文子所說"未生者可"推斷平王的第二問是問禍福未生未成形時聖者知者如何如何,所以補爲"未之生而知之乎"。

這段文字祇有短短的幾句話,却有六點"凝滯難通"之處:

第一,0904簡殘闕過甚,筆者好不容易纔悟出後一問應與"禍福"有關。譚氏既然接受了這一點,那麽至少對這兩個字應予保留,否則"未之生"缺少主語,句意"凝滯難通"。

第二,本章多次并提"聞而知之""見而知之",拙文復原作"[禍福可聞而知]之[見]而知之乎",與上下文緊密呼應;譚氏改作"未之生而知之乎",祇有"知之",沒有"聞""見","未之生"中間多出一個"之"字,與上下文的遣詞造句都不相協調,難以貫通。

第三,前一問明明是"何謂聖知",則答語重心爲聖知的定義,即兩次重複的"聞而知之,聖也;見而知之,知也",夾在中間的"禍福"兩句祇是論據,譚氏所謂"已經解釋"云云,將這兩句當作答語重心,似乎有點答非所問,不通之甚。

第四,僅從"禍福所生"與"禍福成形"相對,"未生"與"成形"相對,就可以推知"禍福所生"是一種特指的"未生"。"所生"實爲"所從生"之省。黃老帛書《經法·道法》說:"禍福同道,莫知其所從生。""反索之無形,故知禍福之所從生。"既說"莫知""無形",當然是"未生"。譚氏也補出"聖者聞未生"之句,却又說"禍福生後聖者知擇道",豈非扞格難通?

第五,如果說"所生""未生"畢竟字面有所不同的話,那麼兩次答語中都衹有"成形",偏說前一答語解釋"成形後",後一問語是問"未成形時",更是不顧原文的憑空臆說。簡文明明有"知者見成[形]"之句,譚氏所謂"未成形時""知者如何如何",請問究竟是"如何"呢？難道不是"見成形"而是"見未形"嗎？

第六,既然他與拙文一樣,把0834簡排在0904簡後,把後一答語復原成"未生者可[聞而]知也,成形者可見而[知也]",就不能仍據0904簡末衹存"未生者可",來推斷問語衹與"未之生"相關,而與"成形者"無關。顯然,并非拙文復原"與下文的'未生者可'在語意上不能連接",而恰恰是譚氏復原使"成形者可見而[知也]"在問語中失去呼應,而顯得答非所問。

根據拙文的復原,《聖知》章文義十分清楚。平王問"何謂聖知",文子答以"聞而知之,聖也;見而知之,知也"的定義,并用"禍福"兩句作爲論據,再重複一遍定義。平王又針對論據,追問禍福怎麽可以聞知、見知,文子回答説,未生的事物可以聞知,成形的事物可以見知,而聖人、知者可以聞未生、先見成形,故能聞知禍福。從邏輯推理方法上説,前一答語是從特殊(禍福)推論一般,後一答語反過來又用一般推論特殊,似乎陷入循環自證式的詭辯。但後一答語引入"未生者""成形者"概念後,將論述引向深入,最後得出"聞未生,聖也;見成形,知也"的結論,即從單純的"聖知是什麽"的認識論命題,升華爲"如何做到聖知的"實踐論命題。其遞進式論辯技巧,還是相當高明的。譚氏顯然沒有體味到其中奧妙,即使他的説法沒有錯誤,兩次答語在意義上成爲單純的并列關係,也缺少層次遞進、引人入勝之感。

此外,拙文復原:"[聖者聞禍福所生]而知擇道,知者見禍福

【1200】[成]刑而知擇行。故聞而知之,聖也【0765】;[見而知之,知也]……未生者,可【0904】[聞而]知也;成刑者,可見而【0834】知也。故聖者聞【0803】未生,知者見成【0711】[刑]。"爲何非得將釋文排在1200簡前的0803簡移至0834簡下呢?因爲前面兩句是論據,"聖者聞"上不應有"故"字;後面兩句是結論,"聖者聞"上應當有"故"字。又,參照今本,可知竹簡本至此文義未盡,應據今文後半段補足章文。對于這兩點拙見,譚氏既未采納,也未提出批評。或許在他看來,"故"字的位置對文義影響不大,而據今本增補文句,屬于完全無理,甚至不值一駁。但既然竹簡本殘損嚴重,釋文編排不盡合理,焉能如此抱殘守缺,而對文義是否完足、論述層次是否合理不加深思呢?

從殘簡文字來看,這種多層次問答、遞進式論述的做法,在竹簡本中并非個例,而很可能是竹簡《文子》的一大風格特徵。可惜今本編者對這一點不夠重視,在抄古本時一般都把原來的兩三次以上問答合并成了一問一答,且多數問語祇保留了一兩個字句。如上文提到的《道德》第一章,就是最爲典型的例證。因此,參考今本對應各章,仔細體味簡文之義,深入思考其論述層次,無疑是做好竹簡《文子》復原的重要方法之一。

三

竹簡古書復原主要包括編聯和補字兩道工序,能否準確和完整,很大程度上取決于竹簡保存品質,也有賴于科學嚴謹的復原方法。除了準確理解簡文的意思、參考相關文獻,還要考慮到竹簡古書形制等特殊情況。其中行款問題尤爲重要,因爲若能確定每枚整簡上書寫多少字,就可以推算出有些簡文之間殘闕的字數。可惜《文子》竹簡殘斷嚴重,每枚簡文大多衹有幾個或十幾個字,二十字以上的衹有兩枚。整理者因其沒有一枚完整的竹簡,對簡長、行款等都沒有做出説明。而拙文注意到字數最多的 1172、0820 簡(原合爲一枚)有二十七個字,且從摹本看比較完整,故據以推斷:"從與釋文同時公布的摹本來看,這是一支整簡,可知簡本每支簡上書寫二十七字。"譚氏僅以自己熟悉的上博簡《恒先》、郭店簡《老子》爲例,強調"每簡所抄文字相差很大"。言下之意,似乎並不在乎拙文推斷準確與否,而是認爲壓根就不該考慮其行款。

這樣的批評,來自一位出版過從出土簡帛中搜求"老子遺著"之專著的學者,多少有點令人驚詫。每簡字數即使有所差別,也總得有個基準和限度。如《恒先》不計合文,每簡少則三十七字,多者四十三字,大致爲四十字左右。且即使《恒先》《老子》每簡字數"相差很大",也不能據以斷定没有每簡字數相同的簡書。據行款推算闕文,是簡帛研究行之有效的方法之一。如濮茅左"以編綫與端點、編綫間距的一般行款字數爲依據",來推算上博簡《孔子詩論》每簡"殘缺文字約數",①爲其復原工作奠定了堅實的基礎。譚氏絲毫不考慮行款,却反過來批評學界通行的正確做法,真可謂顛倒是非。

從摹本十八枚簡可以看出,竹簡《文子》的字體大小、間距都比較規整,可以推斷其每簡字數差距起碼比《恒先》小,或者説,其每

---

① 濮茅左:《〈孔子詩論〉簡序解析》,《上博館藏戰國楚竹書研究》,上海書店出版社,2002 年,第 38 頁。

簡字數基本相同,若個別簡多少一二字,應視作例外。但拙文僅根據一枚相對比較完整的簡文做出推斷,確實考慮不周。今通檢所有 277 枚簡文,發現以每簡十三至十五字者爲最多,正好一百枚。這裏先舉以下四枚簡文爲例:

道產。平王曰:"道之于人也,亦有所不□‖【2439】
積之,乃能適之。此言多積之謂也。堯□‖【2249】
則民倍反;視之賢,則民疾諍;加之以‖【0826】
之。天王若能得其道,而勿廢,傳之後嗣|【0892】

這四枚簡文中,三枚十五字,一枚十四字。"‖""|"是整理者所加符號,分別表示簡中腰有綴絲綫紋或簡尾完整。據上述,"道產"爲章題,若竹簡《文子》每章換簡書寫,則半枚竹簡應該書寫十五字,十四字者或闕一字,或屬例外。

也許有人會說,章題及換簡書寫之說,祇是筆者的推測,未必可信。那麽再看以下一組簡文:

子有道,則天下皆服,長有【0590】其 社稷;公侯【0629】
[有]道,則人民和睦,長有其國;士庶有 道,【2218】
[則全其]身,葆其親。必强大有道,則不戰【0619】[知]
克;弱小有道,則不爭得識;舉事有[道],【2462】
則功成得福。是以君臣之間有道,則【0625】[忠惠;父子]
間有道,則慈孝;士庶間有道,則【2445】

446

再論竹簡《文子·聖知》章的復原
——兼答譚寶剛先生

這組簡文中,前二者較短,後五者都接近十五字。它們的文義連續,且可以在今本《道德》第一章找到依據,并據以補足個別闕文(僅"知"字爲今本所無,姑據文義補)。復原時,要保證一枚簡文不會被拆分在兩枚整簡上,衹有三種方案:一是如上所示合爲三枚整簡,每簡三十字;二是合爲兩枚整簡,每簡四十五字;三是將首尾兩枚殘簡分別屬上或連下,中間五枚殘簡合爲兩枚整簡,每簡三十四字。比較而言,第一種方案最爲合理,因爲這樣復原的三枚整簡中部都有闕文,結合上文對半簡字數的推斷,可以很好地解釋近十五字殘簡獨多這一現象。即竹簡本每枚整簡書三十字,後來很可能遭到外力破壞,先從中腰處折斷,然後多數半簡又自然爛脫首尾,成爲更短的殘簡。1172、0820簡有二十七字,其摹本看不出中腰折斷和編絲痕迹,當因少數竹簡未折斷,但保存品質仍欠佳。而按後兩種方案,闕文分布零亂,無法做出合理的解釋。

用這一新結論來加以檢視,拙文的復原誠如譚氏所批評,"有欠考慮"。因爲若每簡三十字,則0834簡末"而"字不能單獨屬于下一枚整簡,第三枚整簡將多出一個字。這在竹簡古書中倒還不算問題,《文子》雖然比較規整,但個別簡多出一兩個字,完全可能。但是0803簡末"聞"字,釋文下標"‖"符號,應該是上半簡的末字,整簡中的第十五字,如今却排在第四枚整簡第六字的位置上,完全不符。故茲做如下調整:

[聖]知·平王曰:"何謂聖知?"文子曰:"聞而知之,聖也;【0896、1193】[見而知之,知也。臣竊聞傳曰:'聖

447

者聞禍福所生]而知擇道,知者見禍福【1200】[成]形而知擇行。'故聞而知之,聖也;【0765】[見而

知之,知也。"平王曰:"何以知禍福可聞而][知]之[見]而知之乎?"文子曰:"未生者,可【0904】[聞

而]知也;成形者,可見而【0834】知也。故聖者聞‖【0803】未生,知者見成【0711】[形。聞未生,故知禍福所

生;見成形,故知禍福之門。聞未生,聖也;先見成形,知也。無聞見者。愚迷。"百四十七字]

《文子》殘簡中四次引"傳",這裏參考2404簡文補入"臣竊聞傳曰"五字。這樣一來,"禍福"兩句成了文子引"傳"作爲論據,比直接用自己的口氣説出更有説服力,更爲合理一些。然後再在"禍福可"前增補"何以知"三字,0803簡末"聞"字就正好居於第四枚整簡的第十五字,與"‖"號相符。這樣復原的結果,中間三枚整簡的中部都有殘闕,符合上文中腰折斷的推測,比拙文舊復原方案更爲完善。至于"先見成形",以前考慮上文"見"字前,殘簡和今本皆無"先"字,故刪除了這個字。今細加體味,有之義長,故仍據今本補出。

本文檢視《聖知》章復原的得失,目的在于更加確鑿地證實竹簡《文子》的三點文本特徵:每章正文前標明章題,論述層層遞進,每枚整簡上書寫三十個字。掌握這些特徵,對做好竹簡《文子》復原工作極其重要。

竹簡《文子》復原及其意義

竹簡《文子》復原及其意義,這裏包括三個關鍵詞。一是"竹簡《文子》",其中隱含着與之相對的今本《文子》,通過介紹學界關於兩者關係的一些爭論,説明爲什麽要復原竹簡《文子》。二是"復原",今天不能具體詳細地介紹復原情况,祇簡單講一下復原框架和方法,借以説明爲什麽能復原竹簡《文子》。三是"意義",這裏并不是全面論述竹簡《文子》的意義,而是論述復原以後跟復原以前不一樣的意義,比如復原以後,能爲研究先秦思想史提供什麽新材料和新觀點。

一、爲什麽要復原竹簡《文子》?

(一)竹簡本發現以前的《文子》研究

《文子》最早見于《漢書·藝文志》,其中記載"《文子》九篇"。

班固注説：「老子弟子，與孔子并時，而稱周平王問，似依托者也。」周平王是春秋初人，孔子是春秋末人，中間隔了兩百多年，這兩個時代的人不可能相互問答，所以班固説是「依托」，但到底怎麽依托，可以有不同的理解，這裏先不做解釋。《隋書·經籍志》著録「《文子》十二卷」，注説：「文子，老子弟子。《七略》有九篇。梁《七録》十卷，亡。」這裏我們可以看到，歷史上《文子》出現過九篇本、十卷本、十二卷本，而隋唐以來行世的《文子》都是十二卷的，一般通稱爲今本。從魏晋開始，古人引用的基本上都是同于今本的，可以推測今本最遲在魏晋時代就已經存在了。那麽，今本十二卷跟梁代十卷本、漢代九篇本之間，到底是什麽關係？這就成爲一個十分重要却很難説清楚的問題。

《文子》發展到唐代的時候，其地位可以説達到了頂峰。唐玄宗把《老子》《莊子》《列子》《文子》并封爲道家四經，其中《文子》爲《通玄真經》，列入唐代科舉考試崇玄科的考試範圍。但是到了中唐的時候，柳宗元《辨文子》就對這本書提出了懷疑，稱之爲「駁書」：

> 其辭時有若可取，其指意皆本老子。然考其書，蓋駁書也。其渾而類者少，竊取他書以合之者多。凡《孟》《管》輩數家皆見剽竊……不知人之增益之歟？或者衆爲聚斂以成其書歟？

從柳宗元這篇文章來看，其實他也是持一種很簡單的認識，因爲他説「凡《孟》《管》輩數家皆見剽竊」。一看這句話，就知道可能柳宗元對這本書也談不上有多高深的研究。爲什麽？因爲其實《文子》

不是剽竊《孟子》《管子》,而是主要剽竊《淮南子》。宋元以後,王應麟、吴全節等以《文子》爲真,黄震、宋濂等辨《文子》之僞,也都還沒有格外注意它與《淮南子》的關係。

《文子》這部書總共有近四萬字,但是其中有三萬兩千多字都跟《淮南子》大致相同。我們知道,古書可能會有一些相同的內容,但是出現這麽大的一個比例,就肯定有個相互抄襲的問題。那麽到底誰抄誰呢?直到清代,孫星衍纔通過比較二書异同,論證《淮南子》出于抄襲,《文子》是先秦古書。但是這一說法很快遭到陶方琦等人的反駁,近現代像章太炎、梁啓超、顧實、楊樹達等著名學者都認爲是《文子》抄《淮南子》,各種諸子學、思想史、哲學史著作基本上都不把《文子》當作先秦思想家來研究,《文子》已經被公認是一部僞書而不受學界重視。

(二)竹簡本發現之後、釋文公布之前的《文子》研究

直到1973年,情况纔發生了很大的變化。這一年有兩大重要考古發現,都與《文子》有關。一是長沙馬王堆漢墓出土的帛書,在《老子》乙本前面有四篇古佚書。很多學者認爲這本書就是《漢書·藝文志》裏所講的《黃帝四經》,也有學者認爲不一定是《黃帝四經》,而將其泛稱爲"黄老帛書"。1975年,唐蘭在《考古學報》上發表《馬王堆出土〈老子〉乙本卷前古佚書的研究——兼論其與漢初儒法鬥爭的關係》一文。這篇文章後面附了一個表,凡是《黃帝四經》裏邊的文句跟現存的古書有所類似的,都被列了出來。唐先生文中指出,《文子》跟《淮南子》很多詞句是相同的,究竟是誰抄

451

誰，"今以篇名襲黄帝之言來看，《文子》當在前……《文子》中有很多内容爲《淮南子》所無，也應當是先秦古籍之一"。他的主要理由是，《黄帝四經》裏面的第一篇是《道原》，《文子》的第一篇也叫《道原》，《淮南子》的第一篇則叫《原道》。所以唐先生認爲肯定是《文子》抄了《黄帝四經》，《淮南子》又抄《文子》。這個觀點在七八十年代甚至九十年代初，基本上成爲學界的定論。

二是同一年在河北定州漢墓出土了竹簡《文子》，這一消息直到 1981 年纔報道出來，而竹簡《文子》釋文一直到 1995 年底纔公布出來。在這十多年裏，大家雖然知道了出土消息，但多數學者没有見到竹簡《文子》，祇是理所當然地以爲這一考古發現可以推翻今本《文子》是僞書的説法。如艾力農説：《文子》"是一部先秦古籍確無問題了，《淮南子》當是抄了《文子》"。李定生説："據定縣漢墓出土的竹簡，《文子》是漢初已有的先秦古籍無疑……今漢墓《文子》殘簡出，則僞托剽竊之説，不攻自破。"雖然也有相反的觀點，像北大的張岱年就認爲即使考古挖掘出來一本《文子》，也不能證明它就是先秦古籍，但當時這類聲音是比較微弱的。

(三)竹簡釋文公布之後的《文子》研究

1995 年《文物》第 12 期公布《定州西漢中山懷王墓竹簡〈文子〉釋文》，同時發表了整理小組關於竹簡整理及其意義的論文。其中介紹説竹簡《文子》共有 277 支殘簡，2790 多個字，其中 87 支、1000 多字對應于今本《文子·道德》篇中的九章；另有少量殘簡文字與今本《文子》中《道原》《精誠》《微明》《自然》等篇的内容相似,而其他一半多文字不見于今本《文子》。整理小組的統計是不太準確的,一是漏檢對應簡十餘支,二是没有看出第十一章有對應,三是誤以爲第八章有對應,四是所謂《道原》等篇有相似内容的説法大多是不可信的。

這個結果有點出乎人們的意料:竹簡《文子》祇有一小半可以對應于今本《道德》篇第一至十五章的奇數章和第二十章,其餘大半殘簡在今本中找不到對應文字。更奇怪的是,竹簡本無論是否對應于今本,其文句除極個别以外,一般都不見于《淮南子》。相反,今本跟《淮南子》重合的内容,就是前面提到的三萬兩千多字,又幾乎都不見于竹簡本。顯然,竹簡本與今本的差異相當大,研究《文子》必須把它們區别開來,絶不可混淆爲一。最合理的解釋是,今本《文子》應該是把竹簡《文子》和《淮南子》拼湊在一起僞造出來的。竹簡《文子》的主要研究者,如大陸(内地)的李學勤、王博、胡文輝、曾達輝、陳廣忠、張豐乾、葛剛岩,中國臺灣的嚴靈峰、陳麗桂,中國香港的何志華,以及日本的向井哲夫、加拿大的白光華、荷蘭的葉波等人大致都持類似的觀點。

同時,文子的老子弟子身份也被完全顛覆了。因爲在今本裏面有幾句平王對文子説的話:"吾聞子得道于老聃,今賢人雖有道,而遭淫亂之世。"跟《漢書·藝文志》裏面文子是老子弟子的記載完全能够對應,所以有些辨僞學者并不否認歷史上有個文子是老子弟子,而祇是認爲今本《文子》已經不是漢代以前的古書,而是後人僞造出來的。然而竹簡《文子》釋文發表以後,對應今本那幾句話的地方,殘簡原作"人主雖賢,而遭淫暴之世"。于是很多學者以爲,這幾句話是今本編者根據《漢志》竄改出來的,歷史上根本没有老子弟子文子這麼個人物。

這可以說是一個戲劇性的巨大變化:竹簡《文子》出土以後,人們以爲今本《文子》僞托之說,已經不攻自破;竹簡《文子》釋文發表以後,不但不能證明今本《文子》是真書,反而更加佐證了今本《文子》是僞書。然而,這個比較正確的觀點并未得到學界的普遍認可,否則我就沒必要再來討論這個問題了。事實上,仍有不少學者相信今本《文子》是先秦古書,或者大部分篇章可信,并認爲是《淮南子》抄襲它而不是相反。

先看臺灣學者陳麗桂的論文《試就傳世本〈文子〉與〈淮南子〉的不重襲内容推測古本〈文子〉的幾個思想論題》,從這個很長的題目就可以看出來,其研究思路是從今本《文子》中找出與《淮南子》不重襲的六七千字,指出它們不僅《淮南子》沒有,也不太見於其他古書,而僅見于今本《文子》,其思想比較接近古本《文子》,主要應該是從古本抄來的,多數不見于竹簡本,則爲竹簡殘缺所致。文中還附帶提及,這六千字剛好分布在今本《文子》中的九篇之中,似乎在暗示《漢志》著録的《文子》九篇正是隱藏在今本這九篇之内。

臺灣另外一名學者丁原植,也是最早研究竹簡《文子》的著名學者之一,在其《文子新論》後面有個附録"古本資料試編",認爲古本《文子》應該是包括五部分的:對應于竹簡本的(約 1900 字),近于竹簡本思想的,文子學派解老資料,文子學派發展思想史料,不見于《淮南子》而與文子思想有差距的《文子》外編(後四類共約 11000 多字)。按照這一說法,竹簡《文子》應該有差不多 13000 字,而其他大多數是六朝晚期的時候,《淮南子》別本殘文混入了今本《文子》。

法國漢學家勒維懷疑，竹簡《文子》祇是一個節本，還應該有個全本，也是更古的版本存在。國内學者王三峽的《文子探索》一書，更是極力論證，説殘簡四次稱引"傳曰"，是指戰國中期文子或其親傳弟子所著的"傳本《文子》"，而竹簡《文子》則是文子學派晚輩所著，它們合編成爲《漢志》九篇本，然後演變爲今本十二卷。按照這一説法，今本中的多數内容源自"傳本"，稱引"傳曰"形同引用今本，但她實際上找不出幾條這樣的證據。且古書引用"傳曰"比較常見，如《墨子》《孟子》《荀子》裏面所引，都是指儒家的傳書，説竹簡《文子》所引"傳曰"是引另外一本《文子》，有點匪夷所思。

還有一些學者，比如李鋭，認爲有很多古書儘管部分相似，却不存在誰抄誰的問題，而是因爲它們有共同的來源。他用這個模式來解釋《文子》，認爲今本《文子》跟《淮南子》二書可能有共同來源。我個人認爲，這種解釋模式意義不大，因爲今本《文子》跟《淮南子》兩書的相似程度極高，有三萬多字相同，説它們之間没有抄襲關係，是不可能的。即便二書確實都來源于一本更早的古書，也需要進一步追問，到底哪一書更接近于這個來源？如果能確定這一點的話，那麽另一書可以看作是間接抄襲。

近年有兩位專注于《文子》研究的青年學者。一位是姜李勤，武漢大學博士，其畢業論文《〈文子〉思想研究》修改後于2017年出版，直接把今本《文子》當作先秦古書來研究。由于作者純粹研究思想，所以該書在開篇就直接説不做文本考證。但他仍然在後面的一個小節，列舉了三個例子，通過傳統的文字比對方法，論證是《淮南子》抄襲今本《文子》。另一位是裴健智，中國人民大學2018届碩士，其導師是曹峰教授，畢業論文題目是《簡本〈文子〉研究》，之後又從中抽出多篇論文發表。其碩士論文基本觀點是："簡本《文子》屬于早期流傳的單篇本《文子》，屬于尚未定型的《文子》版本，劉向搜集衆多的單篇本《文子》，校定爲《漢志》所載的九篇本《文子》，《文子》纔逐漸定型。"他們的研究對象和觀點有很大差別，但都相信今本《文子》是西漢時逐漸定型并流傳于後世的，而不是後人有意僞造出來的。

(四)《文子》研究的瓶頸

　　從上面的簡單介紹可以看出，竹簡《文子》釋文發表以後，多數學者認爲竹簡本和今本是兩部不同的書，竹簡本是先秦古書，今本是東漢以後人據竹簡本和《淮南子》拼湊而成的僞書。同時也有不少學者仍然相信今本《文子》就是從劉向校定本發展來的，即承認其大部分甚至全部都是可信的古書，而《淮南子》則是抄襲今本《文子》的。爲什麼這兩種截然相反的説法久爭不決呢？我個人覺得關鍵原因是劉向校定《文子》九篇，與今本十二卷數量接近，而竹簡殘存不到三千字，文本整理研究做得很不到位，所有人都想當然地以爲這祇是九篇本的一小部分或單篇，因而無法徹底否定今本大部分來自古本的可能性，并確證今本之僞。

　　古書確有單篇流傳、篇卷混稱等現象，篇卷分合變化較大，純粹以今本《文子》十二卷與古本九篇的記載不同而斷定其爲僞書，確實是危險的。清人孫星衍《問字堂集》卷四就提出過一種解釋："今《文子》十二卷，實《七録》舊本。班固《藝文志》稱九篇者，疑古以《上仁》《上義》《上禮》三篇爲一篇，以配《下德》耳。"他這樣説，是覺得道家著作不該用"上仁"等三個詞語作爲篇名,末尾這三篇原來都是前一篇《下德》的内容,共爲九篇;梁代這些内容被分出來作爲一卷,共爲十卷;隋代這一卷又分成三卷,最終形成今本十二卷。這種解釋的不合理之處,在于四篇合而爲一,篇幅過大,所以即便承認今本爲真書的學者也未必信從,而采取一種更爲通達的做法,即認定十二卷是由劉向校定的九篇發展而來,但不去解釋篇卷具體如何變化,也不排除後人增加三篇的可能性。這樣一來,僅從古書通例上說,反對者是没有辦法駁倒這類解釋的。

竹簡《文子》出土以後,人們得以看到真正的西漢古本。假如它保存比較完整,并且明確分爲九篇,那麽恐怕今本之僞早就成爲定論了。然而,竹簡殘損十分嚴重,祇有不到三千字,更没有明確的分篇信息。李學勤在《文物》1996年第1期發表的《試論八角廊簡〈文子〉》一文,最早對其文本問題做出初步分析,認爲不外乎兩種可能:一是"竹簡《文子》現存數量較少……不僅不及今傳本十二篇,和《漢志》九篇之數也不相稱……有可能也是節本或者單篇";二是"八角廊竹簡的《文子》原係全書,不過由于朽壞殘損,現今僅剩下比較連續的一小部分"。他認爲後一種可能性較大,理由是2465號簡"很像是書的標題",可標點爲"《文子》上經:《聖囗》《明王》……"這就跟今本完全不一樣了,因爲今本第一篇是《原道》,第二篇是《精誠》,後面十篇也没有"聖囗""明王"這兩個篇題。所以李先生說:"竹簡《文子》原分上經、下經,各包含若干篇,很可能加起來即《漢志》的九篇。《聖囗》《明王》是竹簡《文子》上經的前兩篇。值得注意的是,這兩個篇題都不見于今傳本。由此可見,竹簡《文子》和今傳本的差别是很大的。"

李先生提出的標題簡及"加起來即《漢志》的九篇"的説法,是極其重要的發現,可惜有些具體論述還不夠深入準確,特別是説"現今僅剩下比較連續的一小部分",幾乎把他對兩種可能性的區分完全抹殺掉了。因爲他説竹簡本"原係全書",是指漢墓入葬時的狀况,而如果出土的僅爲"比較連續的一小部分",實際上又承認了它們是一個或幾個單篇的殘簡,就給那些想把今本塞進九篇古本的人打開了方便之門。不幸的是,李先生這個并不準確的推測幾乎成爲學界的共識,而其標題簡之説對于竹簡《文子》的文本整理和研究具有極大的啓發價值,却長期没有得到學界應有的重視,因而未能解决《文子》研究的瓶頸,即竹簡本、《漢志》九篇本和今本十二卷三者之間的關係問題。

二、爲什麽能復原竹簡《文子》?

有高研院同仁問過我,以前没有人復原過《文子》嗎?以前還真有人復原過。北師大著名學者晁福林有一篇文章《定州漢簡〈文子·道德〉篇臆測》做過復原工作,不過他祇是根據整理小組的説法,復原竹簡本和今本對應的九章,仍稱之爲《道德》篇,所以這個工作的意義并不是特别大。晁先生還指導其弟子趙雅麗撰寫畢業論文《〈文子〉思想及竹簡〈文子〉復原研究》,2005年由北京燕山出版社出版,其中第140至187頁是對竹簡《文子》的復原。可惜這個復原本似乎没有摸着門道,没有多少可取之處。

2002年,我在《文獻》季刊發表過一篇小文《八角廊簡〈文子·聖知〉的復原及其思想》,祇復原了《聖知》一章。這年底博士畢業以後，我回頭主要做唐代文獻和目錄學的研究，很少做先秦學術方面的工作。之所以又回來做這一復原工作，應該感謝一篇文章的批評。2012年，我在知網讀到譚寶剛的《竹簡〈文子〉所稱"經"爲〈老子〉考》，文中對《聖知》章做重新復原，其實大部分與趙雅麗書中一樣，都與我的復原相似。趙没提我的文章，而譚則用大段文字批評我的復原"可商榷之處有三"。他説2465號簡的"上經"是指"《老子》上"，這一結論及其分析都比較牽強，對我的批評也不值一駁。但考慮到這三點恰恰涉及竹簡《文子》的三個文本特徵，小文祇是隨文提到過，論證還不夠充分，就想借回應批評的機會再做些論述。比如，小文曾舉例説，另有三支殘簡"簡首二字都有可能是章題"，所以我在寫回應文章時，首先就想到這三章是不是也能復原出來。但是當時我也相信李學勤"僅剩下比較連續的一小部分"的説法，那就會有整卷整篇亡佚的可能；而且竹簡殘損實在太嚴重，很多殘簡上祇存一兩個或幾個字，不一定能編聯成章，所以根本没有想到能夠復原出全書。十分意外的是，我用一個暑假的時間，反復揣摩簡文，竟然初步復原出竹簡《文子》的所有篇章，包括九篇三十六章，共六千多字。剛好次年原工作單位吉林大學古籍所成立三十周年，要編一本紀念文集，于是我就用這個復原文本交差。這本文集2014年底纔出版，那時我對復原初稿已經做了很多修改，增加了近二千字，于是又把這個修改稿發表在武漢大學的簡帛網上。其實多年以來，我幾乎每天都在反復思考、反復修改，以後出書的話，還會有很大改動，但主要是對所補缺文進行打磨，而篇、章、簡序從初稿以來幾乎没有改變，足以説明我從最初那篇小文以來所使用的復原方法是切實可行的。下面簡單介紹一下我的復原方法和基本框架,各位高研院同仁專業各不相同,但我做的這項工作沒有什麼高深的專業術語和理論,祇要略通文言文,就能聽得懂的。

(一)據今本對應九章推測竹簡《文子》分爲九篇

竹簡《文子》爲什麼能夠復原出來？最關鍵的是有上面説的那支標題簡作爲依據,又有今本《文子·道德》篇中對應九章作爲參考。李學勤關于標題簡的觀點是完全正確的,可惜他的讀法并不準確,應該修改一下,"《文子》上:《經》《聖[知]》《明王》"。爲什麼説祇有這樣讀纔是準確的呢？這裏先列表對照,大家可以看得十分清楚:

今本《文子·道德》篇			竹簡《文子》		
章次	反映章旨的文句		篇名	篇次	卷次
一	文子問道		經	一	上
三	文子問德				
五	文子問聖智		聖知	二	
七	古之王者以道莅天下,爲之奈何		明王	三	
			聞道	四	中
九	古有以道王者,有以兵王者,何其一也		用兵	五	
十一	王者得其歡心,爲之奈何				
十三	文子問政		爲政	六	

续表

	今本《文子·道德》篇	竹簡《文子》		
十五	夫子之言,非道德無以治天下	道德	七	下
	夫無道而無禍害者,仁未絕,義未滅也	仁義	八	
二十	以一人之權,而欲化久亂之民,其庸能乎	人主	九	

李學勤分析標題簡時,有個關鍵的疏漏,即衹注意到竹簡本"兩個篇題"與今本十二個篇題都不相同,以爲二者"差別是很大的",而没有將其與今本《文子·道德》篇做更具體的比較。爲什麽要做這個比較?因爲這一篇有九章是與竹簡本對應,或者説是抄自竹簡本的。本來一看到這個章數,就應該腦洞大開地想到一個問題:竹簡《文子》或《漢志》九篇本會不會就是這九章?從篇、章有別來説,這似乎完全不可能。但參考今本對這支標題簡做一分析,却又難以斷然否認這種可能性。大家看今本第五章以"文子問聖智"開頭,竹簡本"平王曰……文子曰"的直接問答,今本除第二十章外都改成了文子問、老子答,有的還改成間接問答,這一章問"聖智",顯然對應于竹簡本的《聖知》篇。第七章用直接問句,其中開頭的"古之王者",與標題簡的"明王"不正好相似嗎?再回頭看今本第一章"問道",第二章"問德",竹簡《文子》作爲道家著作,假如第一篇也討論道和德,并且以"經"作爲篇名,難道不是順理成章的事情嗎?這樣一對照,標題簡的讀法毫無疑問應該是"《文子》上:《經》《聖知》《明王》"。其中"文子"是書名,"上"是卷次,"經""聖知""明王"是三個篇題。

既然今本第一、三、五、七章依次抄自竹簡本卷上第一、二、三篇,那麼有理由相信後五章也是依次抄自竹簡本的。大家看看後五章的順序,也很有講究。第九章講用兵,第十一章講如何纔能王天下,這是用兵的最終目標,第十三章講爲政,而用兵、爲政都屬于淺層的事功問題。第十五章前半部分講道德,後半部分講仁義,第二十章講教化,合在一起就是用道德、仁義來教化民衆,屬于深層的德行問題。根據今本這五章來做推測,竹簡本應該還有《用兵》《爲政》《道德》《仁義》《人主》五篇,加上前面三篇,祇有八篇,比《漢志》所説九篇少了一篇。且除其中四篇與今本四章對應以外,《經》《用兵》兩篇今本中分别拆分成兩章,《道德》《仁義》兩篇今本中合成一章,并不是完全一一對應的。這説明與今本九章對應的篇章確實構成了竹簡本的基本框架,但又很可能并不是其全部内容。

(二) 由竹簡《文子·經》篇分章推測其他八篇分章及其次序

以上分析,大家聽着或許覺得推測成分太重,而且會有兩點疑問:一是今本對應各章中,第一、三章最長,後七章篇幅都短不少,如果前兩章竹簡本合成一篇,第十五章分拆爲兩篇,那麼各篇長短懸殊,不太合理。二是還有大部分殘簡在今本中找不到對應文字,如果説與今本九章對應的篇章構成了竹簡本的基本框架,那麼這些不對應的内容是怎麼回事呢?這兩個問題需要從竹簡《文子·經》篇的分章情况説起。

整理小組已經把與今本《文子·道德》篇第一、三章對應的殘簡文字都找出來，列在釋文最前面，但後面不對應的散簡中還有如下四支殘簡：

□道。平王曰："請問天道。"文子曰："天之【2219】
法天道。平王曰："人法天道奈何？"【0689】
道產。平王曰："道之于人也，亦有所不□【2439】曰："道產之，德畜之；道有博，【0722】

我當年復原《聖知》章，提出竹簡本有個文本特徵，即每章正文前標明章題。可惜閱讀簡文太粗心，沒有發現這三個典型例子。今本第一章以"文子問道"開始，引出"老子曰"一大段論述，其論述層次并不很清晰。參考以上四支殘簡，則很容易看出應該分成四層：首先提出"聽道"的主張，其次論述"天道"，再次論述"法天道"，最後一層文字最多，反復論述道的作用，其中"由是觀之，道之于人，無所不宜也"，顯然是對2439號簡的呼應。顯然，三支殘簡"平王曰"前面的"[天]道""法天道""道產"是三個章題。由此還可以推測，首章前面應該有"聽道"章題，與今本第三章對應的章題則應該是"德畜"。"道產""德畜"兩個章題，都是取自文子答語"道產之，德畜之"，兩章聯繫緊密，不可分割，這進一步佐證了它們同屬《經》篇的推測是正確的。

可見竹簡《文子·經》篇是由五章組成的，這一事實給了我巨大的啟示：竹簡《文子·聖知》以下各篇會不會也是由多章組成的呢？經過考察，我發現竹簡本後面各篇與今本對應的內容一般屬于該篇首章，那些不對應的殘簡則可以編聯成章，依次編排在各篇首章之後。下面從新編各章中分別選取包含章題或關鍵字的一兩支簡來做簡略説明。

    禍福。平王曰："何謂禍福？"曰：【2444】
    曰："此不生而喜□，不□而□【0822】
    曰："王知者，先王行成敗功，謂之【2390】
    之也？"文子曰："臣聞傳曰：'致功之道【0565】

  《聖知》篇首章以聖人、智者能聞見禍福作爲論據，次章需要對"禍福"做出解釋，而"死生"爲禍福的極端形式，繼之爲第三章。這兩章實屬歧出，第四章回到正題，所謂聖知，主要是指"王知"，即王者的政治智慧。有了"王知"，纔能建立王者的功業，所以末章論述王者"致功之道"。

    文子曰："一者，萬物之始也。"平王曰："何【2246】
    江海以此道爲百谷王，故能久長，功【0916】

  《明王》篇首章的核心主張是"執一無爲"，這四個字合起來可以看作一句話，分開來可以看作兩個詞語，"執一"和"無爲"之間，是道和用的關係。第二章從"一者"説起，顯然側重論述"執一"。第三章以"江海"爲喻，今本《文子·自然》説"江海無爲以成其大"，可見用這個比喻是在側重論述"無爲"。

    道也。然議（義）兵誅□□□，不足禁會，【2278】

《用兵》篇首章提出著名的五兵之説，其中完全肯定的祇有"義兵"。竹簡本下一章對這個正面主張加以重點解釋，是理所當然的。但該章簡文殘損太嚴重，没有一支能看出來是談義兵的，後面會介紹該章復原，這裏先不舉殘簡爲例。但上面這支殘簡講"義兵"的不足，承上啓下，已經可以看出前面的第二章爲《義兵》章。第三章對應于今本第十一章，主張"王者得其歡心"。這是對應九章中，在竹簡本裏既不屬于《經》篇，又不屬于某篇首章的。今本之所以抄入，有兩個原因：一是"王天下"是用兵的終極目標，是王者成功的標志；二是該章正文大多糅合《老子》之文，是道家的典型表述。

爲本。平王曰："天地之間物幾，獨人者□【0772】
遠者。"曰："未富□□【1002】
則行下，行下則下畏其威，下畏其威則不【0907】
而無諍(争)心，亦可得耶？"文子曰："等【0865】
不敢者，所以自□也。天子居中央者，【2215】

《爲政》篇首章提出四條原則："御之以道，養之以德，勿視以賢，勿加以力。"上列前後四支殘簡，分别代表了第二、三、五、六章論述的主旨，正好一一對應以上四條原則："以人爲本"，是最根本的爲政之道；富國富民，是最基本的爲政之德；"勿視以賢"，是爲了使民"無争心"；"不敢""勿加以力"，都是指不强迫臣民。中間一簡主張"下畏其威"，參考首章"不養以德，則民倍反""民倍反，則上無威"之說,可知是由第三章衍生出來的論述,兩章合起來則是古人通行的德刑并用思想。

[修身]行道,所以苃【1007】
德。"平王曰:"不修德【2397】
曰主哉乎?是故聖王務修道德,【2211】

《道德》篇首章主張用道德治天下,下面兩章分別論述"修道""修德","行道"前補上"修身"二字,可以很好地說明章題。值得注意的是還有一章論述"務修道德"以"從時",《淮南子·修務訓》可能受到它的影響。

平王曰:"用仁何如?"文子曰:"君子【0917】
是謂用義【2436】

《仁義》篇首章包含兩層問答,今本不取《道德》篇後三章,又删除了這一章的問答痕迹,將關于道德、仁義的論述合成第十五章。與上篇類似,"仁義"總論之後,又分論"用仁""用義",不同的是稱"用"不稱"修",且没有第四章,這是由于道德和仁義在層次上是有差別的。

教化之。"平王曰:"何謂以教化之?"文子【2310】
積碩,生淳德。淳德與,大惡之端以□。【0300】

《人主》篇首章開頭説:"王者蓋匡邪民以爲正,振亂世以爲治,化淫敗以爲樸,淳德復生。"這裏實際上交代了全篇内容及其邏輯關係:"王者"是教化的主體,"教化"是王者的主要責任,而"淳德"是教化的最終追求。這幾句話之後,"人主"以下纔是首章的主體論述,而上面兩支殘簡則是《教化》《淳德》二章的開頭。

上一節我從竹簡《文子》標題簡出發,推測今本九章對應于竹簡本八篇,大家可能還心存懷疑,現在應該可以相信了吧?更有意思的是,在復原以上篇章後,還剩下近四十支殘簡,可以編聯復原成四章:

之□。'"平王曰:"善。好乎道,吾未嘗聞道也。【0976】

已聞道矣,請□【2477】□天之道何如?"文子曰:"難言于天。"【1184】"胡象于天道?"文子曰:"天之道,高【0585】

乎是。"平王曰:"吾不能盡學道,能□學人【2470】□。請問人道。"文子【0918】

□,可以無罪矣。請問師徒之道。"【1198】

僅從以上殘簡,就很容易推測出這四章的章題:首章《聞道》,第二章《象天道》,第三章《人道》,第四章《師徒之道》。它們都是關于道的論述,由大到小,由遠及近,層次清晰,且中間兩章用"已聞道矣""吾不能盡學道"承上啓下,全篇章次井然有序。其篇名可以用首章"聞道"二字來擬定,位置則必定處在全書第四篇。爲什麽説得這麽肯定?因爲竹簡《文子》首篇叫"經",這説明後面八篇實際上相當于"傳",不過這是文子自爲經傳,而非後人以傳解經式

467

的經傳關係。從內容來分析,大致上説,《聖知》篇是對《經》篇第一章《聽道》的發揮,《明王》篇是對第二章《天道》的發揮,《用兵》《爲政》兩篇是對第四章《道産》的發揮,《道德》《仁義》《人主》是對第五章《德畜》的發揮。因此,《聞道》篇衹能是對《經》篇第三章《法天道》的發揮,肯定排在第四篇的位置。其中有《象天道》章,與"法天道"意思差不多,也足以説明二者類似經傳的關係。

(三) 參考相關古書補足殘簡缺文

　　綜合以上兩節,竹簡《文子》之所以能夠復原,是因爲幸好有標題簡和今本對應九章,可據以推測其全書框架;而更重要的是其書具有嚴密的篇章結構特徵,而不是像《論語》《老子》等書一樣結構鬆散。我不過若得神助,偶然發現了這些特徵,而絶不是自己臆想出來的。希望不久的將來,能夠再從地下挖出一個保存較好的簡帛本,來印證這一復原框架是可信的。然而,我深知在此之前,這種復原工作是吃力不討好,很容易招致非議的。從前孔子修《春秋》,有一條紀事稱"夏五",下面漏了個"月"字,兩千多年來没人給補上這個字。宋人彭叔夏小時候抄書,見"興衰治□之源"中間空了一字,以爲必是"亂"字,後來見到善本纔知道是個"忽"字,于是感歎説,"信知書不可以意輕改"。這類事例給後人樹立了典範,形成實事求是、多聞闕疑的文獻學優良傳統。而我根據不到三千個字的殘簡,復原出一個八千多字的文本,補入文字約占三分之二,這在出土文獻復原中還没有先例,或許讓人感到難以置信。我明知這一點,還要做竹簡《文子》復原,實在是由于它殘損太嚴重,假如袛是排定簡序，不補足缺文，仍然不能取信于學界，更無法讓人讀通文意。于是勉爲其難，雖然不是字字可信，但大致文意庶幾近之。以《義兵》章爲例：

□，何可謂德？"文子曰："不然。夫教人【2389】

聞所□□□【0451】

言則分争，鳳【0633】

雛，龍慶【2502】

□□□灑灑□□者懷其離心。唯【0651】

其失□生君不死，六畜不潘（蕃），人民不【2379】

兮，何而德加【1773】

這七支殘簡多的有十幾個字，少的袛有兩三個字，釋文分列在不同的地方，根本看不出屬于同一章。即使按上面的簡序排列出來，其中沒有義、兵二字，一般人也想不出這段話在講啥，更想不到它的章題是"義兵"。但是，如果聯繫竹簡《文子·用兵》篇首章的"以兵王者，亦用德"，就可以知道2389號簡開頭是在質疑，用兵打仗怎麼能夠説是德呢？再聯繫下文"失□生君不死"，就可以推測前面的缺文會與之有所呼應，質疑殺死國君，可擬補"滅人之國，殺人之君"兩句。而據我推算，竹簡《文子》每簡滿寫三十個字，僅補這八個字還不夠。今本《文子·下德》篇所説"兵者，凶器也"，有可能是從這裏抄去的，可以據補。

這支簡末"夫教人"以下，應該缺失了一兩支整簡。今本《文子·上義》説："教人以道，導之以德而不聽，即臨之以威武，臨之不

469

從,則制之以兵革。殺無罪之民,養不義之主,害莫大也;聚天下之財,贍一人之欲,禍莫深焉……所爲立君者,以禁暴亂也,今乘萬民之力,反爲殘賊。"其開頭"教人"二字與2389號簡末相同,後文批評人君殘賊萬民,可以下接0633號簡以下內容。因此,這段話補綴在兩支殘簡之間,上下文從意順,再合適不過了。上文中間省略了三句話,是抄自《淮南子・兵略訓》的,竹簡《文子》此處當有其常見的"臣聞"二字。0451號簡僅存"聞所"二字,實爲"臣聞所爲立君者"之殘。

下面兩支殘簡中有"鳳""龍"二字,有人聯繫黃老帛書《十六經・成法》"昔者皇天使馮(鳳)下道一言"、今本《文子・微明》"所貴乎道者,貴其龍變也"等説法,分析出一些貌似深刻的思想。我覺得把兩簡放在一起,明顯應該復原成兩兩對仗的四句話:"言則分爭,鳳[祥不降;行則寇]讎,龍慶[不至]。"其中用字不一定完全對,如"祥"也可能是"瑞",意思是一樣的。

再下面兩簡的六個缺文和末尾,分別補出"其民皆""然甚""道""滋",就可文從意順,不必多說。《呂氏春秋》經常用"義兵"一詞,可能受文子影響較深,其《蕩兵》篇説:"兵誠義,以誅暴君而振苦民。"顯然與文子"誅暴救弱,謂之義"的定義相通。殘簡有"振亂世"之説,又常用"弱""細弱"指民衆,所以1773號簡前可以據《蕩兵》篇補上缺文,衹有"苦"應該改爲"弱"字;因句後有"兮"字,句前"以"字當删;末尾則可補"于此",這一句式在古書中十分常見。

根據上述分析,《義兵》章正文可復原如下:

[平王曰:"兵者,凶器也。滅人之國,殺人之君],何可謂德?"文子曰:"不然。夫教人【2389】[以道,導之以德,而不聽,即臨之以威武;臨之不從,則制之以兵革。殺無罪之民,養不義之君,害莫大焉;聚天下之財,贍一人之欲,禍莫深焉。臣]聞所[爲立君]【0451】[者,以禁暴討亂也。今乘萬民之力,反爲殘賊]。言則分爭,鳳【0633】[祥不降;行則寇]讎,龍慶【2502】[不至]。[其民皆]灑灑[然,甚]者懷其離心。唯【0651】其失[道]生君不死,六畜不潘(蕃),人民不【2379】[滋。兵誠義,誅暴君而振弱民]兮,何而德加【1773】[于此]?"

以上復原或許仍有個別字句不合竹簡本原貌,但從文意和思想上說,是不會有多大偏差的。這個例子說明,衹要認真體味殘簡文字,廣泛參考相關古書,是完全有可能大致復原出竹簡《文子》各章正文的。也衹有這樣,纔能生死而肉骨,使竹簡《文子》真正可以讀通,重新煥發出它的思想光芒。

三、復原竹簡《文子》有什麼意義?

(一)竹簡《文子》《淮南子》及今本《文子》的先後關係

關于今本《文子》和《淮南子》的關係,幾百年來爭議不休。即使竹簡《文子》已經出土并公布，人們仍然主要通過比較其具體的文字异同這一傳統方法，來判斷何爲先出的原創，何爲後出的抄襲。但結論完全相反，二者誰也説服不了對方。在復原竹簡《文子》以後，再來思考三者之間的關係，可以看得更加清楚。

我多年前在一篇討論今本僞造手法的小文中曾經列過一個竹簡《文子》篇章結構表。從該表可以很清楚地看出，竹簡《文子》包括上、中、下三卷，九篇三十六章。其篇章結構十分嚴密，《經》篇與後八篇、每篇首章與後幾章之間，都存在着類似經與傳、總論與分論的關係，層層遞進，前呼後應，環環相扣，渾然一體。全書不可能多出一篇一章，也不可能减少一篇一章，任何一個篇章位置都不能做絲毫調整，而衹能是這麽個順序。《漢志》著録的《文子》九篇，參照的必定是與竹簡《文子》相同的本子。那些以爲殘簡衹是"比較連續的一小部分"或單篇本，進而推測西漢時竹簡本和今本大部分篇章同時并行于世，後經劉向校定爲九篇，并最終發展成今本的各種觀點，都似是而非，不能成立。

竹簡《文子》的文風比較古樸，漢代劉安招集門客編撰《淮南子》，已受賦體影響，鋪排較多，衹暗引竹簡《文子》少數文句，而没有成章成段抄録。今本《文子》約十分之八抄自《淮南子》，十分之一抄自竹簡《文子》，十分之一或抄自他書，或出自僞托者之手。所以其全書文風和思想都更爲接近《淮南子》，如果説它出自先秦甚至孔子同時代人之手，那麽中國文學和思想史根本無從寫起了。

多數學者認爲，今本《文子》出于東漢時人僞造，無疑是正確的。但所有人都以爲，當時竹簡《文子》已經殘缺不全，改編者纔不得不主要依據《淮南子》來僞造，這種猜測是不符合事實的。古書偶然殘缺,不外乎兩種可能性:一是整卷或某些部分集中殘缺,二是單行或小段文字分散殘缺。它們都是圖書實物損毀導致的,與文字内容是否重要没有必然聯繫。但是從其篇章結構表可以清楚看出,竹簡《文子》能夠在今本中找到對應文字的,主要是表中第二行《經》篇五章、第三列後八篇的七個首章。祇有《聞道》篇首章没有對應,《用兵》篇末章《王天下》有對應,屬于兩個例外。這種極有規律的現象,説明今本祇能是人爲地按内容取捨的結果。也就是説,東漢時古本《文子》仍然保存完整,今本編者是在看到全書三卷九篇三十六章的情况下,有意捨棄了其中二十三章,僅選取了其中的十三章,并對它們做了一番分合删改,調整爲九章,編入《道德》篇。這一取捨調整引人遐想:編者是否在有意暗示後人,今本九章保存了古本九篇的基本框架呢?

(二)文子的時代和身份

復原竹簡《文子》,可以恢復因竹簡殘缺而久被埋没的一些重要信息,發現文子的一些重要思想,糾正學界的一些錯誤認識。其中最有意義的,莫過于有關文子時代和身份的一支殘簡的復原。

傳統觀點認爲,文子是老子弟子,與孔子同時,主要有兩條證據:一是《漢志》班固注的記載,二是今本《文子》有"吾聞子得道于老聃"之説,正好可以相互參證。但是竹簡《文子》釋文發表以後,人們發現殘簡中對應于這句話的,作"人主唯(雖)賢"。于是王博、何志華、張豐乾、葉波等絶大多數學者都認爲,這句話是今本編者根據班固的説法竄改出來的。這樣,文子作爲老子弟子的身份被徹底否定，其人其書的時代則被任意往後推延。趙雅麗在復原竹簡《文子》時，首先注意到一支殘簡：

王者無道如此而咸□，以子之事【1086】

趙氏將簡末的"事"字理解爲侍奉的意思，所以在其下補出"老聃，可得而知乎"，以期恢復文子的老子弟子身份。可惜"以子之事老聃"這句話實屬生造，不符合古人語法。因爲"事"作動詞侍奉，前加"之"字取消句子的獨立性，往往相當于主語，則前面不應該有"以"字。一般而言，"以子之事"是個介賓結構，"事"是名詞，意爲事情，下面應接動詞。竹簡《文子》中常見"以是觀之""由此觀之"的説法，其中"是""此"二字正是用來代指"子之事"之類具體名詞的。《莊子·天道》篇有句話"臣也以臣之事觀之"，跟這支殘簡句式最爲接近。因此，殘簡之下首先應該補出"觀之"二字。

再來看殘簡上一句，趙氏爲了把這支簡連接在 2255 號簡末"夫上世之王"之下，竟然直接將其改補爲"[者有道]，如此而咸[失其國]"。即把殘簡上的"王者無道"刪掉，隨意補上"者有道"三字；後面殘簡明明祇有一個缺文，又隨意補上"失其國"三字。這個缺文我曾經考慮過"王""貴""安""寧""休"等美好的字眼，後來想到 0877 簡説王者"欲自活"，2379 簡講"失□生君不死"的危害，此處以補一"活"字最爲傳神，即直接質問爲什麼王者無道却能"自活"于世而"不死"。今本《文子·道德》篇第十五章説："夫無道而無禍害者，仁未絶，義未滅也。"從文意上看，就像是在回答殘簡的這個質問。根據這一答語，可以推斷"觀之"二字之下應該補作"何以無禍害也"。

這支簡補上以上缺文後，文意就很清楚了，位置也很清楚了：這是《仁義》篇首章平王開始發問時説的。我最初復原的時候，也是抱着謹慎態度，儘量少補字進去，于是以爲這支殘簡前面没有其他缺文，祇要補上"平王曰"就可以了。後來反復揣摩，纔猛然發現這裏有兩個很不對勁的地方。一是《莊子·天道》篇那段齊桓公與輪扁的著名對話，一開始就説"輪扁斲輪于堂下"，即交代了輪扁的身份；後文輪扁説"臣也以臣之事觀之"，其中"臣之事"顯然是代指前面提到的"斲輪"之事。以此類推，這裏平王如果不先交代文子的身份，那麽"子之事"究竟指代什麽事，就説不清楚了。二是"王者無道如此"這句話，原來以爲是呼應前面其他篇章中對無道的描述。發現上面這個問題後，我纔意識到竹簡本一章之内或上下兩章之間就常有呼應，而這裏上一章講"務修道德"，并没有講"無道"，如果本章開頭没有對無道的具體描述，那麽"如此"一詞究竟指代什麽狀況，也就没有交代清楚。

想明白以上兩點，我就恍然大悟了：今本第二十章開頭的"吾聞子得道于老聃，今賢人雖有道，而遭淫亂之世"三句話，原來就是從竹簡本這個地方抄過去的！因爲"吾聞子得道于老聃"正是在交代文子的身份，前面有了這句話，後面"以子之事觀之"的意思就十分清楚了，可以意譯爲"以你老聃弟子的身份來看這件事"。而後兩句，也是從首句轉到後文必不可少的。因爲"王者無道"可以有各種描述，但必須符合上下文的特殊語境。從後兩句開始，就可以從賢人貧賤、人主富貴相互對比的角度，以人主驕溢、輕慢賢人作爲"王者無道"的具體表現，大致復原出這段缺文："吾聞子得道于老聃,今賢人雖有道,而遭淫暴之世,處貧賤之地;人主富貴淫汏,謾裾陵降,而驕得道之士矣。"

或許有人要問:如果竹簡本中這三句話真的在《仁義》篇首,今本爲什麽要把它後移用來替換《人主》篇首章的原文呢? 這有三點原因:首先,竹簡本祇有這裏講文子"得道于老聃",是關于文子身份的重要信息,今本編者當然想把它保存下來。其次,今本爲了合并《道德》《仁義》兩篇首章,就不得不删除後者的問答痕迹,所以不可能把這條信息保存在原來的地方。最後,今本編者在接着改編《人主》篇首章時,發現其開頭爲"人主唯(雖)賢,而曹(遭)淫暴之世",後一句與《仁義》篇首章相同,所以把前一句替換成《仁義》前兩句非常方便。但是,今本把談論"人主"的文句替換成談論"賢人"以後,與下文的"王者"發生了矛盾,于是又把"王者"改成"夫道德者"。其實仔細體味,這一章的中心是談論人主的,竹簡本中應該以"人主"作爲章題,出現"夫道德者"一句,顯得十分突兀,這正是今本强行替換、改動文句導致的後果。

當然,竹簡本有"吾聞子得道于老聃"之句,并不能完全證明文子確爲老子弟子,并且寫了《文子》一書。畢竟春秋末的文子不可能與周平王對話,班固已經懷疑其書出于"依托"。不過這個"依托"是可以有不同理解的,既有可能是後人僞托出文子與平王的對話,也有可能是文子本人依托平王,自設問答。清人孫星衍解釋《漢志》班固注説:"蓋謂文子生不與周平王同時,而書中稱之,乃托爲問答,非謂其書由後人僞托。"我認爲這個説法比較合理,比較可信。竹簡《文子》并不是對平王與文子真實問答的記録,而是文子以標志着春秋時代開始的周平王作爲那個時代的君王代表,假設向他提出治國主張。因此,書中反映和所要解決的,都是春秋時代的社會問題;其文字和思想,主要兼融了老子、孔子的思想,并影響了思孟、莊子以後的儒道兩家,而沒有受戰國以後日漸興盛的陰陽、名、法諸家影響的痕迹。文子確爲老子弟子,并且很可能與孔門師弟子有着密切的聯繫。我的這些認識,是從復原過程中辛苦得來,可惜這裏祇能談點粗略的認識,沒有時間詳細論證。

(三)竹簡《文子》的思想宗旨、綱領和特徵

整理小組經過細心比勘,基本找出了與今本對應的殘簡文字,并把它們排在釋文前面,後面的散簡也按文字内容相關度加以排列,給研究者提供了一些方便。但有些殘簡,如上文列舉的幾條平王問語,本來也屬于對應各章的内容,由于今本已經删除,整理小組沒有發現其對應關係。至于後面的大部分散簡,往往因個別字詞相同而被排在一起,實際上未必屬于同一篇章。由于沒有得到正確復原,這批殘簡就像一堆散沙,根本没法連讀,以至于研究者連它究竟是一部完整的書,還是一個節抄本,都說不清楚,更不用說進一步談論其全書的框架結構、思想體系等深層次的問題了。我通過復原,終于把這部重見天日的先秦古書比較完整地呈現出來。對于先秦思想史研究來說,其最大意義是可以把文子的思想宗旨、綱領和特徵,都說得清清楚楚了。

今本《文子·道德》篇第一章開頭說:

> 學問不精,聽道不深。凡聽者,將以達智也,將以成行也,

將以致功名也。

由于殘簡中没有對應文字,很多研究者以爲這幾句話是今本增加進去的,并將其作爲今本對古本做過訓釋、竄改和發揮的顯著例證之一。我在復原過程中發現,今本對應九章中,除有極少數字句改動外,很少出現有意增加文句的,而衹有删減,每章減少的字數多達三分之一甚至一半左右。因此,竹簡本肯定會有這幾句話,衹不過因竹簡殘損而看不到了。不僅如此,這幾句話實際上開門見山地提出了文子的思想宗旨和思想綱領。宗旨是什麼?就是聽道。綱領是什麼?就是聽道—達智—成行—致功。

衆所周知,老子的思想宗旨是道,經常討論道本身。文子作爲老子弟子,有時化用老子的道論,但又直説"難言于天道",所以不再多講道,而以聽道爲思想宗旨,這是順理成章的。聽道其實就是講道的功用,即通過聽道而達到聖智,達到聖智最終是爲了成就德行、成就功名。爲什麼説這是文子的思想綱領?因爲竹簡《文子》全書完全是按照以上四個概念來設置篇章、遞進論述的。從《經》篇内部來説,首章篇名就是"聽道",其次《天道》《法天道》講"達知",再次《道産》講"致功",最後《德畜》講"成行"。從全書九篇來説,《經》篇大略相當于"聽道",《聖知》《明王》《聞道》講"達知",《用兵》《爲政》講"致功",《道德》《仁義》《人主》講"成行"。它的思想綱領難道還不清楚嗎?

這裏有個疑惑:按上面這個説法,先講"致功"而後講"成行",但今本"將以成行也,將以致功名也"兩句,先後順序相反,會不會是今本搞顛倒了?今本後文從反面論述道:"故聽之不深,即知之

478

不明;知之不明,即不能盡其精;不能盡其精,即行之不成。"對應于 2500 號殘簡"不深者知不遠,而不能盡其功,不能",這是今本對應文字中竄改并增字最多的。參考今本,殘簡上下可補爲"故聽之"和"盡其功,即行之不成"。注意竹簡《文子》"聽道不深""知不遠""不能盡其功"三者之間是有先後、因果關係的,所以前兩句没有重複,中間的連詞用"而"字,似乎簡末"不能"也不會重複上句,應該直接補作"成其行"。但這没法解釋今本爲什麽要如此改句?因此我認爲簡本後兩句當補作"不能[盡其功,即行之不成]",即兩者之間是并時而不是先後關係,但存在因果關係,前一句是果,後一句是因。所以開頭"成行"在"致功"之前是合理的,對于王者來說,"成行"和"致功"是同時進行的,但畢竟事功範疇的"王天下"纔是王者的最終標志。而對于思想家來說,先從淺層討論"致功",再從深層挖掘其原因"成行",當然也是非常恰當的,所以後文從反面論述時改用了這一順序。

講到這裏,我不禁聯想到《莊子·天下》篇裏這段著名的思想預言:

> 天下大亂,賢聖不明,道德不一。天下多得一察焉以自好……是故内聖外王之道,闇而不明,鬱而不發,天下之人各爲其所欲焉以自爲方。悲夫!百家往而不反,必不合矣!後世之學者,不幸不見天地之純,古人之大體。道術將爲天下裂。

其中"内聖外王"的説法,先秦古書中僅見于此,直到隋唐五代還很少見。祇是宋明以後,理學家們纔把它當作口頭禪,專門用來解説儒家思想。現代以來,由于新儒家的大力提倡,"内聖外王"變成了儒家思想的標志性命題。有學者認爲,這個著名説法是完全不符合孔子思想的。我覺得這樣徹底加以否定有點過頭,但反映孔子思想的《論語》一書,祇是孔門師弟子的談話記録,相當零散,至少一眼看上去,是很難看出什麽"内聖外王"思想體系的,而需要後人來加以詮釋和建構。孟子、荀子,甚至儒家以外的老子、墨子等,也莫不如此。那麽,《莊子》所謂"内聖外王之道",果何在耶?遠在天邊,近在眼前。"成行"不就是"内聖"嗎?"致功"不就是"外王"嗎?不過它講的"成行",不是純粹内向的、個人精神層次的德行,而是指王者用道德仁義來治理國家、教化人民,這與思孟、莊子以後以心性論、心氣論爲基礎的"内聖"是有距離的。總之,竹簡《文子》的思想,很可能就是《莊子》所謂"内聖外王之道",這是它最重要、最根本的特徵。

從竹簡《文子》看今本的僞造手法

《文子》是一部重要的道家典籍,唐玄宗時被尊奉爲《通玄真經》。自從柳宗元斥其爲"駁書",它長期被公認是東漢以後的僞書。近代學者研治先秦思想,幾乎不提文子其人其書。二十世紀七十年代以來,隨着長沙馬王堆漢墓帛書的出土和公布,學界開始重新肯定其價值;而河北定州漢墓竹簡《文子》的發現,一時使許多人以爲僞書之説已不攻自破。然而,1995年竹簡《文子》釋文公布于世,[①]却引起了更大的争論。竹簡本祇有一小部分對應于今本《文子·道德》篇的九章(以下簡稱今本九章或第幾章),大部分并不見于今本;相反,今本大量與《淮南子》相同或相似的内容却又不見于竹簡本。"這反倒印證了後人的懷疑:今本確是'駁書',是後人依據殘缺不全的《文子》材料抄撮《淮南子》而成。這也幾乎成了

---

① 河北省文物研究所定州漢簡整理小組(劉來成執筆):《定州西漢中山懷王墓竹簡〈文子〉釋文》,《文物》1995年第12期。

當前學界對于今本《文子》的壓倒性意見"。① 同時有些學者認爲，漢代劉向校書前，古書多無定本，往往以單篇或別本流傳于世；殘簡僅二千餘字，不足以證明當時没有別本流傳，故仍然堅信今本爲真。

我們認爲導致這一現象的主要原因，是竹簡本的文本整理工作没有做好，缺乏進一步討論的基礎，所以我們爲此草擬了一份復原方案。這裏先簡略介紹一下我們的復原思路和結果，再通過比較竹簡本與今本之間的關鍵异同，全面深入地分析今本是如何抄襲改編古本的，希望能夠徹底證實其僞書身份，爲相關問題的研究奠定一個更好的基礎。

一、竹簡《文子》的篇章結構

河北省文物研究所定州漢簡整理小組（劉來成執筆）在發布釋文的同時，對這部竹簡古書的整理和意義做過説明，其中説道："因竹簡中未發現篇題，所以原本祇是一篇或者是若干篇，尚需大家研究後發表意見。"② 李學勤首先指出2465簡"很像是書的標題"，并據以分析説："竹簡《文子》原分上經、下經，各包含若干篇，很可能加起來即《漢志》的九篇。"③ 這一説法被多數學者接受，成爲關于

---

① 寧鎮疆：《從出土材料再論〈文子〉及相關問題》，《華東師範大學學報（哲學社會科學版）》2002年第2期。
② 河北省文物研究所定州漢簡整理小組（劉來成執筆）：《定州西漢中山懷王墓竹簡〈文子〉的整理和意義》，《文物》1995年第12期。
③ 李學勤：《試論八角廊簡〈文子〉》，《文物》1996年第1期。

竹簡本篇章結構的最通行解釋。

我們曾經深信李學勤所說竹簡本"由于朽壞殘損,現今僅剩下比較連續的一小部分",以爲其上下經(或分上中下三篇)之説應該是比較合理的推測了。現在看來,這一推測有兩個很難解釋的疑點:如果《聖知》是竹簡本第一篇,今本爲何將其編在第五篇《道德》的第五章?今本《道德》篇第一章《問道》、第三章《問德》的內容更爲重要,竹簡本爲何將其排在至少第四篇以後?這樣一想,就悟出李學勤對2465簡的標點可能有誤,應改作"《文子》上:《經》《聖[知]》《明王》"。因爲古人稱書的篇卷,更常見的是把序次放在後面,如《墨子》中的《經上》《經下》等。如此標點,則"文子"是書名,"上"指卷次,"經"聖知"明王"是三個篇名,這是《文子》卷上的標題簡。

由此再來比較今本與竹簡本的異同,就有了驚人的發現:從內容上可以一眼看出,今本第一、第三章對應于竹簡本《經》篇,第五章對應于《聖知》篇,第七章對應于《明王》篇!但竹簡本《經》篇不止分爲兩章,而是多達五章。請看以下殘簡(方括號內爲擬補文字,下同):

[天]道。平王曰:"請問天道。"文子曰:"天之【2219】
法天道。平王曰:"人法天道奈何?"文子曰:【0689】
道產。平王曰:"道之于人也,亦有所不[宜乎]?"【2439】
[文]子曰:"道產之,德畜之。道有博【0722】

這幾枚簡文在今本中沒有對應文字,釋文排在後面的散簡之間。

483

但細味今本第一章的後面大部分文字，正是關于天道、法天道、道之功用的論述，以上簡文應該排在對應簡文之前，分別作爲竹簡本《經》篇第二、三、四章的首簡，而簡首的"天道""法天道""道產"則正是這三章的章題。逆推對應于今本第一章開頭部分的竹簡本首章章題應爲"聽道"，而對應于今本第三章的章題應爲"德畜"，與"道產"章題同樣取自0722簡。

既然竹簡本《經》篇分爲五章，那麼《聖知》《明王》以下各篇亦有包含多章的可能性。但今本除談道德仁義的第十五章可分爲兩章外，其他對應各章都主題單一、篇幅短小，不容拆分。而在通盤考察今本中沒有對應文字的散簡之後，我們又有一個更驚人的發現：所有散簡可以按其論述主題編聯爲二十三章，且其中十九章可以編排在今本九章中的後七章之下，另四章可以合爲一篇！這裏無法詳細說明復原理由和結果，僅將其篇章結構列表如下，再來進行分析：

卷	篇	章
文子上	經	聽道、天道、法天道、道產、德畜
	聖知	聖知、禍福、死生、王知、致功
	明王	明王、執一、無爲
文子中	聞道	聞道、象天道、人道、師徒之道
	用兵	用兵、義兵、王天下
	爲政	爲政、以人爲本、富國、畏威、無爭心、不敢

续表

卷	篇	章
文子下	道德	道德、修道、修德、修務
	仁義	仁義、用仁、用義
	人主	人主、教化、淳德

以上篇章結構，可以確證竹簡本就是《漢志》的九篇本，且極其幸運的是，其殘損程度并不如想象之嚴重。相反，保存下來的竹簡雖然殘斷朽爛、字句脱落，但仍可復原出篇章嚴整的全書，而不僅僅是"比較連續的一小部分"。

首先來看它的分卷。《漢志》僅載爲九篇，没有卷數，這并非《文子》的獨有現象。《漢志》體例上最大的弊端，是六略三十八種之下篇卷統計標準不一，有時稱篇，有時稱卷，其中《諸子略》一律稱篇。其實漢代圖書不少既分篇，又分卷，多數是合衆篇爲一卷，少數一篇爲一卷或分兩三卷，如《管子》八十六篇合爲十八卷，《孔子家語》四十四篇合爲二十七卷。這是由于篇主要以内容爲起止，長短不一；卷纔是物質單位，相對比較均衡，一般每卷容納二千字左右，這是《周易》《老子》等五六千字的古書都分爲上下兩卷的根本原因。根據我們的復原，竹簡本三篇合爲一卷，每卷各爲二千數百字。雖然不可能完全符合原貌，但每卷二千多字，全書七八千字，這兩點相信不會有太大的誤差，它完全符合漢代圖書的分卷方法。清人孫星衍曾懷疑"古以《上仁》《上義》《上禮》三篇爲一篇，以配《下德》耳",①趙建偉等對此做過補充論述。② 其實,合今本末四篇爲一,將多達一萬多字,大大超過漢代書籍一卷的篇幅,又與前八篇字數相差懸殊,僅從這一點來看,這類解釋就難以讓人信服。

其次來看它的分篇。竹簡本九篇可分爲兩類,即《經》篇和相當于"傳"的《聖知》《明王》以下八篇。各篇文體格式等完全一致,表明并非聖經賢傳意義上的經傳關係,而是出自同一作者的精心編排。後八篇是對《經》篇相關論述的發揮,且其順序與《經》篇各章可以依次相互對應。更有甚者,今本第一章開頭説:"學問不精,聽道不深。凡聽者,將以達智也,將以成行也,將以致功名也……故聽之不深,即知之不明;知之不明,即不能盡其精;不能盡其精,即行之不成。"殘簡中没有對應前幾句的文字,但根據 2500 簡"不深者知不遠,而不能盡其功,不能[成其行]",逆推竹簡本應該有對應前幾句的文字。這幾句話開宗明義,揭櫫了全書宗旨,其聽道、達知、致功、成行四大主題及其先後路徑,隱含了《經》篇五章的論述層次,甚至全書九篇的篇序結構,如下表所示:

主題四詞	聽道	達知		致功		成行	
經篇五章	聽道	天道	法天道	道産		德畜	
簡本九篇	經	聖知	明王	聞道	用兵	爲政	道德	仁義

---

① 〔清〕孫星衍:《問字堂集》卷 4,中華書局,1996 年,第 88 頁。
② 趙建偉:《〈文子〉六論》,《道家文化研究》第 18 輯,生活・讀書・新知三聯書店,2000 年,第 232—240 頁。

由此可以看出，竹簡本九篇序次井然，結構完整，絕無整篇殘佚的可能性。

最後來看它的分章。竹簡本共三十六章，同一篇内部各章之間，甚至有些篇末章與下篇首章之間，内容上多有密切聯繫，文字上前呼後應。可惜今本九章删掉了近一半文字，尤其"平王曰"下的問辭删除幾盡，竹簡本又多殘損，釋文編排順序未盡妥善。如上引《經》篇《天道》《法天道》《道產》三章開頭的"平王曰"，正起到承上啓下的作用。《聞道·象天道》章開頭平王曰"已聞道矣，請[復言]天之道何如"（2477、1184簡），從《聞道》章轉入本章；下一章以平王曰"吾不能盡學道，能[勉]學人[道]。請問人道"（2470、0918簡）開頭，轉入《人道》章。《用兵》篇開頭平王曰"王者幾道乎"（2419簡），問得十分突兀，其實"幾道"二字很好地呼應了上一篇《聞道》中"聞道""天道""人道""師徒之道"等論題。本篇首章主張"以兵王者，亦用德"（1035、0723簡），次章《義兵》則以"何可謂德"（2389簡）之問引出，而以"何而德加[于此]"（1773簡）作結，次章《王天下》開頭問"議（義）兵誅[暴救弱]，不足禁會"（2278簡），由"義兵"導入"王天下"的論題。《道德》篇中間《修道》《修德》兩章論及人主的"無道之過"（0780簡），"殆德"（0647、0631簡），下一篇《仁義》開頭以"王者無道如此而咸[活]，以子之事[觀之，其何以無道而無禍害]"（1086簡）之問引出，今本删省了這些内容，而直接將兩篇的首章合爲一章。總之，竹簡本不僅九篇的結構嚴整，而且三十六章的章數及其次序同樣不容做任何增損調整，亦絕無整章殘佚的可能性。

由于按照李學勤對2465簡的標點，其實并不能必然推導出竹簡本"即《漢志》的九篇"的結論;而其竹簡本"現今僅剩下比較連續的一小部分"的推測,給人留下了更大的想象空間,這就難以完全排除今本多數篇章是與竹簡本同時并行的古書,并爲《淮南子》所抄襲,且包含在《漢志》所著録九篇之内的可能性。而我們依據殘簡復原出大體完整的九篇本,就足以證明今本絶大多數篇章不可能屬于漢代的九篇本,祇能是東漢以後人據《淮南子》等書抄撮僞造而成,這一千古疑案終于可以定讞。

二、今本對應九章的抄襲手法

在復原竹簡本的基礎上,仔細比較它與今本的異同,後者的僞造手法就徹底暴露在光天化日之下,無所遁形了。先來看看今本對應的九章是如何抄襲竹簡本的。

整理小組認爲今本《道德》篇有九章可在竹簡本中找到對應文字,其中第八章是否對應,學界早有爭議。李學勤在上揭文中認爲,第八章"仍是論'執一'的","當係自古本前一章割裂增益而來"。丁原植則指出,這一章沒有對應的簡文,竹簡本可對應今本的祇有八章。[1] 他還懷疑"未見于《淮南子》的第十一章,也爲對談體例,極可能仍爲《文子》古本資料"。[2] 我們經過仔細查找,發現2278 簡"道也,然議兵誅□□□,不足禁會",0251 簡"歡愉,而無憂者",2353 簡"故天孰不樂?則天下",0699 簡"百姓,百國之君,皆歡然思欲愛",0587 簡"□親隨。是以國家之昌而功名",可以編聯

---
[1] 丁原植:《〈文子〉新論》,臺北萬卷樓圖書有限公司,1999 年,第 31—35 頁。
[2] 丁原植:《〈文子〉資料探索》,臺灣萬卷樓圖書有限公司,1999 年,第 220 頁。

成章,正好對應于第十一章,證明丁原植的説法比較正確。

因此,今本有對應的仍爲九章,即《道德》篇第一、三、五、七、九、十一、十三、十五、二十章。它們是由竹簡本的十三章合并而成,即分別對應于第一至四、五、六、十一、十八、二十、二十一、二十七和三十一、三十四章。從二者的對應關係可以看出,兩本中所有各章的先後次序完全相同,没有一章被打亂。祇不過竹簡本《經》篇前四章合并爲今本第一章,竹簡本分居兩篇之首的《道德》《仁義》二章合并爲今本第十五章。從這一點來説,今本是相當忠實于竹簡本的。它在前七個問答體的奇數章下各竄入一個以"老子曰"引出的偶數章,後兩個問答體章中間則竄入四章,都是抄撮《淮南子》等書中與真正的文子思想有點接近的文字附在其下的,正如第八章之于第七章的關係一樣,這就使得今本《道德》篇成爲半真半假的文子著作。

從文字比勘來説,今本對竹簡本最明顯的竄改,是將平王與文子之間的問答,變換成文子與老子之間的問答,祇有第二十章開頭作"平王問文子曰",這一點人所熟知,毋庸贅言。這裏想强調以下三個現象:一是殘簡各有四十多處"平王曰""文子曰"(或殘一二個字),格式相當固定,僅有"辭曰""對曰""其對曰""曰"各一處,或屬變通,或屬漏抄。對應于今本第二十章開頭的簡文,亦作"平王曰",而中間没有"問文子"三字,可見就連這今本唯一一處保留"平王"的地方亦有所竄改。二是竹簡本中"平王曰"下多數問語亦較簡單,但都能獨立成句,且有多達二三十字者,而今本中多被删省成"問道""問德""問政""問聖知"這樣祇有兩三個字的間接問句。唯一的相反例證是第二十章"吾聞子得道于老聃,今賢人雖有道",對應的0880簡原作"人主唯(雖)賢",這是否如整理小組所説,屬于有意增衍竄改,"以特意突出老聃",還值得研究。三是竹簡本許多章是由兩三層以上問答組成的,今本除第九章外都合并成了一問一答。最典型的是對應今本第一章的竹簡本四章共有八問,問辭加在一起五十多字,今本删省成"問道"二字。這後兩種删省、合并的目的,顯然是減少字數,確實使得行文更加簡潔緊凑,但也喪失了遞進式問答的論辯氛圍,增加了讀者理解的難度,有時甚至丢棄了部分重要思想,其利弊得失,應該不難判斷。即以第九章爲例,這是今本唯一保留了二問二答的,但在竹簡本中,與之對應的多達五層問答,這裏來看看被今本删掉的三、四兩層:

……故王道唯德乎!臣故曰一道。"平王【2385】[曰:"王者]一道,昆其不行,奈何之?"文子曰:【0573】"[德之衰]也,兵之門。天地之間,物【0914】[萬不同]也。其用之也,物异。"平王曰:"其用之异何?"【2312】……

在第二次"文子曰"回答完關于"一道"的問題後,第三次"平王曰"問王者"一德"衰落之後怎麽辦,文子回答説正是王者之德衰落,纔產生了戰爭,而發起戰爭的目的并不相同,并以此引出第四次"平王曰"。文子答語闕佚,很可能祇是用"有爲義者"等五個簡單句式,回答"其用之异何"的問題,然後平王又該追問具體的用兵之道,第五次"文子曰"纔會有真正對應于今本的關于五兵的論述。可見,竹簡本通過"兵之門""用之异"兩個説法,很自然地從"用德"轉入"用兵",其所謂"用兵有五"是指用兵的五種目的。今本編者沒有充分重視"用"字的主動性意義,把"用德"竄改爲"德也",又删省後三層問答,直接以"用兵有五"引出五兵名稱,就顯得十分突兀,其論辯缺乏遞進深入的層次感,不能引人入勝。更重要的是,這裏實際上删掉了文子關於戰爭起源和戰爭目的的明確表述,這是很不應該的。

最值得注意的是作爲核心論述之答語部分的文字異同。整理小組曾做出初步分析,"今本《文子》中竄亂的地方很多","今本文字中似乎有後人訓釋的東西變爲正文","今本中有在原本上附加衍文并竄改原文之處"。① 張豐乾更極力論證:"今本《文子》在思想上雖然與竹簡本有呼應之處,但對竹簡本思想的繼承和保存祇占次要的地位,更多的是訓釋、發揮、增删,甚至割裂和背離。"② 後來又在其專著中,對少數論述有所修正和補充,但基本説法仍舊未改。③ 這類説法如果是就今本全書而言,當然是無須論證的事實。但他們通過竹簡本與今本對應九章的具體文字異同來做論證,顯然是站不住脚的。有學者曾對張氏的兩條例證提出批評,④我們更指出了張氏所有文字比較七例中,僅上舉的老聃一事,即使屬於增竄,亦仍談不上思想發揮,其對剩餘六例的分析則都有瑕疵甚至錯誤,并提出如下總體看法:

---

① 河北省文物研究所定州漢簡整理小組(劉來成執筆):《定州西漢中山懷王墓竹簡〈文子〉的整理和意義》,《文物》1995年第12期。
② 張豐乾:《試論竹簡〈文子〉與今本〈文子〉的關係——兼爲〈淮南子〉正名》,《中國社會科學》1998年第2期。
③ 張豐乾:《出土文獻與文子公案》,社會科學文獻出版社,2007年,第31—46頁。
④ 王三峽:《文子探索》,湖北人民出版社,2003年,第102—104頁。

我們看不出今本對竹簡有"訓釋、發揮""甚至割裂和背離"的地方,偶有文字"增删",也看不出有任何思想上的區別。其增删的方式,主要是删繁就簡,是純技術性的。所以二者最顯著的差異,是傳世本略而竹簡本繁,傳世本多直論而竹簡本輔之以反證。①

在復原竹簡本全書之後,我們更加堅信以上看法大體無誤,兹僅復舉一例以資證明。今本第一章有曰:

夫道者,原産有始。始于柔弱,成于剛强;始于短寡,成于衆長。十圍之木始于把,百仞之臺始于下,此天之道也。

竹簡本《經》篇第二章《天道》與之對應:

[天]道・平王曰:"請問天道。"文子曰:"天之【2219】[道,原]産于有。始于弱而成于强,始于柔而【0581】[成于剛,始]于短而成于長,始寡而成于衆,始【2331】[于易而成于難,始于細而成于大,此天之道也。是以十圍之大,始于拱把;百仞]之高,始于足下;千方之群,始于寓强。【1178】[由是]觀之,難事,道于易也;大事,道于細也。【0595】[凡事]不道始于弱細者,未之有也。"百一十八字。【0696】

---

① 王慕湘、張固也:《也談〈文子〉竹簡本與傳世本的關係》,《古籍研究》2002年第2期。

張氏説:"竹簡中的單字詞在今本中成了複合詞。"雖屬事實,但《老子》中已經使用"柔弱""剛强"兩個複合詞。況且還有相反的事實,即竹簡本的複合詞"拱把""足下",今本簡省爲"把""下"兩個單字詞。可見,以用複合詞爲理由,説今本做了"訓釋、發揮",這與事實正好相反。因爲今本用複合詞的句子,把四句話合并成了兩句;而在不能合并的句子中,則直接把複合詞改成單字詞。看似相反,其實目的都是減省文字。與此同時,它還逕自删棄了近三分之二的文句,把竹簡本明標爲"百一十八字"的獨立一章,改寫成今本一章中的四十二個字。當然,這是個比較極端的例子。今本九章不到一千八百字,對應的竹簡復原本近三千字,比例接近十分之六。但無論如何,一個衹是簡單壓縮,保留了十分之六文字的文本,思想内容衹會相應減少,而不可能有所增加。因此,所謂今本有"訓釋、發揮"之説,大概是從今本依據竹簡本而僞造這一簡單判斷出發,而想當然地以爲後人必定會闡釋前人,這樣的想象之辭當然是不可能合乎事實的。

當然,今本確有少數文字竄改,導致與竹簡本文義有別。如上引第一章開頭改"盡其功"爲"盡其精",僅有一字之异,及句式變化,却文義迥殊。又如第二十章改竹簡本"王者"爲"道德",應該是爲了更切合今本篇題,實爲不妥。第五章改竹簡本"聖者聞未生"爲"聖人知天道吉凶",更有可能是受思孟五行説的影響所致。[1] 但這類竄改都衹有幾個字而已,極其簡單。最後一例即便確實具有思想史意義,也仍有可能衹是我們後人的過深追究。畢竟"天道"

---

[1] 張固也:《八角廊簡〈文子·聖知〉的復原及其思想》,《文獻》2002年第4期。

亦爲《文子》的核心概念，後人用更熟悉的《五行》文句來替換古本《文子》原文，未必意識到這兩句話之間的思想差異，祇是潛意識地隨手爲之，而沒有多少"訓釋、發揮""割裂和背離"的主觀故意。

總之，今本九章的抄襲手法主要是合并問答和删繁就簡，無論從核心文句來説，還是就其反映的思想内容而言，都相當忠實于竹簡本，而没有多少實質性的變化。

三、今本捨棄其餘二十三章的原因

竹簡釋文公布後，最出乎人們意料的是，祇有三分之一的簡文可在今本中找到九章對應文字，却另有近三分之二的簡文找不到根據。李學勤對此現象的解釋是："既然它們在今傳本裏集中于一篇，很可能本係連續，所以過去爲竄改者所得，今天又在漢墓中保存下來。"迄今所有學者都持類似的看法，如胡文輝説："原始《文子》在流傳中散佚，祇剩下很短的殘篇(一千多字)，求全的後人不滿足于那個可憐的殘篇，便根據《淮南子》這部以道家爲宗的大書斷章取義，另編撰出一部新的《文子》，并糅合進那個殘篇，這就是今本《文子》了。"[1]葛剛岩精闢地指出，今本九章"幾乎涵蓋了簡本《文子》所提及的全部内容"，"絶非原本《文子》單獨某一篇的内容，應該是幾篇或全書内容的匯雜"。由此推衍，本應得出今本編者見過簡本或原本全書的結論。令人奇怪的是，他却又依據時賢的各種推測，拼湊出一個原本殘損，以及班固以後、張湛之前兩次

---

[1] 胡文輝：《文子的再考辨》，《中國早期方術與文獻叢考》，中山大學出版社，2000年，第53頁。

"整理補充"的詳細過程,且說今本九章"乃《文子》第一次整理時彙集原本《文子》殘卷中保存較爲完整的段落而成"。[①] 這就與其他時賢之說没有多大差別了。

在復原了竹簡本之後,我們認爲上述這些貌似合情合理的推測并不合乎事實。因爲從上文所列竹簡本篇章結構表,就可以一眼看出兩個問題:

一是與今本九章對應的竹簡本十三章,在全書中比較均衡地分散在三卷八篇之中,而并非連續在一起。今本編者恰恰祇得到這三分之一"保存較爲完整的段落",其餘三分之二篇章正好全都遺失,這種可能性是微乎其微的。因此,今本編者應該見過原本全書,之所以僅僅抄出十三章且合并成九章,并非因其餘二十三章已經遺失而不得已采取的做法,而是刻意取捨的結果。

二是這十三章的排列位置顯得極有規律,從上列篇章結構表可以看出,橫着看第二行《經》篇全部五章,豎着看第三列九篇首章中的八章,都在今本中有對應文字。由此可以推測,今本的取捨并非隨意或偶然的,而具有兩個基本標準:第一,《經》篇各章全取,這一點不難理解,即它作爲全書總綱,各章内容都很重要。第二,其他篇主要取各自的首章,這一點需要分析篇内各章之間的關係來做說明。出于這兩個標準之外的有兩章:未取《聞道》篇首章,而取了《用兵》篇第三章。前者當因取自《經》篇的論道文字已多,而《聞道》空談道之重要,毋須再取。後者則很可能反映了今本編者的學派取向,值得深論。

[①] 葛剛岩:《〈文子〉成書及其思想》,巴蜀書社,2005年,第133—139頁。

先談爲何主要選取各篇首章。正如上文所說,竹簡本篇章結構嚴整。事實上,與《經》篇和其他八篇的關係類似,在各篇內部,其首章亦占據特殊地位,兼具導言和總綱的作用,其下各章爲其續論或分論,甚至就是對首章關鍵字句或命題的進一步闡釋。

如《聖知》篇首章說"聖者聞禍福所生而知擇道,知者見禍福成形而知擇行",次章接着專論"禍福",第三章論禍福之大者"死生",第四章所論"王知"則指治國智慧,末章論述"致功之道"。全篇主旨在于總結"禍福得失""行成敗功"的歷史經驗教訓,達到"聖知""王知",按"致功之道"行事,這些實際都隱含在首章那兩句話中。

再如《爲政》篇首章提出"御之以道,養之以德,勿視以賢,勿加以力"四條治國原則;次章主張"[以民]爲本",實即提出"御之以道"的根本方針;第三、四章認爲富國必先富民,信立方能威行,這是恩威并施的兩種治國路徑,都是由"養之以德"生發出來的;第五章使民"無争心",實質是要求君主"勿視以賢";第六章讓天子"不敢",更明顯是"勿加以力"的另一種説法。可見,後面五章都是緊緊圍繞首章的四條治國原則而展開論述的。

又如《人主》篇首章認爲"人主"是民衆的表率,可以"化久亂之民",使"淳德復生",能够"積德成王"。以下兩章分别論述如何"教化"民衆,如何"積碩生淳德",更明顯是從首章生發出來的分論。這三章,《人主》言教化的主體,《教化》言教化的做法,《淳德》言教化的目標,是一個完整的三合一結構。

正因爲竹簡本《經》篇及其他各篇的首章具有全書或全篇總綱的特徵,所以今本編者主要選取這些篇章重新組合成《道德》篇。

它們的内容如此豐富,以致給人留下"幾乎涵蓋了簡本《文子》所提及的全部内容"的感覺,這也説明其取捨十分妥善。反過來説,其他篇章具有分論的特徵,居于從屬的地位,甚至部分基本思想在所取各章中已有所表述,這是今本捨棄其餘二十三章的主要原因。

再談爲何選取《王天下》章。今本第十一章是唯一既非抄自竹簡本《經》篇,又不是抄自某篇首章的,而對應于《用兵》篇第三章《王天下》。這顯然是由于"王天下"是"致功"的終極目標,必須保留。另外還有一個深層原因。從今本來看,本章的核心論述主要是暗引《老子》文句的,殘簡中對應文字很少,應該是爛脱所致。竹簡本不但應該有這些文句,且爲全書中暗引《老子》最多的章之一。有理由推測,編者破例選取這一章,正是取決于其道家立場和視角。

《文子》是一部道家著作,兼融許多儒家思想,這從今本對應九章就可以明顯看出。然而,竹簡本的儒家氣息更爲濃厚,有些今本捨棄的章,甚至更近于儒家一些,如《師徒之道》《義兵》《以人爲本》《富國》《用仁》《用義》《教化》《淳德》等章。以《教化》章爲例,雖闕文甚多,但其主張"以教化之"(2310簡),將"不化"的責任歸諸"人[主]"(0570簡),以爲"刑罰不足"用(2243簡),要求人主以自身爲表率,先教後刑,思想十分清晰明確。在今存東漢以前的文獻中,有類似説法的都是儒家著作,如郭店楚簡《成之聞之》,上博簡《仲弓》、《荀子·宥坐》、《孔子家語·始誅》、《禮記·緇衣》、《韓詩外傳》(卷三)、《説苑》(卷七)等,而且大都是用孔子的口吻説的。竹簡本確有暗引孔子之言的,如0818簡"令遠者來,令[近者悦]"。據《論語·子路》,"葉公問政,子曰:'近者説,遠者來。'"這是孔子最基本的治國理念之一。所以《教化》章殘闕的文字亦有可

497

能接近諸書所記孔子之言,全章體現的純粹是儒家思想。由此推測,今本編者捨棄這些章,確實有着更深層次的根本原因。竹簡《文子》以老子思想爲本位,兼融孔子思想,但還沒有像黄老道家、雜家那樣吸取墨、名、法、陰陽等家思想。東漢以後道家學者在明明看到全書的情況下,却祇選取其中的主要篇章,捨棄其餘二十三章,而另外從《淮南子》等書中抄録材料,僞造出今本《文子》,其實包含了兩點思想上的意圖:一是嫌其太近儒家,故大量删除這類文字,以使道家思想更占主體地位;二是嫌其過于樸素,故大量增竄黄老道家的論述,以使其内容更加豐富,思想更加深刻。

最後,今本編者經過取捨分合,將原書的十三章編爲九章,或許是有意使其章數與古本全書九篇的數目相同。如果這一推測成立,則可以作爲今本捨棄其餘二十三章的又一個潛在原因。

四、餘論

既然今本編者見過竹簡本全書,這就帶來一個問題:它在捨棄其餘二十三章的同時,會不會采用其中部分文句,將其穿插到其他篇章中呢?

研究者早已注意到,今本全書約四萬字,大部分與《淮南子》重應,小部分不相重應。陳麗桂比對研究後認爲,後者不到七千字,"比較接近古本《文子》的原貌"。[①] 郭梨華對這部分内容的思想做

[①] 陳麗桂:《試就今本〈文子〉與〈淮南子〉的不重襲内容推測古本〈文子〉的幾個思想論題》,《道家文化研究》第18輯,生活·讀書·新知三聯書店,2000年,第200—231頁。

過進一步探討。① 這是在承認今本抄襲《淮南子》的前提下,懷疑剩餘文字確實是從古本中抄來的,都比較可信。事實上,這六七千不相重應的文句,除今本九章以外,還剩下四五千字,它們絕不可能盡爲竹簡本所容納。但是,其中有些零星的論述確有抄自竹簡本之可能,這裏試舉一例。

竹簡本有以下兩枚殘簡:

子自愛也,小人自氣也。【2322】
江海以此道爲百谷王,故能久長,功【0916】

"自愛"見《老子》七十二章:"聖人自知不自見,自愛不自貴。""自氣"不見于先秦古書,當與《老子》的"自貴"同義。這兩句話文義隱約,下文應該有所解釋,祇是因竹簡殘損而爛脱無存罷了。而《文子・九守・守弱》有大段文字不見于《淮南子》,其中説:

天子公侯以天下一國爲家,以萬物爲蓄,懷天下之大,有萬物之多,即氣實而志驕,大者用兵侵小,小者倨傲淩下,用心奢廣,譬猶飄風暴雨,不可長久。是以聖人以道鎮之,執一無爲而不損沖氣,見小守柔,退而勿有,法于江海:江海不爲,故功名自化;弗强,故能成其王;爲天下牝,故能神不死;自愛,故能成其貴。

---

① 郭梨華:《〈文子〉哲學初探——以不見于〈淮南子〉之資料爲主的討論》,《思想與文化》第9輯《分析哲學與中西之學》,華東師範大學出版社,2009年,第204—228頁。

仔細體味這段話，大意是說王者"氣實而志驕"（即"自氣"）則"不可長久"，"自愛，故能成其貴"，完全可以看作對2322簡"[君]子自愛也，小人自氣也"的闡釋；而"法于江海"之說，又可以與0916簡聯繫起來。把這段話直接補在兩簡中間，基本上文從字順，特別是後一簡的"故能久長"，與這段話中的"不可長久"正好相互呼應。因此，今本這段話極可能是照抄竹簡本而來的。

當然，如此典型的例子不會太多，今本更有可能的是采用被捨棄諸章中的一兩句話，融入其他篇章。這就更加難以判斷別擇了，我們目前對此用力不多，可能會影響到竹簡本復原的精確性，有待今後進一步完善。

也談《文子》竹簡本與傳世本的關係

1973年河北定州八角廊漢墓中發現《文子》殘簡，其釋文在《文物》1995年12期發表，引發了《文子》研究的熱潮。本文受時賢論著的啓發，就《文子》竹簡本與傳世本的關係發表一點心得，參與討論，歡迎指正。

一

竹簡《文子》與傳世本最顯著的不同，是歷來令人疑竇叢生的文子問老子在竹簡本中原來作平王問文子，與《漢書·藝文志》"稱周平王問"的記載相符。與此相應，傳世本假托爲老子答語的大段議論，在竹簡本中常被分割爲平王與文子的問對之辭。這種明顯的竄改，茲勿具論。問題是反映其主體思想的那些文句是否也經過竄改，竄改的方式又如何？

釋文整理者曾經提出初步的意見："今本《文子》中竄亂的地方

很多。"如果考慮上述兩點，這一説法當然是符合實際的。整理者同時又明確指出，"今本《文子》中似乎有後人訓釋的東西變爲正文"，"今本中有在原本上附加衍文并竄改原文之處"，所舉例證是第2482、0912號簡文和第0880號簡文。① 此後研究者多多少少都不可避免地涉及二者文句的異同。張豐乾有感於"論者多半衹見其同，不見其异"，側重對二者相异之處做了考察，并認爲："今本《文子》在思想上雖然與竹簡本有呼應之處。但對竹簡本思想的繼承和保存衹占次要的地位，更多的是訓釋、發揮、增删，甚至割裂和背離。"②如果從竹簡本衹有1000多字與今本相應，主要見於今本《道德》篇，另外約2000字不見於今本，而今本其他十一篇與竹簡本很少有相重應文字來看，這一説法的前半部分當然也是成立的。但二者相重應文字中，今本的竄改程度果真如此嚴重嗎？

在張氏所舉十條例證（其中四條申論上述釋文整理者之説）中，真正對簡文與今本進行對比的有六條，這裏主要對這六條做重新檢討。

1. 簡文：聖人法于天道。民者以自下【0871】……卑退斂損，所以法天也。【0912】

今本：聖人法之，卑者所以自下也，退者所以自後也，儉者所以自小也，損者所以自少也。卑則尊，退則先，儉則廣，損則

---

① 河北省文物研究所定州漢簡整理小組（劉來成執筆）：《定州西漢中山懷王墓竹簡〈文子〉的整理和意義》，《文物》1995年第12期。本文凡引同一作者同篇論文，只在首引時出注。
② 張豐乾：《試論竹簡〈文子〉與今本〈文子〉的關係——兼爲〈淮南子〉正名》，《中國社會科學》1998年第2期。

大。此天道所成也。

釋文整理者和張氏都認爲今本"卑者所以自下也"以下文字是對簡本"卑退斂損,所以法天也"的訓釋,恐怕不妥。竹簡本散亂殘斷,其中傳世本有而簡文没有的文句,究竟是否後人竄進去,應該根據所存簡文的上下文義仔細推斷。此例0871號簡文和0912號簡文之間顯然有脱簡,所幸尚存"民者以自下"句。據李縉雲説:"'民'漢代寫法與'卑'近,故釋文可能有誤。"①簡文中既然有這一句,説明它原來是有與傳世本相重應的一段文字的。而"卑退斂損,所以法天也"是這段話的結語,正與"聖人法于天道"前後呼應。今本刪去這句結語,不是"益",而是"損",更談不上"訓釋",思想上也没有絲毫不同。

2.簡文:修德非一聽,故以耳聽者,學在皮膚;以心【2482】

今本:學問不精,聽道不深。凡聽者,將以達智也,將以成行也,將以致功名也。不精不明,不深不達。故上學以神聽,中學以心聽,下學以耳聽。以耳聽者,學在皮膚;以心聽者,學在肌肉;以神聽者,學在骨髓。

釋文整理者認爲今本"學問不精"云云"顯然爲漢簡'修德非一聽'的訓釋"。張氏進而分析説:"竹簡文爲'修德',今本中却成了'聽道'。今本還論及'聽'的目的,'聽'的程度,'聽'的方法,顯然

---

① 李縉雲:《〈文子·道德〉篇傳世本與八角廊竹簡校勘記》,《道家文化研究》第18輯,生活·讀書·新知三聯書店,2000年,第133—150頁。

是對竹簡本思想的發揮。"檢與釋文同時公布的殘簡摹本,2482號簡"聽"上之字明顯是"耳"字之殘,而沒有"修德非一"四字,似乎此句當同今本一樣作"下學以耳聽"。令人費解的是,釋文及所見論文引用都作"修德非一聽",不知何據。但即便釋文無誤,根據上例,此句也可視作前文的結語,竹簡本中類似的例子還有不少。在竹簡本此章首端全脱的情況下,斷言今本對竹簡本思想做了發揮,實不足取。

3. 簡文:可以治國。不御以道,則民離散;不養【0876】[以德],則民倍反。視之賢,則民疾諍;加之以【0826】

今本:不下則離散,弗養則背叛。視以賢則民爭,加以力則民怨。

張氏說:"'不御以道'爲今本所無。簡文的'則民離散不養'在今本中被割裂爲'不下則離散,弗養則背叛'。"恐怕句讀和理解有誤。"以道下人"是典型的道家思想,今本中的"不下"與竹簡本的"不御以道"意近。據上下文意,竹簡本"不養"下當爲脱"以德"二字,而不是今本有割裂。二者文句有异,思想無別。附帶說明,竹簡本"可以治國"及其上應有的脱文,在今本中沒有相重應的文句,這是本文將要指出的二者最顯著差异即竹簡本繁而傳世本略的例證之一。

4. 簡文:"[天]地大器也,不可執,不可爲。爲者敗,執者失。【0870】是以聖王執一者,見小也;無爲者【0593】,[守静]

也。見小故能成其大功,守靜[故【0908】能爲天]下正。"平王曰:"見小守靜奈何?"文子曰【0775】

今本:天下大器也,不可執也,不可爲也。爲者敗之,執者失之。執一者,見小也,見小故能成其大也;無爲者,守靜也,守靜(故,據唐寫本補)能爲天下正。

首先說明,0908號簡文釋文和所見論文都排在0775號簡文後,我們認爲是不對的。今爲移正,并補上脫文。值得注意的是,竹簡本與唐寫本較接近,今本將"見小故能成其大"移後,說明傳世十二卷本在流傳過程中也略有改動,而非盡出那位所謂造僞者的竄改。張氏指證今本中有兩處對竹簡本的竄改:一是將"天地大器也"改爲"天下大器也",二是將"見小故能成其大功"改爲"見小不能成其大也"。他似乎是把"執一"直接理解爲"執天地",所以説《文子》中的"天地大器也,不可執"這句話可以"看作是《荀子·堯問》中的'執一如天地'的反命題",并試圖以此"證明古本《文子》的形成應在漢初或高帝時期"。實際上,"執一"是《老子》提出的一個命題,傳世本説"聖人抱一爲天下式",帛書甲乙本都作"聖人執一爲天下牧"。《孟子·盡心上》説:"執中無權,猶執一也。所惡執一者,爲其賊道也。"一個"惡"字,足以説明"執一"是孟子以前已有的命題,且爲早期儒家所反對。荀子肯定這一命題,乃是受到道家學派的影響。與道家有淵源的《管子》《韓非子》《吕氏春秋》等書中都有"執一"的説法,至于"執一"之義,今本《文子》説:"執一無爲,因天地與之變化。"此即順應天地自然的道家南面術。《荀子》的話也是指"如天地"一樣執一無爲,而不是"執天地"。

《文子》所謂"不可執"的,也不是天地。張氏說竹簡本中"將天地稱作僅次于道的'大器'",實出于誤解。《老子》二十九章:"將欲取天下而爲之,吾見其不得已。天下神器,不可爲也。爲者敗之,執者失之。"《文子》直接來源于此,傳世本中的"天下"并非訛字。簡文中的"天地"二字,李學勤說"當係抄寫之誤"。① 我們認爲即使不誤,也可以理解爲"天地之間",與"天下"無殊。所謂"神器""大器",即統治天下或天地之間的王權。張氏所指第二處竄改,則是沿襲了李學勤的偶爾失誤。通行的杜道堅《文子纘義》本中有"見小故不能成其大也",所以李氏說今傳本"剛好與《老子》本義相反,這說明改竄者不曾看懂《文子》原文"。其實,從今本上下文看,"見小"即"執一",并無負面的意思,"不"字爲衍文無疑。唐寫本、《道藏》本中此句正無"不"字,世傳各本的《九守·守弱》亦有"見小故能成其大"句,都可爲明證。王叔岷認爲《文子》傳世版本中雖以景宋本爲早,但實以《道藏》本爲勝,誠不誣也。

5.簡文:[平王]曰:"人主唯(雖)賢,而曹(遭)淫暴之世,以一【0880】

今本:平王問文子曰:"吾聞子得道于老聃今賢人雖有道,而遭淫亂之世。以一人之權,而欲化久亂之民,其庸能乎?

釋文整理者和張氏都舉此例,說今本有意添加了衍文,"以特意突出老聃"。我們想強調的是,此例也沒有導致二者思想上的區

---

① 李學勤:《〈老子〉與八角廊簡〈文子〉》,《中國哲學史》1995年第3、4期。

別。另外,這一章的 2248 簡文:"……道德,則下毋仁義之心。下毋仁義……"在今本中沒有重應文字。陳麗桂説,今本《文子》的議論"常是直論,既不側説,也無反證",多是約省《淮南子》而成。① 借此來説明傳世本和竹簡本的關係倒是很恰當的,但這同樣沒有導致二者思想上的區别。

6.簡文:産于有,始于弱而成于强,始于柔而【0581】……于短而成于長,始[于]寡而成于衆,始【2331】

今本:夫道者,原産有始。始于柔弱,成于剛强;始于短寡,成于衆長。

張氏指出:"竹簡中的單字詞在今本中成了複合詞。"這也没有多大意義。研究《莊子》的學者曾經根據道德、性命、精神等複合詞的有無,推斷其内篇早于外雜篇,②尚且有學者提出异議。此例中的幾個複合詞并非重要的哲學概念,更不能反映思想上的發展變化,在《老子》一書中早已和單字詞交互使用。另外,簡文末的"始"字當引出一對偶句,在今本中没有相重應的内容,是竹簡本繁而今本略的又一例證。

此外,釋文整理者和張氏都强調,竹簡文中有少量内容與今本《道原》《精誠》《微明》《自然》等篇的文句相似而不同。我們認爲,

---

① 陳麗桂:《試就今本〈文子〉與〈淮南子〉的不重襲内容推測古本〈文子〉的幾個思想論題》,《道家文化研究》第 18 輯,生活・讀書・新知三聯書店,2000 年,第 200—231 頁。

② 劉笑敢:《莊子哲學及其演變》第 1 章,中國社會科學出版社,1988 年。

這些內容反映的思想完全一致,正説明今本《道原》等篇確爲文子學派的作品。而文句略异,并不能證明傳世本《道原》等篇對這些相重應的簡文做了竄改或發揮。因爲同一書本的不同篇章出現相似的内容是極正常的,我們不能根據簡文否認古本《文子》中有和《道原》等篇更相重應的篇章。例如,上揭今本《九守·守弱》中的"執一無爲"論和竹簡本可謂相似而不同,并不能指爲竄改竹簡本,因爲後者是直接對應于今本《道德》篇的,而《守弱》不過是與之相通的另一段論述。最後還有三條從文體等角度立論,都是些或然性判斷,更不能作爲直接的證據,這裏不做討論。

總之,通過相重應文字的對比,我們看不出今本對竹簡有"訓釋、發揮""甚至割裂和背離"的地方,偶有文字"增删",也幾乎看不出任何思想上的區别。其增删的方式,主要是删繁就簡,是純技術性的。所以二者最顯著的差异,是傳世本略而竹簡本繁,傳世本多直論而竹簡本輔之以反證。除了上面隨文指出的例證,竹簡本中還有些内容不見于今本,如:

千方之群,始于寓强【1178】
服之以【0615】
踰節,謂之無禮。毋德者則下怨,無【0591】
人生亦有賢【0877】
以□六曰君【2442】

其中"服之以"三字不知何意,下面應當還有兩三句話,纔能上下貫通。至于内容相似,竹簡本稍繁的亦非少見,兹不贅舉。

二

竹簡本《文子》和傳世本最大的差別在于分篇不同。這個問題首先是李學勤通過分析 2465 號簡文而提出來的。他説：

> 漢代《老子》分上經、下經。宋董思靖《道德真經集解》序説引《七略》即云："劉向定著二篇，八十一章：上經三十四章，下經四十七章。""上經"之稱與簡文相似。揣想這支簡應該這樣標點："《文子》上經：《聖□》《明王》……"。
>
> 如果這一設想不錯，竹簡《文子》原分上經、下經，各包含若干篇，很可能加起來即《漢志》的九篇。
>
> 《聖□》《明王》是竹簡《文子》上經的前兩篇。值得注意的是，這兩個篇題都不見于今傳本。由此可見，竹簡《文子》和今傳本的差別是很大的。①

邢文則進一步考證出"聖□"即"聖知(智)"之闕，并對篇名説有所補證。② 但趙建偉、李定生都認爲，"聖知明王"應連讀，是對

---

① 李學勤：《試論八角廊簡〈文子〉》，《文物》1996 年 1 期。
② 邢文：《八角廊簡〈文子·聖知〉探論》，《學術集林》卷 10，上海遠東出版社，1997 年，第 198—203 頁；《八角廊簡〈文子〉與帛書〈五行〉》，《道家文化研究》第 18 輯，生活·讀書·新知三聯書店，2000 年，第 241—250 頁。

《文子·上經》的總結。①

我們比較傾向于篇名説，但認爲應略做修正。理由如下：

第一，既然説"竹簡《文子》原分上經、下經"，那麽它就是兩篇本，而不是《漢書·藝文志》的九篇本。這可以從竹簡本的字數得到證明。今本《文子·道德》與竹簡本相重應的八章共1772字。根據上文的考察，竹簡本稍繁，這些章的原文約二千字，而殘簡尚存1012字。準此，竹簡本與今本不重應部分的原文約四千字。竹簡本的總字數六千多字，與《老子》五千言很接近，分爲上經、下經兩篇是適當的。（按：這是二十多年前的推測，過于保守，今復原爲三卷八千多字）

第二，既然竹簡本分爲兩篇，"上經""下經"就應視作篇名，"聖知""明王"等就是章題，而非篇名。竹簡本0696號簡文："'……不道始于弱細者，未之有也。'百一十八字。"李學勤説："末尾的字數太少，恐不能是一篇，祇能是指一章。這樣，簡文每章之末都應有字數。"這説明竹簡本是很重視分章的，也就很可能擬定章題。上揭今本《道德》篇那八章從119字到558字不等，平均每章不到三百字。竹簡本每章字數略多，大約分爲二十多章。這二十多章已經分爲上經、下經，是不可能在中間再合并爲九篇，另擬篇名的。

這裏順便對上引兩簡文的一種錯誤理解予以糾正。丁四新在研究《郭店楚墓竹簡》時，根據上引簡文説："《文子》有上下經之分

---

① 趙建偉：《〈文子〉六論》，《道家文化研究》第18輯，生活·讀書·新知三聯書店，2000年，第232—240頁。李氏説轉引自邢文《八角廊簡〈文子〉與帛書〈五行〉》，《道家文化研究》第18輯，同上書，第241—250頁。

似可推斷,且經文字數約略兩三百字的分量。"又説:"第 0741 號簡有'聞之傳曰道者博'幾字,第 1805 號簡有'傳曰人主□'幾字,由此似可推斷竹簡《文子》有《經》有《傳》有《説》。"[1]竹簡本雖嚴重殘損,但可以肯定都是平王和文子問答的文體,不可能有"經""傳""説"之別。2465 號簡是書名篇題簡而附記章題,"經"是對竹簡本《文子》全書的總稱,而不是書中的某一部分。0696 號簡文"不道始于弱細者,未之有也",顯然是具體而微的論述,不像有待傳釋的經言。簡末統計該章的字數順理成章,而看作上經或下經的字數則毫無根據。竹簡本中提及"傳"的,除所舉二條外還有 0565 號簡"臣聞傳曰",2404 號簡"臣竊聞傳曰",都明顯是在引述前人的話,"傳"并非《文子》的内容,古書中類似的説法是很常見的。

"聖知"作爲章題,對研究竹簡本《文子》大有用處。先看這一章的簡文:

□之□而知之乎?"文子曰:"未生者可【0904】

知。平王曰:"何謂聖知?"文子曰:"聞而知之,聖也。【0896、1193】

而知擇道。知者見禍福【1200】

刑(形),而知擇行。故聞而知之,聖也。【0765】

知也成刑(形)者,可見而【0834】

知也。故聖者聞【0803】

未生,知者見成【0711】

---

[1] 丁四新:《郭店楚墓竹簡思想研究》,東方出版社,2000 年,第 79 頁。

511

這組簡文可與傳世本《文子·道德》的相應文字對照：

> 文子問聖智。老子曰："聞而知之，聖也。見而知之，智也。故聖人常聞禍福所生而擇其道，常見禍福成形而擇其行。聖人知天道吉凶，故知禍福所生。智者先見成形，故知禍福之門。聞未生，聖也。先見形，智也。無聞無見者愚迷。

其差別在二者相重應各部分中比較大，邢文説："這兩段文字的可比性是非常有限的。"所以各家對簡文讀法不一。如丁原植以 0896 號簡文的"知"字屬上，聯成一句；在 0765 號簡文和 0834 號簡文之間據今本《道德》篇補了四句，0711 號簡文前補了"聖者聞"三字。① 李縉雲在上引《校勘記》中説："0904 簡文據文意應排在 0711 簡文之前。"又以爲 0711 簡文"未生"下有脱文，且對應于今本《道德》篇的"聞未生，聖也。先見形，智也"。可見這一組釋文排列順序未必合理，②各條殘簡之間更可能還有脱文，這是出土簡帛的常態，而以《文子》爲尤甚。不充分考慮這兩點，就無法正確認識竹簡

---

① 丁原植：《竹簡〈文子〉哲學思想探析》，《道家文化研究》第 18 輯，生活·讀書·新知三聯書店，2000 年，第 180—199 頁。
② 本文發表時，第二部分至此爲止。當年以爲排版時漏掉一頁稿紙，故另寫一文重論《聖知》章的復原和思想。今檢《古籍研究》2002 年第 2 期，小文從第 54 頁排至 58 頁末，無一行空餘，且本句改作"其實這一組釋文的聯綴多處有誤"，懷疑是編輯爲省版面而做了删節。我對《聖知》章復原及古今本關係的認識，已有很多細微變化，凡本文與後來文字有異的，皆當從後者。但本文基本觀點未變，且作爲個人關于《文子》的第一篇習作，可以反映一些思考歷程，故仍予收録，并據存稿補入被删文字。

本與今本的异同及其思想特徵。這裏試做復原如下：

[聖]知。平王曰："何謂聖知？"文子曰："聞而知之,聖也【0896、1193】；[見而知之,知也。"平王曰:/"□□□□□□□□聞而知]之[見]而知之乎？"文子曰："未生者可【0904】/[聞而]知也,/成刑者可見而【0834】[知也。聖者聞禍福所生]而知擇道,知者見禍福【1200】[成]/刑而知擇行。故聞而知之,聖也【0765】；[見而知之],知也。聖者聞【0803】未生,知者見成【0711】/[刑]。

其中脱文根據上下文意并參照傳世本《道德》篇補足,不用多説。何以知道中間還有九個闕字呢？1172、0820 簡文："然臣聞之,王者蓋匡邪民以爲正,振亂世以爲治,化淫敗以爲樸。[淳]德",從摹本看來是一支整簡,可知竹簡本《文子》每簡書二十七個字。補上這九個闕字格,如上所示,前四簡正好各二十七個字,且同一殘簡上的文字不會被分割到兩支簡上。與《道德》篇相對照,可知對應的是其前半部分,其後半部分是竹簡原來所無還是已脱,無法確定。

值得注意的是章首的"聖知"二字。李縉雲認爲簡首殘存的"知"字是"另一段對話的結尾",[1]這反映了學界通常的看法。但如果《聖知》是《文子·上經》的第一章,前面就不會有對話。所以可補"聖"字,作爲章題。古書中的篇名章題多寫在正文後,如黃老帛書《經法》尾題"《名理》《經法》凡五千",前者爲末章章題,後者

---

[1] 李縉雲：《〈文子·道德〉篇傳世本與八角廊竹簡校勘記》,《道家文化研究》第 18 輯,生活·讀書·新知三聯書店,2000 年,第 133—150 頁。

爲篇名。但也未必固定,從傳世古書來看,放在前面後面的都有,如《文子·九守》的章題在前。0696號簡文中,字數前并無章題,可知竹簡本《文子》的章題不在文後。以其對分章的重視,文前書寫章題并不是不可能的。全書是平王與文子的問答,每章都以"平王曰"開頭,所以前面抄寫章題不致引起歧義。2419號簡文,"·平王曰:王者幾道乎?"0885號簡文,"·平王曰:"爲政奈何?"都是一章的開頭,簡首却沒有章題,則可能因爲書名篇題簡已記下所有章題,抄寫者後來圖省事,用黑點代之,并且也占兩個空格。

如果上述說法成立,那麼下面幾條簡文就值得注意:

　　禍福。平王曰:"何謂禍福?"【2444】
　　無道。平王曰:"請問無道之過。"【0780】
　　□道。平王曰:"請問天道。"【2219】
　　□。(平王[曰]):"請問人道。"【0918】
　　道產。平王曰:"道之于人也,亦有所不□"【2439】

以上簡文的前兩字都與平王問的内容密切相關,其形式和《聖知》章的開頭一樣。如果承認"平王曰"是一章的開頭,那麼屢見這種現象不會是偶然的。且這類簡首兩字都有豐富的内涵,殘簡中也有些簡文可以編聯,能夠大致推測出該章内容。如《禍福》章除2444號簡外,還有0984號簡"者,□得失之謂也。故斯人得失者"、2339號簡"天下者,有失其國者,故其所道者□"、1739號簡"耆欲者"、0204號簡"禍福得失之樞,而",共五枚簡文。雖然殘泐嚴重,但可以看出它中間經由"所道"概念將論述引向深入,最終得出嗜欲爲"禍福得失之樞"的結論,這足以獨立成爲一章,而開頭的"禍福"必爲章題無疑。

三

從兩篇的竹簡本《文子》到十二卷的今本《文子》,其間的衍變過程如何?《漢書·藝文志》的九篇本和《淮南子》與它們分別有何關係?學者已有不少討論,但意見分歧很大。基于上述考察,我們提出如下初步的看法:

(一)竹簡本《文子》出土于西漢中山懷王墓,中山懷王之卒祇比劉向校書早二十九年,這個本子劉向應該是見過的。但竹簡本是否就是《漢志》著録的九篇本,仍值得討論。李學勤據古書通例,説"竹簡《文子》有可能也是節本或者單篇",但更傾向于"原係全書","即《漢志》的九篇","理由是殘存的簡中有一支很像是書的標題",即2465號簡的"文子上經聖□明王"。我們認爲古書中既有《老子》這樣被道家學派視作經典的,也有像《管子》《墨子》《黄帝四經》等書中某些篇一樣被標作"經"的。《文子》地位不如《老子》,推測九篇中有兩篇被稱爲"經",是《文子》學派的經典。而竹簡本祇抄了這兩篇,未抄全書,或許不爲無理。也就是説,竹簡本《文子》祇是包括上經、下經的兩篇本,分爲二十多章,六千多字。它祇是九篇本的一部分,而非全書。這兩篇既然被稱爲"經",其寫作年代應較早。丁原植説,它"代表的思想,似乎是緊接在《老子》哲學觀念的基礎上發展起來的","很可能在時代上相當接近"。我們認爲是可信的。王博説它受《莊子》《黄帝四經》等書的影響,出現在漢初,①也許可以做相反的解釋。張豐乾詳細的論證尚未見及。至于説它的"執一"是針對《荀子》的反命題,如上所述可能是錯誤的。最近他又提出一證,竹簡本《文子》的"聖知"論與《大戴禮記》意近,反映漢初思想。② 其實邢文已論證過"《文子》'聖智'之説的早出",與帛書《五行》多有所合。

（二）《漢志》著録《文子》九篇,注云:"老子弟子,與孔子同時,而稱周平王問,似依托也。"《隋書·經籍志》著録爲十二卷,注云:"文子,老子弟子。《七略》有九篇,《七録》十卷。亡。"《漢志》著録諸子多稱篇,《七録》一律作卷。《漢志》篇短之書,《七録》集篇爲卷,故篇多卷少;《漢志》篇長之書,《七録》往往以篇爲卷,篇卷數相同,或多出目録一卷。《文子》當屬後者,所以《七録》著録的實即漢代九篇本。但古人以爲《七録》所收爲"梁有"之書,實屬誤解。《七録》是總録"宋齊以來"的公私書目而成,③古本《文子》亡佚時間的上限應爲南朝劉宋,下限爲隋朝。古文《文子》的詳情不得而知,竹簡本出土後,學者多説可以證明古本九篇都是問答體。我們認爲證據尚不足,《漢志》據其有兩篇"稱周平王問"而疑僞,也未嘗不可。《文子》中問答體的兩篇稱"經",恰恰説明其餘七篇與之有異。我們懷疑它們是論文體和格言體,而且是對"經"的闡釋。戰國諸子衆體兼備的不在少數,帛書《黄帝四經》尤能説明問題。帛

---

① 王博:《關于〈文子〉的幾個問題》,《哲學與文化》1996年第8期。
② 張豐乾:《柳宗元以來的〈文子〉研究述評》,《國學研究》第7卷,北京大學出版社,2000年,第323—344頁。
③ 〔梁〕阮孝緒:《七録序》,《廣弘明集》卷3,上海古籍出版社,1991年,第112頁。

書黃帝君臣的問答集中在第二篇,其標題恰恰爲《經》;①其他三篇中《經法》是在《經》之上的"發展和系統化",②《稱》《道原》則爲格言彙編或專題論文,無一篇章爲問答體。所以我們認爲文子後學先是撰錄了平王問文子答的經,以後陸續增寫論文加以發揮,到漢代有了九篇,形成一個重要學派。

(三)今本《文子》十二篇二百餘章四萬多字,竟有一百三十餘章三萬四千多字與《淮南子》相重複,舊説多謂其出于抄襲。竹簡本出土後,有些學者提出《文子》確爲漢初已有的先秦古籍,當是《淮南子》抄襲它,而非相反。從竹簡本與傳世本、《淮南子》與傳世本相重應文字的比較來看,都是前者詳而繁、後者簡而略,前者多側説反證、後者約省爲直論,改寫的手法如出一轍,舊説較爲可信。但如進一步追問,後人爲什麽要抄襲《淮南子》來僞造《文子》,恐怕不能説是毫無緣由的。《淮南子》是以道家思想爲主導的先秦至漢初思想資料彙編,肯定引用過古本《文子》的不少内容,這一點不能因竹簡本不與《淮南子》相重而輕易否認。今本僞造者時代較早,或親見或耳聞,可能詳知二書的淵源關係,故在古本亡佚後重編了今本《文子》,初非有意造僞,目的是延續古學。這一假説有案可據。東晋慧遠説:"《文子》稱黃帝之言曰:形有靡而神不化,以不化乘化,其變無窮。"③今本《文子·九守·守樸》有:"故形有靡而神

---

① 李學勤:《馬王堆帛書〈經法·大分〉及其他》,《道家文化研究》第 3 輯,上海古籍出版社,1993 年,第 274—280 頁。
② [英]雷敦龢(Edmund Ryden):《關於馬王堆黃帝四經的版本和討論》,《道家文化研究》第 18 輯,生活·讀書·新知三聯書店,2000 年,第 348—370 頁。
③ [晋]慧遠:《沙門不敬王者論·形盡神不滅第五》,《弘明集》卷 5,日本《大正大藏》第 52 册,第 31 頁。

未嘗化,以不化應化,千變萬轉而未始有極。"其不稱述黃帝,文字稍繁複,反證慧遠所引的當是古本。今本竄改竹簡本的慣例是删繁就簡,此數句不會直接來源于古本,而正是出自《淮南子·精神》:"故形有摩而神未嘗化者,以不化應化,千變萬抮而未始有極。"

(四)近代章太炎曾經根據《文選》注的兩條引文,懷疑是東晉張湛僞造了今本《文子》,此説影響很大。張豐乾在上引《述評》一文中"推測張湛所注是古本《文子》",并"認爲北魏人李暹有僞造今本《文子》的嫌疑"。其實清人姚際恒在《古今僞書考》中早就説過:"其書雖僞,而不全僞,謂之駁書,良然。其李暹爲之與?"我們以爲是很精當的。東晉時古本《文子》尚存,僞出今本的可能性不大。李暹時代略晚,從竹簡本衹有約三分之一的文字與今本相重應,今本中還有六七千字不與《淮南子》相重來看,他得到的可能有較完整的一篇和若干殘簡,而主要是據《淮南子》僞造了今本。再從今本與竹簡本和《淮南子》的文字异同來看,它十分忠實于原著的思想,仍不失爲反映文子學派和漢初思想的重要資料,值得深入研究。

郭店儒簡三篇新編

1993年湖北荊門郭店村出土竹簡中的《尊德義》《成之聞之》《六德》三篇,經過近三十年的整理研究,在文字釋讀、簡序編聯、思想探討等方面均有所推進,但仍有許多問題未得到解決,梁濤甚至説"依然是霧裏看花"。① 最關鍵的是簡序編聯,雖然僅據單育辰統計每篇各有二三十種編聯方案②,但没有一種能得到學界公認,嚴重影響了對各篇結構和文意的準確理解。這裏不避讒陋,在時賢整理研究基礎上,對這三篇的編聯方案做出整體調整,并重新加以分章。經過重新編聯,各篇上下文起承轉合更加合理,其論述主旨和思路更加清晰。簡言之,就是人主通過"明德",施行"君子之教",培養"六德"。這與竹簡《文子》末篇論述"人主"通過"教化"使"淳德"復生,并以這三個關鍵詞作爲章題,分爲三章,在思想和

---

① 梁濤:《郭店簡〈成之聞之〉新探》,《孔子研究》2021年第4期。
② 單育辰:《郭店〈尊德義〉〈成之聞之〉〈六德〉三篇整理與研究》,科學出版社,2015年,第326—357頁。

結構上都有着驚人的相似。因此，這三篇儒簡應該是自成一個整體的獨立著作，可以參照學界通行的"《管子》四篇""黃老帛書四篇"等集合概念，合稱之爲"郭店儒簡三篇"，而《性自命出》不預焉。今據其論述主旨，將前兩篇改題作《明德》《君子之教》，簡文釋讀參考單育辰所引列諸家之説，擇善而從，少數地方臆作改補，未及深思，妥當與否，敬請方家指正。

[明德]

爲(化)故率民向方者，唯德可。德之流，速乎置郵而傳【28】命。其載也無厚焉，交矣而弗知也。明德者，且莫大乎禮樂。【29】故爲政者，或論之，或養之，或由中出，或設之外，論列其類【30】焉。

治樂和哀，民不可敬也。反之，此往矣。刑不逮于君子，禮不【31】逮于小人。攻[惡]〈則〉往者復，倍惠則民材足。不時則無勸也，不【32】愛則不親，不寬則弗懷，不理則無威，不忠則不信，弗惠則【33】無復。咎則民悻，正則民不隱，恭則民不怨。均不足以平政，緩【34】不足以安民，勇不足以沫衆，博不足以知善，決不足以知倫，殺【35】不足以勝民。下之事上也，不從其所命，而從其所行。上好是物也，【36】下必有甚焉者。夫唯是，故德可易而施可轉也。有是施，小【37】有利，轉而大有害者，有之；有是施，小有害，轉而大有利者，有之。【38】

賞與刑，禍福之基也，有前之者矣。爵位，所以信其然也；正禁所以【2】攻[惡]也；刑罰，所以正邪也；殺戮，所以除怨也。不由其道，不行。仁爲可親【3】也，義爲可尊也，忠爲可信也。學爲可益也,教爲可類也。教非改道也,教之也;【4】學非改倫也,學己也。禹以人道治其民,桀以人道亂其民。桀不易【5】禹民而後亂之,湯不易桀民而後治之。聖人之治民,民之道也;禹【6】之行水,水之道也;造父之御馬,馬之道也;后稷之藝地,地之道也。莫【7】不有道焉,人道爲近。是以君子,人道之取先。察諸此所以知【8】己,知己所以知人,知人所以知命,知命而後知道,知道而後知行。由禮知【9】樂,由樂知哀。有知己而不知命者,無知命而不知己者;有【10】知禮而不知樂者,無知樂而不知禮者。善取,人能從之,上也。【11】

尊德義,明乎民倫,可以爲君。去忿戾,改惎勝。爲人上者之務也,【1】不以嗜欲害其義。軌民,愛則子也,弗愛則讎也。民五之方格,【26】十之方争,百之而後服。善者民必富,富未必和,不和不安,不安不樂;【27】善者民必衆,衆未必治,不治不順,不順不平。是以爲政者教導【12】之取先。教以禮,則民果以輕;教以樂,則民弗得清莊;教以辯【13】説,則民褻陵長貴以妄;教以藝,則野以争;教以技,【14】則民少以隱;教以言,則民訏以寡信;教以事,則民力嗇以湎利;【15】教以權謀,則民淫昏,遠禮,無親仁。先之以德,則民進善焉。【16】恵勞之軌也,爲邦而不以禮,猶御之無策也。非禮而民悦【24】戴,此小人矣;非倫而民服御,此亂矣。

治民非懷生而已也。【25】凡動民必順民心,民心有恒,求其養,重義襲理。言此章也,【39】行此文也,然後可就也。因恒則固,察罷則無僻,不黨則無【17】怨,恒悁則[無答]。夫生而有職事者也,非教所及也。教其政,【18】不教其人,政弗行矣。故終是物也而有深焉者,可學也而不可擬也,【19】可教也而不可迪[也。迪]其

521

民,而民不可止也。尊仁、親忠、敬莊、歸禮,【20】行矣而無違,養心于子諒忠信,日益而不自知也。民可使道【21】之,不可使知之。民可道也,而不可强也。桀不謂其民必亂,而民有【22】爲亂矣。爰不若也,可從也,而不可及也。君民者,治民復禮,民除害知【23】生,故曰民之父母。親民易,使民相親也難。【六德49】

[君子之教]

君子之于教也,其導民也不浸,則其淳也弗深矣。是故亡乎其身而【4】存乎其辭,雖厚其命,民弗從之矣。是故威服刑罰之屢行也,【5】由上之弗身也。

昔者君子有言曰:"戰與刑人,君子之墜德也。"是故【6】天降大常,以理人倫,制爲君臣之義,作爲父子之親,分【31】爲夫婦之辨。是故小人亂天常以逆大道,君子治人倫以順【32】天德。

《大禹》曰:"余茲宅天心。"蓋此言也,言余之此而宅于天心也。是故【33】君子袵席之上,讓而受幼;朝廷之位,讓而處賤,所宅不遠矣。小人【34】不逞人于刃,君子不逞人于禮。津梁争舟,其先也不若其後也;言【35】語窮之,其勝也不若其已也。君子曰:"從允釋過,則先者豫,來者信。"【36】是以知而求之不疾,其去人弗遠矣;勇而行之不果,其疑也弗往矣。【21】上苟身服之,民必有甚焉者。君袞冕而立于阼,一宫之人不勝 7 其敬;君衰絰而處位,一宫之人不勝其[哀;君甲胄而立于陣],【8】一軍之人不勝其勇。上苟倡之,則民鮮不從矣。

雖然,其存也不厚,【9】其重也弗多矣。是故君子之求諸己也深,不求諸其本而攻諸其【10】末,弗得矣。是〈故〉君子之于言也,非從末流者之貴,窮源反本者之貴。【11】苟不從其由,不反其本,未有可得也者。君上享成,不唯本,功[弗就矣];【12】農夫務食,不強耕,糧弗足矣;士誠言,不行,名弗得矣。是故君子【13】之于言也,非從末流者之貴,窮言反本者之貴。苟不從其由,【14】不反其本,雖強之弗內矣。上不以其道,民之從之也難。

是以民可【15】敬導也,而不可掩也;可御也,而不可牽也。故君子不貴庶物,而貴與【16】民有同也。智而必信,故民欲其智之遂也;富而分賤,則民欲其【17】富之大也;貴而能讓,則民欲其貴之上也。反此道也,民必因此厚也【18】以復之,可不慎乎?故君子所復之不多,所求之不遠,竊反諸己而可以【19】知人。是故欲人之愛己也,則必先愛人;欲人之敬己也,則必先敬人。【20】《君奭》曰:"囊我二人,毋有合在言?"蓋道不悅之辭也。君子曰:"唯有其恒而【29】可能,終之爲難。槁木三年,不必爲邦旗。"蓋言寅之也。是以君子貴【30】誠之。

聞之曰:"古之用民者,求之于己爲恒。"行不信則命不從,【1】信不著則言不樂。民不從上之命,不信其言,而能含德者,未之【2】有也。故君子之莅民也,身服善以先之,敬慎以守之,其所存者內矣,【3】民孰弗從?形于中,發于色,其淫也固矣,民孰弗信?是以上之恒【24】務,在信于衆。《説命》曰:"允師濟德。"此言也,言信于衆可以【25】濟德也。

聖人之性與中人之性,其生而未有別之。節于能也,【26】則猶是也。唯其于善道也,亦別有擇,屢以移也。及其博長而厚【27】大也,則聖人不可猶豫憚之。此以民皆有性,而聖人不可幕也。【28】

523

是故凡物在疾之。《君奭》曰："唯冒丕單稱德。"蓋言疾也。君子曰："疾之，【22】行之不疾，未有能深之者也。"勉之遂也，強之功也；墮之弇也，怠之功也。【23】

唯君子道可近求而可遠向也。昔者君子有言曰："聖人天德。"蓋【37】言慎求之于己，而可以至順天常矣。《康誥》曰："不率大夏，文王作罰，【38】刑兹無赦。"蓋此言也，言不奉大常者，文王之刑莫重焉。是【39】故君子慎六位，以祀天常。【40】

[六德]

君子如欲求人道，【6】[則必慎六位，任六職，以裕六德。夫如]此，新舊遠近，唯其人所在，得其人則舉焉，不得其人則止也。【48】雖在草茅之中，苟賢[能秀出于粲]，【12】而上有【殘24】[賞慶]，其亡不[皆]【殘10】進其飾道【殘2】，載夫其藝【殘1】，[欲求]賞慶焉，知其以有所歸也。材【11】[藝多方]，其【殘19】[大]者【殘16】[以治]人民，小者以修其身。爲道者必由【47】此。

何謂六德？聖、智也，仁、義也，忠、信也。聖與智就矣，【1】仁與義就矣，忠與信就〈矣〉。作禮樂，制刑法，教此民黎，使【2】之有向也，非聖智者莫之能也。親父子，和大臣，寢四鄰【3】之殃虐，非仁義者莫之能也。聚人民，任土地，足此民黎，【4】生死之用，非忠信者莫之能也。君子不偏如道。道，人之【5】知行，人之【殘3】[知命也]。則不【殘17】由其道，雖堯求之弗得也。生民【7】[斯必有夫婦、父子、君臣，此]六位也。有率人者，有從人者；【8】有使人者，有事人[者；有]教者，有學者。此六職也。既有【9】夫六位也，以任此[六職]也。六職既分,以裕六德。

六德者,【10】[夫尊祖貴齒,崇德尚賢,謀諸]父兄,任諸子弟,大材藝者【13】大官,小材藝者小官,因而施禄焉,使之足以生,足以死,謂【14】之君,以義使人者。義者,君德也。非我血氣之親,畜我如其【15】子弟,故曰:苟濟夫人之善也,勞其股肱之力弗敢憚也,【16】危其死弗敢愛也,謂之[臣],以忠事人者。忠者,臣德也。知可【17】爲者,知不可爲也;知行者,知不行者,謂之夫,以智率人者。【18】智也者,夫德也。能與之齊,終身弗改之矣。是故夫死有主,終【19】身不變,謂之婦,以信從人者也。信也者,婦德也。既生畜之,【20】又從而教誨之,謂之聖。聖也者,父德也。子也者,會埠長材【21】以事上,謂之義;上共下之義,以奉社稷,謂之孝。故人則爲【22】[孝義,謂]仁。仁者,子德也。故夫夫,婦婦,父父,子子,君君,臣臣,六者各【23】行其職,而獄訟無由作也。觀諸《詩》《書》則亦在矣,觀諸【24】《禮》《樂》則亦在矣,觀諸《易》《春秋》則亦在矣。親此者也,密此者[也],【25】美此者也。人道于止。

仁,内也;義,外也;禮樂,共也。内立父、子、【26】夫也,外立君、臣、婦也。疏斬布絰杖,爲父也,爲君亦然。疏衰【27】齊牡麻絰,爲昆弟也,爲妻亦然。袒免,爲宗族也,爲朋友【28】亦然。爲父絶君,不爲君絶父;爲昆弟絶妻,不爲妻絶昆弟;爲【29】宗族離朋友,不爲朋友離宗族。人有六德,三親不斷。門内【30】之治恩掩義,門外之治義斬恩。仁類柔而速,義類剛【31】而絶。仁柔而暱,義剛而簡。暱之爲言也,猶暱暱也,少而【32】軫者也。少而豫其志,求養親之志,蓋無不已也,是以暱也。

男女【33】別生焉,父子親生焉,君臣義生焉。父聖子仁,夫智

525

婦信,君義【34】臣忠。聖生仁,智率信,義使忠。故夫夫、婦婦、父父、子子、君君、臣臣,此六者各【35】行其職,而獄訟蔑由作也。君子言信焉爾,言訛焉爾,故外【36】內皆得也。其反,夫不夫,婦不婦,父不父,子不子,君不君,【37】臣不臣,昏所由作也。君子不啻明乎民微而已,又以知【38】其一矣。男女不別,父子不親。父子不親,君臣無義。

是故先王之【39】教民也,始于孝弟。君子于此一偏者無所廢。是故先【40】王之教民也,不使此民也憂其身,失其偏。孝,本也。下修其【41】本,可以斷獄。生民斯必有夫婦、父子、君臣。君子明乎此【42】六者,然後可以斷獄。道不可遍也,能守一曲焉,可以諱【43】其惡,是以斷獄速。

凡君子所以立身大法三,其繹之也【44】六,其衍十又二。三者通,言行皆通。三者不通,非言行也。【45】三者皆通,然後是也。三者,君子所生與之立,死與之敝也。【46】

楚簡《恒先》分章與語譯

一、緣起

上海博物館藏戰國楚簡《恒先》祇有寥寥510個字[1]，却可以說獨具三奇。這篇文章書寫在十三枚竹簡上，除個別簡首尾空白處略有破損外，竟然無一簡斷爛，無一字殘泐，基本完整無缺，這在所有新發現竹簡文獻中絕無僅有，可謂保存狀況之神奇。它在思想上具有明顯的道家傾向，但與傳世的《老子》《莊子》《列子》、出土的《黃帝四經》《太一生水》既相關又不同，其思想之深刻、論述之嚴密，有過之而無不及，被學界公認爲最重要的新出道家文獻，這可謂思想内容之奇特。除此以外，筆者認爲還有一奇：這十三枚簡保存完好，首簡、尾簡明確，簡背有"恒先"標題，簡文字迹又十分清

---

[1] 馬承源主編：《上海博物館藏戰國楚竹書（三）》，上海古籍出版社，2003年。其中《恒先》部分由李零整理。

晰,且由古文字學家李零做出了比較精審的考釋,接下來竹簡的編聯、文義的解讀、思想的分析,應該不會存在太多困難,不會出現太大的分歧。然而事實恰好相反,自從竹簡公布以來,龐樸等又提出了五種新的編聯方案,按李零所標序號表示,其簡序如下:

龐　　樸:1—2—3—4—8—9—5—6—7—10—11—12—13。[1]
顧史考:1—2—4—3—5—6—7—8—9—10—11—12—13。[2]
曹　　峰:1—2—3—4—5—6—7—10—8—9—11—12—13。[3]
夏德安:1—2—3—4—5—6—7—10—11—8—9—12—13。[4]
范毓周:1—4—2—3—8—9—5—6—7—10—11—12—13。[5]

至于分章方案更是五花八門,關于文義和思想的説法自然也相差很大。而且與其他簡牘研究往往後來居上不同,許多學者傾向于回頭接受最早的李零或龐樸編聯方案,這可謂研究現狀之奇異。

筆者2010年元旦之夜偶讀《恒先》,在不知有其他編聯方案的情況下,僅憑語感就覺得李零的編聯凝滯難通,于是嘗試將第八、

---

[1] 龐樸:《〈恒先〉試讀》,簡帛研究網,2004年4月26日;又見姜廣輝主編《中國思想史研究通訊》第2輯,中國社會科學院歷史研究所思想史研究室主辦,2004年。
[2] 顧史考:《上博竹書〈恒先〉簡序調整一則》,簡帛研究網,2004年5月8日。
[3] 曹峰:《〈恒先〉編聯、分章、釋讀劄記》,簡帛研究網,2004年5月16日;修改後以《談〈恒先〉的編聯與分章》爲題發表于《清華大學學報(哲學社會科學版)》2005年第3期。
[4] 夏德安:《讀上海博物館楚簡〈恒先〉》,"2007中國簡帛學國際論壇",臺灣大學2007年11月10—12日。
[5] 范毓周:《上博楚簡〈恒先〉新釋及其簡序與篇章結構新探》,《中原文化研究》2015年第1期。

九號簡移到第一、二號簡之間,第十、十一號簡移到第三、四號簡之間,按照 1—8—9—2—3—10—11—4—5—6—7—12—13 的順序通讀簡文,似乎文義更順,上下豁然貫通。由于出土簡帛與周秦思想史研究爲當今顯學,名家如林,筆者畏于涉途,一直沒有着筆。袛是多年以來,查閱了大量《恒先》研究論文,并持續關注學界的新進展,發現正由于現有六種編聯方案不夠妥當,儘管研究者在具體文字釋讀、局部思想分析方面取得了許多重要進展,但是就全文層次結構而言,各家分析都比較牽強,就連被認可度極高的上下兩部分的粗略劃分,也并不可信。因而筆者越來越懷疑,如果連竹簡編聯都不正確,就郢書燕説,怎麼可能真正讀通全文,怎麼可能真正把握其思想脈絡呢?然而去年讀到陳静一篇論文,文中却認爲"提出新的編聯方案""意義是有限的,因爲沒有哪一種編聯方案能夠因爲重排簡序而改變文本的思想邏輯。因此,調整簡序的意義主要在于重建文本表達的通暢性,并沒有發揮扭轉《恒先》思想邏輯的作用"。[①] 這一方面反映出思想史學者對于文本研究某種程度上的輕視,另一方面也反映出由于以上後出方案未能轉精,學界或許對尋求更佳的編聯方案這件事本身已經失去了興趣和信心。

在這種情況下,筆者不避譾陋,將可能并未考慮成熟的編聯意見公之于世,或許對于學界不爲無補。但本文目的不僅在于"重建文本表達的通暢性",而且恰恰是要"扭轉《恒先》思想邏輯"——嚴格來説應爲扭轉人們對其思想邏輯的錯誤認識。因此,這裏先不做細節考證,而是直接給出重新編聯後的整體分章意見,然後將

---

① 陳静:《〈恒先〉的文本研究與思想解釋》,《中國哲學史》2016 年第 2 期。

其翻譯爲現代漢語,最後補充幾點簡要説明。釋文取寬式,公認的通假字直接采用,如"亙"徑作"恒",不做説明。許多學者的考釋意見,爲避免繁瑣枝蔓,暫且不做引述,筆者將另撰關於編聯問題的專文來做深入細緻的討論。

二、分章

恒先【3背】

恒先無有,質、静、虛。質,大質;静,大静;虛,大虛——自厭不自忍,或作。有或,焉有氣;有氣,焉有有;有有,焉有始;有始,焉有往。[往]者未有天地,[1]未【1】多采物。

先者有善,有治無亂。有人,焉有不善,亂出于人。

先有中,焉有外;先有小,焉有大;先有柔,焉【8】有剛;先有圓,焉有方;先有晦,焉有明;先有短,焉有長。

天道既載,唯一以猶一,唯復以猶復。

——以上第一章

恒氣之生,因【9】有作、行。

出生虛静爲一,若寂寂夢夢,静同而未或明,未或滋生。氣是自生,恒莫生氣。

氣是自生自作。恒氣之【2】生,不獨,有與也。或恒焉生,或者同焉。

---

[1] 李學勤認爲"往"字下當泐重文符號,見《楚簡〈恒先〉首章釋義》一文,先後發表於 confucius2000 網,2004 年 4 月 19 日;簡帛研究網,2004 年 4 月 23 日;《中國哲學史》2004 年第 3 期。并收入梁濤主編《中國思想史前沿:經典·詮釋·方法》,陝西師範大學出版社,2008 年。

昏昏不寧,求其所生。异生异,鬼生鬼,韋生非,非生韋,袤生袤。

求欲自復,復【3】言名先。[先]者有疑,①㤅言之,後者效比焉。舉天下之名,虛樹,習以不可改也。

舉天下之作,強者果。天下【10】之大作,其䎽尨不自若作。[若作],②庸有果與不果?兩者不廢。舉天下之爲也,無捨也,無與也,而能自爲也。【11】

——以上第二章

生之生行,濁氣生地,清氣生天。

氣信神哉,云云相生。信盈天地,同出而异生,因生其所欲。

業業天地,紛紛而【4】復其所欲。明明天行,唯復以不廢。知既而巟思不尖。有出于或,生出于有,音出于生,言出于音,名出于【5】言,事出于名。或非或,無謂或;有非有,無謂有;生非生,無謂生;音非音,無謂音;言非言,無謂言;名非【6】名,無謂名;事非事,無謂事。

祥義、利巧、采物出于作,作焉有事,不作無事。

舉天[下]之事,自作爲事,庸以不可廣也?

——以上第三章

凡【7】舉天下之生,同也,其事無不復。天下之作也,無忤恒,無非其所。舉天下之作也,無不得其恒而果遂。庸或【12】得之,庸

---

① 李零説:"'名先',下有墨釘,應是表示專有名詞的符號。"我們認爲這個符號兼具表示句斷和重文的功能。
② 李零所作釋文祇在"作"字下標有墨釘,查圖版可知,"若"字下也有同樣的符號,與上例同樣兼具表示句斷和重文的功能。

531

或失之？

舉天下之名，無有廢者。舉天下之明王、明君、明士，庸有求而不患？【13】

——以上第四章

三、語譯

恒先

"恒先"（形上的最先，唯有恒即道）還沒有"有"（形上的事物），處于一種質樸、寧靜、空虛的狀態。質樸生出大質樸，寧靜生出大寧靜，空虛生出大空虛。（這是由于"恒"）雖然自我滿足，但并不自我抑制（其蘊含着的升華、衝動、充實的欲望），于是"或"（"恒"的或體）就產生了。有了這個"或"（雖然是大質樸、大寧靜、大空虛，却是"恒"的欲望向外發展的開始），于是有了"氣"（形上的氣）；有了"氣"，于是有了"有"；有了"有"，于是事物開始運行了；有了事物的開始，于是有了事物的發展。直到事物開始發展的這個階段，還沒有產生天地，還沒有出現豐富多彩的事物。

形下世界最先的事物擁有自然和諧的善德，自具其條理秩序而渾然一體，沒有混亂失序的現象。有了人類，于是纔有了不再自然和諧的亂象，這種亂象出于人類。

先有中心，于是有了週邊；先有小的，于是有了大的；先有柔弱，于是有了剛強；先有圓的，于是有了方的；先有黑暗，于是有了光明；先有短的，于是有了長的。

天道運行開始以來，總是一個事物接着一個事物地自己產生出來,總是每一個事物各自按照其規律循環往復地發展。

——以上第一章語譯

"恒氣"產生,因而纔有了創造和運行。

"恒氣"剛剛出生時,也是空虛寧靜的,是一個混沌未分的整體,仿佛沉寂無聲,模糊無形。寧靜混同,而没有"或"(氣的或體,即"有"、事物)顯出光明,没有"或"滋生出來。"氣"是自我產生的,"恒"并不直接產生"氣"。

"氣"是自我產生、自我創造的。"恒氣"產生時,并不是孤獨的,而是有"有"與之相伴而生。("氣"和"有"的關係,與"恒"和"或"的關係是一樣的。)"或"與"恒"本身相繼產生,所謂"或"是等同于"恒"的。

(事物)昏昏噩噩地不斷發展,就不能安定下來(即難以定形),于是會尋求其自身是從何處產生的。不同(的氣)產生不同(的事物),相同(的氣)產生相同(的事物),(質性相同而)正方向(的氣)也可以產生反方向(的事物),反方向(的氣)也可以產生正方向(的事物),重複(的氣)則產生重複(的事物)。

(事物)尋求(到本源以後),就想自我復歸,所謂復歸是説事物根據其最先產生時的質性給自己命名(即尋求事物的自我規定性)。最先的事物由氣凝聚產生以後,就大膽地表達出自己的意志,後來的事物與之進行考核比較(以進一步顯現同類事物的共有質性)。全天下所有事物的名稱,都是(根據事物的質性)虛擬樹立起來的符號,沿襲下來、約定俗成就難以更改了。

全天下所有事物的創造,都是(清氣、濁氣矛盾統一體中)強大一方取勝的結果。天下所有事物的真正創造,都是朦朦朧朧、不知

533

不覺的,而不是自我有意識地這樣(强勝弱地)創造。這樣(自我無意識地)創造,哪有什麽取勝和失敗的區别?(强大的、弱小的都包含在事物内部)雙方都没有被廢棄消滅。全天下所有事物成爲它們最終的樣子,没有外物的施捨,没有外力的支持,而是(它們自我創造出來後)能夠自己發展成爲最終的樣子。

——以上第二章語譯

恒氣的産生,就是産生了氣和事物的運行過程。濁氣(向下運行而)生成爲地,清氣(向上運行而)生成爲天。

氣的沉浮伸展,真是神妙莫測啊!紛紜複雜的事物都是通過氣的運動(濁氣與清氣相互激盪)産生出來的。氣到處彌漫,充滿天地,(所有的事物)同樣出自氣,但各具不同的質性(濁氣和清氣的成份搭配不一樣),因而産生出它們的質性想要生成的最先事物。

(由最先事物的運行發展而形成的)浩繁複雜的天地萬物,又紛紛向它們的質性和最先的樣子復歸。明明白白的天道運行,正是由于這種循環往復的運動纔會永不廢止息滅。能夠知道這個玄妙的道理,就可以深入廣泛地思考,而不會受到思維的局限了。"有"(形上的事物)出于"或"(氣的或體),"生"(有形事物之始生)出于"有","意"(事物的意志)出于"生","言"(事物意志之表達)出于"意","名"(代表事物質性的符號)出于"言","事"(有形的具體事物)出于"名"。"或"如果不是這種"或",就不要稱其爲這種"或"。"有"如果不是這種"有",就不要稱其爲這種"有"。"生"如果不是這種"生",就不要稱其爲這種"生"。"意"如果不是這種"意",就不要稱其爲這種"意"。"言"如果不是這種"言",就不要稱其爲這種"言"。"名"如果不是這種"名",就不要稱其爲這種"名"。"事"如果不是這種"事",就不要稱其爲這種"事"。

包括鬼祥人義、貨利伎巧等人爲之事在內,所有豐富多彩的事物都出于自我創造(即從"有出于或"開始)。有了開始的自我創造,纔能一步步形成爲最終的事物;沒有開始的自我創造,就根本不可能有最終的事物。

全天下所有的事物,都是自我創造、自我形成爲這種事物的,哪有事物運行過程中斷而不能繼續發展下去的呢?

——以上第三章語譯

舉凡全天下所有事物的生成,都是完全相同的(同爲恒氣自生自作的結果);事物生成後的運行,也無一不是循環往復的。全天下所有事物的創造,都不能違背"恒",也無一不是其想要生成的樣子。全天下所有事物的創造,無一不是得到"恒",并順利運行而形成爲這種事物的。哪會衹有部分事物得到"恒",哪會還有部分事物失去"恒"?

全天下所有事物的名稱,永遠沒有偏廢的(每一個名稱都有它實際指稱的質性)。全天下所有的明王、明君、明士,哪會有極力追求這些名號地位,却一點也不擔憂(自己能否真正與這些名號地位相稱)的呢?

——以上第四章語譯

四、説明

以上分章、語譯,參考過大量時賢研究成果,但在許多關鍵問題上,又與時賢之説大相徑庭,篇幅所限,大都未做論證,這裏略做幾點説明。

之所以如此分章,道理極其簡單,可以一目了然。因爲第九簡末與第二簡首編聯,出現"恒氣之生,因有作、行"兩句話,而接下去一段論述"自生自作",不就相當于説"恒氣之生,因有作"嗎?再下面一段論述"生之生行",不就相當于説"恒氣之生,因有行"嗎?這兩大段占據全文三分之二篇幅,顯然屬于兩章核心論述。逆推"恒氣之生"前面一小段,屬于開頭的第一章;第七簡末"凡"字引出的一小段,屬于總結性的第四章。簡言之,由于"恒氣之生,因有作、行"兩句在全文中起着承上啓下的關鍵作用,帶出了生成論、運行論兩章,加上首尾兩章,任何人都祇能將全文分成四章,而不存在其他分章的可能性。

與此相反,現有六種方案無一將第九、第二兩簡相次編聯的,錯失了這個重要的分章參考依據。雖然所有學者都宣稱《恒先》結構嚴整、層次清晰,但其實所有復原文本都可謂結構混亂、層次模糊,這與各種分章方案之紛紜難定互爲因果。

比如整理者李零做過分章語譯[1],廖名春[2]、董珊[3]、王志平[4]、陳静[5]、淺野裕一[6]、連劭名[7]等人采用其編聯方案,却無一信從其分章,紛紛做出調整:

---

[1] 李零:《上博楚簡〈恒先〉語譯》,《中華文史論叢》2006年第1期。
[2] 廖名春:《上博藏楚竹書〈恒先〉新釋》,《中國哲學史》2004年第3期。
[3] 董珊:《楚簡〈恒先〉初探》,簡帛研究網,2004年5月12日。
[4] 王志平:《〈恒先〉管窺》,簡帛研究網,2004年5月28日。
[5] 陳静:《自由與秩序的困惑:〈淮南子〉研究》,雲南大學出版社,2004年,第232—248頁。
[6] [日]淺野裕一:《上博楚簡〈恒先〉的道家特色》,《清華大學學報(哲學社會科學版)》2005年第3期。
[7] 連劭名:《楚竹書〈恒先〉新證》,《中原文物》2009年第2期。

章末文句	李零	廖名春	董珊	王志平	陳靜	淺野氏	連劭名
有始焉有往者	1—2	1—2	1—2	1	1	1	1
未或滋生	3	3	3	2	2	2	
不獨有與也	4	4	4	3	3		
生或者同焉							
袤生袤		5		4	4	3	2
復生之生行							
因生其所欲		6		5	5	4	
唯復以不廢			5				
知既而巟思不天			6				
事出于名	5	7	7	6	6	5	3
事非事無謂事		8					
恙宜利亏	6	9	8	7	7	6	
庸以不可更也							
亂出于人			9	8			
先有短焉有長		10	10	9	8	7	4
唯復以猶復							
後者校比焉	7	11—15	11—14	10—14	9	8	
庸有求而不思							

龐樸隨句作解,沒有分章,其編聯方案信從者最多,但丁四

537

新[1]、劉信芳[2]、趙建功[3]、季旭昇[4]、郭梨華[5]、邢文、[6]任蜜林[7]等人的分章方案也都各不相同：

章末文句	丁四新	劉信芳	趙建功	季旭昇	郭梨華	邢文	任蜜林
有始焉有往者	1	1	1	1	1	1	上1
未或滋生					1		上2
氣是自生自作	2	2	2	2		2	上3
生或者同焉							
袞	3				2		
復生之生行		3					上4
因生其所欲	4					3	
亂出于人			3	3	3		上5
先有短焉有長	5	4					
而荒思不宰						4	上6
事非事無謂事	6	5	4	4	4		下1
不作無事		6—11	5	5	5	5	下2—6
庸有求而不患	7						

---

[1] 丁四新：《楚簡〈恒先〉章句釋義》，簡帛研究網，2004年7月25日；又見丁四新主編《楚地簡帛思想研究》（二），湖北教育出版社，2005年。
[2] 劉信芳：《上博藏竹書〈恒先〉試解》，簡帛研究網，2004年5月16日；又見《出土簡帛宗教神話文獻研究》，安徽大學出版社，2014年。
[3] 趙建功：《〈恒先〉易解（上、下）》，簡帛研究網，2005年1月26日、2月7日。又見《〈恒先〉意解》，《華中科技大學學報（社會科學版）》2006年第2期。
[4] 季旭昇：《〈恒先〉譯釋》，收入季旭昇主編《〈上海博物館藏戰國楚竹書（三）〉讀本》，臺北萬卷樓圖書股份有限公司，2005年。
[5] 郭梨華：《〈亙先〉及戰國道家哲學論題探究》，《中國哲學史》2008年第2期。
[6] 邢文：《楚簡〈恒先〉釋文分章》，《中國哲學史》2010年第2期。
[7] 任蜜林：《〈恒先〉章句疏證》，《中國哲學史》2016年第1期。

曹峰極爲重視分章問題,最早專門撰文討論,①其編聯方案得到王連成、②葉樹勳等人的支持,③但他們同樣都對分章做出調整:

章末文句	曹峰	王連成	葉樹勳
有始焉有往者	上1	1	1
未或滋生			2
生或者同焉	上2		3
唯復以不廢	上3		
知既而亢思不殄	上4	2	
事非事無謂事			4
庸以不可廣也	下1	3	5
習以不可改也			
先有短焉有長	下2		
唯復以猶復	下3		6
兩者不廢		4	
庸有求而不患	下4		7

采用同一編聯方案,簡序相同,分章却人言言殊,達到如此地步。這說明根據以上三種編聯方案復原出來的文本層次結構其實

---

① 曹峰:《〈恒先〉編聯、分章、釋讀劄記》,簡帛研究網,2004年5月16日。修改後以《談〈恒先〉的編聯與分章》爲題發表於《清華大學學報(哲學社會科學版)》2005年第3期。
② 王連成:《〈亙先〉通注通譯》,簡帛研究網,2010年7月31日。
③ 葉樹勳:《楚簡〈恒先〉的編聯再驗與思想新解》,《管子學刊》2017年第1期。

是模糊不清的,纔會使得分章難以取得一致意見。而本文根據新的編聯祇有唯一一種正確的分章,僅此一點,已經足以自證其合理性。

從語譯方面説,許多學者都隨文對一些文句做過解釋或語譯,但通篇語譯而較重要的,主要有前引李零《語譯》、季旭昇《譯釋》、曹峰《〈恒先〉研讀》。① 這裏僅舉四條例證,來比較筆者與以上三家語譯之間的區別。

1.言名先。[先]者有疑,荒言之,後者效比焉。舉天下之名,虚樹,習以不可改也。【10】

《語譯》:如果"因言名先者"(疑指"名"在"言"先者),讓人疑惑不明,就要用"荒言之後者"(疑指"名"在言後者)去和它對比。天下所有的"名",如果祇是形同虚設,人們就會因襲而不改。

《譯釋》:所有的稱"名",先提出來的即使有疑問,祇要大力地提倡,後來的人也就學習它、依附它了——天下的"名"都是一個空虚的符號,大家因爲習慣了,也就不能更動了。

《研讀》:凡"言""名"這些人工的産物,一開始出現時不能得到社會的公認,没有確定性,可以隨意使用,但後來則經過一個"校比"即整理分類的過程。所有天下之"名",都是虚擬的,約定俗成就難以更改了。

新譯:所謂復歸是説事物根據其最先産生時的質性給自己命

---

① 曹峰:《〈恒先〉研讀》,《國學學刊》2014年第2期。

名(即尋求事物的自我規定性)。最先的事物由氣凝聚產生以後,就大膽地表達出自己的意志,後來的事物與之進行考核比較(以進一步顯現同類事物的共有質性)。全天下所有事物的名稱,都是(根據事物的質性)虛擬樹立起來的符號,沿襲下來、約定俗成就難以更改了。

按:李氏以爲此簡上接第九簡末"因"字,季、曹二氏以爲上接第七簡末"凡"字,故語譯開頭不同,茲可忽略不計。但他們都以爲"疑"是疑惑、疑問,"言""名"是人類的語言、名稱,以致語譯凝滯難通。其實首句是在給"復"下定義,"言""名"都是動詞,意爲説、命名,"疑"通氣凝爲物之凝。這幾句話主要是説事物是自我命名的,這是指尋求事物的自我規定性,不是人類所加的名稱。這與《老子》十六章"復命曰常"、黃老帛書《經法·論》"名自命也"之説相通,是《恒先》全篇乃至先秦道家十分重要的思想命題。

2. 舉天下之作,强者果。天下【10】之大作,其䉻尨不自若作。[若作],庸有果與不果?兩者不廢。【11】

《語譯》:如果祇憑天下創造物中表現爲强勢的一面,來檢驗天下最重要的創造物,而不深究其本來創造的原因(即相反表現爲弱勢的一方),就會有如願和不如願兩種情况。

《譯釋》:天下所有的作爲,其中的大作爲都由强者包辦了。其實强者也是糊裏糊塗不是完全自己規劃完成的,如果完全自己規劃,那有什麽完成不完成呢?不過,人也不可以不有所作爲,自然與人爲兩者都不可偏廢。

541

《研讀》:在全天下之作爲中,强者追求實現大的行爲,其純樸無法得以保持。人的作爲,其實哪有誰成功誰不成功的區分,兩者的結局都是一樣的。

新譯:全天下所有事物的創造,都是(清氣、濁氣矛盾統一體中)强大一方取勝的結果。天下所有事物的真正創造,都是朦朦朧朧、不知不覺的,而不是自我有意識地這樣(强勝弱地)創造。這樣(自我無意識地)創造,哪有什麼取勝和失敗的區別?

按:李、曹二氏都將"果"字連下讀爲一句,字義則分別解釋爲檢驗、追求實現;季氏句斷,字義理解爲包辦。更關鍵的是,他們都以爲"作"是指人或創造物的創造,"强者"是其中强有力者,而"兩者"則指相反的兩種人或創造物,這與《恒先》强調"自生自作"的基本思想完全不符。而筆者語譯則點明了事物的自我創造實即其内部清、濁二氣矛盾斗爭的結果,使其與上下文義和思想密合無間。

3.祥義、利巧、采物出于作,作焉有事,不作無事。【7】

《語譯》:對事情的可行性加以斟酌,對主人有利的情況是,要抓住事物的開端,所以有事的時候不必動手,没事的時候反而百事順成。

《譯釋》:祥義、利巧、采物這些都是出于人爲的造作,有這些人爲的造作就會帶來很多紛擾,没有這些造作就没有紛擾。

《研讀》:祥義、利巧、綵物所代表的禮儀等級制度均出于"作"(人爲),有"作"(人爲)就會有"事"(人事),不"作"(人爲)就不會有"事"(人事)。

新譯:包括鬼祥人義、貨利伎巧等人爲之事在內,所有豐富多彩的事物都出于自我創造(即從"有出于或"開始)。有了開始的自我創造,纔能一步步形成爲最終的事物;沒有開始的自我創造,就根本不可能有最終的事物。

按:前一句李氏原釋讀爲"恙宜利主,采勿出于作"。曹氏在廖名春、董珊研究基礎上,改讀作"祥義、利巧、綵物,出于作",①季氏從之。曹氏進一步分析說"'祥義''利巧''綵物'三者均代表人爲即'作'的産物",并認爲此句前後"可以清楚地劃分成上下兩篇,它的上半部重在論述基本的普遍的原理,下半部側重于如何依據基本的普遍的原理指導現實政治"。② 其說亦可簡化爲:上言天道,下言人事;或上爲生成論,下爲政治論。這類說法目前在學界十分通行,幾成定論,其實難以成立。因爲此三句之前把事物生成運行過程分爲或—有—生—音—言—名—事幾個階段,下一句說"舉天下之事"都是"自作",夾在中間的三句顯然是說再高級的事物都得從"作"(即"有出于或")開始。這個"作",是事物"自作",而不是人類作爲、創造。

4.舉天下之名,無有廢者。舉天下之明王、明君、明士,庸有求而不患?【13】

---

① 曹峰:《楚簡〈恒先〉"祥義利巧綵物出于作"解》,簡帛研究網,2004年12月26日。
② 曹峰:《談〈恒先〉的編聯與分章》,《清華大學學報(哲學社會科學版)》2005年第3期。

《語譯》:把天下之"名"永"恒"常在者送給天下聖明的國王、君主和臣子,纔能有求必應,不用發愁。

《譯釋》:天下所有的名,難道没有偏廢的嗎？天下的明王、明君、明士,看起來英明過人,哪有求名而能不遭遇憂患的呢？

《研讀》:這樣的話,全天下的"名"(社會的規則、制度)就都是"正名",而不是"廢名"。這樣的話,全天下的明王、明君、明士,就都能"求"而有"予",實現其理想了。

新譯:全天下所有事物的名稱,永遠没有偏廢的(每一個名稱都有它實際指稱的質性)。全天下所有的明王、明君、明士,哪會有極力追求這些名號地位,却一點也不擔憂(自己能否真正與這些名號地位相稱)的呢？

按:第二個"舉"字簡文原作"與",故李氏將前三句連讀爲一句,將"舉……與"譯作"把……送給",這與文中其他"舉"字用法明顯不符。劉信芳正確釋讀出"患"字,却將文意説成"既知得失之理,故求而不患得患失也"。[①] 季、曹二氏從其釋字,解釋各异,都不够準確。患、求對言,可參《論語·里仁》,"子曰:不患無位,患所以立;不患莫己知,求爲可知也"。這裏是批評明王、明君、明士極力追求這些名號地位,却不擔憂自己能否真正與這些名號地位相稱,作爲篇末結語,起到了畫龍點睛、深化主題的作用,可惜迄今没有人真正讀懂過。比如上引三家,或說把天下美名送給當權者來換取好處,或説天下之名没有永恒價值不值得追求,或説天下之名存

---

① 劉信芳:《出土簡帛宗教神話文獻研究》,安徽大學出版社,2014年,第82頁。

在即合理、提出即實現。隨簡牘出土而重見天日的早期道家用"名"來約束君權的光輝思想,就這樣被這個貌似學術繁榮而精神貧乏的時代徹底地掩埋或歪曲了,嗚呼哀哉!

也談楚簡《恒先》與八股文

2003年《上海博物館藏戰國楚竹書(三)》出版以來①,其中由李零整理的《恒先》篇一直受到學界的高度關注,被公認爲最重要的出土道家文獻之一,國內外學者從竹簡編聯、文本詮釋、思想研究等方面做了許多有益的探索。而邢文獨出新意,從文體學角度提出了一個《恒先》與八股文關係的問題,認爲它標志着八股文濫觴于戰國時代。譚家健對此進行了針鋒相對的反駁,認爲二者相距甚遠,八股文濫觴于北宋的定論不能推翻。筆者認爲這場爭論的是非得失比較清楚,本來不足置喙,但這對推進《恒先》編聯問題的討論不無裨益,值得學界關注。故不揣谫陋,特撰小文,對爭論雙方的觀點略做述評,并在重新編聯簡文的基礎上,試就這一問題談點粗淺的看法。不當之處,敬請學界同道批評指正。

---

① 馬承源主編:《上海博物館藏戰國楚竹書(三)》,上海古籍出版社,2003年。

也談楚簡《恒先》與八股文

一

邢文的論述立足于清人章學誠在《文史通義》中提出的一個著名論斷"至戰國而文章之變盡,至戰國而後世之文體備",認爲"廣義的'八股文'作爲一種具備某種特定辭章特點的文體,已經濫觴于戰國"。其論證方法,一是根據《明史·選舉志》"體用排偶,謂之八股"的定義,認定八股文"以排偶爲主要辭章特點",而《恒先》所見排偶,約有兩種基本的形式:排比對偶式排偶與聯句對偶式排偶"。二是綜合前人的分析,八股文一般分成破題、承題、起講、起比(比或稱股)、中比、後比、束比、大結八層,而"《恒先》的行文及文獻結構,有着繁複嚴密的組織",也可以分成類似的八個層次。因此他認爲:"《恒先》的文體與修辭特徵,與明代八股文已經驚人地相似。"但他承認,"我們并不是説《恒先》就是八股文","并不是説後世八股文這一狹義的、特定的應試文體始于戰國"。[①]

邢氏這個大膽而新穎的觀點,引起了譚家健的公開反對:"我反復閱讀《恒先》原文以及邢氏所做的論證,再以明代八股文的範文和基本規格加以衡量,覺得二者相距甚遠,而不是'驚人地相似'。"他將《恒先》與明初王鏊的八股文經典作品相比較後指出:"從該文中找不出四個長對子,看不出與起比、中比、後比、束比之任何一比相似之文字。所以,没有理由稱之爲'八股文的濫觴'。邢氏列舉出《恒先》中有不少對偶句、排比句,而八股文則以八小

[①] 邢文:《楚簡〈恒先〉與"八股文"》,《光明日報》2010年3月1日,第12版。

段,組成四大段之雙行長句對偶文字爲主體。如果没有這四大段互相對稱的文字,就不能算八股文。"①

邢文在回應批評的文章中,主要針對譚氏認爲《恒先》中"根本不能算對偶句"、不能視爲"成分相對"的例子,重新做出分析,堅持己見。尤其所謂中比部分,譚氏認爲"從内容到句式到字數都無法相對",而邢氏列出對照表,認爲這三組文字"構成一個鼎足而三的複式排偶結構","其結構之嚴整、對仗之嚴格、思理之嚴密,遠非形式考究的八股文所能企及",并反而批評"譚先生的商榷回避了一個關鍵術語——'排偶'","排偶與對偶并不等同"。②

譚家健針對該文,再一次提出商榷,指出鼎足對衹是對聯中的特殊形式,在八股文中難覓其先例。并批評邢氏所舉的排偶例子,"句子結構、詞性、字數都是明顯不相對的","八股文以對偶句爲主體,一定是把上下兩聯合觀而言。而邢先生所舉例子,有的是從上聯或下聯中摘取若干句,認爲它們是對偶句。這樣(的)分析法用在散文和辭賦中是可以的;用在八股文中是不行的"。因此,譚氏認爲:"八股文濫觴于北宋,這個結論不能推翻,戰國不可能有八股文。"③

我們認爲邢文確實提出了一個"重要而有趣的問題",但其列舉的所謂《恒先》的排偶例子比較牽强,八層的劃分也有很多不合理之處。作爲《中國大百科全書》"八股文"條目撰寫者,譚家健對這一文體的理解更爲準確一些,其《恒先》不是八股文的判斷,持之

---

① 譚家健:《楚簡〈恒先〉與八股文無關》,《光明日報》2010年4月26日,第12版。
② 邢文:《八股文濫觴于戰國》,《光明日報》2010年4月26日,第12版。
③ 譚家健:《再評〈八股文濫觴于戰國〉》,《職大學報》2011年第1期。

有據,言之成理。但在邢氏一再强調《恒先》是"廣義的'八股文'",八股文祇是"濫觴于戰國"的前提下,仍然一味用明代以後成熟八股文的標準來加以衡量,多少有點違背邢氏的本意。假如《恒先》的文體結構果真可以像邢氏所説那樣分爲八層,且在修辭上已經做到"意對而辭不對"(譚氏語),那麽邢氏爲了强調它與八股文的相似性,而稱之爲廣義的"八股文",也不算太過離譜。此外,譚氏的批評主要在排偶與對偶的區别上,却没有觸及邢氏之文的另外兩大關鍵問題。

一是邢氏自稱"從文體結構與辭章學分析的角度"立論,實際上祇是從辭章學拿來一個排偶概念,先入爲主地認定《恒先》爲八股文,然後再把八股文八個層次的結構硬往《恒先》上套,並不是真正從文體結構出發來做分析。因爲分析一篇文章的結構,應該主要從文意出發,同一層次文意的句子不宜拆分在兩層。而邢氏在分析《恒先》結構時,幾乎是不管文意的。比如《恒先》第一簡,從文意看屬于遞進式論述,學界一般把前面數句作爲第一章,筆者則認爲簡末兩句亦爲章末總結之語。邢氏却分成破題、承題、起講、起比四個層次。他自稱"以上的分層討論,僅適用於特定的文體辭章學分析,並不是《恒先》的分章方案"。他另外提出一個分章方案,將破題、承題、起講合爲一章,起比、中比分爲三章,後比獨爲一章,束比、大結合爲一章,共分六章。① 第一章仍不得不采用通行的分法,起比則與中比第一段合爲一章。正是由于邢氏没有準確理解《恒先》的題意,没有真正掌握其文體結構,其分章與八股文分層之

---

① 邢文:《楚簡〈恒先〉釋文分章》,《中國哲學史》2010年第2期。

間産生了無謂的自相矛盾。

二是邢氏認爲"對于《恒先》分章復原衆説紛紜的一個重要原因,就是對楚簡《恒先》本身的文獻結構,未給予足夠的重視","楚簡《恒先》與八股文的關係分析,驗證了我們提出的楚簡《恒先》分章方案的合理性"。① 單就文體結構而言,八股文"層累曲折之致","與其間不可亂、不可缺之秩序",確有值得稱道之處。錢基博曾説:"就耳目所睹記,語言文章之工,合于邏輯者,無有逾于八股文者也。"②所以我們雖然并不贊同《恒先》爲八股文濫觴的觀點,但認爲邢氏通過分析它與八股文的關係,來驗證其分章方案的合理性,確實是一個簡捷明快的方便法門,祇是驗證得不夠細致而已。當時《恒先》除了整理者李零的編聯方案,還出現了龐樸③、顧史考④、曹峰⑤、夏德安⑥四家新方案,至于分章方案就更多了。近年范毓周又提出了一種最新的編聯分章方案。⑦ 然而令人遺憾的是,這些新方案并未能夠後出轉精,反而不如最早的李氏、龐氏兩家方案那樣得到多數學者的認同和支持。不知邢氏是否仔細比較

---

① 邢文:《楚簡〈恒先〉與八股文》,《光明日報》2010年3月1日,第12版。
② 錢基博:《現代中國文學史》,吉林人民出版社,2013年,第435頁。
③ 龐樸:《〈恒先〉試讀》,簡帛研究網,2004年4月26日;又見姜廣輝主編《中國思想史研究通訊》第2輯,中國社會科學院歷史研究所思想史研究室主辦,2004年。
④ 顧史考:《上博竹簡〈恒先〉簡序調整一則》,簡帛研究網,2004年5月8日。
⑤ 曹峰:《〈恒先〉編聯、分章、釋讀劄記》,簡帛研究網,2004年5月16日;修改後以《談〈恒先〉的編聯與分章》爲題發表于《清華大學學報(哲學社會科學版)》2005年第3期。
⑥ 夏德安:《讀上海博物館楚簡〈恒先〉》,"2007中國簡帛學國際論壇",臺灣大學,2007年11月10—12日。
⑦ 范毓周:《上博楚簡〈恒先〉新釋及其簡序與篇章結構新探》,《中原文化研究》2015年第1期。

過各家方案的异同優劣,是否認真考慮過還有其他編聯方案之可能,而事實上他祇是在龐氏方案基礎上直接進行分析,甚至對此前人們提出的龐氏方案不合理之處未做任何解釋。假如龐氏方案不可靠,他的這些分析就是在用八股文的結構硬往龐氏方案上套,祇能成爲空中樓閣、鏡花水月。

筆者2010年元旦之夜翻閱《上海博物館藏戰國楚竹書(三)》,試擬了一個新的編聯方案,多年來取以與以上諸家方案比較,自認爲略有勝處。由于論證起來比較麻煩,一直懶于着筆。今受邢氏的驗證思路和方法的啓發,也嘗試按照筆者新的編聯方案,根據文意將其分成若干小層次,并與八股文的結構進行比較,來初步驗證這一方案的合理性,以期使《恒先》思想研究更加準確、更加深入。

二

恒先無有,質、静、虛。質,大質;静,大静;虛,大虛。自厭不自忍,或作。有或,爲有氣;有氣,爲有有;有有,爲有始;有始,爲有往。[往]者未有天地,未【1】多采物。

這是第一層,相當于八股文的"破題",即說破和點明題目要義。① 《恒先》第三簡背有標題,邢氏大概以爲破題就是要破"恒先"二字,故僅以開頭二句爲破題。其實破題之題,應爲全篇的主題,這個篇名祇是按古書通行的命名方式,取自篇首的二字,并不

---

① 吳承學:《中國古代文體形態研究》,中山大學出版社,2000年,第197頁。

能完整反映主題。從全篇簡文分析,其主題可以概括爲四個字:名出于恒。這裏開門見山地提出恒、或、氣、有、始、往五個概念及其出現的先後順序,纔是這一主題的完整表述。簡文原來祇有一個"往"字,李學勤認爲其與"始"對稱,意爲終結,并懷疑:"這裏'往'下脱去一重文號。'有始焉有往'下斷句,另以'往者未有天地'起下一章。'往者'意思是過去,古書常見。"①我們認爲兩個"往"字同義,都是去往、行往的意思,"往者未有天地,未多采物"是説直到"往"剛開始這一階段天地萬物還没有産生,上面都是形而上的説法。

　　　　先者有善,有治無亂。有人,焉有不善,亂出于人。先有中,焉有外;先有小,焉有大;先有柔,焉【8】有剛;先有圓,焉有方;先有晦,焉有明;先有短,焉有長。

這是第二層,相當于八股文的"承題",承接破題的意義而加以補充、引申,使之更曉暢。承題與破題關係密切,可以看成是文章的同一部分。"恒先"是形而上的最先,"先者"是形而下的最先。形而下的世界又以人類的産生劃爲兩個階段,没有人類以前,自然界渾然一體,無所謂中外、小大、柔剛、圓方、晦明、短長之類的區别,人類産生以後纔出現混亂現象。這裏"可能意在説明儘管人類進行了相對判斷,捏造了虚構的名稱體系",但"這些出自人類的相

―――――――――――――

① 李學勤:《楚簡〈恒先〉首章釋義》,《中國哲學史》2004年第3期。

對判斷不能成爲絕對判斷"。① 因此,外、大、剛、方、明、長等判斷是否正確,建立在與之相對的中、小、柔、圓、晦、短等判斷準確的基礎上。這樣窮究下去,最終就是追尋天地萬物生成和運行的規律,即"天道",由此導出下文的正式論述。

　　天道既載,唯一以猶一,唯復以猶復。

　　這是第三層,相當于八股文的"起講",比較深入地説明題目的用意,覆罩全篇,是正式開始議論的部分。起講亦名"原起",初用以述説聖賢爲什麽發出題中之意,後來改成在承題之後直接進入論述。《恒先》畢竟不是八股文,這三句話比八股文的起講簡單得多,但文意比較深奥,至今没有得到準確的解釋。其實這裏所謂天道,是指天地萬物生成和運行的規律。董珊訓"載"爲"行","既載"意爲開始運行。② 這裏祇是提出天道開始運行以後的兩大規律或原理:"一以猶一"是生成論原理,"復以猶復"是運行論原理。以下兩章一爲生成論,一爲運行論。可見本層已正式開始進入核心論述,兩大原理則是覆罩全篇的,其地位和作用確實類似于八股文的起講。

　　恒氣之生,因【9】有作、行。出生虛静爲一,若寂寂夢夢,静同而未或明,未或滋生。氣是自生,恒莫生氣。氣是自生自

---

① [日]淺野裕一:《上博楚簡〈恒先〉的道家特色》,《清華大學學報(哲學社會科學版)》2005年第3期。
② 董珊:《楚簡〈恒先〉詳宜利巧解釋》,簡帛研究網,2004年11月9日。

作。恒氣之【2】生,不獨,有與也。或恒焉生,或者同焉。昏昏不寧,求其所生。异生异,鬼生鬼,韋生非,非生韋,袞生袞。求欲自復,復【3】言名先。[先]者有叄(凝),恧言之,後者效比焉。舉天下之名,虛樹,習以不可改也。舉天下之作,强者果。天下【10】之大作,其䉌尨不自若作。若作,庸有果與不果?兩者不廢。舉天下之爲也,無捨也,無與也,而能自爲也。【11】

生之生行,濁氣生地,清氣生天。氣信神哉,云云相生。信盈天地,同出而异生,因生其所欲。業業天地,紛紛而【4】復其所欲。明明天行,唯復以不廢。知既而亢思不寅。有出于或,生出于有,音出于生,言出于音,名出于【5】言,事出于名。或非或,無謂或;有非有,無謂有;生非生,無謂生;音非音,無謂音;言非言,無謂言;名非【6】名,無謂名;事非事,無謂事。詳義、利巧、采物出于作,作焉有事,不作無事。舉天下之事,自作爲事,庸以不可虞也。

以上第四層、第五層,相當于八股文的"起比、中比、後比"。起比實際上是八股文鋪張議論的開始,爲中比和後比的充分發揮奠定基礎;中比承上啓下進行更充分的議論,尤爲全篇的重心所在;後比對中比進行補充,寫其未盡之意,暢所欲言。這三大比加上束比,是八股文的核心部分。每比分爲兩段,共有八段,這纔稱其爲八股。《恒先》不是八股文,并未有意識地分出"三大比"。但前一章開頭"恒氣之生,因有作、行"二句上釋題目之意,即恒氣之"生""作"就是"有氣""有有",恒氣之"行"則指事物從"始"到"往"的過程,由此引出以下兩大段核心論述。前一章講生成論,認爲"氣是自生自作",還説它"有與",意思是天地萬物亦伴隨氣而自生自作。這里所謂生、作,不是母生子這種産生方式,而是像人得陰陽之氣而成胚胎,并出生且長大成人,這就是第三層"一以猶一"的原理。後一章講運行論,認爲氣之生實際上是開啓了氣和萬物的運行過程,包括或、有、生、音、言、名、事等階段,後幾個階段實際上是對第一簡所謂"有始焉有往"的細分。其中"名"指氣凝成物之初(先者有凝)與生俱來的特性,相當于西哲所謂事物的規定性(definitive property, prescriptive nature);人給事物的命名,則是對其規定性的"虛樹",然亦"習以不可改也"。事物無論如何發展,都不可能脱離且終將回歸這種規定性,循環往復,生生不息,這就是第三層"復以猶復"的原理。這兩章的文意大致相對,有點像八股文的一大比兩小股,而其文字之繁多、議論之鋪張、思想之豐富,使其占據了全篇最核心的地位。從這一點來説,它們有點類似八股文三大比的總和。

凡【7】舉天下之生,同也,其事無不復。天下之作也,無忤恒,無非其所。舉天下之作也,無不得其恒而果遂。庸或【12】得之,庸或失之。

這是第六層,相當于八股文的"束比",用以回應前面的三大比,提醒全篇而加以收束。這段話一開頭使用了全篇僅見的一個"凡"字,明顯帶有總結的語氣。尤其微妙的是,"舉天下之生,同也"是説萬物同屬自生,"其事無不復"是説萬物運行規律無不是循環往復的;"天下之作也"前,龐樸認爲當補一"舉"字,①"無忤恒"是説萬物之生作不能違背恒(道),"無非其所",廖名春、季旭昇并釋爲"各得其所",②我們進而認爲"所"當爲上一章"所欲"之省,萬物無不是這個"所欲"運行發展的結果;"無不得其恒"比"無忤恒"更進一步,是説萬物無不是得恒而生作,"果遂"比"無非其所"也進了一步,是指萬物按"所欲"運行并最終實現目標。可見,這三個長句之内,都是前一句回應生成,後一句回應運行,對上面兩章的論述做出了很好的總結。收束如此緊密,明清成熟的八股文也不一定能望其項背。時賢其他各種編聯方案,都是將有"舉天下"之類字眼的文句集中到篇末,但是這些文句的語義和句式比較複雜,顯得十分零亂。而按本文提出的新方案,其中"舉天下"四個位于生成論末,一個位于運行論末,最後兩個分出去作爲"大比",剩下這三個的語義和句式相對,與上下文前後呼應,就一點也没有零亂的感覺了。

> 舉天下之名,無有廢者。與(舉)天下之明王、明君、明士,庸有求而不思(息)?【13】

這是第七層,相當于八股文的"大結",發揮題意,收結全篇。對于《恒先》的論述主旨,學界觀點分歧,要因是没有準確理解這幾

---

① 龐樸:《〈恒先〉試讀》,簡帛研究網,2004年4月26日。
② 廖名春:《上博藏楚竹書〈恒先〉簡釋》,confucius2000網,2004年4月16日。季旭昇:《恒先譯釋》,收入季旭昇主編《〈上海博物館藏戰國楚竹書(三)〉讀本》,臺北萬卷樓圖書股份有限公司,2005年。

句話的意思。如有人以爲"'與'爲反詰語氣詞,和上文連讀作'舉天下之名,無有廢者與?'"并說這是"對名的真實性和恒久性提出了質疑,體現了文本作者的遠見卓識和深邃思想"。① 有人讀"思"爲"予",以爲其文意是"以天下有名有實之物(一、恒、道),以與天下之明王、明君、明士,必將有求必應,事事可成"。② 劉信芳將該字讀爲"患",完全正確,但説其後"承上文省略賓語'得失'","蓋求有得之者,亦有失之者,明王、明君、明士其所以爲'明',必知得失之理也,既知得失之理,故求而不患得患失也",③則與原意正好相反。從"恒先無有"一路論述下來,其實最終就是爲了得出一個結論:全天下的"名"都各得其恒而具有其内在要求,永遠不會作廢。全天下的"明王、明君、明士",哪有極力追求這些名號,却不憂慮"名非名",即達不到這些名號的内在要求的呢? 直到篇末一問,纔點明了全篇的真正主旨是要求所謂"明王、明君、明士"名實相符,真是畫龍點睛,有如神來之筆。郭齊勇曾指出《恒先》是"道法家形名思想的佚篇",④洵卓見也。

以上分成七個層次來做分析,主要是爲了方便與八股文進行比較。其實借鑒現代劃分段落的通行做法,應該把前三章、後兩章各自合并成一章,合計中間兩章,共分爲四章或四大段落。按照這一新方案來重新閲讀《恒先》,由于中間有"恒氣之生,因有作、行"兩句起到承上啓下的關鍵作用,整篇文章的起承轉合十分清晰,任

---

① 譚寶剛:《老子及其遺著研究》,巴蜀書社,2009年,第334、379頁。
② 李鋭:《〈恒先〉淺釋》,confucius2000網,2004年4月17日。
③ 劉信芳:《上博藏竹書〈恒先〉試解》,簡帛研究網,2004年5月16日
④ 郭齊勇:《〈恒先〉——道法家形名思想的佚篇》,簡帛研究網,2004年5月8日。又見《江漢論壇》2004年第8期。

何人都衹能如此分章或分段。而時賢其他各家編聯方案都没有這一優點，除曹峰提出"它的上半部重在論述基本的普遍的原理，下半部側重于如何依據基本的普遍的原理指導現實政治"之說得到大家公認以外，①各家的具體分章方案真可謂五花八門，即使采用同一編聯方案，分章也往往不同甚至大相徑庭。這種分章方案的不確定性，反證了各家編聯方案的不合理性。而本文通過分析重新編聯的《恒先》與八股文的關係，業已驗證了其分章方案的唯一性和合理性，因而有理由相信，這一新的編聯方案可能是比較正確的。

三

以上僅根據文意爲《恒先》劃分層次，可以證明其文體結構確實與八股文具有一定的相似性和可比度。上文之所以没有涉及修辭方面的問題，是因爲嚴格説來，《恒先》與以"雙行長句對偶文字爲主體"的八股文距離太大，没有可比性。邢文把"樸，大樸；静，大静；虚，大虚"和"有或焉有氣，有氣焉有有，有有焉有始，有始焉有往者"説成排比對偶式排偶，實際上是有意混淆對偶與排比的概念，以便硬往八股文上套。從這一點來説，譚家健的批評是完全正確的，已毋庸多言。

然而，如果寬泛一點進行比較，而不以成熟的八股文標準來要求，《恒先》中初步具有兩兩對偶的修辭方法，大概也是不容否認

---

① 曹峰：《〈恒先〉編聯、分章、釋讀劄記》，簡帛研究網，2004年5月16日。

的。這一點按本文提出的新編聯方案來看,也要比其他方案更加明顯。如破題中的"有或,焉有氣;有氣,焉有有;有有,焉有始;有始,焉有往。往者未有天地,未多采物"與承題中的"先有中,焉有外;先有小,焉有大;先有柔,焉有剛;先有圓,焉有方;先有晦,焉有明;先有短,焉有長。天道既載,唯一以猶一,唯復以猶復",多個"焉有"句子相對,與譚先生所說"雙行長句對偶"比較接近,僅字數不同而已。然而,八股文的破題、承題、起講文字散行,并不要求對偶。邢氏硬從《恒先》第一簡中找出兩處"排比對偶式排偶",說成八股文的承題、起講,實屬無謂之舉。同樣,這裏所說"破題"與"承題"中的多個"焉有"句子相對,與八股文的對偶也沒有任何可比性。相反,倒是從"破題""承題"內部來說,它們其實是文字散行,基本符合八股文的修辭格式。

如上所述,八股文最主要的修辭特徵,在于起比、中比、後比、束比,每比分爲兩段,共有八段,這纔被稱爲八股文。其格式有嚴格規定,一定要兩股之間,兩兩相對,即語義、句式、字數都要對稱。有趣的是,雖然《恒先》不是八股文,并未有意識地分出起比、中比、後比,祇是内容上正好包括生成論、運行論兩部分,可以勉強看作一大比,但是如果具體分析這兩章的内部結構,竟然都可以分出六個小層次,其語義和句式竟然一一相對。爲了便于說明問題,重新移錄其文,列爲下表,再做具體分析:

| 出生虛靜爲一,若寂寂夢夢,靜同而未或明,未或滋生。氣是自生,恒莫生氣。 | 生之生行,濁氣生地,清氣生天。 |

续表

氣是自生自作。恒氣之生,不獨,有與也。或恒焉生,或者同焉。	氣信神哉,云云相生。信盈天地,同出而异生,因生其所欲。
昏昏不寧,求其所生。	業業天地,紛紛而復其所欲。
异生异,鬼生鬼,韋生非,非生韋,衰生衰。	明明天行,唯復以不廢。知既而亢思不宲。有出于或,生出于有,音出于生,言出于音,名出于言,事出于名。或非或,無謂或;有非有,無謂有;生非生,無謂生;音非音,無謂音;言非言,無謂言;名非名,無謂名;事非事,無謂事。
求欲自復,復言名先。[先]者有惢,惢言之,後者效比焉。舉天下之名,虛樹,習以不可改也。	詳義、利巧、采物出于作,作爲有事,不作無事。
舉天下之作,强者果。天下之大作,其蕤尨不自若作。[若作],庸有果與不果?兩者不廢。舉天下之爲也,無捨也,無與也,而能自爲也。	舉天[下]之事,自作爲事,庸以不可虞也?

  上表中,左列爲生成論,右列爲運行論,主題相對。且左、右兩列字數各爲 150 多字,簡直就像兩個特別長的對偶句。

  第一欄左列提出"生""作"的概念,以及"氣是自生自作"的命題;右列提出"行"的概念,所謂"濁氣生地,清氣生天"的命題其實隱含着從氣生至天地生成之間有個隨着氣的升降形成天地的過程,開門見山,語義相對。

第二欄左列"有與",廖名春認爲是強調恒與氣"兩者相互聯繫的一面,是説'恒'與'氣之生',并非無涉,還有相與的一面"。① 董珊認爲是指恒氣之生"有'恒''或(域)'的定義作爲先決條件"。② 曹峰認爲是指"由恒氣構成的萬物",與《老子》所謂"獨立不改"的道不同,是"不獨有與"、有所依賴的。③ 其實這是講"有"(即萬物)伴隨氣而產生出來,故下兩句用"恒""或"關係解釋"氣""有"關係。參第一簡恒"自厭不自忍,或作","不自忍"即不自我克制欲望。再看右列"云云相生""同出而异生",也是指萬物伴隨氣而紛紛產生;所謂"生其所欲",也是指氣生出萬物自我運行的欲望,語義兩兩相對。以上兩欄主要使用四字句,句式大致相對。

第三欄左列"昏昏不寧,求其所生",與右列"業業天地","復其所欲",語義、句式完全相對,祇不過後者中間加了"紛紛而"三字加以修飾。時賢無不以爲"昏昏"與前面的"夢夢"都是指天地剖分以前的混沌狀態,其實《老子》三十九章説"地得一以寧",這裏的"昏昏不寧"顯然指天地萬物產生以後的昏亂景象,與"業業天地"文异而意同。"求其所生""復其所欲"則都是指追尋、回歸到事物的根源,祇不過生成論所求的是"所生"起源之點,運行論所復的是"所欲"發展之綫。

第四欄左列講萬物生成的五種方式,文意比較費解,但有人認

---

① 廖名春:《上博藏楚竹書〈恒先〉新釋》,《中國哲學史》2004年3期。
② 董珊:《楚簡〈恒先〉"詳宜利巧"解釋》,簡帛研究網,2004年11月9日。
③ 曹峰:《從自生到自爲——恒先政治哲學探析》,簡帛研究網,2005年1月4日。又載臺灣"中研院"歷史語言研究所編《古今論衡》2006年第14期。

爲五者都是强調"同類相生",①有人説是講"萬物自身的同一性",②有人説"它們都暗含着同一個意思:自生",③我們進而認爲這就是對前文所謂"一以猶一"的具體表述;右列講萬物生成過程(往、行)的七個階段,字面上按從"或"至"事"這一"往"的順序,暗中却隱含着從"事"至"或"這一"復"的倒序,即對前文所謂"復以猶復"的具體表述,明暗都相對。但是"生"在左列首尾兩欄談得較多,此略之;右列談"行",不得不牽涉"生","行"主要在這一欄談,故詳之。這一欄的左右兩列都有多個三字句,句式相對。

第五欄左列忽由上文講"生""作"轉入"復",這是從生成論的角度爲"復"先下一個"復言名先"的定義,并肯定了"名""不可改"的合理性;右列忽由上文講"行""復"轉入"作",這是從運行論的角度强調"作"擁有關鍵之"作焉有事"的地位,亦暗寓了"事"出有因的合理性,語義緊密相對。

第六欄左右兩列都以散行文字進行總結,但左列講生成論,强調自"作",而末尾順及"自爲",以示"爲"是"作"的沿續;右列講運行論,强調自爲的連續性("賡"),而上句先言"自作爲事",以示"自作"是自"爲"的前提。左、右兩列文字雖然多寡懸殊,但語義緊密相對。

顯而易見,以上兩章内部各分爲六個小層,各個小層之間除字數不對外,語義完全相對,句式大體也相對。

---

① 陳静:《〈恒先〉:宇宙生成理論背景下的一種解讀》,簡帛研究網,2008年5月15日;王中江:《〈恒先〉的宇宙觀及人間觀的構造》,簡帛研究網,2008年10月19日。
② 陶磊:《〈恒先〉思想探微》,簡帛研究網,2006年12月17日。
③ 劉貽群:《試論〈恒先〉的"自生"》,簡帛研究網,2004年6月13日。

至于"束比"中的幾句話,上文已説明它們從語義上各自對應生成論、運行論,其句式可列表格如下:

凡舉天下之生	同也	其事無不復
[舉]天下之作也	無忤恒	無非其所
舉天下之作也	無不得其恒	而果遂

上表中三欄語義完全相對,左列語義、句式相同,文字略异,中、右二列語義相對,句式不同,這正反映出戰國散文靈活多變的特點,而不像八股文那樣嚴格呆板。邢氏把"舉天下之生,同也。其事無不復"連在"舉天下之作,强者果天下之大作"等句之後合爲束比,把"天下之作也"至"而果遂"連下"舉天下之名,無有廢者。舉天下之明王、明君、明士,庸有求而不慮"合在一起作爲大比。譚氏批評其"勉强分成束比與大結,有割裂文意之嫌",當然是準確的,但他的理由僅僅是以爲所有"舉天下"句子都應在篇末一段之内,并没有看出邢氏的關鍵失誤是割裂了中間三個對偶句。

綜上所述,《恒先》的文體結構比較接近八股文,而其相當於八股文四大比八小股的核心部分,竟然也采用了比較明顯的對偶修辭手法。儘管它還没有嚴格地兩兩對偶,没有代聖人立言,與明清以後成熟的八股文還有極大的距離,但這仍然多少有點令人吃驚。先秦説理散文結構嚴謹,修辭巧妙,影響深遠,早爲學界之共識。譚家健就曾經舉出《墨子·所染》篇、《孟子·滕文公下》"外人皆稱夫子好辯"章二例,認爲"雖然基本上是散句爲主,意對而辭不

563

對;但從整體結構看,已似八股文骨架"。① 但是這兩篇文章首尾的論理文字都比較簡單,中部主要是舉些古代聖賢的事迹來作佐證,并非有意采取對偶式論述,類似的例子在古書中應該并不鮮見。如陳桐生所指出,《禮記·冠義》等專釋禮義的七篇,"按照'總—分—總'的思路結構全文,前有概述,後有呼應,中間層層展開,義脉文理俱可圈點"。② 但是像《恒先》這樣純粹的論理文字,其中心部分如此兩兩相對,全文結構酷似八股文的例子,在古書中可能還真不多見,堪稱先秦散文中的一朵奇葩。因此,儘管我們并不贊同《恒先》爲"八股文的濫觴"的提法,却不得不承認它確實爲章學誠的論斷提供了一個極佳的佐證:"至戰國而文章之變盡,至戰國而後世之文體備。"

---

① 譚家健:《再評〈八股文濫觴于戰國〉》,《職大學報》2011年第1期。
② 陳桐生:《從出土文獻看七十子後學在先秦散文史上的地位》,《文學遺產》2005年第6期。

上博簡《詩論・關雎》章的編聯與復原

上海博物館藏戰國楚竹書中有一篇重要的《詩》學文獻,整理者將其命名爲"孔子詩論"。① 它在上博簡中最早公布于世,長期受到學界關注,研究成果最爲豐富,僅筆者所見編聯分章方案就在二十七種以上。② 其中簡 10 合論《關雎》等七篇《國風》之詩,另有

---

① 馬承源主編:《上海博物館藏戰國楚竹書》(一),上海古籍出版社,2001 年,第 11—42 頁圖版,第 119—168 頁。下引此書不再出注。
② 曹建國曾將馬承源、李學勤、廖名春、李零、姜廣輝、曹峰、季旭昇、李鋭、范毓周、李守奎、濮茅左、曹建國、黄懷信、馮時、俞志慧等十五家編聯方案列爲一表,並提出他本人的第二種新方案,見氏著《楚簡與先秦〈詩〉學研究》,武漢大學出版社,2010 年,第 77—78、85—88 頁。此外,僅筆者零星所見尚有如下十二家:江林昌《試析上博簡〈詩説〉的編聯與結構》,《齊魯文化研究》第 2 輯,齊魯書社,2003 年,第 143—151 頁;徐正英《上海博物館藏〈戰國楚竹書・孔子詩論〉簡序與簡文復議》,《中國古典文學與文獻學研究》(第 2 輯),學苑出版社,2003 年,第 80—93 頁;康少峰:《〈詩論〉簡制、簡序及文字釋讀研究》,四川大學博士學位論文,2005 年,第 72—92 頁;陳斯鵬:《戰國竹簡〈詩論〉編聯新探》,《簡帛文獻與文學考論》,中山大學出版社,2007 年,第 23—36 頁;馬銀琴:《戰國楚簡與〈詩〉在楚國的傳播》,《周秦時代〈詩〉的傳播史》,社會科學文獻出版社,2011 年,第 143—162 頁;曾子瀠《〈孔

幾枚殘簡文字與之相關，整理者依次編排爲簡 11 至 16。其後學者在討論簡序時，對這七簡的順序也有所調整，并多傾向于將簡 24 前移到這組簡文末尾或中間，合成一組，或稱之爲"《關雎》七篇"，或稱之爲"《關雎》組"。然而，筆者仔細比較現有各家編聯方案，發現都還有些不盡合理的地方，且迄今無人做過系統的復原。本文在時賢研究基礎上，提出一點新的編聯意見，并嘗試補齊缺文，擬成一個比較完整的復原文本。其層次清晰，結構嚴謹，首尾呼應，獨立成章，可以擬名爲"《關雎》章"。這對《詩論》全篇的編聯、復原和研究，都具有一定的啓發意義。

一、《關雎》章編聯

目前學界關于《關雎》章及相關殘簡的編聯分章方案，據筆者所見共有十家。兹將各家排序先後列之于下，以方便讀者比較其异同：

(續)——————

子詩論〉的整理及其與四家〈詩〉的比較》，復旦大學碩士學位論文，2009 年，第 23—63 頁；趙苑夙：《上博楚簡〈孔子詩論〉文字研究》，花木蘭文化出版社，2012 年，第 18—19 頁；侯乃峰：《上博楚簡儒學文獻校理》，上海古籍出版社，2018 年，第 1—40 頁；陳晨：《簡帛詩及相關文獻整理與研究》，武漢大學博士學位論文，2019 年，第 86—107 頁；賈旭東：《〈孔子詩論〉綜合研究》，吉林大學博士學位論文，2020 年，第 54—69 頁；張翰墨：《〈孔子詩論〉的文本組織、性質與作者探析》，《文藝研究》2020 年第 5 期；顧史考：《上博楚簡〈孔子詩論〉新編》，《中國文字》2020 年冬季號（總第 4 期），萬卷樓圖書股份有限公司，2020 年，第 23—62 頁。此外，晁福林認爲"《詩論》簡可能應當分爲四個部分"，并提出一個大概的簡序，與其逐簡分析有所矛盾，兹不計入，見氏著《上博簡〈詩論〉研究》，商務印書館，2013 年，第 18 頁。

馬承源:10+11+12+13+14+15+16+17-23+24
李學勤:10+14+12+13+15+11+16+24①
李　零:11+16+10+12+13+14+15+24②
曹　峰:10+11+14+12+13+15③
范毓周:10+11+19+15+16+12+14+13+24④
李守奎:10+12+13+15+14+11+16+17-23+24⑤
濮茅左:10+14+15+11+12+13+16+20+24⑥
俞志慧:10+14+11+12+13+15+16+24⑦
曹建國:10+14+15+11+16+24+20+19+12+13⑧

---

① 李學勤在2001年12月29日清華大學的簡帛研討班上,提出了《詩論》的新編聯和分章方案,2002年1月,《國際簡帛研究通訊》第2卷第2期首次發表其釋文。又見《〈詩論〉簡的編聯與復原》,《中國哲學史》2002年第1期;《〈詩論〉與〈詩〉》,《中國哲學》第24輯《經學今詮三編》,遼寧教育出版社,2002年,第121—134頁;《〈詩論〉說〈關雎〉等七篇釋義》,《齊魯學刊》2002年第2期。
② 李零:《上博楚簡校讀記(之一)》,簡帛研究網,2002年1月4日;後收入《上博楚簡三篇校讀記》,中國人民大學出版社,2009年,第3—37頁。
③ 曹峰:《試析上博楚簡〈孔子詩論〉中有關"關雎"的幾支簡》,簡帛研究網,2001年12月26日;又載《楚地出土資料與中國古代文化》,汲古書院,2002年。按:關于《關雎》章的編聯,曹氏後改從李學勤之說,見氏撰《對〈孔子詩論〉第八簡以後簡序的再調整》,《上博館藏戰國楚竹書研究》,上海書店出版社,2002年,第199—209頁。
④ 范毓周:《上海博物館藏楚簡〈詩論〉的釋文、簡序與分章》,簡帛研究網,2002年2月3日;又載《上博館藏戰國楚竹書研究》,第173—186頁。
⑤ 李守奎:《〈戰國楚竹書‧孔子詩論‧邦風〉釋文訂補》,《古籍整理研究學刊》2002年第2期。
⑥ 濮茅左:《〈孔子詩論〉簡序解析》,《上博館藏戰國楚竹書研究》,上海書店出版社,2002年,第9—50頁。文後附錄"《孔子詩論》竹書現狀"。
⑦ 俞志慧:《〈孔子詩論〉五題》,《上博館藏戰國楚竹書研究》,上海書店出版社,2002年,第308—326頁。
⑧ 曹建國:《論上博〈孔子詩論〉簡的編連》,簡帛研究網,2003年4月11日。

馮　時：10+12+13+14+15+11+16+24①

在以上編聯方案中，馬承源作爲竹書整理者，其所排簡序成爲各家討論的基礎。他以出現七個篇名的簡10居首，簡12和13相同句式而連接居中，簡16有"孔子曰"而居尾，大體可從。他把簡15放在簡16前，没有看出簡24可以緊接在簡16下，雖皆有誤，影響不大。然而他考釋簡14時説："此文先論《鵲巢》，次論《關雎》，與此前所論篇名的次序不同，文意可和前簡相連接，雖與上文相似而體例不一致，當是與前七篇不相連續的另一次論述。'兩矣'，乃'百兩矣'的殘文。"這裏出現一個很關鍵的問題，廖名春最先指出："從論《關雎》七篇的順序看，是《關雎》《樛木》《漢廣》《鵲巢》《甘棠》《緑衣》《燕燕》；從下文看，仍爲論《關雎》之語。因此，'兩矣，其四章則喻矣'不是論《燕燕》，就是論《關雎》，不可能是論《鵲巢》的殘文。"②對這一錯誤的嚴重後果，季旭昇説得最爲中肯："各家大都承馬承源的解釋，以爲'兩矣'是'百兩矣'的殘文，所以認爲這兩個字是屬于《鵲巢》篇的論述。其實這是没有證據的，由于這樣的誤釋，連帶地使得《孔子詩論》的編聯也跟着發生了錯誤，把13簡和14簡排在一起，以致兩簡的文義無法連貫。"③而簡14後移，連帶又導致簡11被前移，這是馬氏編聯出現問題的主要原因。因此，

---

① 馮時：《戰國楚竹書〈子羔·孔子詩論〉研究》，《考古學報》2004年第4期。
② 廖名春：《上海博物館藏詩論簡校釋》，《中國哲學史》2002年第1期。
③ 季旭昇：《〈孔子詩論〉分章編聯補缺》，《古文字研究》第25輯，中華書局，2004年，第388頁。

除了黃人二認爲這一編聯基本可行,①多數學者紛紛另行編排,或采用其他編聯方案。

李學勤没有詳述其編聯的理由,但他對這一組簡序的調整,顯然是從簡14突破的。正如季旭昇的分析:"簡14説'兩矣,其四章則喻矣。以琴瑟之悦,擬好色之願;以鐘鼓之樂……'其爲《關雎》篇的論述,非常明顯。再接下去的簡12的'好,反内于禮,不亦能改乎?'也很明顯地是屬于《關雎》的論述,其下又緊接着《樛木》,與簡10《關雎》緊接着《樛木》的次序完全一致。這樣編聯,'關雎組'的論述就可以非常完整地呈顯了。"簡14前移,則簡11需要後移到句式相同的簡16前,剩下簡13、15正好是兩枚半簡,于是李先生將它們像簡14、12一樣拼合爲一枚整簡。李先生對全篇編聯做出了巨大的調整,得到學界的高度贊譽。如劉信芳認爲其"行文邏輯清晰,較之整理者的簡序,無异于推倒重來";②李鋭認爲"内中有邏輯、句式上的痕迹可循,確實不可移易";③姜廣輝甚至斷言"編聯準確,一定是如此"。④他們都舉《關雎》的編聯爲例,認爲是全篇編聯成功的最顯著例證。除以上諸人外,廖名春、黄懷信等采其全篇編聯方案;江林昌、徐正英、康少峰、陳斯鵬、馬銀琴、曾子

---

① 黄人二:《上海博物館藏戰國楚竹書(一)研究》,武漢大學博士學位論文,2002年,第48頁。
② 劉信芳:《〈孔子詩論〉與新世紀的學術走向》,《安徽大學學報(哲學社會科學版)》2002年第4期。
③ 李鋭:《〈孔子詩論〉簡序調整芻議》,《上博館藏戰國楚竹書研究》,上海書店出版社,2002年,第192頁。
④ 姜廣輝:《古"詩序"留白簡的意含暨改換簡文排序思路》,簡帛研究網,2002年1月19日。又見《關于古〈詩序〉的連、釋讀與定位諸問題研究》,《中國哲學》第24輯《經學今詮三編》,遼寧教育出版社,2002年,第143—171頁。

濚、趙苑夙等雖對他處排序有所調整,但對這一組則仍從李先生的編聯;曹峰曾提出自己的編聯意見,後對這一組又改從李先生的編聯。可見李先生編聯方案影響之大。然而,將簡13、15拼合爲一簡,其實并非無懈可擊。雖然前者末存"甘"字,後者正好論《甘棠》,但前者應該爲"《□□》……,不亦……乎"句式,詩名下僅幾個字;而後者論《甘棠》,爲肯定句式,且多達五句,僅殘存簡文就有十八個字,顯然不相協調。

　　李零將簡11移到這一組的開頭,純粹是因爲簡首有"情愛也"三字,就以爲這是"討論《國風》中涉及'情愛'方面的篇章",而簡16與之句式相同,又被跟着提前,其他簡序仍按馬氏排列。這是各種編聯方案中最不合理的,因爲"情愛也"三字顯然是論《燕燕》的,并非合論七詩的,焉能代表七詩的主題？簡11句式爲"《□□》之□,則……也(矣)",不可能在簡10句式"《□□》之□"之前;簡16有"孔子曰",前移導致作者自論與引用孔子之言混雜而無法區別。他把簡13末"甘"字臆改爲"曰",然後做了一番曲折的解釋,以與簡14相連,尤屬牽強。

　　曹峰説:"上博本釋文在簡序排列上存在一定問題,即第十一號簡的後面應該緊接第十四號簡。第十一號簡的最後是'《鵲巢》之歸,則離者',上博本第十二號簡的開頭是'好反内于豊,不亦能改乎',説的是《關雎》,顯然接不上去。而如果接第十四號簡,文意就格外通順,因爲第十四號簡的開頭是'兩矣',正好與《鵲巢》的'百兩'相對應。"這顯然是受馬承源"'兩矣'乃'百兩矣'的殘文"説的誤導,故後來他放棄了這一編聯,而改從李先生之説。

　　范毓周對其編聯和分章,并沒有詳盡的解釋,衹是説根據竹簡內容的內在聯繫和原簡上的分章標志做出調整。他將簡 19 排在簡 11、15 中間,而將簡 12、14、13 移到簡 16 後,都令人難以理解。因爲簡 18、19、20 論及《木瓜》《杕杜》等詩,與《關雎》七篇無關,何以將之竄入?簡 12 之末論《樛木》,簡 13 開端論《漢廣》,且同爲"不亦……乎"的句式,各家公認相互銜接,簡 14 夾在中間也欠妥當。

李守奎認爲"第十一簡應移到第十六簡之前,二簡内容緊密相連,兩支簡當位于這組簡的最後",并具體列舉了五點理由,都言之成理。但他同時又將簡 14 移到簡 15 後,而不是前移與簡 12 拼合爲一枚整簡,且沒有交代任何理由,這正是其遠不如李學勤的編聯合理之處。

作爲上博簡的主要整理者之一,濮茅左基本贊同馬承源的編聯方案,認爲"這一簡序是合理的、邏輯的,所復原的文本是通暢的,符合孔子思想的"。但他對這一組的簡序還是做出了一處重要調整,即把簡 14、15 移到簡 11 前,可惜并沒有說明理由。其最明顯的特點是沒有綴合較短的殘簡爲一枚整簡,而將七枚殘簡看作七枚整簡之殘餘,并具體推測簡 14 下半所缺内容爲論《樛木》《漢廣》《鵲巢》,簡 15 下半所缺内容爲論《綠衣》《燕燕》,簡 12 上半所缺内容爲論《甘棠》《綠衣》《燕燕》,簡 13 下半所缺内容爲論《甘棠》《綠衣》《燕燕》,甚至還在簡 13、16 中間補了一枚全缺整簡,内容爲論《關雎》《樛木》《漢廣》《鵲巢》。按照他的推測,在簡 16"孔子曰"之前的脱漏字數多達 230 個。曾子瀠曾經列表比較李學勤、濮茅左兩家編聯的論述層次,指出"相對李學勤等人認爲《關雎》等七篇詩是分三層論述的看法,濮茅左的排序將《關雎》等七篇詩的論述

571

增至五層,如此一來,即此章圍繞同一主題反覆論述五次"。① 其中濮先生第三層"《□□》之□,則……也(矣)",與第五層"《□□》之□,……也"顯然可以合屬于同一句式,他誤以後者爲另一種句式,故未能將簡 11 與簡 16 相連,而多補出簡 13、16 中間的一枚所謂全缺整簡和簡 12 上半,實際都不足信。但他對各簡首尾所缺字數的推測,以及不盲從李學勤拼合殘簡的做法,都很值得注意,具有極大的參考價值。

俞志慧認爲:"簡 10'害曰'至斷殘部分皆論《關雎》,文未完,簡 14 上端弧形完整,殘存簡文皆論《關雎》,當與此相接。簡 13 下端始論《甘棠》,上下端殘損嚴重,但從簡 16 上端殘餘部分仍有'召公'字樣看,簡 15 全簡都在評論《甘棠》,準此,簡 15 上當與簡 13 相承,下當與簡 16 相連。"這其實是在上博簡釋文基礎上,簡單地把簡 14 提前。這樣前後兩層都沒有全部論及《關雎》等七篇,他對此解釋說:"前一層詳于《關雎》,略于後三首;後一層詳于《甘棠》,略于後二首。由總到分,層層深入,邏輯清楚,秩序井然。"這一解釋其實是比較勉强的。

馮時將簡 11 移到簡 16 前,認爲"《關雎》之改,則其思益矣"以下是"第四次申論七詩之教,乃對七詩教旨的總結,闡明《詩》教的目的"。其他簡序仍從上博簡釋文,其中簡 14、15 并無統一的句式,各論《關雎》《甘棠》二詩,被説成"第三次申論七詩之教",則脱漏了論其餘五詩的文字,其實是不妥當的。

曹建國將簡 14、15 移到簡 11 前,簡 12、13 移到簡 16、24、20、19

---

① 曾子瀠:《〈孔子詩論〉的整理及其與四家〈詩〉的比較》,復旦大學碩士學位論文,2009 年,第 30 頁。

與簡 18 之間。他把這十一枚簡合爲中篇,從開頭至簡 11"情愛也"爲第一章,是"以禮説詩",理由是"賢于其初"之"'初'即指'禮'而言";其下第二章是"以'德智'説詩",理由是簡 11 説"《關雎》之改,其思益也",强調的是"益","是人内在修養的提高",與"改"强調"和"不同;簡 16"孔子曰"以下爲第三章,又是"以禮説詩";第四章是總結,理由是"第 12、13 簡的反問句式衹能出現在 11、16 簡之後,語氣不容置疑,帶有總結性質"。實際上,"賢于其初"是合論七詩的,猶言"人之初,性本善";"改"字學界讀法多樣,多數人傾向于讀作"改",此處以"益"釋"改",同于《易·益卦》象辭:"益,君子以見善則遷,有過則改。"所以曹氏所謂"以禮説詩""以德智説詩"的區分,并不存在,據此來做編聯分章當然也不會成功。他後來又提出另一種編聯方案,其中論《關雎》等七篇部分與馮時編聯相同,理由説得具體一些:"這組簡中,簡 12、簡 13 不可分,簡 11、簡 16 不可分。但簡 14 與簡 15 同樣也不可分,因爲此兩簡都是對詩的内容予以細説,所以應編在一起。"并認爲它們應排在簡 13、11 中間。在李學勤早已將簡 14、12 拼合爲一簡并得到多數學者贊同的情況下,輕易斷言簡 14、15 不可分,當然難以令人信服。

總之,《詩論·關雎》章現有十家編聯方案,多多少少都存在一些問題,相對而言,李學勤的方案最值得重視,對學界的影響也最大。但正如上文所述,他將簡 13、15 拼合爲一簡的做法尚欠妥當。筆者在其基礎上,做一點小小的調整,即把簡 15 移到簡 24 後,居于本章末尾,形成以下簡序:10+14+12+13+11+16+24+15。按照這一簡序來重讀簡文,各家編聯方案中存在的問題都很容易得到解決,甚至能夠補足所有缺文,比較完整地復原《關雎》章。

二、《關雎》章復原

在簡牘文獻研究中,文字考釋和竹簡編聯是兩項最基本的工作,這兩個基礎不扎實,下一步研究就難以深入開展。比如簡序不正確,上下文意不通暢,當然不可能準確補出殘簡之間所缺的文字。各家《關雎》章編聯方案中,有的以爲當有一百個左右缺文,有的以爲缺文有二百多字。李守奎甚至説:"對這一組七首詩,孔子是作爲一個整體去評論的,内容非常豐富。今存的七支殘簡雖不及其全部的二三,但也可以略窺其體例。"則缺文將多達近一千字,似乎不可能完全復原出來。筆者調整簡序後,參考濮茅左統計缺文的方法,可以推算出《關雎》章缺文當在九十個左右。其中部分缺文,有些學者曾經提出一些零星的補字主張。比如簡14、12拼合爲一簡,中間缺四個字。廖名春補作"喻求女之",黄懷信補作"擬婚姻之",姜廣輝補作"成兩姓之",與後一簡首"好"字足爲一句。周秦古書中未見相同的文句,而《禮記》《大戴禮記》《春秋穀梁傳》《孔子家語》等書談論婚禮,都記載孔子説過"合二姓之好"一語,據以補足前四字,相對更加妥當一些。又如,根據上下文意和句式,簡12末顯然可補"亦□□乎?《漢廣》不求"八字,"亦"下二字,黄懷信補作"有時",姜廣輝補作"能持"。前者取"不亦有送乎""《樛木》之時"中的"有""時"二字;後者則取"不亦能改乎"中的"能"字,以及"時"讀作"持"之説。筆者認爲此處當作"能時",下文則有"時,持也"的缺文來做解釋。以上兩例補字,僅僅是準確與否的問題,各家對上下文意的理解并無多大差異。更爲重要的是以下幾處補字,時賢或未加措意,或未得門徑,成爲影響《關雎》章編聯和復原的關鍵障礙。

第一,關于簡 10 末尾的補字。

據濮茅左介紹,簡 10 上端完整呈弧形、下端殘,當補十個缺字,有的學者推測爲八九個字。簡 14 開頭的"兩矣",上文已指出馬承源讀爲"百兩矣"殘文之誤,多數學者已承認這是論《關雎》的,與簡 13 論《鵲巢》的"出以百兩"無關。但是對于"兩矣,其四章則喻矣"的解釋,學界存在爭議,其前缺字沒有人能夠補全。

姜廣輝認爲,"'兩',兩分也,未諧爲兩","已諧爲俞",因此"據文義試補"其前四字爲"其三章猶",意謂《關雎》第三章還是"兩分"的,第四章則和諧了。①

黄懷信説:"'兩矣'上闕文,據文義當是'其首章'云云,'兩矣'當是從"述(仇)"字引出。兩,匹也,謂對象。"他把簡文大意譯爲"第一章……講到對象,第四章就用了比喻。"但他又謹慎地表示:"或釋文有誤,亦未可知,當存疑。"②

李零懷疑"兩矣"前面的"缺文是講《綠衣》《燕燕》",都分成四章,其前的《葛覃》《關雎》《樛木》《漢廣》《鵲巢》《甘棠》等都是三章,因此他把"俞"讀爲"逾","是指《綠衣》《燕燕》比前面幾篇多出一章"。③

晁福林説:"由'其四章則俞(喻)矣'的語式分析,其前一句當

---

① 姜廣輝:《關于古〈詩序〉的編連、釋讀與定位諸問題研究》,《中國哲學》第 24 輯《經學今詮三編》,遼寧教育出版社,2002 年,第 174、179 頁。
② 黄懷信:《上海博物館藏戰國楚竹書〈詩論〉解義》,社會科學文獻出版社,2004 年,第 26、27 頁。
③ 李零:《上博楚簡三篇校讀記》,中國人民大學出版社,2009 年,第 18 頁。

爲'[其二章則]兩矣'。此處的'兩'字當依本義訓爲耦……是評析《關雎》第二章之辭,……意指男女雙方皆是如此,皆有臥不安席之意。"①

于淑華認爲:"闕文所寫一定是對《關雎》'色'的内容的總結,它是從兩個角度或兩個方面來説的,比如,君子對淑女的一見鍾情,對淑女的無限思念等。所以,總結爲'兩矣'即兩點了、兩方面了的意思。"②

這些説法驗之以《關雎》的分章,頗嫌迂滯難通。《關雎》有兩種分章,毛公分爲三章,第一章四句,第二、三章各八句。鄭玄分爲五章,每章四句:

關關雎鳩,在河之洲,窈窕淑女,君子好逑。
參差荇菜,左右流之,窈窕淑女,寤寐求之。
求之不得,寤寐思服,悠哉悠哉,輾轉反側。
參差荇菜,左右采之,窈窕淑女,琴瑟友之。
參差荇菜,左右芼之,窈窕淑女,鐘鼓樂之。

李學勤指出:"簡文説'其四章則喻',不稱卒章,是兼指第四、五章,有'琴瑟''鐘鼓'之語。可見當時的分章與鄭玄一樣。"③邢文另擬一個四章的分法,第二章八句,其餘三章各四句。其目的是

---

① 晁福林:《上博簡〈詩論〉研究》,商務印書館,2013年,第153—154頁。
② 于淑華:《〈孔子詩論〉中〈關雎〉論釋義》,《赤峰學院學報(漢文哲學社會科學版)》2007年第4期。
③ 李學勤:《〈詩論〉與〈詩〉》,《中國哲學》第24輯《經學今詮三編》,遼寧教育出版社,2002年,第121—143頁。

把"琴瑟友之"解釋成"卿卿我我的琴瑟之親、好色之願",而"鐘鼓樂之",則是"向以鐘鼓導志的禮樂之好、鐘鼓之樂的改變"。① 這種"別出心裁"的説法,明顯不可信,因爲無論是《關雎》的詩句,還是《詩論》的簡文,都是以"琴瑟"與"鐘鼓"對言,都是禮樂的物化指代,不可能一爲好色,一爲禮樂,"擬好色之願"即明言超越了純粹的"好色"。如果戰國時《關雎》分爲四章,則必定是前三章每章四句,第四章八句。細味《詩論》之意,顯然其與鄭玄同樣分爲五章,其中第一、二章兩次提到"窈窕淑女",但前三章祇説"寤寐求之""輾轉反側",是純粹的"好色";第四、五章也兩次提到"窈窕淑女",但緊接着説"琴瑟友之""鐘鼓樂之",已經一改純粹的"好色",而升華爲愛好禮樂,這是"以色喻于禮"。準此,則"兩矣"前的缺文可以擬補爲"其一章二章,言窈窕淑女",正好十個字,與濮茅左的推測相符。

第二,關于簡 13 後半的補字。

簡 13 末殘存"甘"字,廖名春、黃懷信等都曾指出其下脱漏了"棠"字及對《甘棠》的評論。而簡 15"及其人,敬愛其樹,其保厚矣!《甘棠》之愛,以召公",雖然上下皆殘,但明顯是評論《甘棠》的文字。所以李學勤將兩枚殘簡拼合爲一簡,并得到許多學者的贊賞。上文已經指出,這是李先生編聯方案中唯一的漏洞,因爲兩者句式完全不同,如此拼合很不協調。而李零把"甘"字臆改爲"曰",説其下"缺文是講《緑衣》《燕燕》",既欠嚴謹,也不合理。黃懷信采用李學勤拼合簡 13、15 的做法,然後在簡 15 末尾、簡 11 前

---

① 邢文:《〈詩論〉之"改"與〈周易〉之"革"》,《中國哲學史》2011 年第 1 期。

部各補十個、十六個缺文或缺字符,連讀爲"之故也。《綠衣》憂無已,憂無忘,不亦有思乎?《燕燕》□□□□□□□",這樣《綠衣》《燕燕》的評論都是十一個字,表面上看相當巧妙。但前六詩評論都以"不以□□乎"結束,唯《燕燕》評論之末爲"情愛也",這一關鍵問題無法彌縫。這裏最值得注意的是濮茅左的做法,他没有采用李學勤的拼合之説,而按照句式補作"《甘[棠]》□□□□,不亦□□乎?《綠衣》□□□□,不亦□□乎?《燕燕》□□□□,不亦□□]",即在簡13後半補三十一字。其謹慎態度,有足多焉,但因其下接簡16的排序仍然不對,没法準確推斷此處缺文的字數。筆者認爲,簡13下當接以簡11,根據下文分析,"情愛也"前可補出與之句式相同的六句話十八個字,但前兩字當居簡13殘泐文字之末。上文在簡12末補出"《漢廣》不求",簡13首端須補一"不"字以上接其文意,再加簡文二十四字和末尾這兩個字,已有二十七個字,則"甘"字以下可再補二十八字,全簡五十五字,較爲妥當。"棠"下四個缺文,可以直接用簡15"敬愛其樹"補入。《綠衣》前兩章重複説"心之憂矣",後兩章重複説"我思古人",簡16則説"《綠衣》之憂,思古人也",這裏《綠衣》下衹能補兩個字,當爲"心憂"。《燕燕》前三章重複描寫"瞻望弗及"這一動作,來表示詩人感情之深,這裏《燕燕》下同樣衹能補兩個字,必爲"瞻望"無疑。三個"不亦"下,參考上文應分别補作"有保""有思""有情"。這樣復原的結果,上下文意相當通暢,句式更加協調。

第三,關于簡11開頭的補字。

馬承源在竹書釋文中已經指出,簡11開頭的"'情愛也'爲上篇評述之最後三字,當爲《燕燕》篇評語之殘",這一點基本得到公認。但這三個字如何讀,却是一個長期被人忽視而又極其關鍵的問題。比如李學勤在《〈詩論〉簡的編聯與復原》一文中將"情愛"二字連用,而在《〈詩論〉説〈關雎〉等七篇釋義》一文則將其斷開讀作"……情,愛也"。其他學者大多連用,周鳳五則斷開來讀。① 晁福林認爲這"似乎是比較妥當的做法",并説"依照'《關雎》之改'的文例,可以擬補爲'[《燕燕》之]情,愛也'"。② 其實簡文中衹有"《關雎》之改",并没有"《關雎》之改,□也"的句式,直接補出這三個字是没有依據的。廖名春衹補上《緑衣》《燕燕》兩個篇名,後標省略號,表示不知道缺文的情况。上引黄懷信之説,則又在《緑衣》下補出十一個缺字,在《燕燕》下補標八個缺字符而下接簡文"情愛也"三字。對于這類説法,没有人提出過异議,大概此處缺了兩個篇名,已經被視爲理所當然。然而,在上文補出簡 13 後半的缺文以後,再來思考這一問題,就會發現,簡 11 "情愛也"前的缺文中絶對不可能再出現篇名,而應該是六個與"情,愛也"句式相同的簡短判斷句,它們一一對應于簡 10 "《關雎》之改"等七句,是用來解釋其句末一字之意的。那麽,如何復原這六句話呢?"《關雎》之改",釋讀紛歧,僅黄懷信所列舉,就有"改""怡""嬰""妃""㤅""述""哀""已"等。③ 奇怪的是,所見大量論著無一引用《易·益》象曰:"益動而巽,日進無疆,天施地生,其益無方。凡益之道,與時偕行。"象曰:"益,君子以見善則遷,有過則改。"特别是簡 11 説:"《關

---

① 周鳳五:《〈孔子詩論〉新釋文及注解》,《上博館藏戰國楚竹書研究》,上海書店出版社,2002 年,第 154 頁。
② 晁福林:《上博簡〈詩論〉研究》,商務印書館,2013 年,第 140 頁。
③ 黄懷信:《上海博物館藏戰國楚竹書〈詩論〉解義》,社會科學文獻出版社,2004 年,第 23—24 頁。

雎》之改,則其思益矣。"足以説明此處最妥當的應該是補"改,益也"三字。但其不是像姜廣輝所説通"溢",釋爲"過也",而是説有所進益。

"《樛木》之時",簡文原作"旹",馬承源釋作"時",并謂"或當讀爲'持'"。李學勤"訓爲'會',意思就是時會"。廖名春、晁福林、劉信芳等人從之。王志平疑讀爲"侍",① 邾尚白説"似應訓爲'承'"。② 姜廣輝説:"此詩在先秦常被人引用,并引申出以德持禄的思想,認爲德是保持禄位的根本。因此'《樛木》之時','時'當爲'持'。"細味簡11"《樛木》之時,則以其禄也"之意,應該不是"持禄",而是"以其禄"相持。前面的"時"字,是指君臣時時相互依靠,在做出"時,持也"的訓釋後,再點明君臣之間是通過"禄"聯繫起來,形成一種相互依存關係的。

"《鵲巢》之歸",釋讀也相當紛歧,兹不繁引。廖名春《上海博物館藏詩論簡校釋》認爲:"簡文以'離'釋'歸','離'是離開母家,'歸'是前往夫家,詞異義同。但這種'離'和'歸',是'出以百輛',禮節是極其隆重的。'不亦有離乎',可謂是'離'其所當'離','歸'其所當'歸'。"并主張讀"離者"爲"離諸",下補"父母也。《甘棠》之保,敬"八字,下接簡16。姜廣輝則擬補作"百兩矣,《甘棠》之保,美"八字。而裘錫圭指出,文中"從'辵''㤅'聲之字,應該是'送'字的异構……'送'當指娘家送女而言……簡11、13的

---

① 王志平:《〈詩論〉箋疏》,《上博館藏戰國楚竹書研究》,上海書店出版社,2002年,第215頁。
② 邾尚白:《上博〈孔子詩論〉劄記》,《新出土文獻與古代文明研究》,上海大學出版社,2004年,第67頁。

'送'也可讀爲'媵'。"①考《毛傳》云:"百兩,百乘也。諸侯之子嫁于諸侯,送御皆百乘。"《鄭箋》云:"御,迎也。是如鳲鳩之子,其往嫁也,家人送之,良人迎之,車皆百乘,象有百官之盛。"詩句"百兩御之""百兩將之""百兩成之",都是指男方迎親而言。毛傳、鄭箋都補充説明女方送嫁,也是用百乘相送的。這應該是早期《詩》學的通行做法,足證簡 11 前面的訓釋當補作"歸,送也",簡末"送者"下缺文可補作"亦百兩也"。簡 11 前面另外三條訓釋當補作"智,知也""保,報也""憂,思也",從字面上就能夠理解,兹毋贅述。據濮茅左推測,簡 13 末端殘缺了兩個字,簡 11 上端殘缺了十六個字,合計爲十八個缺文。以上所補六條訓釋,每條三個字,正好相符。

第四,關于簡 15 的補字。

將簡 13、15 拼合爲一簡,除上文所説句式不同外,竹簡形制上也有個疑問。按照竹書整理者之一濮茅左的介紹,簡 15 屬于整簡的上半部分,殘端距離上契口 0.1 厘米,上端約殘缺八個字。如果這一説法可信,就不能把它當作下半簡與簡 13 拼合。那麽它應該排在何處呢?簡 16、24 編聯後"孔子曰"的内容爲:

吾以《葛覃》得氏初之詩。民性固然,見其美,必欲反其本。夫葛之見歌也,則【16】以絺綌之故也;后稷之見貴也,則以文武之德也。

吾以《甘棠》得宗廟之敬。民性固然,甚貴其人,必敬其

---

① 裘錫圭:《釋古文字中的有些"悤"字和從"悤"、從"凶"之字》,《出土文獻與古文字研究》第 2 輯,復旦大學出版社,2008 年,第 3—4 頁;後收入氏著《裘錫圭學術文集》第 3 卷《金文及其他古文字卷》,復旦大學出版社,2012 年,第 453—454 頁。

位;悦其人,必好其所爲,惡其人者亦然。【24】

前一小節"吾以"句後,先略論"民性",再以"夫"字引出結合《葛覃》内容的評論。後一小節僅有與之相對應的"吾以""民性"部分,而没有用"夫"字引出結合《甘棠》内容的評論。將簡15移到簡24後,正好可以彌補這一部分缺失,而且其兩大句與前一小節的兩分句,也基本對應,字數又相差無幾,完全合適。

再來看看如何補字。簡15"及其人,敬愛其樹,其保厚矣!《甘棠》之愛,以召公",古書中類似的説法主要有:

《左傳·襄公十四年》:周人之思召公焉,愛其甘棠,况其子乎?

《左傳·定公九年》:《詩》云:"蔽芾甘棠,勿翦勿伐,召伯所茇。"思其人,猶愛其樹,况用其道,而不恤其人乎?

《孔子家語·廟制》:《詩》云:"蔽芾甘棠,勿翦勿伐,邵伯所憩。"周人之于邵公也,愛其人,猶敬其所舍之樹。

《孔子家語·好生》:孔子曰:"吾于《甘棠》,見宗廟之敬。甚矣,思其人,必愛其樹;尊其人,必敬其位,道也。"

時賢多謂"及"字前應補"思"字,可從。其上據《孔子家語·廟制》補"周人之于邵公也"七字,簡15上端所缺八個字就都補足了。簡24末缺一字,則爲"夫"字無疑。《甘棠》一章"召公所茇",二章"召公所憩",《左傳》及《孔子家語》所引,亦一作"茇",一作"憩",此處補兩者之一皆可,兹姑從廖名春補"所茇也"三字。根據

582

以上論述,可以補足《關雎》章的九十個缺文,得到一個比較完整的復原文本,茲移錄于下。本文重點不在文字考證,故釋文采寬式,用通行字代替古文字。

《關雎》之改、《樛木》之時、《漢廣》之智、《鵲巢》之歸、《甘棠》之保、《綠衣》之思、《燕燕》之情,曷?曰:動而皆賢于其初者也。《關雎》以色喻于禮,[其一章二章,言"窈窕淑女"]【10】兩矣!其四章則喻矣!以琴瑟之悅,擬好色之願;以鐘鼓之樂,[合二姓之]好,反納于禮,不亦能改乎?《樛木》福斯在君子,不[亦能時乎?《漢廣》不求]【14+12】[不]可得,不攻不可能,不亦知恒乎?《鵲巢》出以百兩,不亦有送乎?《甘[棠]》敬愛其樹,不亦有保乎?《綠衣》心憂,不亦有思乎?《燕燕》瞻望,不亦有情乎?改,益]【13】[也。時,持也。智,知也。歸,送也。保,報也。憂,思也]。情,愛也。《關雎》之改,則其思益矣。《樛木》之時,則以其祿也。《漢廣》之智,則知不可得也。《鵲巢》之歸,則送者【11】[亦百兩也。《甘棠》之保,報]召公也。《綠衣》之憂,思故人也。《燕燕》之情,以其獨也。孔子曰:"吾以《葛覃》得氏初之詩。民性固然,見其美,必欲反其本。夫葛之見歌也,則【16】以絺綌之故也。后稷之見貴也,則以文武之德也。吾以《甘棠》得宗廟之敬。民性固然,甚貴其人,必敬其位;悅其人,必好其所爲。惡其人者亦然。[夫]【24】[周人之于召公也,思]及其人,敬愛其樹,其保厚矣!《甘棠》之愛,以召公[所茇也]。"【15】

583

三、餘論

竹簡古書的編聯和復原，表面上主要包括給竹簡排序和擬補缺文，但其牽一髮而動全身，往往與其他問題密切相關。本文關于《詩論·關雎》章的編聯和復原，隱含了對于《詩論》的文體、作者及編聯方法等方面的若干不成熟認識，或許對其全篇之研究不無啓發意義。關于《詩論》的文體，有些學者認爲它是具有内在邏輯的專題論文。如李學勤説"《詩論》是有嚴密組織和中心主旨的論文"，姜廣輝稱贊它是"一篇結構講究、邏輯清晰、語意連貫、首尾呼應的古代佳作"，范毓周認爲"這是一篇邏輯關係非常清晰的論述《詩經》象徵性含義的論文，其作用有如《毛詩》的大序"。相反，廖名春認爲"《孔子詩論》屬于問答語録體而非專題論文"。張三夕説："孔子當年授《詩》以及弟子們的記述，不大可能像今人寫論文那樣，按照嚴格的合邏輯的寫作提綱，先有一個概論性的觀點，然後分述論證這個觀點。孔子教學是啓發式的，因人因事不同，有時是隨文的、即興的、靈活的。《詩論》從形制和文義上有助于我們印證這一點。"[①]其實雙方的説法不過各有側重，認爲屬于問答語録體的則拿編排在中間的那些比較零散的簡文説事，承認是專題論文的就拿《關雎》章這樣的章段説事，看上去都有道理，却都難以説服對方。關于《詩論》作者，上博簡整理者發表竹書時，把這篇詩學文獻命名爲《孔子詩論》，似以爲孔子所作。而李學勤等多數學者認

---

① 張三夕：《關于上博簡〈孔子詩論〉編聯排序的幾個問題》，《華中師範大學學報（人文社會科學版）》2002 年第 5 期。

爲,《詩論》中的六處孔子言論屬于作者闡發自己學說時徵引的言論,并未貫穿全篇。如彭林說:"將此篇定名爲《孔子詩論》,需要有一個前提,即篇内論《詩》的文字全部或基本上是孔子之言,否則就有名實不符之嫌。""如果竹書全部是孔子之語,則在篇首出一次'孔子曰'即可。而竹書中多次出現'孔子曰',則表明某些話并非孔子所說。""該篇有可能是某位傳《詩》者(很有可能是子夏)的言論,故文中既稱引孔子的話,也有自己的議論。如果此推論不誤,則該篇的定名,似可删去'孔子'二字,徑名《詩論》爲妥。"[1]此外,還有作者爲子羔、孔子再傳弟子等多種說法。然而,無論持何種觀點,學者對《詩論》中孔子本人的評論所占地位,估計都比較高。如徐正英說:"在共二十九簡一千餘字的《詩論》中,能夠確定論《詩》之語非出自孔子之口者僅有第七簡中'誠謂之也''誠命之也,信矣'數語及第十簡中'《關雎》之怡'七句。且後者并非論述,而僅是以此七個定評性問題向孔子發問,孔子對此一一作了詳盡解答,内容體現的仍完全是孔子的思想而非問者的思想。"[2]因此,濮茅左提出《詩論》的三點復原方法,首先就是"'孔子曰'的傳統骨幹",即把"孔子曰"作爲一章開端的重要標志。這一做法得到許多學者的支持,如以《關雎》章爲例,絕大多數編聯方案,都是以"孔子曰"爲界,分爲前後兩章的。筆者認爲將《關雎》章分爲兩章的做法實不可取,因爲《詩論》是一篇結構嚴謹的《詩》學論著,《關雎》章的論述層次尤其豐富而清晰,前呼而後應。上文的編聯和復原中,最關鍵的是對簡11上端補字的處理。由于竹簡殘損嚴重,簡首"情,

---

[1] 彭林:《關于〈戰國楚竹書·孔子詩論〉的篇名與作者》,《孔子研究》2002年第2期。
[2] 徐正英:《上博簡〈詩論〉作者復議》,《中州學刊》2004年第6期。

愛也"三個字之前内容不明,研究者長期沒有意識到它們代表了一個文意層次。因而包括馬承源、李學勤在内的多數學者認爲,《關雎》等七詩前後共出現三次,或者説這段論述是分成三層或三輪的。馮時分爲四層,濮茅左分爲五層,不過是簡序錯亂而導致的誤增。曹峰曾對三輪的特點有所分析:"第一輪集中用一個字表達各詩的意旨,第二輪的討論,各篇的展開雖有長有短,但前四篇均以'不亦'句式來結尾,後三篇因殘缺而看不到這種現象,但其存在或許可以推測的。第三輪的展開依舊是十分整齊的,即在複述第一輪的四字句後,用'則……矣''則……也''……也'的短句來進一步突出主題。"①這主要還是從句式上着眼的,并没有説出隱藏在文字後面的真正層次特點。根據上文的編聯和復原,則可以清楚看出其中多出了第三層,而成爲四個層次。以評論《關雎》爲例:

《關雎》之改……《關雎》以色喻于禮,[其一章二章,言"窈窕淑女"]兩矣! 其四章則喻矣! 以琴瑟之悦,擬好色之願;以鐘鼓之樂,[合二姓之]好,反納于禮,不亦能改乎?……[改,益也。]……《關雎》之改,則其思益矣……

其中第一層用一個字評論該詩特點,第二層結合該詩内容具體闡述其特點,末句仍歸結到這個字,第三層用另一個字訓釋前一個字,第四層用含有這個訓釋之字的一句話,來揭示該詩特點的重

---

① 曹峰:《對〈孔子詩論〉第八簡以後簡序的再調整》,《上海博物館藏戰國楚竹書研究》,上海書店出版社,2002年,第203頁。

心所在。① 四層之間,依次遞進,邏輯嚴密,反映出作者具有極高的詩學詮釋藝術和水準。如果缺了第三層,第四層就會顯得突兀,甚至難以理解。不過從文章結構上說,以上四層的劃分其實并不完全妥當。"《關雎》之改"等七詩評論下接之字,無論是讀作"曷"成爲問辭,還是讀作"蓋"連下成爲引辭,其下的"曰:動而皆賢于其初者也"一句話都是統七詩而言的總論,這是説人的行爲動作從其最初動機或思想感情上説都是"賢"的,與後世所謂"人之初,性本善"意思相近。後面三層内容,一一分述《關雎》等七詩反映出人的七種美好思想感情,如"好色"即愛美,有了這種愛美之心,再進一步升華,方能愛好禮樂,"好色"有什麽不好呢? 相對于前面那句總論來説,都可以視作分論。如果就此結束,那句總論就沒有得到呼應。而"孔子曰"評論《葛覃》《甘棠》二詩,認爲它們反映了"氏初之詩""宗廟之敬"。其中《甘棠》包括在七詩之内,前面已有論述,爲何還要重複? 這實際上是引孔子之言,對前面的七種思想感情進行歸納和升華,把敬初報本作爲人的最高思想境界,使那句總論中多少有點空洞的"賢"字的内容得以充實和豐富。可見,《關雎》整章論述具有"總—分—總"的結構特徵。如此嚴謹的結構,如此明顯的引述,怎麽能夠説是問答語録體? 怎麽可能是孔子所作? 怎麽可以把"孔子曰"排除在《關雎》章之外? 這不但是《關雎》章編聯和復原時必須注意的問題,也應該會對研究《詩論》全篇具有一定的啓發意義。

---

① 有個別例外:"送"字提前出現,因其不是純釋字義,而是要引出"送者亦百兩"之説。"以其禄也""以其獨也"兩句中沒有使用訓釋之字,但隱含其意,即因其禄而相持,因其獨而相愛。

走馬樓吳簡"枯兼波簿"新探

近年公布的《長沙走馬樓三國吳簡·竹簡(三)》中有一類獨特的簿籍[1],王子今簡稱之爲"枯兼波簿",并從"兼"字釋義入手,對"其透漏的生態史信息"加以論述。[2] 友人沈剛進而對"波枯兼簿籍的形式、它所反映的内容,以及相關的歷史背景做進一步的討論"。[3] 孫聞博在"陂塘簿格式的推定"基礎上,進一步對"波與丘、池、沃田關係""沃田、唐田及其耕種者"加以考證。[4] 方高峰主要"從走馬樓吳簡看長沙地區的農田水利建設",也對簿籍格式略有

---

[1] 長沙簡牘博物館、中國文物研究所、北京大學歷史學系走馬樓簡牘整理組編著:《長沙走馬樓三國吳簡·竹簡(三)》,文物出版社,2008年。
[2] 王子今:《走馬樓吳簡"枯兼波簿"及其透露的生態史信息》,《湖南大學學報(社會科學版)》2008年第3期。
[3] 沈剛:《走馬樓三國吳簡波枯兼簿探討》,《中國農史》2009年第2期。
[4] 孫聞博:《走馬樓吳簡"枯兼波簿"初探》,《簡帛研究(二〇〇八)》,廣西師範大學出版社,2010年,第274—285頁。

討論。① (以下分別簡稱爲王文、沈文、孫文、方文) 四位先生都是秦漢史和簡牘專家,其研究各有側重,也各有創獲。筆者讀後頗受啓發,同時感到一些關鍵問題仍有進一步討論的餘地,如"枯兼波簿"包括哪些殘簡,其文書格式和性質如何,最關鍵的"兼""殴"二字究爲何義。這裏談點粗淺的看法,不當之處,敬請學界同道指正。

一、"枯兼波簿"簡文補遺

王文根據整理組發表的釋文錄出三十四條相關簡文,又在注釋中提示還有十二條簡文可見"墾食"字樣。還有不少殘簡中雖然沒有出現"枯兼""墾食"二詞,但有"波""殴""沃田""可用若干夫"等字樣,格式相近,當屬"枯兼波簿"簡文無疑,有些條目甚至比王文錄出者更爲重要。王文僅因其重點在于解讀"枯兼"之義,而沒有全部錄出,且有兩點小小的紕漏。一是注中提及的簡6427并無"墾食"二字,實爲簡6724之誤。二是其所列第三十四條即簡906"☑□連年遭遇枯旱禾□不收□□□□貴各貧窮少有糠",其簡序遠在此簿其他殘簡較集中的簡6311—7245之前,格式上也沒有任何相同之處。王文認定這條殘簡屬于"枯兼波簿",顯然是爲了證成其主旨,即"枯兼"是因氣候乾旱而導致波溏枯淺,這種先入爲主的做法實不足取。

---

① 方高峰:《從走馬樓吴簡看長沙地區的農田水利建設》,《中國社會經濟史研究》2010年第2期。

孫文沒有完整補錄簡文，僅提供了他的統計結果："目前吳簡中陂塘類簡牘(含殘斷)共八十二枚左右"。文中引用簡6"鄉界立起波溏合一百卅八人并有饑窮☐除未訖出雜禾一百卅八斛給☐☐"，顯然以爲它屬于此簿殘簡。這條殘簡的序號更靠前，內容説的是"立起波溏"時之事，與此簿事前調查波溏狀況雖有關係，但在時間上有先後之別，似乎也不應列入。據我們檢索，在王文所列三十三條之外，"枯兼波簿"還有四十七條殘簡，共計八十條簡文。孫文所謂八十二枚可能正是這八十條加上以上誤列的兩條。兹先補錄四十七條簡文于下，供研究者參考：

(1) 右波十六所田合 五 百卅二頃七十九畝……☐【6316】

(2) ☐……波二所☐【6350】

(3) ☐☐丈 六 尺殿☐☐ 沃田 ☐☐【6351】

(4) 右☐等歲自墾食☐【6436】

(5) ☐其波十六所田合六百卅二頃七十☐【6554】

(6) ☐……枯兼廿三年【6581】

(7) ☐ 年 可用三萬夫【6589】

(8) 其波九所田合五……頃唐兒民自 墾 ☐【6724】

(9) ☐波一所…… 長 廿五丈殿十五丈沃田六頃五十畝☐☐【6726】

(10) ☐墾食【6758】

(11) ☐長十一丈殿八丈沃田☐☐【6774】

(12) ☐……二百……不墾食☐【6829】

(13) 東薄波一所 深☐【6935】

(14) ☐波一 所深 ……☐【7020】

(15) 大☐波一所深二丈 長 ☐【7021】

(16) ☐☐☐等自墾食【7070】

(17) ☐長卅丈殷十八丈沃田☐☐【7081】

(18) ☐沃田一頃民界☐☐【7082】

(19) ☐☐☐少羅列頃畝會月廿日膚簿詣廷 模 (?) ☐【7193】

(20) 叩頭叩頭死罪死罪案文書被敕輒詣鄉吏區【7195】

(21) ☐……十夫……【7196】

(22) ☐胡(?)諸☐☐自墾食【7197】

(23) ☐☐田頃畝數爲簿如牒【7199】

(24) 民大男毛萇☐皮等合☐民墾食【7200】

(25) ☐……殷六十五丈沃田一百一十頃男子聶禮張【7202】

(26) 京☐塘一所……長一百五十丈沃田十頃溏兒民陳散李☐等歲自 墾食

……長一百一十八丈沃田十九頃……【7205】

(27) ☐六千夫民大男毛 市 陳丈陳建等自墾食【7206】

(28) 右(?)小武陵鄉波二所沃田十四頃九畝☐☐☐十五年廿三年☐☐☐【7207】

(29) 右波二所沃田卅五頃……【7209】

(30)☑……一千囗丈沃田六項五十八畞【7210】

(31)囗囗作【7213】

(32)西波一所囗囗長卅一……作用二千五百夫囗沃田七項五【7214】

(33)囗囗囗囗溏兒民囗……

囗囗囗囗長一百丈沃田卅九項溏兒民吴金王署等歲自墾食【7216】

(34)囗囗波一所深……長六十一丈殷五十丈沃田八十三項卅畞【7219】

(35)逢唐波一所……長三百丈沃田四項溏兒民沙郡劉張【7221】

(36)馮漢等歲自墾食【7222】

(37)千夫作【7223】

(38)善等自墾食【7224】

(39)右波九所田合五百卅一項卅畞囗給民自墾食【7226】

(40)年可用一萬二千夫作【7228】

(41)囗囗波一所長六十丈深囗丈殷卅丈沃田卅項囗十項囗武【7230】

(42)可用三萬一千夫作【7231】

(43)囗波一所長三百丈沃田五十項溏兒民囗囗長沙郡劉張馮漢等歲自【7236】

（44）右溏波三所沃田一百□十□頃 六 畝其一百一十八頃【7237】

（45）光 黃 肅等隱核□□波唐田頃畝令光等各列簿【7241】

（46）幾畝不可佃及……久 溏 波田當□悉令耕列□【7244】

（47）☑□□□陂池長廣深殹□頃畝可【7245】

需要説明的是，以上主要是將有特殊字詞、格式者録出，還有些簡文殘缺嚴重，是否屬于此簿散簡，暫時難以判定。如據整理組注："簡7197至7246出土時原爲一坨。"而在可以認定的八十條殘簡中，有四十三條介于其間，剩下七條中也許仍有屬于"枯兼波簿"的簡文。同理，其他散簡前後之内容相關者，其屬于"枯兼波簿"簡文的可能性也較大，這一點下文還偶有涉及。

二、"枯兼波簿"正文格式

"枯兼波簿"正文由三個部分組成：小標題、條目、小結。

小標題如簡7204所示：" 都鄉謹列枯兼 波長 深 頃畝簿。""××鄉謹列××簿"的格式吳簡中常見，如"南鄉謹列嘉禾四年吏民户數（?）口食人名年紀簿"（1・9088）、"廣成鄉謹列嘉禾六年吏民人名年紀口食爲簿"（2・1798）。但此簿殘簡除提到"都鄉""小武陵鄉"外，還有大量小結簡，學者公認是以鄉爲單位進行統計的。所

593

以簡 7204 并非此簿的總標題,而祇是"都鄉"的小標題。方文認爲"册書的標題似爲'臨湘縣(侯國)諸鄉枯兼波長深頃畝簿'",應該比較接近實際。

條目是具體就某一波溏所做的調查,爲此簿之核心内容,殘簡較多,兹僅列較典型的四條:

亭下波一所深一丈七尺長廿丈殿十一丈沃田九頃枯兼十年可用一萬夫【6320】
高□波一所深一丈長七十一丈殿□丈沃田□頃枯兼三年可用五千夫【7215】
京□塘一所……長一百五十丈沃田十頃溏兒民陳散李□等歲自墾食【7205】
逢唐波一所……長三百丈沃田四頃溏兒民沙郡劉張【7221】

小結是在每鄉單列波溏之下所做的統計,居于條目的左側,都以"右"或"其"開頭,低格書寫。如:

右(?)小武陵鄉波二所沃田十四頃九畝□□□十五年廿三年□□□【7207】
右波十六所田合五百卅二頃七十九畝……□【6316】
右波九所田合五百卅一頃卅畝□給民自墾食【7226】
其波九所田合五……頃唐兒民自墾□【6724】

從上列條目和小結簡文可以看出,"枯兼波簿"有其比較特殊而固定的格式,但又似乎并不完全一致。沈文"根據秦漢以來簡牘册書寫的程式及吴簡其他册書的體例","先找出具有提示信息的簡",再"根據竹簡中的關鍵字與具體内容,復原出兩種類型的波枯兼簿書"。孫文的分析方法和結論與之類似,其所推定的"陂溏簿大致格式"更爲簡明,移録于下:

  A 類:×鄉謹列枯兼波長深頃畝簿
    ×波一所深×長×殷×沃田×枯兼×年可用×夫作
    ……
    右×鄉波溏×所沃田×……
  B 類:標題簡(波溏田頃畝簿)
    ×波(或作溏)一所長×沃田×溏兒民×郡×等歲自墾食
    ……
    右波×所田合×給民自墾食

這裏所謂 A 類、B 類,沈文稱爲"類型一""類型二",前者名爲"枯兼波長深頃畝簿",是開墾沃田前的"調查統計帳";後者"名稱不詳",是"核查已開墾出來的土地耕種情況"。并明確指出:"這兩種類型不僅在格式上區分明顯,而且在功能上也大不相同,類型一祇是爲了獲取枯兼波沃田基本數據,包括面積、所用人工等,而編制成的調查統計帳。類型二則是政府核查已開墾出來的土地耕種情況,大約是爲徵收賦税做準備。二者分别代表了對這類土地開發的不同階段。"按照他們的分析,則"枯兼波簿"根本不是一份,而是兩種不同的簿籍,其編制時間、名稱、格式、内容、目的等迥然有別,祇不過都與波溏相關而已。究其實質,他們都將有"枯兼"二字與有"墾食"二字的簡文視作兩種不同的格式,這或許受到王文僅列前者做法的影響。但如此分作兩種類型,可能并不符合實際,因爲這兩類簡文都統計波長深殴、沃田頃畝、可用若干夫作等,區別僅在于有"枯兼"還是有"墾食"而已。并且吴簡中有這樣一條簡文:

倉等歲自墾食其卅頃枯兼廿年可用一萬夫作【7225】

這條簡文同時出現了"墾食""枯兼"二詞,與兩類格式都不相符,沈文、孫文却都徑將其歸入"類型一"或"A類",似欠妥當。沈文又説它"和格式類型二比較相近",更嫌自相矛盾。此簡前半顯然有所殘缺,可以結合以下兩簡做一分析:

□□波一所長六十丈深□丈殴卅丈沃田卌頃□十頃□武【7230】
右溏波三所沃田一百□十□頃 六 畝其一百一十八頃□□【7237】

"枯兼波簿"殘簡大都祇有一個沃田頃畝數,僅簡7237同時出現兩個頃畝數。它的後半部分雖已殘損,但大致内容不難推斷。因爲這是一支小結簡,而據沈文、孫文歸納的小結簡格式,除總結

596

波溏所數、沃田頃畝之外,剩下的祇有"墾食"一項内容,所以這條殘簡緊接的缺文應該是講被何人墾食。需要注意的是,其他殘簡"墾食"都直接記在沃田頃畝之後,此簡"墾食"二字也沒有放在"其一百一十八頃"之前,足以佐證簡7225"其卅頃"不能連上"自墾食"讀,而應與其下"枯兼廿年"連讀。進一步推斷,簡7237末尾缺文應爲"其××頃枯兼××年"(六畝是在墾食還是枯兼數内不可考),而簡7225前缺文也必有兩個田頃畝數。再看簡7230的兩個數字與簡7225正好相符,補上後面兩個缺文,可以直接連讀作:

□□波一所,長六十丈,深□丈,殷卅丈,沃田卌頃。[其]十頃[民]武/倉等歲自墾食,其卅頃枯兼廿年。可用一萬夫作。

根據這條復原後的簡文和對簡7237缺文的分析,可以看出正文條目簡和小結簡最完整的格式應爲:

波一所長×深×殷×沃田×其×墾食其×枯兼×年可用×夫作
右波×所沃田×其×墾食其×枯兼×年

現存殘簡沒有一條具備如此完整的格式,顯而易見的一個原因是吳簡殘損十分嚴重;但從簡文本身也可以看出,其更主要的原因還在于當時波田的實際耕佃狀況,或全被"墾食",或全屬"枯兼",兩種情況兼具者很少。

總之,從"枯兼波簿"正文殘簡來看,其格式是基本統一的,所謂兩種類型之説不能成立,這一點通過對簿末一篇總述性文書的復原和分析可以看得更加清楚。

三、"枯兼波簿"末尾文書復原

在正文簡之外,"枯兼波簿"還有如下八條殘簡,值得特别關注:

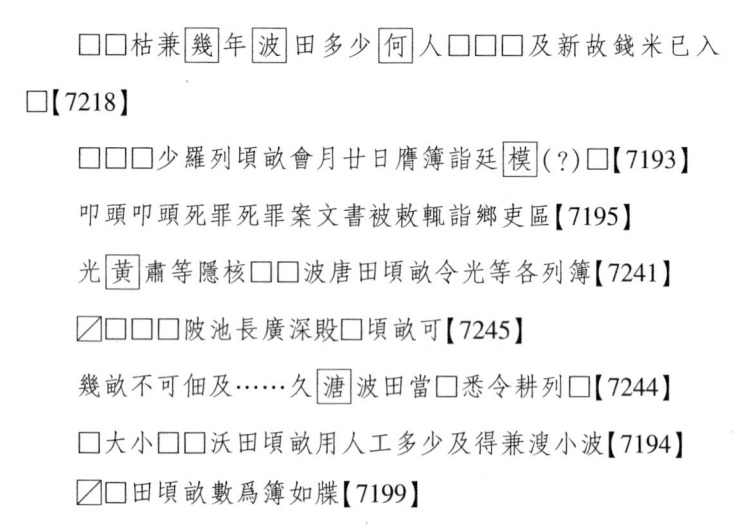

　　□□枯兼 幾 年 波 田多少 何 人□□□及新故錢米已入□【7218】
　　□□□少羅列頃畝會月廿日膚簿詣廷 楔 (?)□【7193】
　　叩頭叩頭死罪死罪案文書被敕輒詣鄉吏區【7195】
　　光 黄 肅等隱核□□波唐田頃畝令光等各列簿【7241】
　　☑□□□陂池長廣深殷□頃畝可【7245】
　　幾畝不可佃及……久 溏 波田當□悉令耕列□【7244】
　　□大小□□沃田頃畝用人工多少及得兼溲小波【7194】
　　☑□田頃畝數爲簿如牒【7199】

以上八條殘簡中,王文因其主旨限于討論"枯兼"之義,衹刊録出第一條;沈文認爲簡 7194、7218、7241 都是"具有提示信息的簡";方文將簡 7241、7194、7218、7244、7245 稱爲"陳辭簡";孫文則將前七條稱爲"陂塘相關文書",從其統計此簿共八十二枚來看,應該已經包括簡 7199 在内,衹因此簡具體信息較少,不予重視而未録出。他們的研究方法,都是將這些簡文與正文殘簡進行比較,作爲歸納文書格式的重要參考依據,而對各簡之間的相互關係沒有予以足夠的重視。沈文指出其中既有"上級機關對枯兼波長深頃畝簿的内容所作要求",也有"上行文書,對上級提出要求所做的回應",富有啓發意義。但他可能没有意識到,這兩種看似相反的"要求"和"回應"是完全可以出現在同一篇公文之内的。我們經過反復玩味發現,這八條簡文應該按照以上順序編排,補上部分缺文或文意後,可以復原出一篇完整的總述性文書。下面先引居延漢簡、漢碑題跋各一條作爲主要參照材料,再據以做出具體論證。

居延漢簡【128·1】:《廣地南部言永元七年(95)四月盡六月見官兵釜砲四時簿》:……永元七年六月辛亥朔二日壬子,廣地南部候長叩頭死罪敢言之:謹移四月盡六月見官兵釜砲四時簿一編。叩頭死罪敢言之。①

《漢孔子廟置卒史碑》:……其後又有魯相奏記司徒、司空府,文字尤爲完好。云:永興元年(153)六月甲辰朔十八日辛酉魯相平、行長史事卞、守長擅(憻)叩頭死罪敢言之:司徒、司空府壬寅詔書爲孔子廟置百石卒史一人掌主禮器、選年冊以上經通一藝雜試能奉弘先聖之禮爲宗所歸者,平叩頭叩頭死罪死罪,謹按文書,守文學掾魯孔龢、師孔憲、戶曹史孔覽等雜試,龢修《春秋》嚴氏,經通高第,事親至孝,能奉先聖之禮,爲

---

① 謝桂華、李均明、朱國炤:《居延漢簡釋文合校》,文物出版社,1987年,第211—213頁。

宗所歸,除鰍補名狀如牒。平惶恐叩頭死罪死罪上司空府。①

居延漢簡永元年間"兵釜硇簿"是廣地南部候長向上級報送本部別籍的簿籍,由五份簿書、七十七枚簡牘組成,其文書格式基本相同,今節引最後一種作爲示例。孔廟碑所附記"魯相奏記"僅百餘字,内容比較簡略,但極爲寶貴的是它反映了漢代侯相上奏朝廷文書的典型樣式。這兩條材料爲研究"枯兼波簿"的文書格式提倡了極好的參照,尤其後者的參照價值更加明顯。具體來説,可做如下七點分析:

(一)首先引人注目的是三者都有"叩頭死罪"之類公文用語。清人王士禎曾説:"昔人謂江左禁書疏往來,故右軍帖多稱'死罪',以當時有禁也。然孔廟漢碑魯相奏記司徒司空府,首具年月日魯相某等'叩頭死罪敢言'云云,末又云某'惶恐叩頭死罪'。又孔文舉、繁欽、陳琳諸人皆用之,則非自右軍始矣。"②其實董仲舒《詣丞相公孫弘記室書》一文中四次説到"仲舒叩頭死罪",③説明這種書信格式西漢中期就已出現。王士禎已經注意到孔廟碑和漢魏之際孔融等"諸人皆用之",近代以來發現的居延漢簡、敦煌漢簡中,"叩頭死罪"等用語極其常見,説明東漢至三國時期,這已經蔚然成風,成爲當時公私文書的套話。但漢簡多屬級别較低的公文或私信,且大都殘損嚴重,對研究"枯兼波簿"文書格式參照價值不大。袛

---

① 〔宋〕趙明誠撰,金文明校證:《金石録校證》卷15,上海書畫出版社,1985年,第270頁。
② 〔明〕王士禎:《香祖筆記》卷11,上海古籍出版社,1982年,第227頁。
③ 章樵注:《古文苑》卷10,商務印書館,1937年,第240—242頁。

有五份"兵釜䃜簿"保存完整,且在每份簿籍最後一段話都兩次説到"叩頭死罪敢言之",説明此類段落的首尾都必須使用這類套話。又,"兵釜䃜簿"是逐月逐季上報的例行簿籍,其中間祇有"謹移××簿一編"一句話,没有再説"叩頭死罪"的餘地。"魯相奏記"與之不同,是對執行詔書情況的回奏,所以除首尾兩次使用外,中間説到執行過程時又使用了一次。上列八條簡文僅中間使用一次,根據下文對其内容可以獨立成段的分析,有理由推斷這段話的首尾同樣應該有"叩頭死罪"的字眼。其實在走馬樓簡牘中,有這類字眼的簡文也很常見,僅已公布各册便約有百條左右。如下引"東鄉勸農掾番琬"的一件白事木牘,也是首尾兩次稱"叩頭死罪"。特別是簡7234:"□叩頭死罪敢言之。"介于出土時原爲一坨的簡7197至7246中間,上文説過這五十條簡中有四十三條屬于"枯兼波簿"的簡文,包括這條簡在内的其餘七條都嚴重殘損,雖無屬于此簿的明顯證據,但通過上述分析,這條簡至少按格式來説完全有可能就是"枯兼波簿"的散簡。祇是由于簡文中没有與"波"各種情況相關的内容,我們没有將其列入八條之内,以示審慎。

(二)"魯相奏記"是向朝廷彙報對一份詔書之執行情況的,所以在開頭一句點明時間、人物和"叩頭死罪"的套話之下,首先用"壬寅詔書……者"的方式簡略概述其前詔書的主要内容,這在唐宋以後奏牒中仍很常見。上列八條殘簡中,没有"詔書……者"這樣的文字,但簡7193説"羅列頃畝,會月廿日膺簿詣廷模",簡7195内有"被敕"二字,顯露出下級概述上級要求的口吻,與"魯相奏記"有所類似。王素論及一件走馬樓木牘文書:"東鄉勸農掾番琬叩頭死罪白:被曹敕,發遣吏陳晶所舉私學番倚詣廷言。"早已正確地指

601

出:"此處'詣廷言'之'廷',爲縣署專稱。"①則此簿編制者接到的應爲臨湘(縣)侯發布的敕令無疑,而從下文説"被敕輒詣鄉吏"來看,編制者的地位比鄉吏略高,應爲臨湘縣田户曹署官員。"模"字所處位置與"魯相奏記"概述詔書内容後的"平"字相當,或許正是這位官員的名字,這段話開頭應已提到過其姓,此處省略而僅稱名。可見,"枯兼波簿"的編制緣起,是田户曹署官員"模"接到臨湘縣的敕令,要求調查統計各鄉波溏情况,并規定要在當月二十日報送到縣廷。

(三)"魯相奏記"略述詔書内容後,又來一通"叩頭死罪",并以"謹按文書……補名狀如牒"的方式具體報告詔書的執行情况。與之相比照,簡7195説"叩頭叩頭死罪死罪案文書",顯然應接在簡7193之下。而簡7244末有"列"字,與簡7199末的"爲簿如牒"前後呼應,形成"案文書……列……爲簿如牒"的格式,與"魯相奏記"驚人相似。這爲將八條殘簡正確編聯并復原成一篇總述性文書奠定了基本的框架結構。

(四)值得特別注意的是,簡7195後部與簡7241可以直接連讀爲:"案文書,被敕輒詣鄉吏區/光、黄肅等隱核□□波唐田頃畝,令光等各列簿。"區光在以前公布的走馬樓簡中已經出現過。《長沙走馬樓二十二號井發掘報告》中一枚没有簡號的長簡,開頭説"廣成鄉勸農掾區光言:被書條列州吏父兄子弟夥處人名年紀爲簿。輒隱核鄉界……"②本册明確提到區光的簡文有八條,如簡

---

① 王素:《長沙走馬樓三國孫吴簡牘三文書新探》,《文物》1999年第9期。
② 長沙市文物考古研究所、中國文物研究所、北京大學歷史學系走馬樓簡牘整理組編著:《長沙走馬樓三國吴簡·嘉禾吏民田家莂》,文物出版社,1999年,第32頁。

4905"廷掾區光年冊",簡6902、7067兩言"勸農掾區光"。更重要的是簡6928説"□區光黄牒王陵等督責",這個"黄牒"疑即簡7241的"黄肅","牒""肅"形近致誤。若此説成立,則將簡7195末"區"字與簡7241首"光"字連讀爲一個人名,就更加合理了。孫文似乎已經發現這兩支殘簡應該連讀,故説:"這些陂塘簿應是區光等勸農掾按縣發布的有關命令,以鄉爲單位進行統計登録,進而製作出來的。"

又簡7253"□宗等廿七人各到言君叩頭叩頭死罪死罪案文書令宋原光等",簡7250"府前言部吏番狩郭宋黄原區光等□遣……私學□□",整理組之注已經點明"宋原光"即"郭宋、黄原、區光",却没有注意到"番狩"當爲"潘狩"之誤。此人在走馬樓簡中比區光出現次數更多,如本册簡3563、8396曾提到"鄉吏潘狩""市掾潘狩",二簡分别標有"嘉禾五年十二月""嘉禾二年"。則區光擔任"鄉吏""勸農掾",受田户曹之命參與編制"枯兼波簿",很可能也在嘉禾年間。

(五)簡7245尾"□頃畝可"與簡7244首"幾畝不可佃"文義相承,疑有脱字。兩條殘簡可以補綴連讀爲:"陂池長、廣、深、毁,[幾]頃畝可(佃),幾(頃)畝不可佃,及……久。溏波田當□悉令耕。列□。"其中"及……久"一句當指田被人墾食、枯兼多長時間了,"當"後一字疑爲"勸""課"之類字。上文業已論證"列……爲簿如牒"居于文書尾部,則其前面的這幾句話應該編排在"令光等各列簿"之下,這是田户曹署官員陳述已在鄉簿基礎上核實清楚全縣"陂池長廣深毁"等情況,并表示將遵照縣廷命令,督課農民耕種好溏波田。

603

（六）上列八條簡文中，最難排列的是簡7194和簡7218。我們因前一簡文較短，疑爲概述敕令，曾考慮以之居首，而將後一簡排在簡7244和簡7199之間。後覺這樣排列明顯欠妥，因爲"列……爲簿如牒"中間的文字也應該簡短些，將簡7218夾在中間，"波田多少"既與簡7199"田頃畝數"重複，"及新故錢米已入"又難以與下文簡7199連讀。相反，將簡7194夾在中間，簡7199"田頃畝數"可指"溲小波"沃田面積而言，在連讀方面沒有任何障礙。更重要的是，按前一種編排方法，既然"及新故錢米已入"已明言爲列簿的內容之一，簡文中就理應有所反映。事實上，吴簡中也確實有很多已入、未入新故錢米的簡文，但是"枯兼波簿"的幾十條簡文沒有一個字涉及這一方面，這就很難以簡的殘損來做解釋。而將簡7218作爲敕令的概述，這一難題就迎刃而解了。因爲敕令雖有這方面要求，但田户曹官員在執行時，由於波溏及其沃田的管理和錢米保管顯然應該屬於兩個不同部門，在令區光等勸農掾編制"枯兼波簿"的同時，應該另外讓其他部門官員編制了一份"錢米簿"，一同送呈臨湘侯。這在吴簡中也有迹可尋。據整理組注："簡7156至7196出土時原爲一坨。"而這四十一條簡前面大多數簡文記有"入錢"等內容，末四條簡則都屬于"枯兼波簿"，且主要在其簿末這段話內，有理由推測這一坨簡主要爲"錢米簿"的殘簡，并且"錢米簿"很可能排在"枯兼波簿"之後。

（七）上文說過，居延漢簡"兵釜䃂簿"是級別較低的公文，其參照價值不如"魯相奏記"重要，但它也有一個方面可以彌補後者的不足。因爲"魯相奏記"是一份單獨的回奏，不屬于簿籍，前面不會開列條目。而"兵釜䃂簿"在標題簡之下，先詳細登錄各種軍用器具及其數量,最後纔附上一小段文字,作爲上報簿籍時的簡單説明。"枯兼波簿"這段話的性質與之完全相同,應該也是附在簿籍末尾的。

在以上七點分析的基礎上,這裏嘗試爲上列八條殘簡擬補缺文,殘缺較多處祇能略爲補足文意。雖然不可能一字一句盡合原文,但其文意已經十分清楚,表明它是將"枯兼波簿"上報給縣廷時總述編制緣起、經過、格式、目的等内容的一篇完整文書,而此簿則是臨湘侯敕令田户曹署官員"模"等調查統計縣境内的波溏狀況,"模"等在"鄉吏區光、黄肅等隱核"編造的鄉簿基礎上彙編而成的:

[×年×月×日田户曹×模等叩頭叩頭死罪死罪敢言之:×月×日敕令隱核波唐大小],枯兼幾年,波田多少,何人[自墾食],及新故錢米已入[斛]【7218】[斗升多]少,羅列頃畝,會月廿日膺簿詣廷。模[等]【7193】叩頭叩頭死罪死罪,案文書,被敕輒詣鄉吏區【7195】光、黄肅等隱核[枯兼]波唐田頃畝,令光等各列簿。【7241】[模等已核實]陂池長廣深殹,[幾]頃畝可【7245】[佃],幾[頃]畝不可佃,及[墾食、枯兼暫]久。溏波田當[課]悉令耕。列[波]【7244】[唐]大小,[枯兼]沃田頃畝,用人工多少,及得兼溲小波【7194】[唐沃]田頃畝數爲簿如牒。【7199】[模等叩頭叩頭死罪死罪上。]

四、餘論

最後,對簡文中最關鍵兩個詞語"枯兼""殹"的釋義談點粗淺看法。

　　王文"把走馬樓竹簡所見'枯兼'的'兼'理解爲'淺'字的异體",并認爲諸多波溏枯兼"應當與氣候的乾旱與水資源狀況的惡化有關","引起地方行政管理機構重視,要求'都鄉'列簿上報的這一現象與氣候變遷的密切關係,尤其值得生態環境史研究者關注"。這一立意當然十分髦新穎,但三國時期并不像現代一樣專門設立環保部門,地方行政管理機構能否如此重視氣候變遷,可能是值得懷疑的。《晉書·五行志》記載東漢末至三國初年的旱災固然很多,但水災也頗不少,根據對簡文的"枯兼"一詞的這種理解,以爲當時氣候乾旱到如此程度,更是于史無據。其他三位先生不再強調乾旱問題,但都沿襲其"枯兼"釋義。如方文說,"'兼'即'淺'的异體字,這無疑是正確的",但枯兼的"主要原因是戰亂"。

　　實際上,"兼"爲"淺"字异體之說本身也未必可信。戰國竹簡中的"笄"字,曾有學者釋作"兼",吳振武認爲"是'箭'的象形寫法","金文'竷'字很可能就是深淺之'淺'的會意寫法,其字形所表現的就是以手持'笄'(箭)測水之深淺,同時又兼用笄(箭)聲表示其讀音","它跟祭公之'祭'聲母相同,韻部則有陽入對轉之關係"。① 這一說法十分精審,但王文無視其前半反駁以"笄"爲"兼",仍將二者看作一字,然後推論"兼"爲"淺"即"笄"的异體字,顯然是不妥當的。"兼"爲見母談部字,"箭""淺"同爲精母元部字,又如何可能爲异體字的關係?且即使金文時代"兼"爲"淺"之异體,後世文獻中的"兼"無一可以釋作"淺",僅憑這一孤證來做解

---

① 吳振武:《假設之上的假設——金文"竷公"的文字學解釋》,《吉林大學古籍研究所建所二十周年紀念文集》,吉林文史出版社,2003年,第3頁。

釋,很難令人信服。而從吳簡中"枯兼"的具體語境來看,這一説法更加難以成立。因爲"枯兼"二字大都緊接在"沃田若干頃畝"之下,固然可以看作遠承波溏而言,但也有可能是近承沃田而言的。特別是在上文據簡7230、7225連讀出"沃田卌頃,[其]十頃[民]武倉等歲自墾食,其卅頃枯兼廿年"的語句之後,可以清楚看出這裏的"枯兼"是就沃田而非波溏而言的,并且它又與"墾食"相對而言,顯然應該是指兩種不同的耕佃方式。溏兒民私自墾食或官府給民墾食的波田,其所有權應該仍屬官府,墾食者祇是取得暫時的使用權;與之相對而言的"枯兼"很可能是指有人從官府取得波田的長期使用權甚至所有權,這個"兼"字之義根本無須旁求,無疑就是人們熟知的"兼并"。之所以稱作"枯兼",則是因爲原由官府管理的波田,隨着波溏枯敗而荒廢,纔被有勢力的私家兼并,使用這個名稱能夠清楚説明它與其他兼并方式的區別。

對"枯兼"的這一新解釋,還可以從簿末總述性文書得到兩點旁證。一是它説"列(波溏)大小,(枯兼)沃田頃畝,用人工多少,及得兼溲小波(溏沃)田頃畝數爲簿如牒",後面這個"得兼"之"兼"字,無論如何也無法釋作"淺"字,而可以解釋爲兼并;這句話還説明多數波溏是連同波田一同被兼并的,這或許就是正文殘簡很少同時出現"枯兼"和"墾食"二詞的根本原因。因此,它在前面説"[波唐大小],枯兼幾年,波田多少",表面上看"枯兼"在"波田"之前,似與之無關,而僅指波溏而言,其實枯兼波溏即連同波田在内。二是它所説"[幾]頃畝可[佃],幾[頃]畝不可佃",應該也是波溏調查的專案之一,而在正文殘簡中并未出現一個"佃"字,似乎不相吻合。但在弄清"枯兼"之義後,這個疑問可以迎刃而解。"可

607

佃"當指民自墾食的波田,官府可以隨時收回出佃;"不可佃"則指枯兼的波田,官府不能隨時收回出佃。

"枯兼"不可能指"枯淺",還可以通過分析"殹"字之義得到反證。吳簡在記載波長深之後,經常又記"殹××丈"。沈文懷疑這是"指寬度而言",孫文也說"'殹'作爲當地使用的俗字,或即指陂塘的寬或曰廣"。從字形上看,"殹"應該是"敗"的異體字。《說文》"敗"字籀文作"![字]","徹"字古文作"![字]",所從"攴"旁與"殳"形很近。出土的晚周秦漢文字中,"攴""殳"時有相互混同的情況。如《鄂君啓節》中,"啓"作"![字]","政"作"![字]","攴"旁并作"殳";而"攻"字出現兩次,一從"殳"作"![字]",一從"攴"作"![字]"。更爲重要的是,《鄂君啓節》中有兩個"敗"字,一作"![字]",一作"![字]",均從"殳"而不從"攴"。① 這是楚古文字中"攴""殳"混同最典型的例證,後世這一形近偏旁換用現象更爲常見,不勝枚舉。長沙古亦屬楚,吳簡中"敗"作"殹",毫不足怪。又,簡6915:"遭大水所□。"整理組注:"'所'下'□'右半殘缺,左半從貝。"這條殘簡很可能是說波壩被洪水沖毀,□字應該就是"敗",可惜關鍵的右半殘缺,不知其是否也寫作"殹"。這裏有個疑問,即簡6311、7220殹大于長,沖毀的波壩丈數怎麼可能比其總長度大呢?但檢圖版,這兩處"殹"下字迹模糊,根本看不清楚,很可能整理者的釋文有誤。既然"殹"字爲"敗"的異體,那麼在"波×所長×深×殹×沃田×枯兼×"這樣的格式簡中,前面的"殹"已說波壩毀壞,等于說波溏乾枯,後面的"枯兼"就不會重複表示波溏"枯淺",而應該是就文字順序更接近的

---

① 于省吾:《"鄂君啓節"考釋》,《考古》1963年第8期。

"沃田"而言的。

　　對吴簡"枯兼""叚"二詞的重新解釋,表明當時大量波溏乾枯實爲波壩毁壞所導致,并且主要是"遭大水所毁"或毁于戰亂。王文所謂"與氣候的乾旱與水資源狀況的惡化有關",恰恰與事實相反。臨湘縣調查統計波溏相關情况的直接原因和目的,是東漢末年以來波壩毁壞,年久失修,波溏乾枯,原由政府控制的農田隨之荒廢,或被"溏兒民"私墾,或被他人兼并,臨湘侯想要徵集民夫,修復堤壩波溏,將荒廢旱地重新改造爲良田。"枯兼波簿"提供的不是什麽"生態環境史的信息",而是古代墾田水利建設的珍貴史料。

後　記

　　2014年,我將先後發表的古典目録學和唐代文獻研究方面的小文編排成兩本論文集,曾經自述在這兩個學術領域的學習歷程。其實回想起來,我最早感興趣的是先秦諸子學,不過資質魯鈍,收穫無多,現在纔勉强拼湊出這本論文集,難登大雅之堂,姑妄敝帚自珍。

　　1980年代初,我在杭州師範學院政史系讀本科時,最初感興趣的兩門課程是中國哲學史、西方哲學史,買過幾十種中西哲人著作。不過讀起來十分吃力,自感思辨能力差,又考慮到畢業後將回家鄉中學任教,就抄了《嘉靖淳安縣志》等資料,打算業餘玩點鄉土歷史以度日。但在中學教了兩年書後,就覺得自己的性格不太適合教書育人。當時大學同學申屠爐明在吉林大學讀研,于是請他聯繫導師,準備考研,又托他買了一套《諸子集成》,供業餘閲讀。

　　1990年,我考入吉林大學古籍所,攻讀歷史文獻學專業碩士學位。導師陳維禮先生是從先秦史轉入文獻研究室的,一入學就告誠說先秦經傳諸子是做古代學問的根基,并借給我所藏《黄侃手批白文十三經》兩大册,要求通讀經文。我讀到《左傳》時,看見黄侃在每條"君子曰"旁都批畫了紅綫,不知何故,就查了些資料,試寫了第一篇學術論文。當時還選修了吕文鬱先生爲先秦史專業開設的"先秦諸子概論"課程,算是對諸子學有了點系統的瞭解,但因碩士論文做《新唐書藝文志補》,留校工作後講授目録學等課程,多年没再涉足這一領域。

1998年,我師從金景芳先生,在職攻讀先秦史博士學位。因自感專業基礎薄弱,尤其對考古和古文字學一竅不通,于是揚長避短,選擇《管子》研究作爲論文選題。金老以百歲高齡仙逝後,由陳恩林先生繼續指導我,2002年完成畢業論文。吕紹綱先生看了論文後評價説:"這種把思想史同文獻學結合起來研究的方法,極得金老學術之精髓,真正把握了金老學術之真諦。"我在先秦諸子學研究方面,主要受到以上五位先生的教誨,謹以這本小册子紀念已歸道山的四位恩師,并爲年登耄耋的陳恩林師祈福延壽。

2010年,我調入華中師範大學歷史文獻學研究所工作,没想到這成爲學術興趣轉移的契機。吉林大學古籍所資料室收藏的簡帛資料比較完備,古文字室名家輩出,我自以爲在文獻室工作,主要做唐代學問,博士畢業後更多年埋頭從《四庫全書》中翻檢唐人著述材料,對簡帛關注不多,衹寫過兩篇關於竹簡《文子》的小文。倒是調離之際,覺得到新單位後再想借閱没這麽方便,就複印了幾册上博簡、走馬樓簡等。有一天偶爾翻閱《恒先》,懷疑其編聯不妥,隨手做了調整,没太當一回事。後又看到譚寶剛先生對我關於竹簡《文子·聖知》章的復原提出商榷和調整,于是寫了篇回應文章,但覺得僅就此單章復原各持己見,很難說服對方,若能用同樣方法復原出更多篇章,并參考其他簡帛編聯復原,說服力會更強一些。經過查找,纔知道已經有人做過竹簡《文子》整體復原,可惜乏善可陳;《恒先》出現多種新的編聯方案,都與我私下所做調整不同;有些竹簡的編聯方案多達數十種,仍然没有達成共識。這些富有挑戰性的問題,對我産生巨大的吸引力,以致我長年沉浸其中,不惜荒廢其餘研究工作。這段簡帛研究經歷,讓我更深切地體會到學術商榷之寶貴,因爲學界同道的正確意見固然可以糾正自己的錯誤,但即便是錯誤意見也往往能夠刺激自己的研究動力,開闊自己的研究思路,讓自己的學術見解得到螺旋式提升。因此,在這裏向譚寶剛先生以及所有曾經對小文提出商榷的學界同道表示衷心的感謝,向我曾經與之商榷的學界同道表示崇高的敬意,向未來願意共同商榷學問的新老朋友表示熱烈的歡迎。

最後,感謝華中師范大學歷史文化學院、廣西師範大學出版社及編輯爲本書出版所做的貢獻。

淳安張固也

癸卯初夏記于武昌桂子山